オーストラリアの
金融・経済の発展

石田高生

日本経済評論社

はしがき

　オーストラリア経済は、2003年後半からの鉄鋼に対する世界的な需要の増加によって、鉄鉱石、石炭をはじめ豊富な資源の価格上昇の恩恵を受けている。こうした状況は、今後も続くと見られる資源ブームを反映している。第二次大戦後の経済発展を振り返ってみても、イギリス、アメリカ、日本、アジア諸国と次々に、オーストラリアの豊かな資源に対する海外からの需要は湧き起こってきた。D. ホーンは、その著書『ラッキー・カントリー』で、オーストラリア社会を形成した基本的な要因は、天然資源の豊かさにあると説明した。そして農・牧羊業、鉱物資源の開発に加えて、ヨーロッパ文化圏からの移民が常に高い技術と能力を持った労働力を提供し、イギリス、アメリカ、次いで日本からの投資が資金と貯蓄の不足を補ってきた。オーストラリアは、豊富な資源を背景に、高い水準の労働力と多額の投資を海外に依存して、一人当たりの高い国民所得を形成してきた。

　豊富な天然資源の上で、海外からの労働力と多額の資金導入にとって、オーストラリアが内部的に作り上げたその最も有効なものが、金融システムの高度な発展でなかろうか。19世紀の前半に、本国イギリスに先駆けて、近代的な株式銀行が設立され、都市及び農村部にいたるまで近代株式銀行を中心とした地域金融機関網が形成され、イギリスに依拠したとはいえ、証券市場の独自の発展を19世紀中頃にみることができる。オーストラリアの金融機関は、その経済規模に対して、常に大きな役割とシェアを確保してきた。豊かな土地と資源に魅かれて、人がオーストラリアを目指したとしても、大量で良質の資金がそこに流れ込むことはないだろう。資金の流れの立派な水路、すなわち相対的に高度な金融システムが存在したことが海外からの資金導入にとって十分有効な役割を果たしたのである。ここにオーストラリアの金融システムの発展を紹介し

研究する意義がある。

　1970年代に、戦後世界経済の基本的な構造が劇的に変化する中で、オーストラリア経済も、先進工業国の資源消費の省力化の影響を受けて、さらに、高いインフレ率、高い失業率、経常収支の大幅赤字、さらに大幅な財政赤字に直面してきた。これらの経済的諸課題は、1980年代以降の、賃金の抑制、公営企業の民営化、政府支出の削減に加えて、金融の規制緩和と金融政策の有効性の促進によって解決に向かいつつあるように見える。しかしこの評価はまだ確定していない。金融の規制緩和と国際化は、1980年代以降、世界経済の大きな潮流となった。戦後オーストラリアの金融システムは、銀行に対する準備預金制度及び流動性管理など直接的な規制が存在し、金融システム全体の規制色は諸外国と比べて、相対的に強かった。しかし1982年のキャンベル委員会の最終報告によって、規制緩和へと劇的な変化をとげ、これ以降、金融機関の競争条件の変化、国際資金取引の活発化、中央銀行の貨幣・為替政策の変更を余儀なくされた。オーストラリアの金融の規制緩和を通じて、金融システムの特殊性、及びその産業構造的特殊性との関係を紹介することは、意味のあることである。

　本書は、オーストラリアの金融システムを近代金融システムの一つのモデルとして位置づけ、オーストラリアの貨幣制度の始まりから、19世紀後半のイギリス型預金銀行制度の定着過程、20世紀中頃までの中央銀行の設立と整備過程を経て、第二次大戦後の金融の規制緩和以降の貨幣及び為替政策に検討を加えた。特に金融システムの長期的な発展過程を検討するとき、以下の2つの点に注意した。

　第一に、オーストラリアの金融システム及び経済発展の特質と課題を紹介したものがわが国においては極めて少ないので、オーストラリアの金融と経済全般の発展過程をできる限り空白のないように紹介することに努めた。本書の構成は、金融システムの発展過程の流れに即しており、また各章のタイトルは各時代の最も重要な課題でもあった。特に、19世紀後半の預金銀行の貸付業務と為替業務については大きな比重がおかれているが、これはオーストラリアの産業構造の特性から生じた貸付の多様な展開と、資金導入機構としての為替シス

テムの発展というオーストラリアの金融システムの特質を反映するものであると考えている。本書は、金融史としての性格を意図したために、各章では、「はじめに」「おわりに」は省くことにした。

第二に、金融の諸問題は優れて理論化された分野であり、本書が歴史的な叙述形式をとりながらも、おのずと金融の諸課題を各章のテーマとしてあげることになった。これは、本書の作成にあたって、特定のテーマを持つ論文を下書きにしたことにもよる。特に、オーストラリアの研究者の論争問題、及び貨幣・金融政策に関する今日の論争問題をも意識したものとなっている。また国際銀行業の歴史的研究はこの10年余りの期間に著しく進展し、さらにこの間オーストラリア金融史の研究もビジネス・ヒストリーへと変化し、これらの成果をできる限り取り入れることにした。

最後に、私が金融・国際金融に関する研究者として今日あるのは、これまで多くの先生方にご指導をいただいてきた結果であり、改めてここでお礼を申し上げたい。まず私が大学で研究と教育に携わることができるのはひとえに、北海道大学名誉教授 松井安信先生、和歌山大学名誉教授 小野朝男先生、福岡大学名誉教授 平田喜久雄先生、3先生の公私にわたるご指導とご鞭撻の結果である。次いで、信用理論研究学会北海道部会の多くの先生方から日々教えを頂いた、さらに九州大学名誉教授 深町郁弥先生、小樽商科大学名誉教授 石原定和先生、慶應義塾大学名誉教授 飯田裕康先生には、先生方が主催される研究会への参加を通じてこれまで御指導頂き、今日もご指導いただいている。記して感謝申し上げたい。また在職する桜美林大学の自由な雰囲気、明朗な学生の気質、また絶えず学問的な刺激と激励を与えてくださった経済学部の諸先生方に、改めて御礼を申し上げたい。

オーストラリアの研究を進めることができたのは、まずシドニー大学経済学部の上級講師 G. Wotherspoon のおかげである。手探りの状態にあった私に、今思えば実に的確な案内と便宜を与えて下さったことに感謝しなければならない。彼が私を NSW のレコード・オフィスに連れて行き、その時19世紀後半 NSW 中部地区の牧羊借地権登記簿を調査し始めたのが、本格的なオーストラ

リア金融史研究の始まりであった。ANZ銀行のHart, T.、Miller, T.、NAB銀行のMcGrath, B. M.、Young, R. J.、Westpac銀行のスタッフの方々にも、資料上の便宜とアドバイス、さらに貴重な時間を与えてくださったことにお礼を申し上げる。またAustralian National UniversityのPier van der Eng博士は、友情に満ちた有益なアドバイスと励ましを与えてくださっている。

　本書の出版に当たって、オーストラリア政府文化機関豪日交流基金（北海学園大学教授　小林真之先生、桜美林大学教授　福島輝彦先生、推薦）と桜美林大学出版助成金を頂いた。厳しい出版状況の中で本書が出版できたのはこれらの助成のおかげである。また下書きの入力、図表の作成にあたって、桜美林大学卒業生守谷亮一郎君、大城重寿君にお世話になった。また本書の校正に入ったときに、網膜剥離となり、校正作業にあたって、大城重寿君、叔父石田博文氏に大変お世話になったことを改めてお礼申し上げたい。最後に、日本経済評論社の谷口京延氏には、本書の出版引受けから校正作業に至るまで長時間のご迷惑をおかけした上に、暖かい励ましを与えてくださったことに心からお礼申し上げたい。

目　次

はしがき　i

序　章 ……………………………………………………………… 1

第 1 章　貨幣・銀行制度の成立過程 ……………………… 15

第 1 節　通貨制度の混乱と整備過程　16

第 2 節　通貨改革と NSW 銀行の設立　22

第 3 節　牧羊業の展開　33

第 4 節　外国為替市場の成立　40

第 2 章　経済成長の構造的特質 …………………………… 57

第 1 節　金の発見と鉱山業　58

第 2 節　牧羊業の地理拡大と技術改良　63

第 3 節　国際収支の構造とイギリス資本輸出　68

第 4 節　経済政策と制度変化　78

第 3 章　預金銀行の発展 …………………………………… 87

第 1 節　預金銀行の設立ブームと資本構成　88

第 2 節　支店銀行制度の発展　92

第 3 節　銀行の預金業務と貯蓄銀行　96

第 4 節　準備率と預貸率　103

第 5 節　銀行の財務政策　111

第4章　外国為替取引とロンドン勘定 …………………………………121

 第1節　外国為替取引の基本形態　122
 第2節　為替手形とドラフトの取引高の推移　128
 第3節　ロンドン勘定の構成　140
 第4節　為替準備金とコロニアル・リソース　147
 第5節　ロンドン店のその他の勘定　152

第5章　牧羊金融の展開と貸付政策 …………………………………163

 第1節　牧羊業の発展と構造　165
 第2節　牧羊金融の構造　174
 第3節　牧羊金融の貸付方法　178
 第4節　担保構成と資産管理問題　187
 第5節　牧羊業の構造変化　197

第6章　金融市場の確立 ………………………………………………209

 第1節　牧羊金融会社の発展　210
 第2節　都市型金融機関の発展　217
 第3節　証券市場の発展　224

第7章　金融恐慌の特殊性 ……………………………………………241

 第1節　不動産投資ブームの後退　243
 第2節　ベアリング恐慌の勃発と影響　250
 第3節　産業循環と金融恐慌　253
 第4節　銀行恐慌の過程と通貨制度　256
 第5節　預金銀行の再建過程　262

第8章　製造業の確立と通商・産業政策の展開 … 273

- 第1節　貿易構造と国際収支の変化　274
- 第2節　製造業の確立と産業政策　283
- 第3節　連邦政府の財政構造　289
- 第4節　経済成長と景気変動　293
- 第5節　大恐慌の影響と通商政策　296

第9章　中央銀行制度の成立と金融の規制 … 315

- 第1節　貨幣制度の整備過程　317
- 第2節　連邦銀行の設立と機能の拡充　324
- 第3節　金本位制度の変化と対外準備問題　334
- 第4節　貨幣・銀行調査委員会報告　341
- 第5節　第二次大戦下の連邦銀行　343

第10章　金融の規制緩和と貨幣・為替政策 … 355

- 第1節　準備銀行の設立と貨幣政策　357
- 第2節　金融の規制緩和の進展過程　368
- 第3節　貨幣政策の変化と課題　376
- 第4節　為替レートの変化と為替政策　387

あとがき　405

参考文献　407

銀行合同の変遷　422

図表一覧　424

索　　引　427

凡　例

【地名・国名】
NSW：New South Wales

【銀行名・会社名】
AJS 銀行：Australian Joint Stock Bank
AMLF：Australian Mortgage Land and Finance Co.
ANZ 銀行：Australia and New Zealand Banking Group
BHP：Broken Hill Property Co.
BNQ 銀行：Bank of North Queensland
BOA 銀行：Bank of Australasia
BOT 銀行：Bank of Tasmania
BOV 銀行：Bank of Victoria
BSA 銀行：Bank of South Australia Ltd.
CBA 銀行：Commercial Bank of Australia
CBC 銀行：Commercial Banking Company of Sydney
CBT 銀行：Commercial Bank of Tasmania
ESA 銀行：English, Scottish, and Australian Bank
FBA 銀行：Federal Bank of Australia Ltd.
LCA 銀行：London Chartered Bank of Australia
NAB 銀行：National Australia Bank
NBA 銀行：National Bank of Australasia
NSW 銀行：Bank of New South Wales
NOB 銀行：New Oriental Bank
OBC 銀行：Oriental Bank Corporation
QNB 銀行：Queensland National Bank Ltd.
SPS 銀行：Smith Payne & Smith Bank
UBA 銀行：Union Bank of Australia Ltd.
Westpac 銀行：Westpac Banking Corporation

【雑誌名】
AIBR：Australian Insurance Banking Record
BM：Banker's Magazine
BA：Banking Almanac

AEHR：Australian Economic History Review
Year Book：Official Year Book of Australia

【資料の出典表記】
ABS：Australian Bureau of Statistics
BOA：Bank of Australasia
CBA：Commonwealth Bank of Australia
NBA：National Bank of Australasia
NSW：Bank of New South Wales
RBA：Reserve Bank of Australia

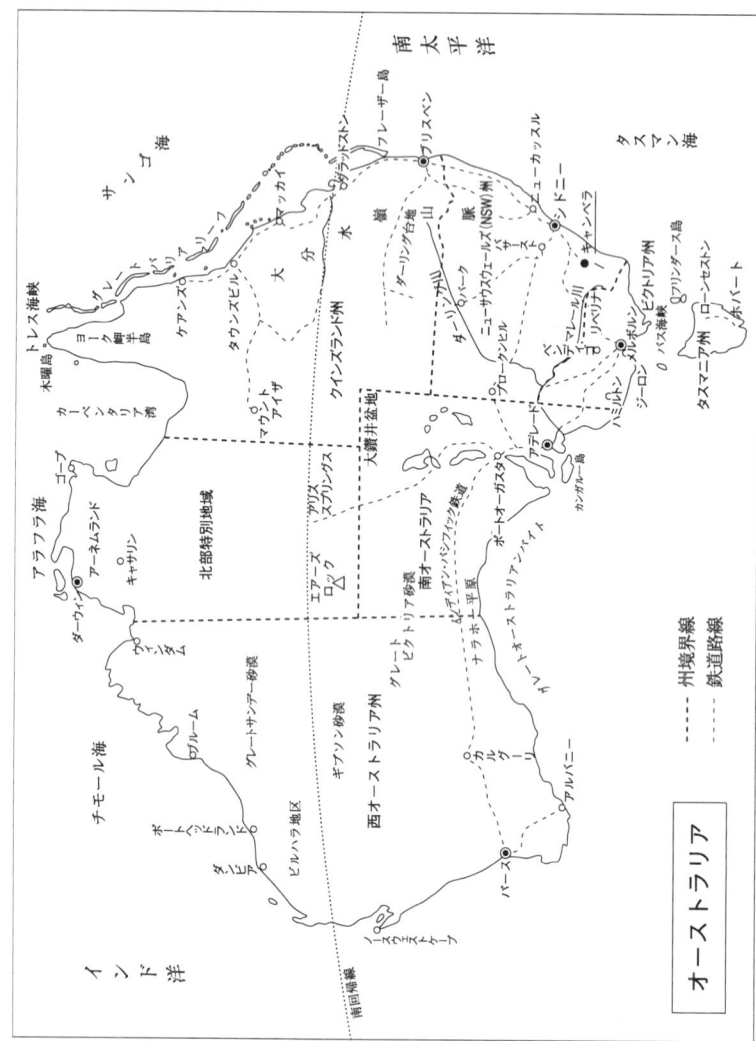

出典：M. クラーク/竹下美保子訳『オーストラリアの歴史』より作成。

序　　章

(1) 研究課題

　オーストラリアの経済及び金融の発達は、多様な側面を持っており、統一的な研究方法を提示することはできない。しかしオーストラリアを対象として2世紀にわたる金融史研究のメリット及び意義は以下の点にあるだろう。第一に、オーストラリアの歴史が近代ヨーロッパの始まりからスタートしたということであり、その歴史が短いということにある。このことは近代銀行システムあるいは金融システムの性格を研究するには最適な歴史であるといえる。第二に、19世紀から20世紀のヨーロッパの歴史は、政治的混乱と戦争による経済発展の中断を余儀なくされ、政治的混乱から経済制度及び金融システムは大きな影響を受けてきた。しかしオーストラリアはヨーロッパからもアジアからもある程度隔絶されており、比較的安定した長期の経済発展と金融システムの展開を辿ることができる。第三に、オーストラリアはイギリスの植民地として発展し、第二次世界大戦までイギリスとの貿易及び資本取引を主要な対外経済関係としてきた。国内の産業構造も牧羊業を中心とした単純な構造を持っていた。もちろん世界経済の多角化の流れから対外経済関係及び産業構造の多様化は進むが、二つの国の貿易関係はいわゆる二国二財モデルにおける経済発展の実例としてみることができる。第四に、中央銀行制度の成立以前に近代的な預金銀行制度のほぼ1世紀に及ぶ歴史が存在している。中央銀行との関係や制約なしに、純粋に民間銀行制度の機能と金融システムとの関係を検討できる意義は大きい。上記の四つの研究メリットについて簡単な説明を加えておく。

　オーストラリアの金融制度の歴史は短い。それがオーストラリアの金融制度

の発展過程を研究する第一のメリットである。J. クック（Cook, J.）がオーストラリア東岸の領有宣言をしたのが1770年で、1788年に A. フィリップ（Phillip, A.）が NSW（New South Wales）の初代総督としてボタニー湾に上陸し、今日のシドニーに植民地を開いてから二百十数年の歴史にすぎない。オーストラリアが近代経済の歩みを始めたのは、イギリス産業革命の完成期にあたり、資本主義経済と近代金融制度の確立期にあたる。したがってオーストラリアの金融制度の始まりは、イギリス近代金融制度の導入・移築であった。ヨーロッパ人が入植する以前には、原住民（アボリジニー）が狩猟採取を中心とした経済活動を営んでいた。ヨーロッパ人は、原住民の経済活動とは、全く独立に資本主義経済と近代金融制度をイギリスより移築したのである。

1817年に NSW 銀行が設立されてオーストラリアの銀行制度が始まるが、同行はその始まりから発券機能を持つ近代株式銀行であった。株式銀行としては、イギリス本国及びイギリス植民地においてイングランド銀行に次ぐ設立であった。同行は、株式銀行であるから有限責任性と法人格を持ち、当座勘定による決済機能と定期預金の受入による資金仲介機能を併せ持っていた。その限りで、今日の近代銀行の基本的要素を備えていた。イギリスの金融史を探ろうとするとき、17世紀のイングランド銀行の成立、ゴールドスミス・バンクの研究までさかのぼることになるが、オーストラリアの金融史は、始まりから近代金融システムの発展過程として検討することができる。

オーストラリアの人口は1801年まで6,500人、1831年まで約8万人、1851年まで43万人にすぎなかった。その後の人口増加を見ても、1850年代にゴールド・ラッシュによって高い増加率を示したものの、19世紀後半比較的安定していたのである。図序-1は、植民地の人口の変化を示したものである。人口の分布は大陸の東海岸、特に NSW 植民地に集中していた。タスマニア及び西オーストラリアは、フランスのアジア地域の植民地経営に対抗する軍事戦略上の入植という意味合いが強かった。1850年の時点で40万5千人に達し、NSWと並んで南オーストラリア及びタスマニアは一般入植者を中心として開拓された植民地であった。19世紀後半から20世紀初めにかけて、最大の人口を要する

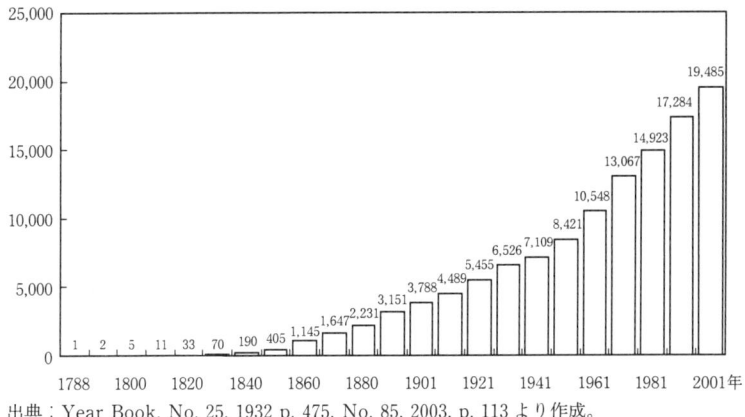

図序-1 人口の増加（1788〜2001年）　（単位：千人）

出典：Year Book, No. 25, 1932 p. 475, No. 85, 2003, p. 113 より作成。

ことになるビクトリア植民地は、金の発見を待たなければ人口の増加を見ることはできない。オーストラリアの人口は、1901年のオーストラリア連邦の結成に至るまでに、1860年の114万人から1901年の377万人と比較的安定した増加を示している[1]。20世紀の前半まで1,000万人足らずの人口しかなかった。

19世紀後半の就業構造は、労働人口の4分の1が、農業及び牧畜業に従事し、3分の1近くは製造業及び建築業に従事していた。そしてほぼ5分の1が商業に、5％が鉱業に従事し、残りの6分の1余りが国内の専門職、政府サービスに従事していた[2]。19世紀のヨーロッパが混乱した政治状況にあったのと比べ、まさにイギリスからの入植者によって安定した経済発展を実現したのである。19世紀のオーストラリアが諸外国との戦争などの政治的混乱が比較的少なく、純粋に経済発展がオーストラリア史を形成してきた。したがって、オーストラリアは、小規模経済の長期安定した経済発展を辿ることのできる実例である。イギリスをはじめヨーロッパ及びアメリカで展開された複雑な貨幣・金融の諸問題が、オーストラリアにおいて極めて明瞭な形をとって現われる。

19世紀の世界経済は、イギリスを中心とした貿易・決済システムの形成と世界経済の多角化が進んだ時代である。オーストラリアは、貿易・資本取引についてもイギリス本国との取引が圧倒的シェアを占めた。19世紀後半イギリス本

国との貿易がほぼ73〜77％に達し、輸出総額に占める羊毛輸出の割合は、1880年NSWの場合ほぼ7割に達した[3]。まさにオーストラリアの羊毛輸出とイギリスの工業製品の輸出との間に、二国二財モデルの経済発展が展開されたのである。経済学は実験のできない学問であることがよく悔やまれるが、経済学の理論を構築しようとするとき、19世紀オーストラリアの経済発展過程は、政治的混乱の少ない長期的安定と産業・貿易構造の単純さのゆえに最も適切な研究対象ではなかろうか。

二国二財モデルは、リカードの比較優位論を基礎に展開されるが、比較優位によれば、各国は賦存する生産要素に最も適した生産物に特化し、その結果として外国貿易の必然性が説明される。オーストラリアは、1870年代に牧羊業のGDPに占める割合が平均14.7％に達し、19世紀後半に羊毛生産額のほぼ85〜90％を輸出した[4]。イギリスに対するオーストラリアの比較優位は、安価な土地、平坦な地形、温暖な気候によって牧羊業に高い生産性を生み出し、この分野への生産の特化が進み、国際的な生産費と相対価格の差異によって国際貿易が形成されていた[5]。こうした貿易取引の単純性は、貿易収支と資本の輸出入のトランスファー問題を明瞭に理解することを可能にし[6]、また名目為替レート変動が、生産費の構造変化、貿易財の相対価格、交易条件の変化、さらには実質為替レートの変動と密接な関係をもっていることを明瞭に示してくれる[7]。

しかし1880年代には、牧羊業の乾燥地域への地理的な拡大による収穫逓減と羊毛価格の長期的な低下が生じ、1920年代には海外の羊毛生産が拡大して、オーストラリア羊毛の国際競争力の低下と世界的な過剰生産が表面化した。第二次大戦後には、1960年代に化学繊維の発達により羊毛の需要構造は大きな影響を受けた。すなわち各国に賦存する要素は、技術進歩の発生、人口の変化、国内資本の蓄積、土地の経済的規模の変化によって急激に変化し得るのである。また海外からの要因、すなわち労働や資本の国際的移動、技術と知識の波及は、各国の生産要素に大きな影響を与え、国際間の経済諸資源の分布と経済的価値を変化させ、比較生産費の構造と世界貿易のパターンを変化させた[8]。

オーストラリアの銀行制度の始まりは、本国イギリスがまだ個人銀行を中心としていたことと比べると、先駆けた近代的な株式銀行の性格を持っていた。その後設立された民間銀行はすべて株式銀行であり、19世紀後半に20数行が営業して民間銀行を中心とした金融システムが確立した。しかし中央銀行の設立は1912年のオーストラリア連邦銀行の設立まで待たなければならなかった。中央銀行の存在しない近代的な預金銀行制度の発展を辿ることの意義は大きい。中央銀行が存在する場合、民間銀行制度の研究は、中央銀行による準備の集中及び貨幣発行を通じて、民間銀行と中央銀行の関係に目が向けられやすい。しかし中央銀行が存在しない場合、民間銀行の現金準備、預金や貸付業務、外国為替取引を中央銀行の制約なしに検討することができる。この条件のもとで、預金銀行システムの基本的意味や機能も明らかとなり、さらに預金銀行の主導のもとで金融制度の如何なる部分が発展させられたのかも明らかとなる。また中央銀行が存在しないことによって、民間銀行制度の発展にどのような問題が発生するのか、つまり中央銀行制度の必要性も明らかになる。

　銀行制度及び金融システムの発展を分析するとき、本書では、以下の二つの視点に注意した。第一にはオーストラリアの銀行及び金融システムの特殊性である。第二には準備の問題である。まず、特定の国の金融制度の発展過程を辿ろうとするとき、各国の様々な特殊性に共通した理論的な結論が見いだされるものである。また貨幣・金融の分野は、経済学上優れて理論化された分野でもあり、理論上の課題から金融システムの発展を明らかにすることも意義のあることと考えられる。だがオーストラリアの銀行制度は、イギリスの近代銀行及び金融システムの導入から始まり、産業構造が牧羊業・農業・鉱山業に偏重し、さらに遠隔の地であるイギリスとの貿易・資本取引を中心としていたという経済構造の特質から、銀行の貸付及び為替システムの特殊性が歴史的な発展過程のなかで形成された。したがって、オーストラリアの銀行・金融システムの特殊性を歴史的に明らかにすることになる。

　第二の準備の問題は、今日の中央銀行制度及び集中決済システムの発展の上で、準備の集中が極度に進み、中央銀行の準備預金が貨幣政策上の基点となっ

ていることに関係している。また中央銀行が存在しない発券機能を持つ民間銀行にとって、兌換準備、預金の支払準備、さらには対外決済準備を必要とし、準備の性格と準備率は個々の銀行の運営にとってこれを維持することが重要な課題となる。民間銀行にとっても、中央銀行にとっても準備の維持は、金融システムの特殊性、政府を含む民間の決済システム、インターバンクの決済システムのあり方、法的強制、さらには経済構造に大きく影響を受けてきた。中央銀行は、この準備の集中を通じて、貨幣システムに対して最後の貸し手として機能する。したがって準備の問題は、たとえ兌換準備の問題が除かれたとしても、通貨システムを分析するときの基本的な課題となる。さらに、準備の問題を中央銀行の貨幣政策の手段として法制化した支払準備制度が、金融の自由化が進展する中で廃止ないし軽減されてきたとしても、銀行・金融システムにおける準備の性格と機能をどのように捉えるか大きな課題であることに変わりはない[9]。

通貨システムにおける準備の問題とは別に、銀行の貸付が預金創造の源泉の一つと考えられるとき、個々の銀行にとっては預金の準備と貸付の保証は、その安定性の車の両輪として意味を持つことになる。担保は、まずもって銀行の貸付保証を、また広く債権に対する債務保証を意味する。貸付の保証は、借手の保有資産の性格や返済能力の問題であり、ひいては実物経済の発展過程や景気動向にも大きく影響されるものである。その限りで信用及び銀行制度と実物経済との結節点とみなされる[10]。

オーストラリアの経済・金融制度の発展は、一般に四つの段階に時期区分されている。すなわち第一期は植民地の創設から1850年までである。第二期は、1851年のゴールド・ラッシュから高い経済成長を実現した後、これが1893年の金融恐慌と長期旱魃によって収束し停滞期に入る[11]。第三期は、1901年の連邦制の形成を経て第二次世界大戦終了まで、第四期が戦後ということになる[12]。本書は、第一期を1章で、第二期を2章から7章で、第三期を8章と9章で、第四期を10章で検討している。

(2) 統計資料

　オーストラリア大陸は、東経113度9分〜153度39分、南緯10度41分〜43度39分の間に位置し、総面積768万2300平方kmで、ほぼアメリカ合衆国の面積に匹敵して、日本の総面積のほぼ20倍にあたる。地形から大陸を分けると、(1)西部台地、(2)中央東部低地、(3)東部高地である。西部台地は、大陸の60％を占め古い地層からなり、単調で広大な平坦地である。中央東部低地は、大部分が標高150m以下で、大陸の25％を占める。さらに中央北部の大鑽井盆地と南方のマレー河盆地に大別される。東部高地は、大陸東岸に沿って南北に連なる高地で、山頂部は平坦な大地となっている[13]。

　気候は、乾燥気候の分布が広く、その分布は、大陸中央部から南西部に広がり、大陸の3分の2の面積を占め、年間降水量が500mm以下の砂漠・半砂漠である。しかしそのうちの大部分は、100mm以上の降水があるため、丈が非常に低い草原となっている。北部と東部は夏雨気候、南部は冬雨気候となっている。内陸部は、高温・乾燥気候であり、南東部と南西部は温暖な気温（年平均気温12〜20度）と降雨（年平均520〜1200mm）に恵まれている[14]。

　今日オーストラリアの包括的統計は、ABS（Australian Bureau of Statistics）が発行するYear Book Australiaに集約されている。最初に統計を作成したのは、初代総督であったA．フィリップであったと言われる。彼は、植民地経営が成功しているか否かそれを本国政府に報告する義務を負っていた。その最初の報告は、1778年7月9日のイギリス植民地省宛に人口・家畜・海運会社・土地の下付について送ったものである。入植者に対する土地の下付に関する最初の報告は、1791年11月5日NSWとノーフォークの土地について下付された人の地位・婚姻状況、入植時期、土地の広さ・位置、耕作面積等に関するものである。F．グロース（Grose, F.）総督時代に総督府の管理のもとに四つの分野、すなわち人口・兵站・農業・出生について統計が始まった[15]。

　この時代の経済統計を代表するものは、兵站部関連の資料である[16]。兵站部は、囚人植民地に必需品を供給するとともに、入植者に対する資材の販売及び

彼らの生産物の交換場所であった。兵站部は、少なくとも30ないし40年間植民地経済の中心であり、その計算書や報告書は経済統計の源泉であった。兵站部は当初総督の管理下にあったが、後にイギリス大蔵省の出先機関となり、その監査により兵站部の出納が四半期ごとに報告されるようになった[17]。

イギリス官製統計の主要な発展は、1822年のブルー・ブックを持って始まる。イギリス植民省は、世界に散在する30にのぼる植民地の統計を統一的なフォームで収集し編纂し始めた。この資料の作成には総督が責任を負い、各植民地の特色も加味されるものとなった。また1828年には、オーストラリアでも国勢調査が開始された。この時期は、総督府を出先機関として本国大蔵省及び植民地省による帝国統計の作成時期であった[18]。

政府は行政上の目的を達成するために統計を必要とした。オーストラリアの各植民地は1855年から56年にかけて自治政府を獲得したとき、本国植民地省の要請にこたえて統計を作成する義務も規律もなくなった。イギリス植民地省の各種統計は、イギリス帝国の行政を支えるために必要とされたが、各植民地が自己の統計を作成するための基礎を提供した。植民地政府は統計作成上の権限を有しており、19世紀後半はイギリスの統計からオーストラリア各植民地の統計システムに移行する時期にあたる。この時期に傑出した3人の統計家がいる。ビクトリアにおけるW. H. アーチャー（Archer, W. H.）、H. H. ハイター（Hayter, H. H.）、及びNSWのT. A. コグラン（Coghlan, T. A.）である[19]。

移行期の統計上の主要な三つの課題は、第一に統計資料を全体的に収集し、年間形式で整理して、Statistical Registerと呼ばれる年間統計簿を冊子の形式で作成するとともに、これらの統計表に論評を加えて年鑑を刊行することであった。第二の課題は継続的に人口統計を完成することであった。第三に、オーストラリア各植民地間の相互関係を示すために、統一的な様式で資料を収集し、統計作成上の共同作業を取り組むことであった。これらの課題は1853〜74年の間にアーチャーによって、続いて1874〜86年の間にハイターによって試みられ、1886年以降19世紀末までコグランによって完成されることになった[20]。

ビクトリアの統計年鑑は、1852年に立法議会によってStatistical Register

のタイトルで刊行された。わずか35ページの小片であるこの統計集は、その期限をブルー・ブックにおいており、構成も1840年代のNSWに始まったシリーズの続編にすぎなかった。

W. H. アーチャーは、ビクトリア植民地の統計（Statistical Register of Victoria）というタイトルで、1852年に一つの統計集を刊行している。この統計集は1873年まで刊行され、1874年にStatistical Registerに置き換わることになった。1854年のStatistical Register of Victoriaは、447ページに及ぶ入念な一巻であり、天文暦、地方暦、条例リスト、議会の布告、1841～53年の間の付録統計を含んでいる。Statistical Registerは、H. H. ハイターによって編纂され、若干の編集上の変更がなされた。すなわち貿易統計は交通を含むことになり、政府公債、刑罰、裁判判決、各製造業の活動も含まれた。この製造業の活動はビクトリアの国勢調査の職業分類と同じ方法で再分類された[21]。

ハイターの作成した統計は、イギリス本国においても高い評価を受け、イギリスの統計委員会は、各植民地の統計を可能な限り包括的に収集し、オーストラリア植民地の公式統計の比較を行うための第一歩となる。1875年にビクトリア、NSW、南オーストラリア、タスマニアの統計部門は統一的な基礎に基づく包括的な統計を作るために、タスマニアのホーバートで会合をもった。クインズランド、西オーストラリア、ニュージーランドは出席を拒否した。この会合は、イギリスの要請でもあり、また統一的な犯罪統計を作成するためでもあり、1873年の国際会議の結論でもあった。この中で重要な課題は貿易統計の調整であった。しかし1881年の国勢調査はNSWが別途実行し調査票も異なったものが使用されたために、職業統計において大いに異なったものが出来上がった[22]。

オーストラリアの統計の発展からみると、次に特筆されるのはNSWのT. A. コグランである。彼は1855年シドニーに生まれ、NSWの政府統計家の地位に任命された最初の人である。当時NSWの統計は、ビクトリアのそれと比較した場合、その内容においても表現においても不満のあるものであった。NSW政府も年々統計表を拡充してきたが、量的に不満のあるものであり編集

方法も科学的な体系性を欠いていた。そこで1886年に統計作成のための特別条例を作って、本格的な統計の整備に取り組むことになった。コグランはNSWの主席統計官として公式統計の編集及び論評を製作したばかりでなく、NSWの抱える経済上・金融上の諸問題について政府に助言を行った。彼は就任以来18カ月の内に、NSWの四つの公式統計を以下のように作成し始めた。Statistical Register、The Census Report、The Wealth and Progress of NSW、The Seven Colonies of Australasia である[23]。

コグランがNSWのStatistical Registerを引き継いだとき、1862年に編集されたその構成、すなわち宗教、刑罰、貿易・商業、鉱業、製造業、貨幣・金、その他の項目に変化はなかった。1862年214ページの八つ折版は1885年に370ページとなって増加していたが、先の構成には変化は見られず、古いカテゴリーに新しい数値が押し込められたにすぎなかったので、実際は情報の寄せ集めであった。1886年のStatistical Registerは政府統計局が刊行した最初のものであり、規模も拡大し、構成及び内容も体系的で情報が順序だてて表現されていた[24]。

Statistical Registerと一つのセットして読まれるべきとコグランによって述べられたのは、The Wealth and Progress of NSWである。これはコグランによって1887年に創刊されたNSWのYear Bookである。このシリーズは13回発行され、1900年度の巻が最終となった。創刊号によれば、このYear Bookの目的は、NSW植民地が発展してきた過程を辿り、オーストラリアの各植民地の中でいかに先進的な位置を占めているかを明らかにすることであった[25]。

コグランはStatistical Account of the Seven Colonies of Australasiaというタイトルの新たな統計・評論集を刊行した。同書はNSWの発展と他の植民地のそれとを比較することを目的として編集された。このシリーズは11版存在し1902年度版で終了した。最後の2巻は、連邦制への以降に従ってStatistical Account of Australia and New Zealandとタイトルを変更している[26]。

19世紀後半オーストラリアの公式統計は、その構成及び論評において国際的

に最も高い水準を持っている。驚きとも言えるのは、この統計上の発展がほぼ自治政府を獲得した間もない時期で、人口もわずかな植民地において達成を見たことである。その理由はまずもってイギリスの植民地支配の遺産であった。植民地は年刊を基準として公式統計を作成することを本国によって要求された。資料の収集方法は、合衆国の定期的な国勢調査に基づくものではなかった。統計局は植民地の資料を一冊にまとめることを要求された。各植民地の年刊統計が統合した一巻に纏め上げられるのは、Statistical Account of the Seven Colonies of Australasia であり、本格的には連邦制下においてである[27]。

1901年1月の連邦制の誕生は、オーストラリアの公式統計にとって大きな飛躍点である。短い期間に連邦政府は各州の統計部の成果を獲得できた。1905年に国勢調査と統計法（Census and Statistics Act）が制定され、連邦国勢調査局（Commonwealth Bureau of Census）が設立されて、1908年に第1巻オーストラリア年鑑（Official Year Book）が発行された。したがって、20世紀以降の統計資料としては年鑑が中心的なものとなる。

銀行及び金融統計は、イギリスの Banker's Magazine の中に1840年代後半からオーストラリアの銀行のバランス・シートが記載されている。オーストラリアの固有の銀行及び金融統計は、1877年創刊の Australian Insurance Banking Record である。

第二次大戦後、統計資料の編集及び研究と経済史及び金融史の研究分野において特筆すべきは、バトリン兄弟の数々の比類ない労作である。兄の S. J. バトリン（Butlin, S. J.）は、植民地設立当初からの貨幣・金融統計を独自に編集し金融史研究の労作を出版し、さらにオーストラリア準備銀行の金融史統計の編集に参画した[28]。彼のもう一つの学術的貢献は、銀行の社史の執筆である[29]。今日のオーストラリアの銀行の社史が、学術的価値が高く、他の国の数少ない優れた銀行史にも劣らない水準を維持しているのは、彼の著作を手本にしているからにほかならない。弟の N. G. バトリン（Butlin, N. G.）は、民間及び政府部門の投資額、資本形成、GDP、国際収支を中心に統計をまとめ上げ、オーストラリアの経済史研究における統計上の基礎を築いた[30]。1861年以

降の国内総生産、国際収支統計、及び通貨・銀行統計は、オーストラリア準備銀行のOccasional Paperのシリーズによって今日まで整理されたが、19世紀の大部分は、この2人の貢献によっている[31]。

1) E. A. ベームによれば、オーストラリアの人口は、1788年の約1,000人が1851年には約40万人を超え、1860年までのゴールド・ラッシュの10年間に3倍近くの115万人に増加した。この間の年増加率は、ほぼ11％であった。その後、1891年には、320万人近くに達し、30年間の年平均人口増加率は3.5％に達していた (Boehm, E. A. [1971a] p. 2（谷内訳[1974] 4ページ））。
2) Boehm, E. A., [1971a] p. 3（谷内訳[1974] 5ページ）。
3) Coghlan, T. A. [1890] p. 178.
4) Butlin, N. G. [1962] pp. 12, 57.
5) Kenwood, A. G. & Lougheed, A. L. [1983] p. 2.（岡村・岩城・他訳[1977] ⅱページ）.
6) 尾上修悟 [1996] 105-106ページ。
7) 鬼塚雄丞 [1995] 41ページ。
8) 鬼塚雄丞 [1995] ⅲページ。
9) 新庄・塩野谷・吉野・柿沼 [1957] 158ページ。
10) 川浪洋一氏によれば、銀行の貸付は、担保の徴求措置と債務の相殺機能を条件とすることが述べられている。そして銀行信用の自立性を基軸にした長期金融体系の発展は、独占段階における貸付可能な貨幣資本の蓄積のあり方と信用制度における担保とその形態転化のもつ経済的機能の分析による（川浪洋一 [1995] 96-98, 134ページ）。深町郁彌 [1999] 115-120ページ参照。
11) E. A. ベームは、1860年から1890年までと1939年から1973年度までの比較的高い経済成長を示した時期と、この二つの時期の間における1893年金融恐慌前後の不況、1896～1903年の長期早魃、第一次大戦期及びその後の不況、及び1929～1931年大恐慌の影響に現れた長期の相対的低滞期に区分している。(Boehm, E. A. [1971a] p. 20（谷内訳[1974] 20ページ））。
12) バトリン（Butlin, S. J.）[1961] 及びホルダー（Holder, R. F.）[1970] の研究もオーストラリアの金融制度の発展をほぼこの四つの段階に分けている。
13) Year Book, No. 85, 2003, pp. 15-19.
14) Year Book, No. 85, 2003, pp. 19-26.

15) Year Book, No. 71, 1988, p. 1.
16) 兵站部が植民地で基本的な機能を果たしたのは1813年までである。その後、ロンドンの陸軍兵站部の支部、また本国大蔵省の支部として位置づけられた (Butlin, S. J. [1953] p. 30)。
17) Year Book, No. 71, 1988, pp. 3-4.
18) Year Book, No. 71, 1988, p. 12.
19) Year Book, No. 71, 1988, p. 13.
20) Year Book, No. 71, 1988, p. 13.
21) Year Book, No. 71, 1988, p. 16.
22) Year Book, No. 71, 1988, pp. 24-25.
23) Year Book, No. 71, 1988, pp. 27-28.
24) Year Book, No. 71, 1988, p. 28.
25) Year Book, No. 71, 1988, pp. 30-31.
26) Year Book, No. 71, 1988, p. 32.
27) Year Book, No. 71, 1988, p. 33.
28) Butlin, S. J. [1953] [1971] [1973]. [1971] [1973] は、S. J. バトリンが編集に参加した RBA, Occasional Paper, No. 4A, No. 4B である。
29) Butlin, S. J. [1961].
30) Butlin, N. G. [1962a] [1964].
31) RBA [1971].

第1章　貨幣・銀行制度の成立過程

　貨幣は、購入する物的財がなければ必要のないものである。また小規模経済において生産と分配が政府のもとに管理されていれば、市場経済を媒介する貨幣の機能は十分意味を持つことはないだろう。1787年の最初の入植からほぼ15年余りは、植民地の食糧をはじめとした必需品の自給体制を確立することが課題とされた。自給体制は、主に国営農場で囚人労働を利用した食料の生産と、軍団の兵站部を中心とした食料や生活必需品の配給と取引によって実現された。そこでは貨幣流通は重要なものとならなかった。しかし食糧生産の自給体制が一応確立して、一般入植者が増加し、官吏や将校に対する土地の下付によって民間農場の経営が行われ、貿易を求めて外国船が入港するようになると、すぐに高度な貨幣・為替制度が必要になった。

　貨幣や為替制度は、イギリスにおいて発展をみていたのであるが、1796～1815年のナポレオン戦争によって、ポンド・スターリングの十分な供給は不可能であり、外国為替の決済システムも十分機能する条件になかった。これがオーストラリアの通貨制度及び為替制度の混乱の始まりであった。本章では、まず19世紀前半の貨幣・通貨制度の混乱の実体を明らかにして、L. マックワリ (Macquarie, L.) 総督による通貨制度改革、1820年代後半からのオーストラリア牧羊業の発展過程、通貨制度の整備過程、株式銀行の設立と業務、外国為替制度とイギリス植民地銀行の進出について検討し、オーストラリアにおいて初期の貨幣・通貨制度の混乱からどのような過程を経て、近代的な貨幣銀行制度が確立したのか明らかにする。

第1節　通貨制度の混乱と整備過程

(1) ストア・レシートの流通

　1810年以前のNSW植民地経済の制度上の中心点は、軍団兵站部の配給所 (Commissariat Store) だった。軍人、将校、役人は、そこで生活財の配給を受けたし、支払われた賃金で優先的に財を購入することもできた。また公共事業の労働に従事する囚人は、食事及び衣類をそこから支給された。食糧は歴代総督の自給原則に従って基本的には、囚人労働力に基づく国営農場で生産され補充された。また他の生活必需品や生産財は、本国からの囚人輸送船及び物質補給船によって、加えて貿易商人からの輸入によって補充された。また政府から土地を下付された者は、食糧の余剰生産物を兵站部の配給所に公定価格で売却する制度が採用され、この見返りにその他生活必需品や生産財を購入することも可能であった。流刑植民地の経済は、生活必需品の価格統制と配給制度を基本的構造とし、兵站部の配給所は国営の市場として機能していた[1]。

　初代総督A. フィリップは、当初囚人を組織して国営農場や道路建設等にあたらせた。のちに囚人の直接的管理を止めて、一般入植者の渡航を促進して、退役将校に土地を下付して、囚人の労働力を用いて農場の開発を進める政策に転換した。こうして始まった民営農場は国営農場よりも生産性が高く、食糧生産以外の農牧業及び植民地内商業の発生を促した。NSW植民地の富は、次第に軍団の将校と役人の手中に集められていった。彼らの中には所有地の拡大と物品の販売とで、短期間に大きな財産を築いたものも現われた。将校たちは1800年までに物品の販売権を独占し、高い利益を上げて植民地における富裕な特権階級となった[2]。また捕鯨やなまこ漁を目的に、品物を満載した船がシドニーに寄港し、軍団兵站部の配給所の倉庫を満たすと、植民地では輸入品が出回るようになった。一般入植者、貿易商人達の間での物々交換とともに、貨幣を媒介とした商品取引も広がった[3]。

貨幣は、スターリング金貨、シリング銀貨、ペニー銅貨が総督府の正式要請によって、また入植者によって持ち込まれた。また外国の貨幣が持込まれ、スターリングとの一定の換算レートに基づいて流通し、物々交換とともに[4]、貨幣流通が開始された[5]。だが、ナポレオン戦争によるヨーロッパの混乱期に、イギリスからの貨幣の導入は中断され、各種貨幣の換算の煩雑さとともに、鋳造貨幣の不足が深刻な問題となった[6]。入植した生産者、軍人及び官吏、貿易商人の3者間で、植民地生産物及び輸入製品の取引が当時の流通の基本的な枠組みを形成していた。これらの交換においても重要な役割を果たしたのが兵站部の配給所であった[7]。

総督府は、貿易商人及び一般入植者から必要な物資を買い上げ、貿易商人に対しては本国大蔵省宛手形（treasury bill）で、また一般入植者に対しては兵站部が発行する約束手形（promissory note）で支払った。本国大蔵省手形は、本国がNSW植民地の経営のための政府支出の送金手段であり、NSW植民地がイギリスより貿易財を輸入する際の輸入代金の支払手段として機能した。兵站部の約束手形は、フィリップ総督によって兵站部の配給所で食糧等の物資を買い上げる際に、支払いのために振り出されたものであるが広く流通しなかった[8]。約束手形に代わって一般に流通したのはストア・レシート（store receipts）である。これは、配給所が商品購入に際して、元来、兵站部が約束手形を振り出す際に、その取引内容（品目、数量、金額等）を明記した商品の受領書であった。この発行はハンター（Hunter, J.）総督時代には総督によって許可され、署名されることが要求された。しかしこの煩雑さはのちに放棄され、受領書は兵站部で直接に発行され、広く流通することになる。図1-1は、植民地の初期の決済構造を示している。

生産者は小麦や食肉を配給所に持ち込み、その対価として兵站部が発行するストア・レシートを受け取った。これには、その生産者の氏名、商品の品種及び量、その場で交渉された金額が記入された[9]。また、第三者に譲渡することも可能であり、兵站部の配給所で他の商品を購入することも、また他の生産者や商人に対して配給所以外でも購入代金の支払に充てることができた。それゆ

図1-1 植民地の初期の決済構造

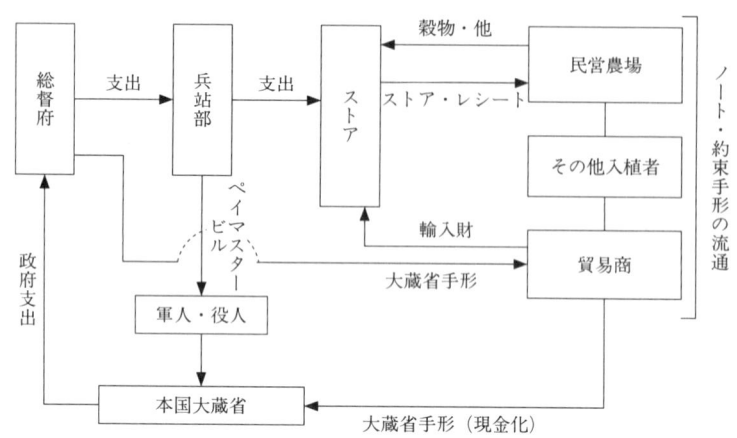

えストア・レシートは、不足状態であった鋳造貨幣に代わって、国内通貨として広く流通した[10]。

　ストア・レシートは一定期間ののち、一定額ごとに本国大蔵省手形と交換することが可能であった[11]。これは記入された金額を政府が支払うことを約束した約束手形の形式を備えていなかったが、政府の保有する物品に対する請求権を有しており、孤立した植民地経済の域内では、政府に対する貨幣請求権に限りなく近いものであった。そのために国内において転々と流通したのちに、政商や船主の手に蓄積され、彼らの手によって大蔵省手形に転換されて、兵站部に回収された。これらの方法によって植民地政府は外国為替の供給と同様に国内流通のための通貨を供給したのである。ストア・レシートは1820年代の前半までに重要な通貨として機能していた。すなわち間接的ではあるが、大蔵省手形との交換によってイギリス本国のスターリング金貨への兌換の道さえ開かれていた。

(2) ペイマスター・ノートとビル

　植民地創設当初、軍人及び役人に対する給与の支払は、イギリス本国に残さ

れた家族の代理人に対して支払われることもあったが、基本的には除隊後あるいはロンドンに帰還した後に本国大蔵省で支払われることを原則としていた。また海軍の軍人及び船員については、本国へ帰還の後にイギリス大蔵省で支払われていた。第一次航海の軍人が入植者としてオーストラリアに残る場合には、1791年12月にスターリングで支払われた。役人についても同様の方法で支払われた。また建築職人等へのサービスの対価の支払は、約束手形か現金によって支払われた[12]。

しかしこうした賃金の支払方法では、植民地へ入植を促進することにならないために、1780年以降、ペイマスター・ノート及びビル（paymasters note and bill）による支払制度に転換された。下士官及びこれ以下の軍人については、ペイマスター・ノートで支払われることになった。士官は、ペイマスター・ビルで直接支払われた。但し、退役及び退職してオーストラリアへ入植した場合、個人でロンドンの代理人を通じて私的手形を振り出すほかなかったが、この交渉は著しく困難であった。ペイマスター・ビルは、ロンドンの連隊本部の代理人宛に振り出され、そこで直接支払われる為替手形であり、大蔵省手形に匹敵するものであった[13]。

また、彼らは現物でも支給され、支給された酒類を値上がり時に販売したり、その物品を商人に貸与することにより多くの利益を獲得した。ペイマスター・ノートは、ストア・レシートと並んで、植民地内で広く流通していた。下級の役人は、イギリスで支払われることに変わりはなかったが、将校たちよりも給与の支払いにおいて冷遇されていた。これらの他に外国為替手形が発行されていたが、外国為替手形はロンドンに債権勘定を持つ軍人、役人及び富裕な入植者に限られ、彼らがロンドンの代理人宛に振り出したものである。しかしこれら民間の為替手形の引受けに対して、輸入財を持ち込む船主たちは著しく用心深かった。為替手形は大蔵省手形が好まれ、民間の為替手形が広く取引されるようになるのは、オーストラリアの輸出が重要な意味を持つまで待たなければならなかった[14]。

(3) 大蔵省手形の決済構造

　大蔵省手形は、イギリスに送付あるいは持参されるとポンド・スターリングに現金化され、代理人を通じて現金化されたとしても、その代理人に対する信用を獲得する手段となり得た。そこで、商人及び貿易商人達は、まずストア・レシートをより多く獲得し蓄蔵し、次に、これを大蔵省手形に転換する道を好んだ。彼らはロンドンやインドの代理店を通じて、またシドニーに寄港した船舶から大蔵省手形と引換えに物品を購入し自己の在庫を補充することができた[15]。そのために、ストア・レシートは実際には商人や貿易商人によって蓄蔵された。元来、大蔵省手形はイギリス政府がNSW植民地を経営するために、総督府に対して必要な資金を送付する手段であった。つまり総督府は、行政及び軍隊にとって必要な物品を貿易商人から購入するが、その際商人に支払われるのが大蔵省手形であり、貿易商人によってロンドンで現金化された。当時有力な貿易商人によるロンドン宛の為替手形の振出しも行われており、かつポンド・スターリングの不足に直面していたオーストラリアにとって、大蔵省手形は貿易商人の振り出す為替手形とならんで、輸入の主要な決済手段として機能していた[16]。しかし大蔵省手形の発行は、その発行目的から知れるように、総督府の歳出額を上限として制限された。またペイマスター・ノートも当時軍隊が給与支払のために発行したペイマスター・ビルとともに[17]、基本的には総督府の植民地における軍人及び役人に対する給与支払額を上限としていた。

　そこで商業流通における決済手段の不足を補っていたのが、生産者や商人の間で相互に振り出されていた私的な約束手形と民間ノートであった[18]。約束手形は、手近な紙切れでもって作成され、かつ容易に受け取られたために、入植初期から流通したと推測される。また所得流通における補助貨幣が不足していたために、1ポンド以下の少額のノートが無差別に振り出された。そして支払人の署名のないノートや転々と流通する過程で故意に色の褪せるインクを使用したものもあった。これらの手形は一般に貨幣に代わって振り出されるが、その支払方法が貨幣で明記されているとは限らなかったし、各種の政府手形、変

造銅貨、小麦、さらに、とうもろこし等で支払を約束するものもあった。その上に民間ノートは、先に述べたストア・レシートやペイマスター・ビルとともに偽造が広く行われていた。P. キング（King, P.）総督の時代（1800～06年）には、1800年に民間取引で発生する手形の流通を制限し、政府の管理する印刷所で印刷された統一的なフォームに置き換えようと試みた。しかし商業取引では、自分たちが作成した手形を使用し続けたので、L. マックワリ総督の時代まで通貨上の混乱の要因となった。そしてストア・レシートやペイマスター・ビルを回収し、ラウンドナンバーのノートに切り替え、さらに有力な貿易商人の振り出す約束手形を流通させようとの試みもなされた。しかしこれらはうまくいかなかった[19]。

(4) 銅貨の導入

P. キング総督は、就任するとすぐに植民地の貨幣の不足を補うために、本国政府に対して数トンの銅貨を送るように要請した。その翌年の1800年にペニー貨550ポンド、半ペニー貨350ポンド、ファーシング貨（1/4ペニー貨）300ポンド、合計1,200ポンドの銅貨が導入された[20]。

彼は、植民地で流通している正貨すべてに対して、植民地内で通用する独自の評価（ポンドに対する換算レート）を与えようと試みた。導入された銅貨は、その刻印額の2倍の価値を持つものと、植民地内でのすべての支払や取引において法貨と宣言された。銅貨は5ポンド以上を輸出することを禁止された。これに違反した場合、輸出入された全額が没収され、その上にその額の3倍の罰金を徴収するという罰則が設けられた。銅貨が蓄蔵されて流通に出回らなくなることを防ぐために、5ポンド以上の支払については法貨性を認めなかった。これらの銅貨は、兵站部が物質の買上げに対する支払によって流通界に投入された[21]。

しかし植民地はこの新しい銅貨を受け入れるために著しく消極的であった。というのは各種の政府手形は広く流通し、その取引に長く慣らされてきたために、銅貨が刻印額と異なる評価を受けていたこと、さらに重量や大きさが取引

にとって嵩張るものであったからである。ペニー貨は1オンスの重量を持ち、ジョージ3世の大型貨幣であったので、これらの鋳貨はひとまきにしたペーパーロールのままで転々と流通し、そのロールでもって計算されていた[22]。

総督府は銅貨と引替えに大蔵省手形を発行することを拒否しており、また貿易商人（貿易船の船主）は、銅貨を海外に持ち出すことも、銅貨と交換に大蔵省手形を獲得することもできなかった。したがって、銅貨はほとんど国内流通にとどまり、海外に持出されなかった。P. キング総督は1803年にも1シリング銅貨をイギリスで鋳造し導入しようと提案している。彼は銅貨に固執し、銀貨を導入しようと考えなかった。ただし彼は4,000～5,000ドルのスペイン・ドル貨の追加導入を要請している。シドニーでは、種々雑多の鋳造貨幣が流通していた[23]。

第2節　通貨改革とNSW銀行の設立

NSW銀行は、1817年にオーストラリアで最初に設立された発券・預金銀行であり、現在の四つのメジャーバンクの一つであるWestpac銀行（Westpac Banking Co.）の前身である。同行は、植民地政府の特許状を獲得し、オーストラリアの商人や役人、牧羊業者達によって設立された銀行であり、株式銀行としては、イギリス及び植民地においてイングランド銀行に次いで古い銀行である。株式銀行とは、銀行の債務に対して、株式の有限責任制を確立したことを意味しており、その限りで近代的経営形態の銀行であるといえる。同行は銀行券を発行し、預金貸付業務を営むことによって植民地内の商業金融に確たる地位を築くとともに、政府勘定を取り扱って政府の銀行としても機能した。

(1) マックワリの通貨改革

L. マックワリは、1810年1月にNSW総督として着任した。彼は同植民地の通貨問題に注目して幾多の改革を実施した。第一に、民間で流通している少額面の私的ノートや約束手形の振出しを制限し、統一的な紙幣の発行を計画し

た。1813年7月に、ストア・レシート及びペイマスター・ビルの振出しを停止し、兵站部がカレンシー・ノート（currency note）を発行することを決めた。しかし民間で流通したノートとカレンシー・ノートとの交換比率を決めたが、民間ノートの評価が著しく厳しかったので、民間のノート及びストア・レシート等の回収も進まず、混乱した通貨構成をさらに混乱させることになった[24]。1815年3月にはカレンシー・ノートの発行を中止し、もとのストア・レシートの発行に戻した[25]。

　第二に、鋳造貨幣の不足を補うために、東インド会社を通じて4万個のスペイン・ドル（銀貨）を導入して、これを2種類の鋳貨に改造した。スペイン・ドルは、東アジア地域の国際決済通貨として利用されていたが、これをそのままオーストラリアの国内通貨として使用すると対外決済手段として流出してしまうことになる。そこで円形の貨幣の中心部を彫抜き、外側のリングを3シリング9ペンスの価値をもつホリー・ダラー（holey dollar）として、またその中心部を1シリング3ペンスのダンプ（dump）として発行した[26]。この改鋳によって、NSW内の通貨が対外決済のために流出することもなく、国内通貨の著しい不足が発生する事態は緩和された。

　第三に、預金銀行の設立を本国政府に要請し、オーストラリア最初の株式銀行の設立に大きな影響を与えた。L. マックワリは、インド英国連隊での主計官の経験から銀行や商社の業務についての知識を持っていた[27]。そして彼は、シドニーへ旅立つ前に、政治家や商人からNSWの経済・通貨問題についての情報を得て、さらに銀行設立の助言を受けていた。そこでL. マックワリ総督は、アイルランドで銀行業に携わった経験をもつJ. T. キャンベル（Campbell, J. T.）を随行員に加えていた。キャンベルは、総督府の行政次官に任命され、L. マックワリ総督在任の11年間にわたって中心的な補佐役となった。特にNSW銀行設立の具体化はキャンベルに負うところが多い[28]。その貢献によって彼は、同行の初代頭取となっている。キャンベルと並んで同行設立にあたって大きな役割を果たしたのは、J. ワイル（Wylde, J.）であった。彼は、法務官として1816年10月にシドニーに到着した[29]。彼が直面したのは、通貨制

度の混乱を示すストア・レシートの詐欺、偽造、私的ノート及び約束手形をめぐる訴訟であった。そこで彼はNSWにおけるスターリング制の確立及び銀行の設立に向けて積極的にかかわることになる[30]。彼の参加によってNSW銀行の設立準備が急速に進められた。同行の設立過程と業務については次節で検討することにする。

　第四に、貯蓄銀行を設立したことである。預金銀行の設立は、商業取引の決済に対して決済手段を提供することを目的とするものであったが、その他に多数を占める刑期を終えた囚人や職人及び労働者、入植者のために安全な貯蓄手段を提供する必要があった。この貯蓄銀行の設立を総督に強く進言したのがB. フィールド（Field, B.）である。L. マックワリ総督は、1819年に貯蓄銀行を設立するための会議を開催し、そこで設立を決定している[31]。

(2)　NSW銀行の設立意図と応募資本

　L. マックワリ総督は、J. ワイルと相談の上、スターリング銀行券を発行する銀行を設立するために、シドニーの有力商人達に参加を求め準備会を設定するようキャンベルに指示した。最初の設立準備会は、1816年11月20日、法務官判事室で開催され、14名の参加を得た[32]。翌々日に2回目の準備会では、副総督G. モアー（More, G.）が議長を務め、スターリング銀行券の発行及び公的植民地銀行（public colonlial bank）の設立申請を行うことが決められた[33]。参加者13名のほかにシドニーの4人の法務官（うち3名は最も早い時期から活動していた貿易商人であった）全員も招かれていた[34]。参加者のほとんどは貿易商人であった。翌日11月23日には総督命で私的ノートの発行が禁止された[35]。

　銀行設立準備会に集まった人々は、総督府の上級官吏を除くと、そのほとんどが貿易商人及びシドニーの富裕な人々であった。彼らは、域内の商取引及び諸経費の支払に小額面の私的ノートや約束手形を振り出していた。これらの私的ノートは、有力者によってたとえ振り出されたとしても、各個人の財産によって支払保証されているにすぎず、植民地全体でこうした振出しが横行していたので、なかには支払保証（信用性）の著しく低い人々のものもあり、加えて

詐欺・偽造の類のものもあった。貿易商人や有力者にとって私的ノートでの支払は利益をもたらすことも、多くのリスクをこうむる可能性をもっていた。

　総督による一元的なスターリング銀行券の発行に関する提案は、多額の私的ノートがホリー・ダラーやダンプに代替され、かつこれより多額面のものがスターリング銀行券によって代替されるであろうと考えた。銀行の設立によって、信用力のある人達が手形決済を行い、受け取った手形は銀行の手形割引によって現金化への道が保証されると期待された。貿易商人や富裕者にとって総督府主導のもとに、公的性格を帯びた預金銀行の株主となることは望むところであったに違いない。というのは私的ノートや手形を除くと、貨幣の代替物や為替手形は、総督府及びNSW軍団が発行するものであったからである。したがって、マックワリの通貨改革及びNSW銀行の設立は、ストア・レシートや私的ノートに代表される信用力の低い貨幣代替物による決済制度から、改造されたスペイン・ドル、スターリング銀行券、商業手形に示される体系的整合性をもつ貨幣・信用制度への脱皮を意味していた。しかし私的ノートが1820年代前半まで未回収のまま流通し続けたし、所得流通の主要な貨幣は、ホリー・ダラーとダンプと呼ばれる改造銀貨であった。

　その後、準備会の参加者を中心に同行の株式への募集が呼びかけられた。11月29日に開催された公式の設立者会合では37名の株式応募者のリストが提示された[36]。この会合では古い通貨との交換レート、銀行設立の目的及び主要な業務について確認が行われた。これ以降、11月29日の応募者総会で業務規約委員の選出、1817年2月29日の総会で規約の決定及び法人特許状の申請が行われた。総督には、有限責任制の株式会社を許可する権限は与えられていなかった。ただし、法人格を持つ都市の設置する権限を有していたので、この権限によって同行に法人格、株主の有限責任制、及び株式会社の権限と特権を規定した会社契約状（deed of settlement）が承認された。この会社契約状はcolonial sealと呼ばれた。2月12日に最初の取締役会の開催、4月8日の営業開始と、速やかに準備が進められた。

　株式は額面価格の2倍を有限責任とし譲渡可能であった。名目資本額は、2

万ポンドと決定され、100ポンドの株式200株を発行し、11月29日の総会では37名が5,000ポンドを引き受けることになっていた。株式の払込方法は、4回の分割払いとし最初の払込みが1817年3月31日であった[37]。営業開始後、第三回払込み分を含むバランス・シートの資本勘定を見ると、株主数39名、払込資本額3,625ポンドと記録されている。株主のうち25ポンドの払込者4名、50ポンドの払込者7名、75ポンドの払込者13名、100ポンドの払込者7名、150ポンド以上の払込者8名であった[38]。ほとんどの株主が2株以上を応募していたので、上記の払込状況は当初予定されたよりも著しく悪かったと言える。

1818年12月31日の株主リストでは、株主数43名、払込資本額6,725ポンド[39]、1819年12月31日のリストでは、43名、7,550ポンドへと増加した[40]。設立後3年近くを経ても、100ポンドの株式200株、資本金2万ポンドの予定額からすると、株式による資本形成が著しく遅れていたことがわかる。同行の資本形成の遅れが、営業開始後の銀行業務に影響を与えたのは当然のことであった。こうした事態は、貿易商人や富裕な人々が株式の応募に応じたといっても、NSWの貧弱な資本蓄積の程度を物語るものであった。

だが、同行の資本形成は、1819年の後半に急速に進むことになる。1820年6月30日の時点で、払込資本額は12,500ポンドに達した。頭取のキャンベルは12株を、次いで取締役のD. ウェントワース（Wentworth, D.）は10株を所有していた。そして副総督モアーの本国帰国に際して株式の譲渡が行われた[41]。またE. イーガー（Eager, E）は、払込資本額が375ポンドから1年後に200ポンドへ減少しており、早い時期から株式の譲渡も行われていた[42]。

(3) 当座勘定の機能

1817年4月8日に同行は営業を開始、同日J. ハリス（Harris, J.）に対して当座勘定を開設している[43]。当座勘定は、顧客帳簿（customer ledger）の借方に小切手の振出しが、振出先（名宛人）、日付、金額、記帳番号をもって記入され、貸方には顧客の受取が、'cash'として、日付、金額、記帳番号をもって記入された。

顧客帳簿は、借方の小切手振出額よりも、貸方の、'cash'による受取が超過することが多くみられた。借方の小切手の振出額と相殺したストックである貸方超過額が当座預金残高として処理されることになるので、顧客勘定のバランス時の残高は預金超過つまり当座預金残高となり、当座貸越残高を示す顧客はほとんどなかった。つまり設立当初、当座貸越は実際にはほとんど行われていなかった。当座勘定の1817年12月31日付の預金残高リストを見ると、23勘定1,859ポンドが開設されていた。そのうち預金残高が50ポンドを超えるのは10名であった。さらにそのうち100ポンド以上の預金者は、J. T. キャンベルの320ポンド、J. フォワード（Forward, J.）の505ポンド、G. ウィリアムズ（Williams, G.）の167ポンド、J. ワット（Watts, J.）の106ポンド、T. ワイルの256ポンドであった[44]。同行の取締役及び株主がほとんどであった。

預金残高の変化を見ると、1818年12月31日、52勘定、23,458ポンド[45]、1819年同月日、72勘定26,498ポントと増加し[46]、同行は1818年にシドニーにおける預金銀行としての地歩を固めたといえる。開業から1820年6月30日までの3年余りの間に、当座勘定の開設者の延べ人数は158名となった[47]。だがこの中には、開設されただけでほとんど利用されることなく休眠状態の勘定も多数あったことを記しておきたい。

19世紀中葉には、当座勘定が顧客帳簿に、これとは別に3ヵ月、6ヵ月、9ヵ月、12ヵ月の定期預金（fixed deposits）が預金帳簿（deposits ledger）に記帳されるようになる。当座勘定は、貸方の小切手・手形の受取と借方の小切手の振出しとの相殺、すなわち決済勘定として機能するようになり、さらに当座貸越残高が増加するようになった。設立当初の当座勘定は、預金勘定からも、現金からも未分離の状態にあった。

同行のファースト・レジャーは、設立趣意書、株主及び払込資本額、そして顧客勘定、3年間のバランス・シートが記載され、なかでも顧客勘定の記帳に多くのページが割かれているのを見るとき、銀行の最大の目的は、NSW地域に対する決済勘定の提供であったこと、すなわち銀行の当座勘定による商業流通の円滑な決済に寄与することにあったことがわかる。また通貨制度の混乱に

対して、預金銀行による決済システムの提供が与えた影響は大きかった。銀行の本質的機能を何に求めるか多くの論争のあるところであるが、少なくともNSW銀行の設立当初の機能から判断すると、銀行の決済機能が重視される[48]。

(4) 銀行券と現金準備

民間銀行券の発行に関する規定は、銀行の設立特許状（charter）、法人格法（incoporate act）、あるいは一般法（general statute law）の中に含まれていた[49]。銀行券は、2シリング6ペンスから5ポンドまでのラウンドナンバーの5種類が用意されたが、実際に発行されたのは1ポンドの銀行券であった[50]。印刷された紙券は金庫に保管され、必要額が100ポンドから500ポントの単位でキャッシャーの手元に移された。発行に際して会計上の承認及び取締役のサインが必要とされた[51]。

表1-1は、NSW銀行の設立後3年間のバランス・シートである。設立当初、銀行の負債に占める銀行券の割合が著しく大きいことが特徴の一つである。この事実は、銀行券の発行が設立当初重要な意味をもっていたことを示す。だが、私的ノートは、発行禁止後の少なくとも1825～26年まで流通しており[52]、またストア・レシートも流通するなかにあって、同行の銀行券は、これらの紙幣のすべての領域を代替するものではなかった。

総督府は、1813年7月から1815年3月まで、1819年1月から1820年6月まで、カレンシー・ノートの発行を認めていた[53]。「政府紙幣」の発行を試みたのである。元来、政府紙幣は大蔵省の発行になるが、兵站部副部長によるカレンシー・ノートの発行は、財政資金を統括する大蔵省が存立しないNSWにとって止むを得ざる措置であった。総督府は役人・軍人への賃金支払、その他財政資金の不足を補うために、カレンシー・ノートを不定期に発行したのである。カレンシー・ノートは小額面であったので通貨として流通した。これは総督府が支払手段を必要としていたことをよりよく示すものである。そしてNSW銀行の銀行券もNSWの通貨不足を補充・代替する役割を担わされることになった。

表1-1　NSW銀行のバランス・シート（1817～1819年）

（単位：千ポンド）

項	目		1817年	1818年	1819年
負債		払込資本	3.6	6.7	10.8
		預金	1.8	23.4	26.4
		銀行券	5.6	11.5	7.2
		損益勘定	0.2	11.5	7.2
		未配当額			0.1
		負債総額	11.4	42.8	45.8
資産	現金	大蔵省手形	0.1	9.4	8.2
		兵站部手形	1.4	0.3	
		総督府手形	1.7	0.5	4.2
		鋳造貨幣	0.2	4.0	5.9
		為替手形	5.6	25.7	23.0
		抵当貸付	1.3	2.5	4.1
		建物・家具	0.3	0.1	0.2
		費用	0.3		

出典：NSW [FL] pp. 102, 303, 410 より作成。

次に、準備の構成を検討しておく。表1-1の資産項目の現金（cash）は、大蔵省手形、ストア・レシート、総督府・兵站部諸手形、正貨（鋳造貨幣）によって構成されていた。だが1818年12月31日には、ストア・レシート、兵站部手形が減少し、また正貨と第1級の送金為替である大蔵省手形が増加して、設立当初の準備構成の異常な状態を脱しつつあった。銀行の保有正貨の大部分は、ホリー・ダラーとダンプであった。そして銅貨は無視しうるほど少額であった。ストア・レシートと大蔵省手形は、現金とみなされ、これらによって預金を受け入れたとき、'cash' として記帳されていた。

NSW銀行の銀行券は、総督府・兵站部関連のノートや手形類、ロンドン宛の大蔵省手形を準備に発行された。これら政府証券は、形式の違い、金額の不統一、流通の諸制限があり、同行の一元的なラウンドナンバーの銀行券によって置き換えられた[54]。NSW銀行は、混乱した通貨構成を整理するのに大いに寄与したのである。

(5) 手形割引・貸付業務

　NSW銀行の営業規則によれば、割引対象の手形及びノートは、3名の署名が記入され、かつ振出人、受取人及び支払人のいずれかがシドニーの居住者であることが条件とされた[55]。手形割引及び不動産担保貸付の申請があれば、同行取締役会で審議のうえ決定した。最初の手形割引は、1817年4月15日、5件の手形が持ち込まれ割り引かれている[56]。

　取締役会が承認した手形割引を顧客帳簿とつき合わせることによって、手形割引が当座勘定においてどのように処理されていたかを明らかにする。九つの手形割引のうちDavis BevanとArmytage, C.の当座勘定は、顧客帳簿のなかに見つけることはできなかった。九つの手形割引のうち4枚の手形は、R. キャンベルによって割引申請されている。またW. レッドファン、J. ウィリアムス、E. イーガー、W. ハチスンは同行の株主であった。割引申請者、振出人、名宛人のなかに同行の株主がはいっている事実から、手形割引は株主達の間でよく利用されていたことがわかる。言い替えれば、手形決済と手形の現金化を必要とした人達が同行の設立に参加し株主となったと言える。

　R. キャンベルによる4枚の手形の合計金額は224ポンド4シリングであった。彼の当座勘定の貸方の8月5日に「現金」(cash) 203ポンド10シリング7ペンスと入金が記帳されている。彼の当座勘定では8月4日以降、相当額の入金は記帳されていないので、8月4日承認された224ポンド4シリングの手形割引が翌日彼の当座勘定に203ポンド10シリング7ペンスの、'cash'による入金として処理されたと考えられる[57]。R. クーパーの手形割引は、彼の当座勘定の8月5日、'cash' 40ポンド7シリング3ペンスの入金に相応すると考えられる[58]。T. ハンキンソンの手形割引は、彼の当座勘定8月5日、'cash' 175ポンド12シリング8ペンスに相当する[59]。

　手形及びノートは銀行で割引に付されると、その相当額が顧客の当座勘定に、'cash'として貸方記帳されたのである。すなわち当座勘定の貸方に、'cash'と記入されているのは、なにも現金による預金だけを意味するものでなく、手形

割引及び小切手の受取による預金の形成をも意味しているのである。当座勘定における預金残高は、現金による預金プラス受取手形及び小切手の合計額と、小切手振出額の差額である[60]。それゆえに同行の当座勘定は、設立初年から顧客が相互に受け払いを済ませ、かつ銀行の貸付・返済が同勘定をもって行われていたことから、決済勘定として十分機能していた。

　手形割引とは別に他の貸付方法は不動産抵当貸付である。不動産抵当権は、銀行が設立される直前の1817年1月18日にL. マックワリ総督によって登記制度の規定が布告されたことによって保証された[61]。取締役会は不動産抵当貸付を払込資本の3分の1に制限することに決めたが[62]、このルールに従って、株式の払込みが遅れたために抵当貸付も順調には進まなかった。取締役会議事録に記録された最初の不動産抵当貸付は4件であった。

(6) 銀貨幣導入と金銀複本位制

　T. ブリスベン（Brisbane, T.）総督は、スペイン・ドルの導入には当初消極的であったが、兵站部の官僚たち、とりわけM. ゴルバン（Goulburn, M.）が導入を積極的に進めた[63]。その主要な目的は、政府支出を減らすこと、不足する民間の貨幣需要に対して通貨を供給すること、1819～21年に兵站部によるカレンシー・ノートの発行を避けることなどがあげられる。1822年の初めにインドからスペイン・ドルが5シリングで買い取られ輸入された。政府は、ドル銀貨が5シリングで流通させられることを事前に公表しなかった[64]。1ドル＝5シリングの換算レートは、古い交換レートであり、このレートでスペイン・ドルが大蔵省手形と交換されるものと想定されていた。しかし兵站部は、ドルの地金評価額である4シリング2ペンスの換算レートを採用した。この換算レートをめぐる混乱は、スペイン・ドル銀貨にとって最大の問題となった。NSW銀行は、当局によってレートの統一が実現するまで、ドルの受入れを拒否した。それは1ドル5シリングのレートを総督府も維持することができないと考えたからである。民間の計算単位に対する混乱から、スペイン・ドルは準備として保有された[65]。1822年の総督通達によると、植民地の租税及び義務、

地代・借地料等は、すべて5シリングのスペイン・ドルで支払われるべきとされた[66]。

　スペイン・ドルの多様な評価額は、1825年6月まで政府取引において存続していた。民間に対する支払は5シリングで計算されていた。軍人に対しては4シリング8ペンスに等しいものとして支払われたし、官吏に対しては4シリングとして支払われた。スターリングとスペイン・ドルの交換レートは統一されなければならなかった。軍人や官吏に対する支払は、スターリングでの支払と規定されており、NSWで変更可能なものでなかった[67]。

　民間流通において状況は同じであった。NSW銀行は、ドルによる計算方法に切り替え、1822年4月にはドル建て小切手の決済を行うようになり、少なくとも1823年の初めにはすでにドル建て銀行券を発行していた。同行がドル建て預金の受入を拒否したのは極めて短期間にすぎない。1822年7月からはドル建て預金を受け入れている。1823年のチャーターの更新時期に、銀行勘定はドルに転換された。NSW銀行のポンド建て準備率は、図1-2のように、1820年代から1832年代に大きく減少した。しかしドルへの移行は完全なものでなかった。株式資本及び配当はスターリングのままであったし、ポンド建てのストア・レシートも預金可能であった[68]。

　ドル建て銀行券の発行は、ドル銀貨の補充という側面もあったが、民間流通がすべてドルで決済されたわけではない。約束手形はドルでも振り出されたが、それ以上にスターリングでも振り出されていた。価格表示は極めてまれにドルで行われ、ほとんどがポンドで行われていた。『シドニー・ガゼット』(Sydney Gazette)の市場調査は、すべてポンドで表示され、時々ポンドとドルの両方で公表されていた[69]。

　1822年の植民地省の記録によれば、NSWの鋳貨は、8万ドルのスペイン・ドル、4万ドルのホリー・ダラー、3万ドルのダンプ、100ポンドのペニー及び1/2ペニーによって構成されていた。鋳貨以外には、1万6千ポンドの大蔵省手形と2万7千ポンドのNSW銀行の銀行券によって構成されていた。その後もスペイン・ドルは輸入されホリー・ダラーとダンプに改鋳されたので、

図1-2 NSW銀行の預金及び兌換準備率の変化（1817〜1840年）

(単位：千ポンド)

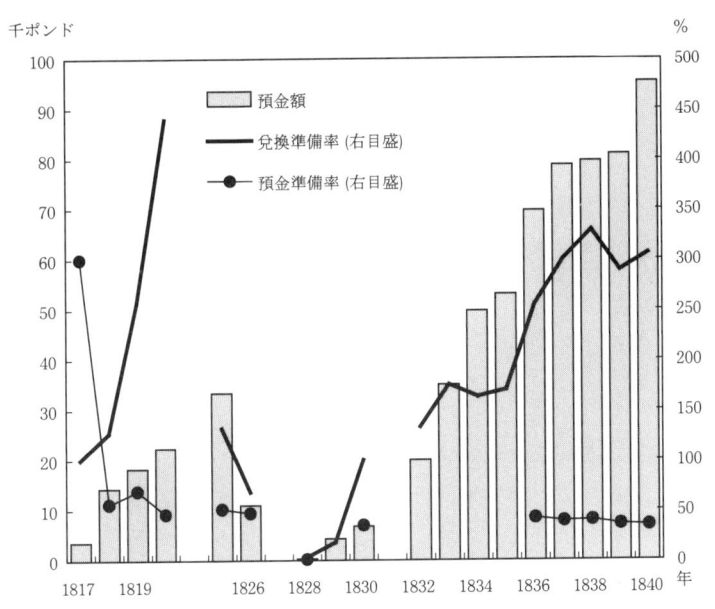

注：現金及び準備預金額は、100ポンド台を切り捨てた。準備率の数値は、小数点以下を切り捨てた。
出典：Butlin, S. J. [1953] pp. 586-592 より作成。

1822〜32年は金銀複本位制の時代であると考えられる[70]。

第3節　牧羊業の展開

　J. マッカーサー（Macarthur, J.）は、NSW軍団の将校で、退役後土地の下付を受けた人であった。彼は、1802年にキング総督との対立によって本国に送還され、軍事裁判にかけられたが、その機会に植民地で良質の羊毛を生産することを本国政府高官に説明し、1万エーカーの土地の下付を許可した本国国務大臣の命令書を獲得した。彼は、本格的に羊毛生産を開始した。1830年代は、スロスルと呼ばれる紡績機の普及によって、梳毛工業の未曾有の発展期にあたる[71]。原毛に対する需要も大きく、羊毛価格も高かったのであり、その意味で

は彼は先見の明があったのである[72]。マッカーサーは、17年間にわたって J. ハンターから W. ブライ（Bligh, W.）にわたる歴代総督と対立したが、この対立は、歴代総督の食糧自給化政策、対仏防衛のための集住政策に対して、富裕層の市場経済志向と開拓との違いから生じていた。しかし19世紀の初めには、食糧自給体制に一定のめどがつくとともに、ナポレオン戦争の終結以降、一般入植者が増加して、牧羊生産が拡大することになる[73]。

(1) スクオティングの展開

1820年以降は、オーストラリア経済の発展からみると大きな変化が生じ、経済成長の画期をなしている。経済拡大の起動力は、スクオティングとして知られる大規模な土地不法占有運動であった。土地の不法占有とは、当時オーストラリアでは、土地は基本的にクラウン・ランド（Crown Land）、国有地であり、土地の私的所有と開拓及び利用に対して地理的に制限と許可を必要としていたので、この制限地域の外側にある土地に対して、許可なしに開拓と利用を進めることである。ただし、NSW 軍団の将校及び高級官吏など一部の人に対して、土地が下付され私的所有と開拓は部分的に認められ、また一般にも土地の販売は行われたがその価格は高かった[74]。

S. H. ロバーツ（Roberts, S. H.）によれば、スクオティング時代は、1835年から1847年の短い間に限定されているが[75]、1820年代から1830年代にかけての連続した動きとみなされるし、1820年以前においてもその萌芽を見ることができる[76]。ただし1820年代の不法占有は、制限地域に隣接する土地に対する小規模なものであり、19世紀オーストラリア牧羊業を特徴付ける内陸部・遠隔地に対する大規模牧草地帯の占有は、1835〜47年のスクオティングである。したがってスクオティングは、初期の小規模なものと1830年代後半からの大規模なものとに分けて理解することもできる。この時期に NSW の東部からビクトリア東南・南西部、クインズランド東南部の大部分の土地は、牧羊地として大規模な土地占有が確立した。

ブルー・マウンテンは、NSW の開拓にとって大きな障害となっていたが、

1813年、J. ブラックスランド（Blaxland, J.）、W. C. ウェントワース（Wentworth, W. C.）、W. ローソン（Lawson, W.）の3人は、尾根道をたどって西側斜面に広大な平原を発見したのである。その後数年のうちに内陸の草原の探索、調査が行われた。新しく発見された土地は、牧羊地として適したので、これまでの入植地に大きな影響を与えることになった。

1820年までにカンバーランド平原の土地は、羊や牛の増加に対して、もはや十分な牧草を提供するものでなくなっていた。長年牧羊地として利用された土地は、旱魃や多年草、病害虫によって破壊されていった。したがってブルー・マウンテンの南西斜面への牧羊地の拡大は、自然のなりゆきであった[77]。

1820年から1840年の入植地域は、山脈によって自然の障害があった。カンバーランドを含む開拓制限ラインは崩れ、まず北部と南部へ入植が広がった。1820年代の終わりまでに、北部地域への入植は、リバプール山脈によって制限され、南部地域ではグレート・ディバイディング山脈によって制限された。後者は、リバプール山脈よりも険しく通過するのはより困難と思われた。この自然の障害は羊毛生産額の増加に重大な影響をもたらさなかった。というのは先導者による最初の入植とその新しい開拓地で羊の密度が高水準に達するのに時間がかかり、そのうちにリバプール山脈では短期間のうちに山越えの道が見つけられたからである。1830年代前半にはリバプール山脈のさらに北側に入植地が開かれた。NSWの南方の山間部にも占有地が広がった。

南部地域では、1830年代の中頃までに二つの道が開かれた。すなわち1834年にタスマニアに居住した農夫たちはポートフィリップ地域（今日のメルボルン）に新しい入植地を開き、今日のポートランド周辺にまで達していた。今一つはグレート・ディバイディング山脈を越える道が見つけられ、今日のビクトリア地区は1830年代後半に北と南から入植地が開かれたのである[78]。

牧羊地を求めた入植地の拡大に対して、T. ブリスベン（Brisbane, T.）総督は自由放任的な土地政策を採ったが、次いで総督に就任したR. ダーリング（Darling, R.）総督は、1826年にNSW西部地域へさらに拡大することに厳しい限界を画した。さらに1829年には牧羊開拓を認める地域として19地域を規定

した。しかし先に見たように、1830年代の新しい入植地の開拓は、この19地区を越えて拡大していた[79]。

ダーリング総督の土地占有に対する制限的態度は、一つには土地調査の必要という官僚的発想に由来し、他方でE. G. ウィークフィールド（Wakefield, E. G.）の植民政策論に影響されたものである。ウィークフィールドによれば、植民政策は独立自営農民を育成するために、定められた土地が経済的に合理的な価格で売却され、その国有地の売却収入は移民の渡航助成金にあてる。移民にしても刑期を終了した者（エマンシピスト）にしても、彼らが容易に土地を所有することを認めるべきではなく、一定の労働の結果として土地所有が形成されることを目的とするものであった。こうした理念に基づく土地政策は1826年から1831年の間に採用され、公式に制限された地区で土地を販売し、それ以外の土地の占有を制限することになった[80]。

しかしながらこの土地政策は現実性を欠いていた。ダーリング総督の土地開拓の制限期でさえも、牧羊開拓地はすでにこの制限ラインを越えていたのである。資金のない移民は土地価格があまりにも高いために失業者となるか、新しい土地を求めて不法占有者（スクオター）となるしかなかったのである。しかしスクオティング時代には、スクオターは遠隔の牧草地を目指して大規模なものとなっており、銀行や商人から融資を獲得できる者、自己資金を持っている者、イギリスの良家の出身者、入植により財をなした者、商人及び農業経営者、軍団将校などであった[81]。政府の規制の効力も極めて弱かったので、1830年代前半には開拓地は19地区を越えて広がってしまった。公式の19地区での公有地売却による土地私有制とそれ以外の未公認地での不法占有という二重の土地制度がこの時期に拡大した。そしてR. ブーク（Bourke, R.）総督は、土地の不法占有に対して、1847年に占有許可制度（License Act）を導入することによって、この土地の占有を承認したのである[82]。

(2) 牧羊業の発展

牧羊業の地理的拡大は、羊毛積出港からの距離が隔たることからコスト上昇

を招き、たとえ新たな土地の生産性が高くても、開拓の広がりにつれて周囲の土地の生産性が高いと限らないので、そのためにすぐに収穫逓減が生じ、羊毛の生産価格の上昇を招く傾向があった。

　オーストラリア羊毛の輸出は、1820年代まで徐々に増加したが、イギリスの羊毛輸入に占める割合は10％未満であった。この原因は、ナポレオン戦争後から1820年代の中頃までイギリスの貿易量は停滞傾向にあったこと、1814～37年に西ヨーロッパを襲った農業不況が、イギリスの工業製品に対する購買力を著しく低下させたこと、さらに1815年の穀物法に代表される輸入制限と関税政策が存在した。関税は植民地製品に対しても適用された。しかし1820年代には、イギリスの貿易政策が徐々に互恵体制に基づく貿易拡大に転換して、特に羊毛、木材など工業原材料の輸入関税が引き下げられたことによって、1820年代の後半からオーストラリア羊毛の輸出急増が生じた[83]。1830年代の羊毛生産額の増加率を決定した要因は、毛織物工業からの羊毛に対する絶えざる需要の増加と、これを反映してイギリス国内の羊毛価格が上昇したことであった。1820年以降開拓された新しい土地は、その後のオーストラリアの羊数の増加から見ると、当時の世界市場全体の羊毛生産量を上回る供給能力を有していた。イギリスの互恵主義に基づく貿易政策の中で、ドイツ、スペインをはじめとしたこれまでの羊毛の供給国は、オーストラリアとの競争戦に敗退し、オーストラリア羊毛は、世界市場における市場シェアを上昇させた[84]。

　1830年代には、羊毛産業の爆発的な拡大をみた。オーストラリアの輸出構成でみると、1830年代の前半まで、オーストラリア最大の輸出産業は、捕鯨を中心とした水産業であった。だが1830年代には水産業の輸出も拡大したにもかかわらず、羊毛産業は10年間のうちに最大の輸出産業となっていた[85]。他の産業への影響も強かった[86]。特に金融業と輸送産業は、羊毛生産者の需要の増加によって強い刺激を受けた。銀行の設立とイギリス植民地銀行の進出もこの時期である。

　1820～30年代の羊毛産業の拡大は、今日のオーストラリアの都市の基礎をつくった。1人当たりの所得水準が増加して、その購買力は輸入財へ向かった。

輸送関連の製造業や少数の毛織物工業が設立されたし、先に述べた銀行、その他サービス産業も成長した。1834年以降タスマニアからポートフィリップ地区への入植が確立した。1824年にモートンベイ（今日のブリスベン）植民地が設立された。スワンリバー（今日のパース）植民地、南オーストラリア植民地がそれぞれ、1829年と1836年に設立された。しかしながらポートフィリップ以外の新しい植民地は、1840年以前において生産活動として重要な意味をもっていなかった。モートンベイ植民地は重刑の囚人植民地にすぎなかったし、西・南オーストラリアの両植民地も足場が確保されたにすぎなかった[87]。

　1830年代後半は、1850年以前の経済発展のなかで最も高い水準を示した。しかしながら、1840年代の10年間に羊毛生産の増加率は停滞し、人口の増加率も1830年代に比べて減少した。加えて、捕鯨産業は急速に低下した。唯一拡大的要因となったのは、南オーストラリアで新産業として銅鉱山が開発されたことである。だが鉱山業も大きな影響を与えるものでなかった。1840年代は、全体的な経済停滞のために1820年から1840年までの経済拡大と時期区分するのが適切である。

(3) 1840年代の長期不況

　ビクトリアの羊数と羊毛輸出は、1842年から1849年にかけて、それぞれ3.7倍、5.1倍に増加したが[88]、イギリスの羊毛価格（lincoln half hogg）は、1830年代の平均価格14シリング6ペンスから1840年代11シリング4ペンスに低下した[89]。そしてオーストラリアは、初めての長期不況を経験した。NSWとタスマニアでは金利の引下げ競争と銀行の倒産という金融的混乱が生じた。1840～43年の間に預金銀行9行が倒産した。南オーストラリアではイギリスで振り出された為替手形のために財政危機が発生した。

　W. A. シンクレアによれば、この長期不況は1820～30年代の牧羊業の地理的拡大と経済成長の基本的構造が崩れたわけではない。1830年代後半ほど熱狂的ではないにしても生産地域は拡大し、羊数の増加、絶え間ない羊毛収穫量の増加が見られた。牧羊業は、捕鯨産業が急速に収縮しかつまだ銅鉱山業が大きな

規模を持ち得ない段階で、1840年代の不況色の強いなかにあって唯一の成長産業であり続けた。不況の原因は、1820〜30年代の成長メカニズムの二つの要素が中断したことがあげられるだろう。第一に、NSWへの囚人輸送が中止されたことである。これは二重の影響を持っている。まず囚人のために支出される兵站部支出が減少しその需要効果が後退したこと、次いで囚人労働力の減少が、1830年代に顕著となる労働力不足に拍車をかけたことである。第二に、イギリスからの資本の流入が1842年に激減した。1840年の資本流入は1836年のそれと比べると3倍以上となっていた。この影響が金融部面に現われた[90]。

イギリスの景気変動を見ると、1842年は毛織物工業の暗黒の時代（1839〜43年）にあたり、特に毛織布部門が最も深刻な影響をこうむっていた。羊毛の価格水準は、1839年の1ブッシェル当たり17シリングをピークに、1843年の10シリングの底値まで低下して、その後変動しつつも1840年代は比較的低い水準にあった[91]。イギリスの原毛輸入量も1839年をピークに低下し、1842年には前年比2割弱の落ち込みを示している。毛織物工業に起因する景気動向は、イギリスの景気循環全体からすると副次的であるが、このイギリスの景気後退がオーストラリアへの投資の減少、低い羊毛価格、原毛輸入量の減少として現われたと考えられる[92]。

牧羊産業は少なくとも1842年まで地理的な拡大を続けた。拡大した土地のうち先導的部分は、以前に開拓された土地と同等のあるいはより高い生産性を有していた[93]。1840年までにオーストラリア南東の三日月地帯の最良の土地は占有されてしまった。ビクトリアにおいても水利の良い牧羊適地は取得された。マレー川の北側の未占有地は、すでに占有された土地よりも気候的にも好ましいものでなく、地理的にも輸送コストのかかるものであった[94]。1840年代初期に開拓された土地は、それ以前のものよりも生産性が低いか、追加コストを必要とするものであった。たとえその地域が良い牧羊適地であるとしても、先導的占有者から順に優良地を占有し、後から入植する者は相対的に生産性の低い土地を占有せざるを得なかった。生産性が相対的に低い土地は資本収益率が低いことを意味する。すなわちオーストラリア牧羊業は、1840年代の初めに限界

生産力の底に達して、同時にイギリス毛織工業の不況による原毛需要の停滞と、これに起因する原毛価格の低下に直面したのである[95]。

資本収益率の低下は、牧羊業の限界生産力の低下と、制度上の変更による影響も部分的に考えられる。すなわちNSWへの囚人移送の中止、土地売却収入による移民の渡航助成制度の廃止は、移民の減少を通じて労働力の不足が拡大し、賃金の上昇を引き起こしたことである。賃金の上昇は資本収益率の低下に作用したのである。

イギリスの投資家にとって、オーストラリアの地形、気候についての調査が進み、新しく開拓される土地はコストがかかり、生産性が低いことも容易に理解されただろう。収益率の低下が予想される部面に危険を冒す投資家は少ない。1840年の資本流入の激減はこの点から説明されるだろう[96]。

第4節　外国為替市場の成立

1850年以前に設立された預金銀行のリストは、NSW銀行を含めて22行あり、多くの銀行は1840年代に失敗したが、1830年代に設立されたBOA銀行 (Bank of Australaisia)、CBC銀行 (Commercial Banking Company of Sydney)、BSA銀行 (Bank of South Australia)、UBA銀行 (Union Bank of Australia) の4行は19世紀後半にも営業を続けた。CBC銀行を除くと、BOA銀行、UBA銀行、BSA銀行は、本店をロンドンにおくイギリス植民地銀行であり、CBC銀行は、シドニーに本店をおくオーストラリアの銀行である。オーストラリアの経済発展と地域的拡大に相応した新しい銀行制度の出現である。イギリス植民地銀行の進出は、第一に、広大な地域をカバーするための支店銀行制度の成立であり、第二に、貸付資金の源泉を銀行資本よりむしろ預金におく預金銀行制度の成立であり、第三に、イギリスの資金のオーストラリアへの導入の一つの経路となった。

イギリスからNSWへの資金の導入は、1830年代前半には銀行制度以外でなされた。移民は現金を持ち込み、またイギリスの代理人宛に為替手形が振り

出された。オーストラリア農業会社は、NSW の牧羊業に投資するためにロンドンに設立され、ニューカッスル地域に大規模な土地の譲渡を受け、1826年に営業を開始した[97]。イギリスの植民地銀行は為替業務を行うことで NSW の為替市場を発展させた。植民地銀行にとって、イギリスとオーストラリアの金利格差は銀行の高い収益源泉となった。オーストラリアの高い金利は、新しい開拓地における高い生産性によって維持され、NSW 全体の牧羊業は、世界各国の牧羊業と比較して、1870年代まで長期にわたって穏やかに拡大した。

(1) ドルの廃止と金本位制の確立

オーストラリアの貨幣制度の混乱は、ナポレオン戦争と大きく関係している。1794～1815年の間、イギリスからのスターリング金貨の導入がほぼ停止したし、その結果貨幣の不足が大きな問題となり、外国通貨の利用が始まった。L. マックワリ総督のスターリング重視政策の下でも、現金通貨の不足を補うために、スペイン・ドルを改鋳したホリー・ダラーとダンプが流通に投じられたほどである。また戦争終結後、イングランド銀行が兌換を再開するとともに、オーストラリアではイギリスのスターリング貨幣の導入が本格化することになった。1825年にイギリス政府は、英帝国に対する貨幣制度の整備に乗り出した。つまりイギリスの鋳造貨幣を計算単位及び流通手段として、各植民地において金本位制ないし金為替本位制を新たに採用することを促した[98]。

1825年12月に銀貨、すなわちクラウン、半クラウン、シリング、6ペンス、合計額3万ポンドが到着して、スターリング貨幣の本格的な導入が始まった。ダーリング総督は、議会条例（order in council）、大蔵省通達（treasury circular）、総督通達（general order）により、スターリングの地方への供給方法を公表した。それによると、イギリス大蔵省手形は、その最小額面が100ポンドであったが、この100ポンドに対して103ポンドのスターリング通貨と交換されること、ドル銀貨はすべての政府取引において4シリング4ペンスで受け入れられ、ルピーは2シリング1ペンスで取り引きされることになった。政府勘定は、すべてスターリングで記帳されることになった。これは1826年1月

1日より施行されることになった[99]。

　しかしドル銀貨は、民間流通において5シリング通貨として流通し続けたし、ドルの価格表示も残っていた。政府はスターリングとの固定レートを設定して、それでもってドル銀貨及びルピー銀貨を喜んで受け入れた。また兵站部も同じレートで大蔵省手形の発行を除くと、供給者及び引受者に対してスターリングとの交換に応じた。NSW銀行は、勘定のほとんどをドルで処理していた。同行はドル建て手形も割引していたし、ドル建て預金も保有していた。そしてスターリング預金も新たに開設され、スターリングでもドルでも処理することができた。1826年2月には、ポンド建て銀行券が再発行され始めた。しかし銀行の資本勘定は、まだドル建てであった。配当もドルで公表されており、ドル建ての銀行券も発行されていた。民間における簿記は混乱し、ポンドによる計算方法とドルによる計算方法の二つを同時に記帳していた[100]。

　1826年7月にダーリン総督は、通貨条例（ドル条例：Geo. IV、No. I）を発布して、各種通貨による商取引は将来除かれることを布告した。しかし現実には、これは多くの要因によって妨げられた。銀行は小額面の銀行券を発行し続けたし、NSW銀行は5シリング銀行券を再び発行したので、スターリング貨幣と競合した。スターリング金貨は、大蔵省手形を買い取るための唯一の手段であるために、銀行によって密かに蓄えられていた。多くの商人・個人も政府への支払をドルで行っていた。その結果、政府はスターリングを支払い、ドルを受け取るだけであった。兵站部の財政資金は、大蔵省手形の発行ではなく、イギリス貨幣を直接送金する方法がとられた。R. ダーリン総督は、1ポンド以下の銀行券の発行を禁止して、地金に対するドルの価値を引き下げることを検討した[101]。誰もがドルを唯一の地金と考えていたとき、スターリングの流通を促そうとしたのである[102]。

　同条例では、スペイン・ドルを貨幣とする規定はなくなった。ドルが4シリング4ペンスのスターリングと同等のものとして法的に規定されたことにより、スターリングとドルとの統一したレートが確定した。20シリング以下の銀行券及び譲渡可能な有価証券の発行は禁止された。銅貨は1シリングまでを法貨と

規定された[103]。イギリス貨幣の流入は、反面でドルの流出を引き起こした。すなわち、兵站部が財政資金を直接スターリングで供給され、大蔵省手形の振出しの必要がなくなり、対外決済の手段であった大蔵省手形の不足を補って、ドルが海外に流出したのである。兵士の賃金及び政府支出はスターリングで支払われた。

1826年 NSW 銀行が経営危機に陥ったとき、総督はこれを援助するために、NSW 銀行がスターリング勘定に復帰すべきであることという一つの条件を出した。同行のドル建て銀行券は回収され、ポンド券に置き換わった。同行は、4シリング4ペンスのレートを採用し、9月にはすべての勘定をスターリングに転換した[104]。

政府の採った次の政策は、マックワリ総督によって投入されたホリー・ダラーとダンプの問題であった。この改造スペイン・ドルは植民地に定着し1826年10月まで確実に流通していた。兵站部は、ホリー・ダラーを3シリング3ペンス、ダンプを1シリング1ペンスと評価していた。1828年9月には、これらの貨幣は大蔵省手形との交換に回収された。

ドルによる価格表示は、罰金が課されたので少なくなった。しかし入植者たちはドルで借地料を課され、その換算レートは5シリングが用いられていた。帳簿の記入は、スターリングで行なわれた。そして賃金はまだドルで支払われていた[105]。

1825年から1829年までに5万5,000ポンドのイギリス鋳貨が輸入され、さらに2万ポンドの輸入が期待された。1829年8月から外国鋳貨は公的支払に使用することはできないと決定された。その結果、ホリー・ダラーとダンプの回収が行われ、同年の9月に最終的に終了した。期待された2万ポンドが到着して、ドル及びルピーの下落は決定的なものとなった。政府が受取を拒否したので減価は避けられなかった。地方の商人はスターリングに換えるために、ドル及びルピーを送らなければならなかった。直接の交換は不利であったので、スターリング手形の割引も利用された。

1832年にこれまでの古い条例及び通達が規定した罰金は、すべて4シリング

4ペンスのレートで評価すると規定されて、最終的な法的措置が完了した。NSW銀行は1830年にドルの受入を拒否し、ドル建ての銀行券及び手形も割引の対象としないことが決定された。オーストラリアにおけるスターリングの地位は、常に通貨不足の傾向にあったものの、その後さしたる大きな通貨問題は生じなかった。

(2) イギリス植民地銀行の進出

1830年代になると、オーストラリアの羊毛生産・貿易量は増加して、イギリスとの為替取引の必要はますます増加したことを背景に、イギリス植民地銀行が進出してきた。イギリス植民地銀行は、オーストラリアだけでなく、南アフリカ、インド・極東、北アメリカ、その他英国植民地において活動していた。我国の幕末・開港期にいち早く進出し、横浜正金銀行が営業するまで、わが国の為替業務を一手に引き受けていたこともよく知られている。これら銀行群は、ロンドン宛の送金小切手（ドラフト）を振出し・販売するとともに、羊毛輸出業者の振り出したロンドン宛の取立為替手形（荷為替手形）を買い取り、オーストラリアにおける貿易金融を展開した。表1-2のBOA銀行のバランス・シートをみると受取手形の項目が圧倒的に多い。受取手形はオーストラリアにおける為替手形の買取りを記帳したものであるので、為替手形の買取りを本業としていた。

植民地銀行は、オーストラリアで業務を営むにあたって支店への資本の送金に際して、本店宛の送金小切手をオーストラリアで販売することによって行った。もちろんこのドラフトは、購入者にとってロンドンに対する支払手段の獲得を意味するから、彼らはこれをオーストラリアの輸入決済手段として用いた。いわゆる銀行の為替業務の開始である。

BOA銀行は、オーストラリアで銀行業務を営むために、とりわけロンドン宛の為替手形の買取りを営むために、1835年5月ロイヤル・チャーター（royal charter）を獲得してロンドンに設立された。したがってNSW総督の建議により「ローカル・チャーター」を獲得して営業を開始したNSW銀行

表1-2　BOA銀行のバランス・シート（1843～1849年）　　（単位：千ポンド）

	項目	1843年	1844年	1845年	1846年	1847年	1848年	1849年
資産	政府証券・現金	255	203	266	430	327	333	448
	設備	14	19	22	23	24	24	24
	受取手形・その他証券	1,486	1,476	1,438	1,310	1,473	1,350	1,300
	資産総額	1,485	1,698	1,726	1,771	1,823	1,707	1,773
負債	資本金	900	900	900	900	900	900	900
	銀行券	74	74	35	99	107	106	106
	支払手形・その他負債	143	113	107	223	227	145	246
	預金	478	491	525	549	536	473	470
	不良債権	45	15			34	82	51
	未配当利益	115	103	109				

出典：BM 各号より作成。

と異なっている。1834年大蔵省の提示した特許状の条件によれば、BOA銀行の資本は全額募集され、募集額の半分の払込みをもって業務が開始可能とされた。もし応募及び払込みが18カ月以内に達成されない場合、特許状は失効するものとされた。同行の株主の有限責任は応募額の2倍とされ、明確に株主の有限責任制をもつ株式銀行であった。

同行の特許状によれば、銀行の負債総額が株式資本額プラス預金総額の3倍を超えないこととされ、これによって銀行券の発行量を制限した。さらに銀行券は額面1ポンド以下の発行を禁じられ、発行支店同様に、植民地の主要支店及びロンドンにおいて要求次第支払われるものと規定された。貸出は、商業手形及び政府証券を担保にした貸付、貨幣・為替・地金等の貨幣取扱的業務に限定し、土地及び不動産を担保にした貸付を禁じた。さらに取締役及び職員による保証書を担保にした貸付を禁じ、1件の貸付額を貸付総額の3分の1を上限とすると規定されていた。

営業一般については、6日連続してあるいは1年に60日を超えて現金の支払停止が発生した場合、特許状は失効すること、配当は実現された利益のみから支払われることと規定されていた。また各支店の資産・負債額は毎週本店に報

告すること、報告は半年ごとに各植民地で公表され、かつロンドンで統括されるべきとされた[106]。ロンドン本店には、株主総会により選出された取締役会（court of directors）をおき、オーストラリア植民地では総支配人（superintendent）が統括し、植民地本店（superintendent office）及び植民地取締役会（local court）がおかれた[107]。

株式銀行の有限責任制をめぐっては、イギリスにおいても1830～50年代に議論された。そして少なくとも1858年まで、イギリス政府はイギリスの銀行に対して、有限責任制を持つ法人格を一般法としては認めなかった[108]。ただし例外的に、個々の銀行ごとにロイヤル・チャーターをもって有限責任制は認められていた[109]。

(3) 外国為替市場の変化

イギリス系植民地銀行が進出する以前の為替市場は、総督府のロンドン宛大蔵省手形を中心としていたが、この為替制度は、二つの限界を持っていた。①オーストラリアの輸入額が総督府の発行するロンドン宛大蔵省手形の発行額に制限されることになり、発行額は、イギリス本国政府が総督府及びNSW軍団の経費送金額によって規定されるために、経済規模の拡大にともなう輸入額の増大に対して十分な決済手段として対応できなかった。②さらに重大な問題点は、オーストラリアの輸出についての代金の取立のための為替の買取りが行われなかったことである。銀行が為替業務を営む以前は、有力な貿易商人が為替の買取業務を遂行していた。

しかし為替取引は、仕向地における買為替と売為替の相殺を基礎に成立するものであり、輸出入決済に季節的な変動が強く働く場合、また買為替と売為替の金額が恒常的に不均衡である場合、為替取引は困難となる。オーストラリアは羊毛輸出の季節的集中と輸入超過が恒常的であったので、為替取引の運営は困難な課題を抱えていた。為替取引における相殺の困難を克服するために、ロンドンとオーストラリアにおける資金調整を必要とするが、預金銀行は、この資金調整が預金業務と銀行間の借入によって、比較的安価な資金調達手段を持

っていた。

　しかし植民地銀行の進出によって、輸入については送金為替の販売と、輸出業者の振出した為替手形の買取りによって為替取引量は急増することになる。これによってこれまでの大蔵省手形に代わって、植民地銀行による為替市場の独占が形成されることになる。オーストラリアで為替業務を営む場合、ロンドンに為替準備金（ロンドン現金勘定＝London cash account）、厳密に言うとコルレス預金を必要とする。当時オーストラリアに設立された銀行は、このコルレス預金をロンドンに保有しておらず、さらにロンドンの銀行と為替業務のためのコルレス関係を持っていなかったので、為替業務はできなかった。その結果、イギリス植民地銀行による為替市場の独占が形成された。

　オーストラリアの居住者は、国内的にはオーストラリアの銀行と金融関係を結んだとしても、輸出入にともなう為替取引となると、これをイギリスの銀行に依存しなければならなかった。オーストラリア内の商業取引が直接イギリスとの貿易に依存している時代であるからこの複雑さは大きな問題であった。

　だが、1840年代になるとCBC銀行が最初にロンドンの銀行とコルレス関係を結び、為替業務を開始した。オーストラリアの銀行は、為替業務の欠如のために、イギリス系銀行に奪われていた顧客を自分のもとに引きつけることができた。こうしてオーストラリアの為替市場は、イギリス系銀行とオーストラリア系銀行との競争市場となった。その結果、イギリス系銀行も奪われた顧客をつなぎ止めるために、為替業務の他にオーストラリア内の貸付業務に力を注がなければならなくなった。

　UBA銀行がシドニー支店で為替業務を始めたとき、同行の競争者は有力な輸出業者であった。シドニーにおいては多額の輸出に携わっている「名声の高い」商人たちがいた[110]。彼らは羊毛を輸出し、ロンドン宛の送金小切手を振出し、それをイギリスからの商品の輸入者に販売した。銀行を除く為替取引は、「外部市場」と言われモーゲージ会社（mortgage company）や手形・株式ブローカー、羊毛輸出商会等によって行われていた[111]。彼らは羊毛輸出商会を除けば、ロンドン資金を直接に植民地に供給する投資会社であった[112]。彼ら

によるロンドン宛手形の振出しは、銀行のロンドン宛ドラフトの振出しと競争関係にあったことから、シドニーにおいて、「植民地銀行は、為替市場に存在しなかった」[113]と言われるほどであった。そしてUBA銀行のシドニー支店は、割引業務を中心とすることになった[114]。

19世紀前半のオーストラリアの貨幣・金融の最大の課題は、国内通貨と対外決済手段の創出であった。当初、総督府・兵站部の支出が国内通貨及び対外決済手段を供給し、イギリス植民地銀行の進出によって為替業務が開始されて、対外決済の問題は一応の解決を見たが、国内通貨の供給は、対外決済問題と結びついて不安定であり続けた。そして総督府の支出は、大蔵省手形に見るようにイギリス大蔵省に依存し、植民地銀行の為替業務は、イギリスにおける資本と預金に依存した。NSW銀行の設立に見るように、オーストラリアにおける独自の預金銀行の活動は始まったものの、同行が1840年代の牧羊不況期に破綻したように、国内通貨と対外決済手段の創出は、まったくイギリスに依存したものであった。

1) Butlin, S. J. [1953] pp. 30-33.
2) Clark, M. [1986] p. 25（竹下訳 [1978] 27ページ）．
3) 物々交換がかなり広範に行われていたとしても、他方でポンドスターリングを中心とした貨幣流通も存在していた。また物々交換のなかで、小麦、ラム酒が交換及び支払手段として機能していたことが指摘されている。だが、ラム酒は、多くの人々に好まれたとしても一部の人に対する賃金の支払手段として機能したにとどまった（Butlin, S. J. [1953] pp. 18-25）。
4) 植民地内で物々交換による経済取引がある程度広がっていたことが指摘される。物々交換の際、主要な取引商品となったのが酒類（当時のオーストラリアでは、ラム（Rum）と呼ばれていた）、砂糖、たばこ、茶等であった（Butlin, S. J. [1953] p. 21）。
5) NSW植民地に流入した外国の鋳造貨幣の1例を示すと以下のとおりである。ギニー金貨（Gulnea）、ヨハンナ金貨（Johanna）、半ヨハンナ金貨（Half Johanna）、ダカート金貨（Ducat）、モハ金貨（Gold Mohur）、パゴダ金貨（Pagoda）、スペイン・ドル銀貨（Spanish Dolar）、ルピー銀貨（Rupee）以上

の他にも銀貨、銅貨が流通において使用されていたと考えられる（Millar, W. J. D. [1981] pp. 17-22）。
6) Shann, E. [1930] p. 49.
7) 兵站部のオフィスは、シドニー以外では、パラマタ、リバプール、ウィンザー、バサースト、ニューカッスル、そしてヴァン・ディメンズ・ランドのホーバートタウンとポートダリンプルにおかれていた（Millar, W. J. D. [1981] p. 46）。
8) 数年の後にこの約束手形の振出しは総督府にとっても、本国政府にとってもあまり好まれなかったようであり、回収及び整理が求められていた。新しい植民地の食糧生産と商品流通の拡大に加えて、商取引のための通貨の不足が問題になるとき、兵站部が振り出す正式の約束手形に替わって、広く一般に流通する通貨が必要となった。
9) ストア・レシートは、Please to Pay……という一定金額の支払を依頼する様式と、小麦、食肉等の特定品の価格を、I promise to Pay……と支払を約束する約束手形の様式をもつものがあった。いずれも兵站部副部長のサインが記入されている（Butlin, S. J. [1953] pp. 45-48）。
10) Butlin, S. J. [1953] pp. 30-32.
11) ストア・レシートがロンドン宛の手形と交換に回収される制度は、いつから発展したか明らかでないが、少なくとも1790～91年に始まった（Butlin, S. J. [1953] p. 31）。
12) Butlin, S. J. [1953] pp. 33-34.
13) Butlin, S. J. [1953] p. 34.
14) Butlin, S. J. [1953] pp. 35-36.
15) Millar, W. J. D. [1981] p. 46.
16) Butlin, S. J. [1953] pp. 31-32.
17) 軍人や官吏の賃金は、通常、彼らが本国へ帰還するか、入植者となるために除隊及び退職するときに一括支払われた。そして日常の生活物資は兵站部で提供されていた。しかしこの制度は、1791年に軍人をシドニーで募集するようになったときに変化した。一般に軍人・官吏は、ペイマスター・ノートによって給与の支払を受けた。このノートは、一定額ごとにロンドン宛のペイマスター・ビルに交換され、その後にロンドンかシドニーで現金化された（Butlin, S. J. [1953] p. 34）。
18) Millar, W. J. D. [1981] pp. 61-71.

19) Butlin, S. J. [1953] pp. 31-32.
20) Butlin, S. J. [1953] p. 36.
21) Butlin, S. J. [1953] p. 37.
22) Butlin, S. J. [1953] pp. 37-38.
23) Butlin, S. J. [1953] p. 38.
24) Butlin, S. J. [1953] pp. 27-28.
25) Holder, R. F. [1970] p. 9.
26) Holder, R. F. [1970] pp. 29-43.
27) The Australian Encyclopedia [1958] Vol. 5, pp. 451-454.
28) Holder, R. F. [1970] p. 7.
29) The Australian Encyclopedia [1958] Vol. 5, pp. 516-517.
30) Holder, R. F. [1970] p. 10.
31) Butlin, S. J. [1953] p. 409.
32) Holder, R. F. [1970] p. 11.
33) NSW銀行の最初の取締役会議事録は、1816年11月22日付の記事から始まっている（NSW [FL] p. 1）。
34) Holder, R. F. [1970] p. 11.
35) Holder, R. F. [1970] p. 13.
36) 取締役会議事録では12月5日付に記載されている。このリストには44名の応募者が記載されているが、うち7名については株式数が記入されていないので応募辞退者と考えられる（NSW [FL] pp. 4-5）。
37) Holder, R. F. [1970] p. 16.
38) 1817年12月31日付の株主リストによれば、150ポンドの払込みを済ませた株主のうち、E. イーガーの375ポンド、D. ウェントワースの225ポンドであった。そしてW. レッドファンは50ポンドで払込み不足となっていた（NSW [FL] pp. 92-94）。
39) 1818年12月31日付株主リストによれば、最大の株主はR. キャンベルの700ポンドで、次いでD. ウェントワースの400ポンド、S. テリー（Terry, S.）の325ポンド、E. リレイ（Rily, E.）とG. ホーエル（Howel, G.）がそれぞれ300ポンドとなっている（NSW [FL] pp. 294-295）。
40) NSW [FL] pp. 396-398.
41) Holder, R. F. [1970] p. 33.
42) NSW [FL] p. 294.

43) Holder, R. F. [1970] p. 40.
44) NSW [FL] p. 102.
45) NSW [FL] pp. 302-303.
46) NSW [FL] pp. 407-408.
47) Westpac 銀行のアーカイブスにより作成されたインデックスによる。
48) 吉田暁 [2002] 25-27ページ。
49) Holder, R. F. [1970] p. 26.
50) Holder, R. F. [1970] p. 36.
51) Holder, R. F. [1970] p. 36.
52) Millar, W. J. D. [1981] pp. 62-63.
53) Millar, W. J. D. [1981] pp. 51-52.
54) マックワリ総督期には、まだ総督府の財政資金を統括するような部門は存在していなかった。そのため財政資金の管理は分散し、救貧基金（orhan fund）、給与基金（police fund）としてジョーンズ・リレイ商会（同行の株主）に預託されていた。そしてポリス・ファンドは、のちに総督府の大蔵省に発展すると指摘されているが、これは、当時ポリス・ファンド・ノートを少なくとも4種類発行していた（Millar, W. J. D. [1981] pp. 57-61）。このポリス・ファンドの総支配人はD．ウェントワース（同行の株主）であった。これは、1820年にNSW銀行に特別定期預金を作って預託されるようになる（Holder, R. F. [1970] pp. 43-44）。
55) Holder, R. F. [1970] p. 46.
56) NSW [FL] pp. 79-80.
57) NSW [FL] p. 115.
58) NSW [FL] p. 125.
59) NSW [FL] p. 64.
60) 「為替手形」は、未決済手形の保有残高（ストック）を意味しており、フローとしての小切手振出額を示すものではない。顧客が商取引において受け払いする手段である商業流通の通貨は、このフローとしての小切手及び手形流通額、または同額でないにしても小切手及び手形の振出額である。
61) この登記法の布告が同行の設立の準備段階であったことを考えると、総督の布告は、同行の不動産抵当貸付を法的に保証することを直接に意図するものであったとも言える（Holder, R. F. [1970] p. 47）。
62) Holder, R. F. [1970] p. 47.

63) M. ゴルバンによるドル導入政策は、スターリング化を強く進めたマクワリーに対する批判的な感情、NSW銀行に対する敵対関係、貨幣に関する誤った認識、インドの行政官H. ブラックウッドとの約束、などが大きな要因であった（Butlin, S. J. [1953] p. 144)。
64) Butlin, S. J. [1953] p. 144.
65) Butlin, S. J. [1953] pp. 147-148.
66) 政府による小麦の買上価格の引上げが行われ、兵站部も小麦の買上代金はドルで支払った（Butlin, S. J. [1953] p. 148)。
67) Butlin, S. J. [1953] p. 153.
68) Butlin, S. J. [1953] pp. 158-159.
69) NSW銀行は、9ポンド5シリング、すなわち37スペイン・ドルで配当を公表している。ポンドでの契約はドルで清算され、ドル建ての銀行券及び小切手は、一定のレートで決済されていた。約束手形の標準的な形式は、16ポンド15シリングで、1ポンド＝5シリングのレートを採用していた（Butlin, S. J. [1953] p. 159)。
70) ただしS. J. バトリンは、この時代を銀本（ドル）位制としている。スターリングによる価格表示とスターリングでの支払も存在したので、金銀複本位制とするのが適切であろう。
71) 井上巽 [1968] 146-149ページ。
72) 羊毛は、世界を巡る旅の費用を自分で持てるほど値が高かった。……例えば、1811年から20年までの10年間に、小麦の価格はオーストラリアでトン当たり20ポンドを超えず、イギリスではもっと低かった。これに対して平均の品質の羊毛の値段は、イギリスで1ポンド当たり2シリング、つまりトン当たり224ポンド以下のことはめったになく、しばしばこれ以上の値が付いた（Blainey, G. [1966] p. 125（長坂他訳 [1980] 102-103ページ))。
73) Clark, M. [1986] pp. 26-28（竹下訳 [1978] 27-29ページ).
74) オーストラリアの土地制度は、1825年の総督府の下付及び1831年の公開入札（public auction）の開始によって、わずかな私有地が認められたものの基本的には国有地制であった（Coghlan, T. A. [1890] pp. 224-225)。
75) Roberts, S. H. [1964] p. 1.
76) Roberts, S. H. [1964] p. 51.
77) Sinclair, W. A. [1976] p. 42.
78) Sinclair, W. A. [1976] p. 47.

79) Sinclair, W. A. [1976] p. 48.
80) Sinclair, W. A. [1976] pp. 48-49.
81) スクオターは、必需品を四輪の大型馬車に積み込み、牧童と家畜の群、時には家族を連れて、道なき道を奥地へ旅立った。放牧地までの旅は40日から60日を要し、牧地を見つけると粗末な小屋を立て食糧貯蔵庫を必要とし、家畜の囲い場を作った。したがってスクオターになるには多額の資金を必要とするものになっていた（Clark, M. [1986] pp. 82-83（竹下訳 [1978] 104ページ））。
82) 1847年の枢密院規定（Privy Council Verdict）に従って、公有地借地契約（pastoral leases）の更新と占有の継続を保証した（Coghlan, T. A. [1890] p. 226）。
83) 藤瀬浩司 [1980] 37-43ページ。1823年以降、貿易拡大に一つのスタートが切られた（Kenwood, A. G. & Lougheed; A. L. [1992] p. 62（岡村他訳 [1977] 54ページ））。
84) Roberts, S. H. [1964] p. 45.
85) Sinclair, W. A. [1976] p. 44.
86) Roberts, S. H. [1964] p. 44.
87) Sinclair, W. A. [1976] p. 57.
88) Fenton, J. J. [1901] 付録統計より。
89) Michell, B. R. & Deane, P. [1962] pp. 495-496.
90) Sinclair, W. A. [1976] p. 65.
91) Michell, B. R. & Deane, P. [1962] pp. 191-192, 495-496.
92) 1830年代イギリスの景気循環におけるイギリス毛織物工業及び梳毛工業の動態については、馬渡尚憲 [1973] 18～27ページ参照。
93) 開拓地の生産性が高くないならば、羊毛価格が低下するなかで牧羊開拓の拡大は望めないだろうし、もしそれが望めないならば、牧場の新たな開拓は採算を無視した熱狂的で無謀なものであったに違いない（Sinclair, W. A. [1976] p. 67）。
94) 道路交通は、多くは中古馬車の利用にもかかわらず、安価なものではなくかつ著しく遅いものであった。1841年に、郵便馬車はシドニーとバザースト間の周回に6日を要していた。片道の乗車賃は、熟練労働者の週賃金がおよそ5シリングにすぎないのに、一人当たり4ポンド10シリングであった。1857年でさえも、道路交通はのろくかつ高価なものであった。重い荷物になると、同じ区間で平均して、23日も要し、そのコストはトン当たり15ポンド10シリングもか

かったのである。このスピードの遅さは、道路の悪さにあり、馬が乾燥した大地に最適の動物でないことも原因していた。雄牛は初期の入植者の活動にとって必要なものであったが、重い荷馬車の費用は高価であり、1840年代にいずれも12～20ポンドも要したのである（Wotherspoon, G. [1983] p. 15）。

95) Sinclair, W. A. [1976] p. 67.
96) Sinclair, W. A. [1976] p. 68.
97) 山中雅夫 [1993] 参照。
98) Butlin, S. J. [1953] p. 8. スペイン・ドルの導入は、部分的なドル本位制への移行を意味していた。すなわち政府及び民間においてドルが計算貨幣として利用され、スターリングに替わって一般流通の通貨として広く流通していた。しかしながらこの制度も長く続くことはなかった。イギリスの対外政策は、1825年の末に金為替本位制の確立に向けた布告がなされた。その結果、オーストラリアにおいても1826年以降、30年までに段階的に金本位制へ移行することになる。
99) Butlin, S. J. [1953] p. 164.
100) Butlin, S. J. [1953] p. 165.
101) 銀行券は、発行当初低額面のものも発行されていたが、イギリスの例にしたがって、1ポンド以下の銀行券の発行が1826年に禁止され、それ以降1ポンド券以下の低額面の銀行券の発行は流通から消えたようである。当時の週賃金が約1ポンドであったために、銀行券は所得流通に入り込めず、むしろ商業流通の通貨及び民間銀行の準備として機能したと考えられる（Butlin, S. J. [1953] p. 11）。
102) Butlin, S. J. [1953] p. 166.
103) Butlin, S. J. [1953] pp. 166-167.
104) Butlin, S. J. [1953] pp. 168-169.
105) Butlin, S. J. [1953] p. 170.
106) Butlin, S. J. [1961] p. 25. 神武庸四郎 [1979] 436-438。
107) Butlin, S. J. [1961] p. 29-31.
108) Salsbury, S. [1988] p. 31.
109) UBA銀行は、ロンドンに本店を置くイギリス植民地銀行の一つであるが、ロイヤル・チャーターの獲得に失敗した（Butlin, S. J. [1961] p. 52）。
110) Butlin, S. J. [1961] p. 37.
111) Butlin, S. J. [1953] p. 491.

112) Butlin, S. J. [1953] p. 494.
113) Butlin, S. J. [1961] p. 37.
114) Butlin, S. J. [1961] p. 37.

第2章　経済成長の構造的特質

　19世紀前半の経済開発は、オーストラリア大陸の東南地域における牧羊地の開拓であった。しかし19世紀後半は、内陸部及び大陸の北部、西部地域へ牧羊開拓地が拡大し、同時に地下の天然資源の開発が進められた。牧畜業は外延的に拡大するとともに、むしろこの時期は、牧場の柵による囲込みと水資源の管理などの新しい技術の導入によって牧草地の有効利用が高まった[1]。土地の有効利用は、1862年条件付土地売却（conditional purchase）の推進によって、1880年代には、小麦生産を中心とした農業生産の拡大と、その結果小麦の輸出が始まった。しかし牧羊・農業部門の拡大に先立って、1851年の金の発見は、オーストラリア経済のあらゆる面に大きな影響を与えた。移民・人口の増加、都市の開発、交通手段の発展を促した。加えてオーストラリア東南地域の金、銀、銅をはじめとした天然資源が開発され、鉱山業が第二の輸出産業として発展した。羊毛生産と鉱物資源の開発の新しい結合がオーストラリア経済の発展をさらに高度化したのが19世紀後半であった。

　オーストラリア経済の19世紀後半の発展は、次のように区分できる。1850年代のゴールド・ラッシュ期、人口と経済活動が飛躍的に拡大した時期である。1860年代はゴールド・ラッシュの後退による失業の増大、1862年の土地売却政策の混乱、1866年オヴァレント・ガーニー恐慌の影響、比較的長い不況を経験しながらも、本格的成長への静かな始まりであった[2]。1870年代以降、長期の安定的な経済成長の実現、1880年代後半の都市開発、不動産投資ブームとその崩壊、1893年金融恐慌とその後の長期不況である。1861年から1890年までの30年間の実質国内総生産額の延びは、1861～70年4.3%、1871～80年5.1%、1881～90年4.0%、と比較的高い水準を示している[3]。

19世紀後半は、オーストラリアの金融システムが初めて体系的に形成され、かつその特質が展開した時期にあたり、この発展した金融システムが、1893年金融恐慌によって大きく変容を迫られた。この時期の銀行システムは飛躍的な発展をみることになる。すなわち1850～1890年の間に預金銀行数は26行に増加し、支店数は1850年の24店舗から1890年の1,543店舗に増加した。この時期の金融システムの説明は、多岐にわたるが本書では、以下の四つの視点でまとめることにした。第一に、預金銀行の設立と支店銀行制度の発展である。第二に、外国為替取引のメカニズムとロンドン貨幣市場との関係である。第三に、基幹産業であった牧羊業に対する金融機関の構造的な関係、とりわけ預金銀行の牧羊貸付の構造と方法である。第四に、金融システムの体系的な確立として、非銀行金融機関の成立と証券市場の発展である。

これらの課題は以下の章でそれぞれ取り上げるが、本章は金融システムの発展の基礎とその背景をなしたオーストラリア経済の全体的な発展を明らかにする。第一に、19世紀後半に輸出産業として成長した資源開発及び鉱山業の発展とその影響を取り上げる。第二に、牧羊業の西部および北部地域への外延的拡大と農・牧業の技術的発展の中で、土地制度の変化、農業の確立と発展過程を取り上げる。第三に、19世紀後半のオーストラリアの貿易構造と国際収支の構造を検討する。第四に、政府及び経済政策上の課題であった鉄道建設、関税制度に検討を加える。

第1節　金の発見と鉱山業

19世紀後半の経済発展の発端は、ゴールド・ラッシュにあるので、資源開発及び鉱山業の発展過程を検討することから始める。19世紀末には鉱物資源の開発は、オーストラリア第二位の輸出産業となる。そして金融機関を除けば、鉱山会社の発展は株式会社制度及び証券市場の特殊性を形成することになった。

(1) 金の発見

　金は貴金属の中でも最も価値のあるものであるが、オーストラリア植民地で公式に金の存在が確認されたのは、1823年2月16日であった。土地測量技師M. ブリーン（Brien, M.）がNSWのバサーストの東15マイルのフィッシュ・リバー（Fish River）で金を発見したことを報告している。その後も本国でオーストラリアに貴金属が豊富に存在することは報告されたが、貴金属の開発に至らなかった[4]。

　1851年、E. ハーグレィブス（Hargraves, E.）による金発見の報告がオーストラリアにゴールド・ラッシュを呼ぶことになる。同年ビクトリアでも、J. M. エズモンド（Esmond, J. M.）によって金が発見されている[5]。1852年にはタスマニアと南オーストラリアで、1858年にはクインズランドとニュージーランドで、1868年には西オーストラリアで発見された。ただし西オーストラリアでの発見は、1887年まで大規模な金鉱山の開発には至らなかった[6]。各植民地でのあいつぐ金の発見は、金床が新しい入植地の境界地に横たわっていたので、牧羊入植地の占有運動及び開拓の延長線上に生じたこと、したがってオーストラリアの経済地理上の拡大過程における一つの経過点であり、土地の開拓は1870～80年代にさらに内陸へと進んでいったのである。

　表2-1は、オーストラリア各植民地において1851年から1890年までの間に生産された金の生産総額を示したものである。ビクトリアはこの間に、ニュージーランドを含むオーストラリアで産出された金の総生産額の66.5%を占めた。ビクトリアとNSWの金生産量は、1850年代中頃をピークに減少に転じ、1886年に最低量を記録した。だがその後、クインズランドと西オーストラリアの金生産量が増加したことにより顕著な増加に転じた。

　1890年のオーストラリア、ニュージーランドの金生産量に占めるビクトリアとクインズランドの各々のシェアは、39.2%と35.6%であった。ちなみにニュージーランドとNSWがそれぞれ12.9%と7.7%であった。その他の植民地は、2%弱であった。クインズランドの金鉱山では、少なくとも1880年代後半に鉱

表2-1　地域別金生産総額（1851〜1890年）

（単位：千ポンド）

植民地	生産額	シェアー
NSW	38,075	11.1
ビクトリア	227,482	66.5
クインズランド	26,034	7.6
南オーストラリア	1,169	0.3
西オーストラリア	605	0.2
タスマニア	2,238	0.7
ニュージーランド	46,425	13.6
オーストラレーシア	342,031	100

出典：Coghlan, T. A. [1892] p. 129.

石の1トン当たりの平均産出高が他の植民地の2倍に達した。ビクトリアでは、金鉱脈が地下2,000フィートを超える深いところにあり、深い鉱床の開発は、多くの資本量と採掘のための経営組織を必要とした。詳細は5章4節を参照されよ。したがって鉱山株式を中心とした証券市場の発達をビクトリアにもたらすことになった。金は、オーストラリアで最初に発見された鉱物資源ではない。すでに鉄鉱石、銀、鉛、石炭、銅が発見され、とりわけ銅は、1840年代に南オーストラリアで重要な産業となっていた[7]。産出された金は、1852年より金塊（インゴット）に鋳造され、1856年からシドニー鋳造所でソブリン金貨と半ソブリン金貨が鋳造された。

　コグランによれば、オーストラリアで算出された金の5分の4は海外に流出した。表2-2は、金地金及び金貨の輸出超過額の変化を示したものである。1861〜65年のビクトリアとNSWの金輸出額43,335千ポンド、同じ期間のオーストラリアの経常収支の赤字累積額22,400千ポンドであり、1866〜70年の金輸出額32,914千ポンド、経常収支の赤字累積額18,400千ポンドであった。オーストラリアからの金の輸出額は、経常収支の赤字累積額をはるかに上回っており、対外決済手段だけで金の流出を説明することはできないように思われる。金は、銀行のロンドン資金の形成のために金の購入とロンドンへの送金、金生産者及び個人による商品としての金の売却などによって流出した。

表2-2 金地金・金貨輸出超過額の変化 (1851~1890年)

(単位:千ポンド)

年	NSW	ビクトリア	クインズランド	南オーストラリア	タスマニア	ニュージーランド
1851~55	3,713	33,378		2,000	818	39
1856~60	4,624	52,963		99	24	9
1861~65	8,533	34,817	98	331	9	8,256
1866~70	5,123	27,791	1,670	64	30	12,038
1871~75	4,457	22,330	4,425	505	1	8,600
1876~80	791	14,891	5,004	594	160	5,614
1881~85	1,126	14,716	3,629	543	554	4,178
1886~90	849	8,386	7,910	130	318	3,459
輸出総額	27,520	209,280	22,738	268	1,833	42,196

出典:Coghlan, T. A. [1892] p. 55.

(2) 他の鉱物資源の開発

銀生産の先進的地域はNSWであった。1882年まで銀の産出量はきわめて少なかったが、これ以降の重要な発見が続く。銅鉱石は各植民地であいついで発見されたが、NSWでは、ニューイングランドのボーロック (Boorook) バザースト近郊のサニー・コーナー (Sunny Corner)、西部地域のシルバートン (Silverton) やブロークン・ヒル (Broken Hill) で開発が進んだ[8]。1890年にオーストラリアの銀の総生産額の90.1%はNSWで産出された。クインズランドでは5.6%で、他の植民地は1%前後にすぎなかった[9]。

BHP社 (Broken Hill Property Co.) は、鉱山会社としては最大規模を誇っていた。同社は最新の溶解プラント及びすぐれた技術者を要し、1885年の営業開始から1891年11月までに80万トンの銀鉱石及び銀鉛鉱石を産出した。これらはロンドン市場で7,059千ポンドの価値を持っていた。同社は3,304千ポンドを株主に配当し、さらに592千ポンドのボーナスを支払った。鉱夫1,412人を含む2,545人を雇用していた[10]。

銅はすべての植民地で存在が確認されたが、南オーストラリア、NSW、クインズランドで鉱山として開発された。とりわけ南オーストラリアのカプンダ鉱山 (Kapunda) は最も古い銅山で1842年に採掘を開始した。その3年後に

さらに豊富なブラブラ鉱山（Burra Burra）が開発され、最初の株主に約800千ポンドが配当された[11]。その後も多くの鉱山が開発され、銅は南オーストラリアの経済発展に大きな影響を与えた。NSWでは中部地域のコバー（Cobar）やニマジー（Nymagee）の鉱山が主要なものである。鉛、錫はすべての植民地で発見されたが、特に錫はNSW、クインズランド、タスマニアが主要な産出地であった。そのほかに、褐鉄鉱、赤鉄鉱、菱鉄鉱、剥げ石、ニッケル、コバルト、マンガン、クロム、硫黄鉱、砒素、アンチモン、ビスマス、黒鉛、揚炭等が開発された[12]。

石炭は1797年NSWのケイラ山近郊で発見されたが、ほとんど開発されなかった。オーストラリア農業会社が1826年に、100万エーカーの土地を下付されたときに、ハンターリバー（Hunter River）地区で埋蔵が確認された。石炭層の開発権も特許状によって同社に帰属することが認められた。だが同社はその後20年間特権を保有したにもかかわらず、これを開発せず、また他のものが開発することも認めなかった。1847年に同社の独占的採掘権が廃止され、同地域の炭坑開発が始まった[13]。

NSWで登録された石炭鉱山（coal mines）が1890年に94社存在し、1鉱夫当りの採掘量は368トンであった。そこでは10,469名が雇用され、そのうち8,311名が鉱夫であった。1882年の1鉱夫当りの採掘量は578トンであり、その後徐々に減少し、1890年の採掘量はこれまでの10年間の最低であった。1890年を末とする過去10年間の生産量をもとに算出した1鉱夫当りの平均採掘量は467トンで、その額は210ポンド3シリングであった。1トン当りの価格は9シリングで、ヨーロッパ諸国、アメリカに比べてもトン当りの価格は高かった。だが1鉱夫当りの採掘量は、イギリス330トン、合衆国347トン、ドイツ336トン、フランス196トンに比べて多く、したがって1鉱夫当りの年間収入は83ポンド13シリング5ペンスと比較的高かった[14]。

1人当たりの年間石炭消費量は、1876年1,500重量ポンドから1888年2,450重量ポンドへ増加した。これは鉄道機関車、製造業、ガス事業等の蒸気機関の利用が増加したこと、加えて外国航路の蒸気船の石炭需要の増加も大きな要因で

表 2-3　地域別主要鉱物資源の累積生産額（1890年）

(単位：千ポンド)

植民地	金	銀	銅	スズ	石炭	灯油	他の資源	合計
NSW	38,075	7,682	3,362	5,541	23,891	1,338	563	80,456
ビクトリア	277,482	88	191	674	53		189	228,679
クインズランド	26,034	476	1,957	3,808	1,213		44	33,534
南オーストラリア	1,169	101	19,751	18			394	21,436
西オーストラリア	605		140	5			169	920
タスマニア	2,238	39	1	4,711	229			7,219
ニュージーランド	46,425	134	17		3,348		5,603	55,529
オーストラレーシア	342,031	8,524	25,421	14,760	28,736	1,338	6,963	427,776

出典：Coghlan, T. A. [1892] p. 166.

あった。石炭の開発は輸出向けでなく、むしろ国内消費・エネルギー源としての需要に基づいていた。1890年の蒸気機関による石炭消費量は20万トン弱であった[15]。

あらゆる種類の鉱物資源が確認されたけれども、金を除くと1880年代までの開発は第一歩を踏み出したにすぎなかった。表2-3は1852年から1890年までの累積生産額を主要資源毎に示したものである。植民地のなかにはデーターが欠除しており空欄となっているが、累積生産額に大きく影響するほどの欠陥ではない。1852年以前にNSWで採掘された資源は石炭だけである。1852年までの石炭採掘額は279千ポンドであった。1852～90年の鉱物資源の累積生産額は、427,496千ポンドとなる。表の合計欄の数字は、1852年以降の39年間の鉱物総生産額と1852年以前の石炭の生産額を合計したものであり、年平均額は約10,961千ポンドであった。

第2節　牧羊業の地理拡大と技術改良

(1) 土地売却政策

1850年代の金の発見とその後の人口と経済の急速な拡大は、失業と農産物の

輸入増加をもたらし、スクオターによって占有された土地は、改良投資をともなわない粗放的な放牧が支配的であった[16]。こうした経済的混乱が政治上の問題として、スクオターによる粗放的な土地利用に対する批判を表面化させた[17]。1861年の土地法は、NSW首相 J. ロバートソン（Robertson, J.）が法案を上程し、上院の強硬な反対を押切って成立した。同法は国有地売却法と国有地占有法によって構成されており、一般に入植者に対して土地の購入を認めつつも、これまでのスクオターの土地占有をも認めるという妥協的な性格をもっていた[18]。国有地売却法（Alienation of Land Act）は、従来の土地制度に比べて二つの制度上の特質をもち、農業生産の拡大を目的としていた。

従来、国有地の売却は、申請者の選定と土地局の測量後に競売に附されるものであって、その際測量過程の煩雑さと競売価格の上昇により、一般入植者の土地の購入は極めて困難であった。同法は、「自由選択の原則」（free selection）を採用し、そこでスクオターによって占有された土地でさえも測量の前に土地の選定を認め、かつ1エーカー当り20シリングの固定価格で売却することとした。また農地として土地の改良を促すために条件付購入制（conditional purchase）を導入していた。この方法によって、指定地域以外の非所有地は、誰でも40〜320エーカーの範囲で土地を購入することが可能となった。ただし購入地は、耕作者の居住と柵等の土地改良投資エーカー当たり20シリングの投資を義務づけられた。そして購入時に購入価格の25％を払い込み、残額は3年の分轄払とされ、払込みの終了をもって土地所有権が確定した[19]。NSW政府の土地収入は、土地売却収入と地代・賃貸料によって構成され、売却収入が1870年代以降に増加した。

「国有地占有法」（Occupation of Land Act）は、スクオターに自己の占有地に対する先買権を認めるとともに、1847年の枢密院規定（Privy Council Verdict）に従って、牧羊地借地契約（pastoral leases）の更新と占有の継続を保証した。ただし借地期間を改め開拓の進んだ東部第一級開拓地については1年に限定し、中部及び西部地区については5年と定め、それぞれ更新できるものとした[20]。

ビクトリアでは、1862年の通称ダフィー法（Duffy Act）によって、「自由選択の原則」が採用されたが、NSWと異なっていたのは、政府によるあらかじめ測量調査された土地を売却の対象とした点にある。そのためNSWにみるセレクター（selector）とスクオターとの間の混乱は生じなかった。また1884年の土地法によって、売却地を制限するために国有地の賃貸制度を広く採用したことである[21]。クインズランドでは、1869年にNSWのロバートソン法と同じ制度を導入したが、はるかに広大な面積とわずかな人口のために、1人当りの所有・占有面積は広大なものとなった[22]。

1870年代以降、NSWのダーリング川（Darling River）以西の西部地区への牧羊開拓の外延的拡大と、その地域での牧羊借地契約の増加は、ロバートソン法がその目的を十分に達成しえなかったことを示すとともに、穀物輸入も減少しなかったことを見ると、土地政策の失敗は明らかであった[23]。この再検討において最も重要な土地制度上の改正は、1884年の土地法の成立である。

同法の骨子は、一層の土地改良を促進するために、スクオターの占有地の半分を政府が回収し、この回収した土地を各種の改良条件のもとに再び貸し出すか売却することにあった。同法によれば、中・東部地域において「自由選択の原則」に従って、条件付購入制の下で16歳以上の誰でもこの回収地を40～640エーカーの範囲で購入できた。購入の条件は、入植者が、入植地に5年間居住すること、約定日から2年以内に境界線に柵を作ることであった[24]。この条件は、1861年法に比べてさらに厳しいものであった。入植者は以前よりも広い土地を購入できるが、1エーカー当り1ポンドの統一価格を支払い、その支払方法は1エーカー当り2シリングを預託し、残額は1エーカー当り1シリングの年分轄払いとし、4％の利子を課した[25]。西部地域については、ホームステッド借地契約（homestead leases）を設け、牧羊のために広大な土地の占有を認めた。また残る未回収地は、借地人に引き続き牧羊借地契約の規定に従って占有することを認めた[26]。

だが、同法の基本的性格は次の点にあった。牧羊借地契約の適用地については、借地の権利を保証するために、政府が一方的に借地権を取り消すことがで

きないこと、さらに借地期間についても西部地域では21年に延長され、7年ごとに土地利用についての査定が行われるようにした。もし土地の利用が不十分であれば、政府は借地契約を取り消すことも可能であった。中部地域の借地期間については10年、東部地域については5年と定められた。また回収された土地のうち借手のいない土地については、元の借地に占有認可状（occupation licence）を発行し、引き続き占有を認めたが、占有認可状は毎年更新され、政府は認可料として640エーカーに対して2ポンドを徴収した[27]。以上、同法の性格は、牧羊借地契約に永続性を付加することによって、牧羊地の改良を促進し、最大の輸出産業である牧羊業の生産力を強化することにあった。それゆえに、1884年法は、農業生産力の育成を目指したロバートソン法とその意図と内容において著しく異なるものであった。さらに同法は、土地売却価格と牧羊借地の地代及び認可料の引上げによって、農・牧用地のための売却予定地の涸渇による土地歳入の減少を補い、これによって鉄道及びその他公共事業を従来通り継続することをも目的としていた[28]。

(2) 牧羊業の技術改良

19世紀後半のオーストラリア牧羊業の成長がそれ以前の発展と大きく異なる点は、土地の有効利用のための技術が進歩したことであった。1850年代、金生産への労働力の移動は、牧羊業の一時的停滞を招いたが、これはオーストラリア東南地域の牧羊業の発展過程の小休止にすぎなかった。むしろこの小休止が従来牧羊業の浪費的土地利用を見直す刺激となり、新技術の導入に基づく土地の有効利用によって、農産物の収穫が急速に拡大した。その新技術は、牧場を一定区画ごとに柵で囲い込むことと、牧地の給水施設の管理方法においてであった。前者は1エーカー当りの土地の生産的利用を改善する手段となったし、後者は自然の水供給の制約を打破することによって牧草地の大規模な利用を可能にした[29]。

給水条件の良い牧草地が柵で囲い込まれると、給水設備を管理する能力が重要となる。柵で囲い込むことは、まず羊の出産率の顕著な改善をもたらし、羊

を管理する労働の節約となった。加えて羊毛の刈取りの便利さや羊の疫病の伝染を抑制する効果があった。給水設備に蒸気機関が利用され、マレー川をはじめとした河川地帯では両岸に給水のための設備がつくられた。牧草地の柵による囲い込みは1850年代にビクトリアで始まった。1870年代にはより大規模なNSWの牧羊業で支配的となり、またこの時期に給水設備が出現した。牧羊業の技術改良は、1870年代初期の羊毛価格の上昇とともに、同年代後半以降、NSW西部地域とクインズランド中西部への牧畜業の地理的拡大と羊毛生産量の飛躍的増加をもたらした[30]。

　1861年と1890年の羊数及び人口の増加率をみると、タスマニアは、1861年以降牧羊業の生産が停滞した唯一の植民地であった。これはウサギの害やジストマ等の羊の疫病、さらに牧草地の家畜扶養能力の狭性によるものである[31]。他のすべての植民地は拡大している。ただし、NSWと西オーストラリアは、人口増加率を羊増加率が上回ったところである。クインズランドとニュージーランドは堅実に増加したにもかかわらず、人口増加率が高かった。南オーストラリアは牧草地に制限があったために牧羊業の顕著な増加は見られなかった。ビクトリアでは、農業及び個人経営が重視されたために羊数の急速な増加は見られなかった。NSWの牧羊業は、オーストラリアとニュージーランドの羊総数に占めるシェアが1861年23.7％であったが、1890年には48.2％に増加し、羊総数のほぼ半分を占めるまでに成長した[32]。

　牛の飼育は、1861～89年の間に、NSWで、56.2％から17.4％へシェアが減少したのに対して、クインズランドではシェアが13.9％から50.8％へ増加し、オーストラリアの牛の放牧数の過半数を占めるに至った[33]。

　オーストラリアの農牧業の発展は、機械化によって大きな影響を受けた。19世紀の機械化の進展は、一人当りの生産量が少なく狭い土地で人力に頼る地方的生産から、オーストラリアの条件に合わせて考案された機械を広く利用する効率的な生産に移行していった。応用された機械の発明のなかで有名なものは、小麦脱穀機（1843年）、スタンプ・ジャンプ・プラウ（1870年）、スクラブ・ローラー（1890年代）があった。19世紀末までに小麦地帯は、ビクトリアや南オ

ーストラリアの乾燥した叢林地帯（mallee）へと拡大していった[34]。

W. A. シンクレアによれば、1860〜80年の安定的経済成長に対する基本的影響は羊毛産業の動向であった。羊毛輸出の変動は輸出全体の動向を左右し、牧羊設備投資は他の産業分野の投資よりも激しく変動した。所得水準に対する影響は、牧羊設備投資が重要であった。1870年代末まで輸出額は投資総額を上回ったが、輸出額の年々の変化は牧羊設備投資の年々の変化より小さかったので、経済の安定性に大きく貢献したのは牧羊設備投資の動向であった[35]。しかし1860〜70年代の牧羊投資の増加は雇用の拡大に結びつかなかった。それは柵として利用されるワイヤーはほとんどが輸入されたので、生産と所得に対する投資の乗数効果は輸入の増加によって減殺された。さらに1872〜77年の間の急速な投資水準の上昇は物価上昇を生みださなかった。というのは、まず金生産の縮小による失業が存在したこと、次いで輸入財価格の低下によって国内価格水準が下降圧力を受けたからである[36]。したがってこの時期の経済成長は、一般物価の上昇をともなわない実質的な成長であった。

第3節　国際収支の構造とイギリス資本輸出

(1) 貿易構造

オーストラリアの貿易の最大部分は、対イギリス取引であり、残りの主要な部分は、合衆国、フランス、ドイツ、ベルギーとの取引であった。表2-4によると、輸出と輸入を合計した貿易総額で、イギリスのシェアは、1861年に73.2％、1890年に74.9％であった。外国の貿易シェアは、1861年11.3％、1890年17.8％と上昇して、特に1880年代に増加した。この間のイギリス植民地のシェアは、変動が大きいものの1861年15.5％から1890年7.3％へと減少している。

19世紀後半オーストラリアの地域別貿易構造の転換点は1883年である。1883年までオーストラリアとイギリスの貿易は着実に増加したが、同年以降、大陸ヨーロッパの先進諸国との間に直接的な商業取引が確立され、1861年から1890

表2-4 主要地域別貿易額とシェアの変化（1861〜1890年）

(単位：％、千ポンド)

地域		1861年	1871年	1881年	1890年
イギリス	輸入	13,467	12,006	25,662	28,163
	輸出	12,207	18,486	24,342	28,200
	計	25,674(73.2)	30,493(76.8)	50,004(77.4)	56,363(74.9)
イギリス植民地	輸入	1,767	2,382	3,078	3,003
	輸出	3,656	764	4,257	2,472
	計	5,423(15.5)	3,146(7.9)	7,336(11.4)	5,472(7.3)
外国	輸入	3,216	2,245	4,603	7,325
	輸出	746	3,843	2,610	6,057
	計	3,963(11.3)	6,089(15.3)	7,213(11.2)	13,383(17.8)
貿易総額	輸入	18,451	16,633	33,343	38,492
	輸出	16,609	23,095	31,210	36,731
	計	35,061(100)	39,729(100)	64,554(100)	75,223(100)

注：百ポンド台を切り捨てた。（ ）内の数字は貿易総額に対する割合である。
出典：Coghlan, T. A. [1892] p. 32 より作成。

年にかけてオーストラリアの外国からの輸入は2倍に増加し、その輸出は8倍に増加した。その貿易額は、大陸ヨーロッパ諸国の経済発展とそれにともなう羊毛輸出の増加のために、この期間に238％も増加した[37]。

なかでもベルギーとの貿易は最大の増加を見せた。アントワープ港は、大陸ヨーロッパに輸出されるオーストラリア羊毛の唯一の集配センターとなって、多くの羊毛がドイツ及びフランスに搬送されたため、ベルギーへの輸出がとりわけ増加した。1883年の初めにオーストラリアとフランスとの直接の商業諸関係が確立された。メッセンジャー・マリタイム蒸気船が同年にオーストラリア水域に初めて現われた。1887年にベーメンの「ノルド・ドイツ・ロイド社」の船舶がオーストラリアとの貿易を開始した。そして1888年の後半にドイツの輸送船がシドニー、メルボルン、及びアデレード等の主要な羊毛輸出都市とアントワープ、ハンブルグ、ダンキークとの間の貿易を開始した。これに遅れてベルギーが蒸気船航路を確立した。外国の諸会社に加えて、イギリスの海運会社が大陸諸港に向かう航路を開設した。この時期、南アメリカのブエノスアイレスやモンテビデオからヨーロッパ市場への直接輸送も行われて、大陸諸国に羊

表2-5 地域別羊毛輸出額の変化 (1881、1890年)

(単位:千ポンド、%)

植民地	輸出額		輸出シェア(%)	
	1881	1890	1881	1890
NSW	4,485	6,139	27.8	30.5
ビクトリア	5,327	5,862	33	29.2
クインズランド	996	1,821	6.2	9.1
南オーストラリア	1,747	1,585	10.8	7.9
西オーストラリア	256	248	1.6	1.2
タスマニア	416	307	2.6	1.5
ニュージーランド	2,905	4,141	18	20.6
合計	16,136	20,106	100	100

注:輸出額は百ポンド台を切り捨てた。
出典:Coghlan, T. A. [1892] p. 37.

毛輸入代理商が多数活躍するようになった[38]。

ヨーロッパ諸国との直接の取引関係が確立された結果、イギリスとの貿易は、1881～90年の10年間に6,359千ポンド、13%近く増加したが、外国とのオーストラリア貿易は、6,169千ポンド、86%も増加したのである[39]。オーストラリアから船積みされる羊毛額は、この期間に400万ポンド、24.6%増加した。イギリスへの羊毛輸出額が100万ポンド強増加したにすぎなかったので、オーストラリア羊毛輸出総額に対するイギリスへの割合は、97.8%から84.5%へ減少した。外国への輸出は増加したのである[40]。

次に、輸出された羊毛がどの植民地で船積みされたか検討しておこう。表2-5によれば、ビクトリアは、1881年にNSWをはるかに上回る額の羊毛を輸出した。しかし1890年にはこれが逆転した。当時NSW産出の羊毛のうち一部が輸出のためにメルボルンに送られ、ビクトリアの羊毛として船積みされていた。1881年にNSWで生産されビクトリアに回送された羊毛は、2,750千ポンドに達していた。南オーストラリアも、ビクトリアほどではないにしても、船積みのためにNSWの羊毛を大量に引き受けた[41]。

アメリカとの貿易は、1890年にイギリス及びその植民地を除く外国との貿易に対してほぼ3分の1を占め、重要な地位にあった。アメリカ貿易の大部分は、

表 2-6　貿易相手国別輸出入額の変化（1861〜1890年）

(単位：千ポンド)

相手国名	輸入				輸出			
	1861年	1871年	1881年	1890年	1861年	1871年	1881年	1890年
ベルギー			26	281			100	1,752
フランス・その植民地	136	158	340	402	26	101	336	941
ドイツ	109	3	225	1,728			70	678
オランダ・その植民地	114	194	466	572	3	39	52	75
イタリア			7	40			152	29
ノルウェイ・スウェーデン	22	106	259	695				
中国	827	874	1,430	706	114	29	78	56
日本			23	78	1	9	6	14
南洋諸島	40	135	124	78	36	153	140	170
合衆国	1,080	616	1,593	2,656	76	367	1,298	2,073
その他	886	154	104	84	487	3,143	373	266
外国合計	3,216	2,245	4,603	7,325	746	3,843	2,610	6,057
イギリス	13,467	12,006	25,662	28,163	12,207	18,486	24,342	28,202
イギリス植民地	1,767	2,382	3,078	3,003	3,656	764	4,257	2,472
輸出・入総額	18,451	16,633	33,343	38,492	16,609	23,095	31,210	36,731

注：各国の数字は百ポンド台以下をで切り捨てたために、合計の項目の数値と一致しない。
出典：Coghlan, T. A. [1892] pp. 32, 34 より作成。

NSWとニュージーランドによって行われた。アメリカへの輸出品の主要なものは、正貨、石炭、羊毛であった。正貨は貿易赤字の決済として流出したのであり、また羊毛の輸出も他の外国へのそれと比べて重要なものでなかったし、その拡大も期待されていなかった。しかしアジア諸国との貿易は、オーストラリアの羊毛市場として将来拡大すると考えられていた。特に、日本との貿易関係は、輸出の牽引車として確立されつつあった（表2-6）。またセイロンは、多くの事業部面で取引関係が深まり、とりわけ茶の取引が増加した[42]。オーストラリアは、イギリス植民地貿易おいて、インドを上回り、カナダの2倍以上もあり、他のイギリス植民地の貿易をかなり上回っていた[43]。

　1889〜90年のNSWの主要輸出品の構成によると、輸出品の第一は、羊毛で輸出総額の63％を占め、これに次いで鉱物・金属15％、石炭・コークス7％、家畜6％であった。これら四つのグループで、すなわち牧畜及び鉱山業の生産物で91％に達している。冷凍食肉の輸出は1879年11月にシドニーを出向し翌年

2月にロンドンに到着した[44]。

1886年の輸入総額は、20,973千ポンドに達する。1人当たりの輸入額は21ポンド7シリング10ペンスであった。国内消費のための輸入額は、18,301千ポンド、1人当たりにすると18ポンド13シリング4ペンスである。国内消費にまわされなかったものは、再輸出されたと考えられる。輸入の構成は、輸入総額に占める食料・飲料18％、工業製品47％、これ以外の主要なものは、動物性・植物性生産物10％、正貨・鉱物資源8％である。動物性・植物性生産物、鉱物資源の大部分は、国内消費に利用されていた。しかし輸入された金の大部分は、鋳造所で取り扱われ、正貨で再輸出された[45]。

次に1886年度の商品別の輸入構成に検討を加えておく。衣類は、1882年度と同様に、輸入品構成のなかで最大の部分であった。次いで鉄・鉄鋼・機械・器具、ワイン及び酒類、小麦粉、靴・ブーツなどが主要な輸入品である[46]。輸入品の構成からオーストラリアの繊維産業、鉄鋼業、機械工業、化学工業が未発達であることがわかる。この輸入品構成を見るとほかにも重要なものがある。今日オーストラリアの主要な輸出品となっている小麦粉、砂糖、皮革が輸入品のなかに含まれている[47]。とりわけ小麦は、1862年以降、農業重視政策にもかかわらず、NSWでは輸入品であった。このことからオーストラリア農牧業の発展は、各植民地や地域における不均等な発展をみて、地域的農牧業の差異が形成されていった。

(2) 国際収支の変化

国際収支を検討しておく。1870年代後半から1880年代までのオーストラリアの経常収支は一貫して赤字を示し、その赤字幅は、80年代に大幅に拡大する傾向を示した。この原因は貿易外収支の恒常的な赤字を原因としている。貿易収支は、大きく変動したので、貿易収支の黒字のときは、経常収支の赤字幅が小さくなり、貿易収支が赤字になると経常収支の赤字幅が拡大した。

オーストラリアの貿易外収支は、1880年代末まで継続的な赤字を示しており、サービス及び利子配当の支払を含む所得の受け払いによって構成されており、

第 2 章　経済成長の構造的特質　73

図 2 - 1　貿易収支と金輸出額の変化（1851～1900年）
（単位：百万ポンド）

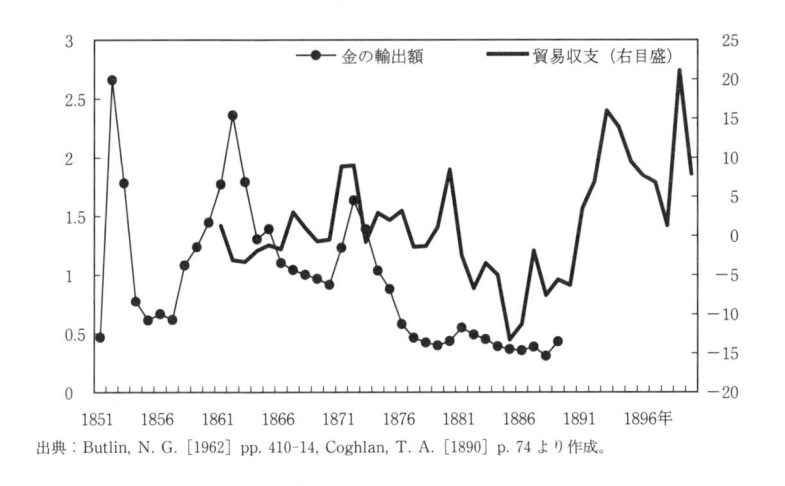

出典：Butlin, N. G.［1962］pp. 410-14, Coghlan, T. A.［1890］p. 74 より作成。

なかでもイギリスからの資本調達及び借入の増加を反映して、利子・配当の支払が増大したためである[48]。オーストラリアの経常収支は、貿易収支及び貿易外収支の赤字によって大幅な赤字であった[49]。経常収支と長期資本収支をあわせた基礎収支は、1880年代の後半に黒字から赤字に転換する。これによって総合収支もほぼ同じ傾向を示した[50]。図 2 - 1 は、貿易収支の動向と金輸出額を示しているが、相関性はみられない。オーストラリアの金の輸出は、貿易の決済手段として機能する割合は低かったことを示している。

(3)　対外決済手段としての金の移動

　金の輸出は、オーストラリアが当時としては最大の産金国であるという事情により、一つの困難な問題を投げかけている。金の輸出が、産金国からの商品としての輸出なのか、対外決済手段としての輸出なのか区別することが難しいために、国際収支統計において、オーストラリアの金の輸出動向が国際収支の変化及び為替レートの変動とどのような関係になっていたのか、正確に推計することを困難にしている。

金の輸出は、金正貨の輸出と金地金の輸出に分けられるが、1886～91年の5年間の変化を見ると、金地金の輸出額は、金正貨の輸出額の5分の1にすぎない。当時オーストラリアで営業した銀行が26行も存在したのに、金正貨を輸出した銀行はイギリス系銀行5行を除くと、オーストラリアの銀行は有力銀行の中でもその一部に限られている。また当時オーストラリアが恒常的に大幅な経常収支の赤字を記録していたなかにあって、これら有力な銀行も年によっては金正貨を輸出しなかった年もかなりある。銀行は、為替レートやロンドンからの資金調達を考慮しながら、対外決済手段としての金の輸出を選択した。

　金地金の輸出は、その輸出者を見ると、特定の機関に限定されていた。イギリス系銀行であるBOA銀行、UBA銀行、他には、フランス系のComptoir Nationale d'Escompte de Paris、その他はOriented Steamship、Peninsular Steamshipなど船会社、Gibbs, Bright and Co.などイギリス系マーチャント・バンク、華人系商人であった。オーストラリアの銀行では、NSW銀行及びBOV銀行だけであった[51]。イギリス系銀行は、極東アジアの貿易決済の必要上、またフランスの銀行はスターリングよりもフランス正貨を好んだからであろう。これから判断すると、金地金の輸出の大部分は、対外決済手段として輸出されたものと考えられる。また正貨の輸出の中には、イギリス系マーチャント・バンクによるものもあり、これらの中には、対外決済手段としてだけでなく商品としての金の輸出も多く含まれていたと考えられる。

(4) イギリスの対オーストラリア投資

　金本位制度を前提とするとき、経常収支の赤字は資本収支によって調整され、その差額は、対外決済手段としての貨幣用金によって最終的に決済されることになる。したがって経常収支と貨幣用金の流出入額が正確に把握されるならば、その国の資本収支の変化が明らかになるはずである。19世紀のオーストラリアの経常収支や貨幣用金の流出入額は、ある程度の正確さをもって推計されてきた[52]。他方で、貿易・サービス取引に関するいくつかの問題点も指摘され、また商品としての金輸出と対外決済手段としての金の輸出の間の量的割合が正確

に把握できないために、経常収支の変化から資本収支の変化を正確に推測することはできない。

その結果、N. G. バトリン［1962a］、A. R. ホール［1963］のように、オーストラリアとイギリスとの資本取引、とりわけイギリス資本の流入額を経常収支の迂回なしに直接に推計する必要があった。イギリスの対オーストラリア投資の推計に基づいて、イギリスの資本輸出と、オーストラリアの経常収支の動向及び経済成長の変化との関係も明らかとなる。しかし、ここでは、どのようなチャンネルでまたどのような方法で行われたか検討する。というのはイギリス資本の導入がどのような金融機関の経路を経て、オーストラリアの経済発展のために、どのように配分されたかが明らかになるからである[53]。そしてとりわけ後の章で取り上げられる預金銀行の活動や為替取引のメカニズムを明らかにする上で重要な検討素材となると考えられる。

これまでオーストラリアの多くの研究者のなかで、イギリスの対オーストラリア投資の計量的な推計が行われてきた。これらの推計のなかで、N. G. バトリンによる推計が統計期間及びその包括的把握において優れており、かつバトリンは、この推計にあたって資本導入のチャンネルである金融機関のバランスシート、及び他の資料を丹念に調査して直接的な推計を試みている[54]。その成果として各種金融機関ごとの資本輸出の方法や形態を明らかにする材料を提供している。

資本取引は、今日短期資本の取引と長期資本取引に分けられるが、長期資本収支は、経常収支を短期資本収支で調整した後に算出される。当時の短期資本取引の構成部分は、①オーストラリアの諸銀行のロンドン資金、②オーストラリア各州政府のロンドン短期資金、③オーストラリアの貿易会社のロンドン短期資金、以上の3項目である。

オーストラリアの諸銀行がロンドンにもつ資金の推計に関しては、N. G. バトリンによれば、かなり多くの批判はあるもののJ. D. ベイリー（Bailey, J. D.）の推計がよく用いられている。ここで言うロンドン資金とは、オーストラリアの銀行がロンドン金融市場から借り入れた短期資金を指しており、銀行

のロンドン金融市場に対する短期債務である[55]。この短期債務は、長期性の債務であった応募資本やイギリス預金とも異なり、またロンドンの準備不足を補うためにオーストラリアから現送された金とも異なり、4章で見るように、ロンドンの取引銀行から頻繁に借り入れられた資金であると考えられる。これは、為替準備金の不足を一時的に補うための資金補塡と、その他業務上の資金不足の調達と考えられる。ただしあくまでも一時的資金の補充にすぎなかった。

ロンドンの政府短期資産は、オーストラリア政府がロンドン市場で公債を発行して調達した資金のうち、その一部が短期的にイギリスのコンソル公債、イングランド銀行への預金、さらにオーストラリアの民間銀行への預金として保有されていたものである。このうちデーターとして確認されるのは、民間銀行のロンドンにある政府預金だけである[56]。

長期資本取引に関して、イギリス資本を導入した経済主体別に見ると、政府を通じた資本輸入が民間を通じたそれを常に上回っている。民間の借手は、銀行、牧羊金融会社、その他金融会社、並びに土地抵当会社、そして鉱山会社である[57]。以下順をおって、それぞれの資金調達の方法を検討しておこう。

預金銀行によるイギリスからの資金調達は、応募資本とイギリス預金の二つの形態をとっていた。これらの全体的な集計は困難であるが、N. G. バトリンは、預金銀行の応募資本額のイギリスの居住者への割当に基づいて、預金銀行の資本総額の50％がイギリスより調達された額としている[58]。イギリス預金については、J. D. ベイリーの論文に依拠しており、今後検討を要する大きな問題である。イギリス預金の詳細については3章で検討することとする。

牧羊金融会社は、応募資本と社債・預金の二つの資金調達方法を通じてイギリスより資金を導入した。彼らの資本金のうち1877年まで、ほぼ100％がイギリス資本とみなされた。78年以降は50％がそれとみなされている。牧羊金融会社の社債及び預金については、1878年時点で50％がイギリスより調達されたとしている。ただし銀行及び牧羊金融会社は、非公募により、ロンドン証券取引所を媒介とせず、別の経路を通じてイギリスより資金を調達していた。この代表的なものが、スコットランドにおける代理人（man of business）を通じた

ものである[59]。

　土地抵当会社をはじめとする他の金融機関は、株式と社債及び預金によって資金調達したが、そのうち資本はほぼ全額オーストラリア資本であることが確認されている。土地抵当会社は、イギリスで法人化されるのが一般的であった。そしてロンドンにおけるオーストラリア証券の多くは、イギリスで法人化された会社によって発行されたのであり、オーストラリアで法人化された会社の普通株式のほとんどは、オーストラリアで保有され、その優先株と社債のみがロンドンで発行されたのである[60]。社債・預金については、40％をイギリス資本とみなしている[61]。イギリスの生命保険会社の対オーストラリア抵当貸付額は、NSWにおいて、1890年度に600万ポンドに達し、NSW以外の地域での同貸付額は、100万ポンドを下らないと推定された[62]。

　鉱山会社のイギリスからの資金調達に関するデーターはほとんど存在しない。これは、鉱山会社の規模が小さく、営業存続期間が極めて短かったためである。そこでこの資金調達については、A. R. ホール（Hall, A. R.）のロンドン証券取引所における株式の新規発行についての研究に依拠している。ただしこの新規発行額は、当時株式が分割払込制をとっており、経営の状況によって後日に払込請求がなされたために、新規発行額が調達された資本額と同じでないこと、また証券取引所を媒介としない資金調達もなされていたこと、さらに新規発行の応募者のなかにはオーストラリアの居住者もいたと考えられ、その割合が明らかでないことなど問題点が多い。N. G. バトリンによれば、鉱山会社の株式の払込みについては、1856～89年に93.6％に達したと述べられており、ホールの研究は鉱山会社のイギリスからの資金調達額と考えてよい[63]。

　植民地政府の証券発行の取扱いは、オーストラリアの銀行により行われたが、1880年代になると、NSW政府は、NSW銀行からイングランド銀行に、クインズランド政府は、UBA銀行からイングランド銀行に、ビクトリア政府は、The London and Westminster Bankに移管している。これは債券形式の公債からイギリスの投資家が好む登録公債（inscribed stock）へ証券形態が転換したためである[64]。オーストラリアの資本輸入の変化は、1860年代から1893年に

かけて三つの段階に分けることができる。大きな増加が始まった年は、1873年と1883年であった。したがって、1872年までの比較的資本導入が低水準であった時期、1873年から1882年までの増加期、1883年から1888年までの飛躍的膨張期、その後資本輸入は減少し1893年にはマイナスとなっている。

　政府による資金調達は、鉄道建設を中心とした公共事業に利用された。鉄道建設と資本輸入との相関性を見ることができる。鉄道建設は、牧羊業の発展した南部と東部に限られており、イギリスに対する羊毛輸出と結びついていた。さらに建設業の発展も南部及び東部の人口集中地に見ることができ、この資金需要もイギリスからの資本導入の一因になっている[65]。1870年代の牧羊ブームや景気後退の緩やかさは、民間部門の下降に対して公共事業の強い上昇があったからである[66]。

第4節　経済政策と制度変化

　1830年代中頃以降のスクオティングによって土地の占有が進んだが、羊や牛の放牧は土地の有効利用という観点からすると粗放的なものとみなされた。というのは少なくとも1850年代の人口増加によって、オーストラリアの食糧需給は逼迫し、小麦などの輸入が増加したからである。農業の育成のための土地利用を促進することが植民地立法議会で課題とされ、これが、土地の「自由選択」の原則に基づいた条件付き土地売却制度として施行された。土地売却政策については、2節で述べたので、政府の公共投資、特に鉄道投資と関税政策について検討することにする。

(1) 国有鉄道建設

　鉄道建設は、1850年にシドニーからパラマタまでの14マイルの路線から始まったが、輸送を開始した最初の鉄道は、1854年のメルボルン・ホブソンベイ (Melbourne and Hobson Bay line) 線であった。NSWとビクトリアの両植民地での鉄道建設は、初め民間企業によって行われたが、ゴールド・ラッシュ

表2-7 鉄道延長距離数の変化（1861年〜1890年度）

(単位：マイル)

植民地	1861年	1871年	1881年	1890年度
NSW	73	358	1,041	2,263
ビクトリア	214	329	1,247	2,763
クインズランド		218	800	2,195
南オーストラリア	56	132	849	1,829
西オーストラリア			92	585
タスマニア		45	167	399
ニュージーランド			1,333	1,956
オーストラレーシア	343	1,082	5,529	11,990

注：1861〜1881年は年次であり、1890年だけ年度である。因みに年度は7月〜6月である。
出典：Coghlan, T. A. [1892] p. 171.

による賃金上昇によって支出が増えたために、政府が鉄道建設を引き継ぐことになった[67]。民間鉄道会社は、1854年に政府によって買収された。またビクトリアでも、1878年に政府に買収された先のメルボルン・ホブソンベイ鉄道を除くと、すべての民間鉄道会社は1855年までに政府によって買収された。両植民地政府は、1855年から各々鉄道の拡張を進めた。南オーストラリアでの最初の鉄道事業は1857年で、ニュージーランドでは1863年、クインズランドでは1864年、タスマニアでは1868年、西オーストラリアでは1874年に開始された[68]。

1860年代の鉄道建設はメルボルンとジーロンからビクトリア中央部の金鉱地域を結ぶものであり、NSWではシドニーとニューカッスルから直接内陸へ向かう路線であった。クインズランドもブリスベンから中西部のローマを結ぶ内陸へ向かった路線であった。1883年にはNSWとビクトリアの路線がマレー川で接続され、その3年後にはビクトリアと南オーストラリアの路線が接続され、そして1888年にはNSWとクインズランドが結ばれた。これによって東南の四つの主要都市間の鉄道による連結が完成した[69]。各地域の鉄道の延長距離数は表2-7の通りである。

しかし不幸なことに鉄道建設は、各植民地政府の財政事情や自然条件を配慮して独立して進められたために、植民地間でのゲージの違いを生み出した。すなわちビクトリアと南オーストラリアの一部は広軌（5フィート3インチ）、

NSW は 4 フィート 8.5インチ、クインズランド、南オーストラリアの一部、西オーストラリア、タスマニアは狭軌（3 フィート 6 インチ）が採用されていた。したがって植民地間の鉄道が連結されたとしても、一本のレールで結ばれたわけでなく連結地点での乗換や荷物の積替え、車両の組替えが必要であった[70]。

オーストラリアの広大な距離と希薄な人口にもかかわらず、鉄道の営業収支は西オーストラリアを除くと純益を出していた。だが鉄道建設費は、各植民地政府がロンドンで政府証券を発行することによって調達されていた。政府証券発行については後にみることにする。鉄道建設のオーストラリア経済に対する影響は、直接には建設事業への雇用者数の増大をもたらし、間接的には輸送産業、鉄道作業場、板材産業等の第二次及び第三次産業の生産額を増加させた[71]。

(2) 関税政策の展開と製造業

各植民地政府の主要な収入源泉は、①鉄道及び路面電車（1884年から）、郵便事業などの事業収入、②国有地の売却収入・地代・賃貸料、③関税及び物品税、④その他雑多の通行料及び使用料であった[72]。表2-8は、地域別輸入額と関税額を示したものである。関税収入は政府収入のなかで大きな部分を占めていた。

ビクトリア政府は、成立途上にあった製造業を保護するために、1871年に特定財の輸入に対して従価税（ad valorem duties）を20％に引き上げた。最も保護された産業は、衣服、靴、金属製品、皮革製品、家具、馬車等であったが、関税による保護政策がこれらの製造業の育成にどの程度貢献したか疑問のあるところである。NSW は自由貿易への志向が強く、保護関税制度が採用されなかったにもかかわらず、その後製造業の発展にビクトリアと大きな違いは見られなかった[73]。NSW の自由貿易下の製造業の拡大は、一方では牧羊業の高い成長率に起因し、他方では天然資源開発の優位性に依存していた。

1880年代のビクトリアでは、住宅及び鉄道建設の拡大を中心に労働需要の増加により、労働賃金の下方硬直性が生じて、製造業のコストが上昇した。加え

表2-8 地域別輸入額と関税額（1890年）
(単位：千ポンド)

植民地	輸入総額	国内消費額	関税額
NSW	22,615	17,801	1,879
ビクトリア	22,954	17,979	2,704
クインズランド	5,066	4,924	1,242
南オーストラリア	8,262	3,845	675
西オーストラリア	874	862	178
タスマニア	1,897	1,841	330
ニュージーランド	6,260	5,877	1,497
オーストラレーシア	67,930	5,877	1,497

出典：Coghlan, T. A. [1892] p. 57.

て輸入される工業製品価格の低下に直面して、国内製造業者は、自己の製品の費用を削減しなければならなかった。こうした環境のなかにあって、関税政策は、ビクトリア域内の特定産業を保護するのに一定の役割を演じた[74]。この点で、注目されるのが、ビクトリアにおける毛織物工業の発展である。

毛織物工場は、1832年シドニーに設立され、その後NSWの各地に設立を見たが、永続するものは少なく、NSWでのその発達は遅れた。ビクトリアでは毛織物工業の奨励政策によって、1867年にジーロンに最初の毛織物工場が設立され、順調に発達してその後ジーロン一帯は毛織物工業地帯となった。乳製品工場は、1874年に500ポンドの応募資本額をもって設立されたが、5カ月後に倒産している。1872年に蝋燭製造会社が応募資本額3万ポンドをもって設立された。レンガ工場、醸造所、毛織物工場、乳製品工場のように特殊な領域で冒険的な株式会社の製造業の設立がみられた。詳細を確認できる16社の応募資本額は1871年のピーク時に209千ポンドに達し、払込資本額はその半分であった[75]。

1) Sinclair, W. A. [1976] pp. 86-87.
2) Sinclair, W. A. [1976] p. 78.
3) Sinclair, W. A. [1976] p. 77.
4) Coghlan, T. A. [1892] p. 128.

5) Coghlan, T. A. [1892] p. 128.
6) Coghlan, T. A. [1892] p. 129.
7) Sinclair, W. A. [1976] p. 79.
8) Coghlan, T. A. [1892] p. 134.
9) Coghlan, T. A. [1892] p. 138.
10) Coghlan, T. A. [1892] p. 135.
11) Coghlan, T. A. [1892] p. 139.
12) 褐鉄鉱、赤鉄鉱は NSW のホークスブリー (Hawkesbury) で発見され、ナタイ (Nattai)、リスゴ (Lithgow) で開発された。菱鉄鉱、剥げ石は、ニュージーランドで発見された。ニッケルはニューカレドニア島が豊富であるが、オーストラリアではクインズランド以外では発見されなかった。コバルトはNSWとビクトリアで発見され、NSWで開発された。マンガンはすべての植民地で埋蔵されており、NSWとニュージーランドが豊富であった。クロム、硫黄鉱、砒素、アンチモン、ビスマス、黒鉛、揚炭等が生産された (Coghlan, T. A. [1892] pp. 142-149)。
13) Coghlan, T. A. [1892] p. 151.
14) Coghlan, T. A. [1892] p. 152
15) Coghlan, T. A. [1892] pp. 153-154.
16) 19世紀オーストラリアの土地制度に関するわが国の研究は、岡倉古志郎 [1943] 65-94ページ、市川泰治郎 [1944] 105-192ページを参照。
17) B. Fiztpatorick, [1941] pp. 139-140.
18) Clark, M. [1978] pp. 140-143. 植民地政府の確立については、北大路弘信・百合子 [1982] 56-59ページ参照。
19) ロバートソン法については、Clark, M. [1978] pp. 165-168; Coghlan, T. A. [1887] p. 190 を参照。
20) Coghlan, T. A. [1890] p. 226.
21) Coghlan, T. A. [1892] pp. 237-238.
22) Coghlan, T. A. [1892] pp. 243-245.
23) Fiztpatorick, B. [1941] p. 200.
24) Coghlan, T. A. [1890] pp. 228-229.
25) Lamb, P. N. [1967] pp. 61-62.
26) 西部地域は、農業に不適であったために、「自由選択の原則」から除かれた。その代りに回収された土地に対しては、ホームステッド借地権を認めた。ホー

ムステッド借地権は、最大貸与面積が10,240エーカーで、借地人は、毎年6カ月以上、その土地に居住しなければならなかった。また15年後には、土地の改良投資に対する補償なしに、その借地を政府が一方的に回収することが可能であった（Coghlan, T. A.［1890］pp. 232-233）。

27) Coghlan, T. A.［1890］p. 232.
28) 1883年の突然の土地歳入の減少を直接の契機として、1894年土地法の改正が実施された（Coghlan, T. A.［1890］p. 233）。
29) Sinclair, W. A.［1976］p. 86.
30) Sinclair, W. A.［1976］p. 87.
31) うさぎの害は1881年ごろに初めて大きな問題になり、牧草地に計り知れない損害を与えてきた。うさぎの増加は、牧草地の扶養能力を著しく低下させ、消毒機や広大な金網で防御したにもかかわらず、1930年代末まで牧草地の扶養力を低下させていた。しかし1951年以降劇的な変化があった。連邦化学産業研究機構が発明したビールス病原マイクソマトシスが広がり、1953年半ばまでにオーストラリア東部のうさぎの5分の4を壊滅させ、ダーリング川の西には事実上うさぎは1匹も残っていなかった（Boehm, E. A.［1971a］p. 110（谷内訳［1974］、87ページ））。
32) Coghlan, T. A.［1892］pp. 111-112.
33) Coghlan, T. A.［1892］p. 114.
34) Boehm, E. A.［1971a］p. 106（谷内訳、85ページ）。
35) Sinclair, W. A.［1976］p. 111.
36) Sinclair, W. A.［1976］p. 112.
37) 大陸ヨーロッパ諸国への輸出急増は、1879~80年に開催されたシドニー・メルボルン国際博覧会においてオーストラリアの天然資源の展示によって引き起こされた。
38) Coghlan, T. A.［1892］p. 34.
39) Coghlan, T. A.［1892］p. 33.
40) Coghlan, T. A.［1892］pp. 36-37.
41) Coghlan, T. A.［1892］p. 38.
42) セイロンとの茶取引は、中国茶と競合関係にあった。1890年にインド茶の直接輸入額は、約290千ポンドに達した。前年に比べ110千ポンド超過している。これに対して中国茶の輸入は減少している（Coghlan, T. A.［1892］p. 32）。
43) Coghlan, T. A.［1892］p. 45.

44) 1875年にはNSWのリスゴーに建設された食肉の冷蔵工場が操業を開始した。屠殺された羊と牛は進歩した方法で解体され、冷蔵車でシドニーのダーリング港に運ばれて特別の方法で冷凍され、そこから冷凍室を備えた船で冷凍されたままイギリスとアメリカに出荷された（Clark, M.［1986］p. 148（竹下美保子［1978］196ページ））。
45) Coghlan, T. A.［1887］pp. 270-271.
46) Coghlan, T. A.［1887］p. 273.
47) Coghlan, T. A.［1887］p. 273.
48) 尾上修悟［1996］120ページ。
49) 尾上修悟［1996］121ページ。
50) 尾上修悟［1996］123ページ。
51) AIBR,［1885］pp. 331, 466, 592, 654.
52) Butlin, N. G.［1962a］pp. 410-411.
53) Butlin, N. G.［1962a］、尾上修悟［1996］参照。
54) Butlin, N. G.［1962a］pp. 423-431.
55) Butlin, N. G.［1962a］pp. 421-423.
56) Butlin, N. G.［1962a］p. 423.
57) 尾上修悟［1996］110ページ、Butlin, N. G.［1862a］p. 523.
58) Butlin, N. G.［1862a］p. 426.
59) 1880年代半ばに、こうした経路を通じて、オーストラリアの金融会社の証券の少なくとも3分の1、並びに銀行の発行した預金受領書のかなりの割合がスコットランドで吸収された。こうしたスコットランドからの借入は、銀行により受け入れられた預金の満期が12ヵ月であったことに見るように、比較的短期の負債を意味した。イギリス預金の期間は、私の調査では、1年物もあるが、もっと長期であることが一般的であった。また金融会社の発行した社債は、3年を満期とするものであった。
60) 民間の借り手の場合、注意しておく点がある。それは、証券発行者のうちイギリスで法人化された会社の方が、オーストラリアで法人化された会社を上回っていたという点である。特に、資本輸入の拡大期にイギリスで多くの資金を調達しようとした金融会社がとりわけそうであった（尾上修悟［1996］111-112ページ）。
61) イギリス資本の流入がオーストラリア経済の発展を推進したことはまちがいない。羊毛生産の発展は、とりわけ民間を通じた資本輸入によってもたらされ

た。土地所有権の買取りは、オーストラリア牧羊業の最も重要な資本需要をなしており、開拓地の定住者は、牧羊地の大規模な購入と都市の宅地購入に向かい、銀行や牧羊金融会社、住宅金融組合、並びに土地抵当会社がイギリスからその資金を調達した（Butlin, N. G. [1962a] p. 430）。

62) Butlin, N. G. [1962a] p. 430.
63) Butlin, N. G. [1962a] p. 431.
64) Butlin, N. G. [1964] p. 111; Hall, A. R. [1968] p. 103.
65) 以上より、第一に、オーストラリアは経済発展を高めるにつれて、ますますイギリスに依存せざるをえなくなった。第二に、オーストラリアは、経済発展を高めるなかで、イギリスに対する羊毛輸出とイギリスからの鉄道建設資材の輸入というような、イギリスとの間のいわば専一的な国際分業関係をいっそう強固にせざるをえなくなった（尾上修悟 [1996] 114-115ページ）。
66) 牧羊建設は短期的にとぎれたが、公共投資は長期的プランに基づいて実現された。そして資金は海外から調達された（Coghlan, T. A. [1892] p. 113）。
67) Coghlan, T. A. [1892] p. 167.
68) Coghlan, T. A. [1892] pp. 167-168.
69) Coghlan, T. A. [1892] p. 168.
70) Coghlan, T. A. [1892] p. 168.
71) Sinclair, W. A. [1976] pp. 93-94.
72) Linge, G. J. R. [1979] p. 455.
73) Sinclair, W. A. [1976] p. 94.
74) Sinclair, W. A. [1976] p. 95.
75) Linge, G. J. R. [1979] pp. 274-276.

第3章 預金銀行の発展

　預金銀行の規模は、1851～90年の40年間に、銀行数は5行から26行に増加し、払込資本総額7倍、預金総額36倍、資産総額32倍に拡大した。本章はこの40年間の預金銀行の発展過程における銀行資本及び負債管理、支店政策、財務政策を明らかにする。しかし19世紀最後の10年間に、銀行数は20行に減少し、預金総額8.8％、資産総額22.8％の減少を経験した[1]。1893～1903年の金融恐慌と長期不況については10章で取り上げる。

　19世紀後半オーストラリアの預金銀行の実像を明らかにしようとするとき、困難な問題は、銀行の設立に関する統一的な法令が存在しなかったために、植民地間の銀行業務に少なからず相違が生じたことと、その結果、銀行統計には植民地間の不統一と不備が存在することである。まず、銀行設立の根拠となった法令は、1850年以前においては、各行ごとにイギリス及び植民地議会条例及び総督の特許状によって設立され、その後の設立も各植民地の法令及び特許状か、イギリスのロイヤル・チャーターによって設立された。これが少なからず銀行の資本政策、預金業務、貸付政策に影響して、実態の把握を複雑なものにしていた。しかし1850年代以降は、経済成長と預金銀行の急速な発展のなかで、設立根拠の違いは、急速に薄れて同質化されながら激しい競争を展開するのを見ると、この違いを強調することはあまり意味がないように考えられる。

　次の問題は、銀行統計の不統一と不備の問題である。議会の条例及び特許状のもとで営業している預金銀行は、特定の書式で自己の資産と負債を四半期ごとに公表する義務を法令によって定められていた。しかし各植民地の法令には違いがあり、複数の植民地で営業する主要銀行にとって勘定の集計は煩雑で、さらにオーストラリア全植民地の全銀行の統計には齟齬と不備が生じた[2]。統

計上の困難は、イギリス及び他の地域で集められた預金がオーストラリア国内で運用されたことによっても生じた。また、OBC銀行のように、オーストラリアで多額の資産超過を保有する銀行が、海外で多額の負債を抱えていることからも生じていた[3]。

預金銀行の為替業務については7章で、貸付業務及び貸付政策については8章で検討するので、本章では、預金銀行の設立と資本金、支店制度の拡張と銀行の組織管理、預金業務と負債分析、銀行券と準備、銀行の財務政策について検討する。

第1節　預金銀行の設立ブームと資本構成

(1) 預金銀行の設立と資本金

1851年以降に設立された商業銀行のうち、1851年の時点で営業していた銀行は、5行であった。その後、図3-1に見るように、預金銀行の設立数は、1850年代6行、1865～70年4行、1870～85年の15年間に4行、1885～90年に4行であり、1850年代と1860年代後半に10行が設立されており、この時期が銀行設立にとって好条件であった。特に、1850年代に設立された銀行はその後主要銀行となったものが多い[4]。1860年代の前半は、ゴールド・ラッシュの後退と失業率の上昇に見られる経済的混乱と停滞を示した時期であったために、銀行の設立が敬遠された。1870年代から1880年代前半はオーストラリア経済の主要産業であった牧羊業の拡大と小麦生産を中心とした農業の確立を見た時期であるにもかかわらず、銀行の設立はわずかであった。1860年代以降に設立された預金銀行は、主要銀行であったCBA銀行を除くと、メルボルン及びシドニーにおける中堅及び小規模銀行か、南オーストラリア、クインズランド、タスマニアの地方の経済発展にともなう地方銀行である。次に銀行の設立は1885～90年に4行であった。この時期は、都市開発と住宅建設などの不動産投資ブーム期にあたり、これらの銀行は、すべて、タスマニア、クインズランドの主要都

図 3-1　預金銀行数と支店数の変化（1817～1914年）

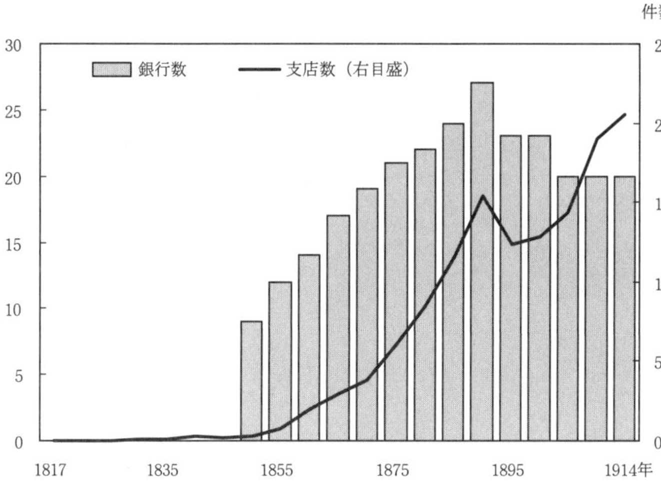

注：銀行数は1850年からの数字である。
出典：Butlin, S. J.［1986］pp. 297-298, RBA［1971］OP, No. 4A, pp. 122-123 より作成。

市を中心とした資本金の小さな地方銀行であった。

1850年代に設立された銀行のなかで、OBC銀行、ESA銀行、LCA銀行は、イギリスのロイヤル・チャーターによって設立され、株主のほとんどがイギリスに居住し、ロンドンに本店をおいたイギリス系銀行であり、彼らは外国為替業務に優位性を持っていた。BOV銀行、BOT銀行、AJS銀行の3行は1853年に業務を開始したが、その背景は、ゴールド・ラッシュ期の移民と人口増加、建設業の活況、鉄道及び公共施設の建設の拡大にあった。この15年間の銀行設立の背景は、交通手段の発展が大きな影響を及ぼした。すなわち、交通・通信網は馬車から鉄道へ、帆船から蒸気船へ移行した。1858年にシドニー、メルボルン、アデレードは電信によって結ばれ、そのすぐ後にブリスベン、ロンセストン、ホーバートが続いた。ロンドンは1865年にセイロンと結ばれ、次いで1872年にジャワ及びダーウィンとケーブルによって結ばれた。ロンドンとのケーブル開設は、ロンドン宛一覧払為替手形の利用を可能にした[5]。

(2) 銀行の資本構成

銀行の株式は、一部の例外を除くと、1株10ポンド以上の高額面株式であって、分割払込制をとっていた。払込額が資本金を形成して、未払分は株主の将来の責任額であり、将来、銀行による払込請求によって資本金を形成することになる。したがって資本勘定の指標として応募資本額と払込資本額は、資本構成のなかで重要な位置を占めていた。

1891年に、銀行に投資されている株主資本総額は、17,506千ポンドに達し、利益準備金（reserve profits）は9,567千ポンドに達した。主要銀行は1860年代前半の不況期と1880年代後半の不動産投資ブーム期に払込資本の増強をはかっている[6]。

まずイギリス系銀行による株式の現地発行についてみておこう。BOA銀行は、全額払込制の額面40ポンドの株式をロンドン証券取引所に上場しており、メルボルン証券取引所にも1852年に上場していた[7]。同じくイギリス系銀行であるUBA銀行は、オーストラリア全土で銀行業務を展開した有力銀行であったが、株主のほとんどはイギリスに居住しており、1870年代の初頭に植民地における政府との関係改善を図るために、株式の植民地居住者への譲渡を開始した[8]。19世紀後半はイギリス系銀行の株式の現地化が進んだ時期である。

UBA銀行は、1870年の時点で、株式6万株を発行し、1株の応募額は75ポンド、応募資本総額3,720千ポンド、1株の払込額25ポンド、資本金総額1,500千ポンドであった。残りの未払分が株主責任分であり、銀行の払込請求によって資本金となる部分である。1888年に1株当たり12％の年間配当額を維持し、市場の株価は62ポンドをつけていた。1880年代当時全額払込制を取る銀行のうち、BOA銀行の40ポンドの株式額面は、オーストラリアにおいては最も高額面に当たるものであった[9]。1850年代以前に設立された銀行は高額面・高額払込制をとっていた。

1888年の資本構成をみると、応募資本額は、1850年代以前に設立された銀行の場合、イギリス系銀行であるBOA銀行80ポンド、BSA銀行50ポンド、

UBA銀行75ポンド、オーストラリア系銀行であるCBC銀行50ポンド、NSW銀行40ポンドと高額面の株式を発行していた。しかし1850年以降に設立された銀行の場合、BOV銀行100ポンド、ESA銀行40ポンド、LCA銀行60ポンド、と高額面の株式を発行したものもあるが、多くの銀行は5ポンドから20ポンドと比較的低額面の株式を発行していた。

　1株当たりの払込資本額は、1850年以前に設立された銀行において、ほぼ応募額の半分が払込資本額であった。たとえば、BOA銀行は応募額80ポンドのうち40ポンドが払い込まれ、名目資本総額160万ポンドであり、UBA銀行は応募資本75ポンドのうちその3分の1に当たる25ポンドが払い込まれ、名目資本総額1,500千ポンドであった。1850年以降設立された銀行では、BOV銀行25ポンド、ESA銀行20ポンド、LCA銀行20ポンドの高額の払込資本を要したのは例外で、10ポンド以下のものがほとんどであった。多くの銀行は、名目資本500ポンド以下の小規模銀行であった。ただしNBA銀行だけが1株の応募資本額10ポンドに対して払込額4ポンドであったにもかかわらず、名目資本1,000千ポンドをもつ有力銀行であり、同行は多数の株主を獲得するのに成功したのである。

　NBA銀行は、1858年12月にビクトリア議会で設立趣意書が承認されて設立された[10]。同行のメルボルン支配人の証言によれば、株主は、1,371名、そのうちビクトリアの居住者698名、南オーストラリアの居住者614名、タスマニアの居住者59名であり、シドニーの居住者には株式は割り当てられなかった。当時、オーストラリアでは各植民地の地域意識（他の植民地に対する排他性）が形成されており、ロンドン、メルボルン、シドニーなど、本店をおく地域の有力銀行を中心に地域主義が資本構成及び業務の運営に強く反映していた。

　設立当初のNBA銀行の1株当たりの資本額は5ポンドであり、ビクトリアでは最初の払込額が2ポンドで、応募資本額は245,330ポンド、払込資本額は89,462ポンドであり、南オーストラリアでは、10シリングが預託されたが、残りの1ポンド10シリングは未払込分として取り扱われ、その結果、応募資本額は75,740ポンド、払込資本額は7,574ポンドであった[11]。同行の株式は、額面

5ポンド、払込額2ポンドであり、それ以前に設立された銀行と比べて、はるかに低く、設立趣意書の株式・株主条項は、ビクトリア議会で多くの議論を経て承認された。この低額面株式の発行によって多くの株主の参加を得て、主要銀行としての発展をみたので、以後、銀行の設立のモデルとされた。

払込請求は、各行の事情により暫時行われたが、集中している時期は、1860～65年の不況期と、1885年の不動産投資ブーム期であった。名目資本額に対する配当率は、5％から25％であり、有力銀行の場合12.5％が多く、NSW銀行は17.5％であって、オーストラリアの銀行は高い配当率を維持した[12]。

第2節　支店銀行制度の発展

(1) 支店拡張政策と組織構成

銀行の支店網の形成は1860年代に始まった。図3-1によれば、支店数は1860年代に8.2倍、1870年代に1.9倍、1880年代に2.2倍、そして1890年代に1.8倍と増加した。預金銀行は、1891年末に28銀行がオーストラリア各植民地で営業していた[13]。七つの植民地全てで営業している銀行は、NSW銀行1行であった。BOA銀行とUBA銀行2行が六つの植民地で営業し、NAB銀行が五つの植民地で、3行が四つの植民地で営業していた。オーストラリア東部には四つの先進的な植民地があったので、4植民地で営業する銀行を主要銀行とすると、以上の7行が主要銀行と呼べるものである。3行が三つ植民地で、5行が二つ植民地で営業しており、この8行を中堅銀行とするのが妥当だろう。残りの13行は一つの植民地で営業し、地域的な限界を超えて業務を拡大しなかったので地方銀行である[14]。

支店の拡大の要因は、1840年代の中頃に有力銀行のロンドン進出によって、外国為替業務と国内貸付業務の両方が提供可能となったことに続いて[15]、1850年代のゴールド・ラッシュによる移民・人口の増加と交通手段の発展である。1851年の金の発見は、金輸出によってロンドン現金準備を拡充し、為替相場の

安定を実現することによって植民地内貸付の拡大要因となった。だが、新たに設立された銀行も含めて、ほとんどすべての銀行が国内貸付と外国為替業務を提供するようになって、銀行業務の同質化が進み競争が激化した。為替業務に優位性を持っていたイギリス系銀行は、為替業務を維持するためにも、国内貸付を拡大する必要に迫られ、牧羊貸付に積極的となった。

オーストラリアの銀行の支店拡張は、1850年代のビクトリアでの金購入代理店の開設をもって始まった。これはゴールド・ラッシュの影響である。次いで、1870年代の前半は、ビクトリアを除く東部3植民地で、特にNSWで支店の拡大がおこり、その後半からすべての植民地で支店の拡大がおこった。本国イギリスとほぼ同じ時期に支店銀行制度が確立された[16]。

1860年代以降の支店拡大の背景と特徴は次の点にあった。第一に、土地売却政策の開始以降、東部・中部地区への牧羊業の拡大にともなって、羊毛の集散地での牧羊金融の展開と預金獲得のために、農・牧地帯における銀行業務をカバーするためのものであった。第二に、シドニー、メルボルンをはじめとする急成長した都市に支店を複数開設すること、さらに都市郊外への支店拡張にあった。NSW銀行の場合、1860年に初めてシドニーに本店とは別に支店が設立され、1870年代の中頃にはシドニーの郊外に開設された[17]。

1870年代後半以降もこうした要因は強まったが、1880年代には、預金銀行にとって新たな環境が生まれた。それは、牧羊金融会社、抵当銀行、不動産・投資会社、住宅金融組合等の設立と急成長であった。これらの非銀行金融機関は、長期社債によって資本を調達し不動産抵当貸付と不動産取引を行うとともに、加えて積極的に預金業務を行っていた。銀行は、一方で銀行間預金競争を熾烈化しながら、他方でこれら非銀行金融機関の挑戦にさらされていたのである[18]。

だが、1860～70年代の預金銀行の業務及び支店の拡大期は、同時にオーストラリアにおける各地の地域ナショナリズムの台頭期にあたり[19]、銀行の業務の拡大も地域主義的制約のもとで展開したのである。最大のNSW銀行でさえも1870年にNSW、ビクトリア、クインズランド、ニュージーランドの四つの植民地で活動していたにすぎなかった。これに対してイギリス系銀行は一般的

に各地において広域的に活動していた。UBA銀行は、ニュージーランドも含めて六つの植民地で活動していた[20]。だが1850〜60年代のイギリス移民がビクトリアへの集中したために、イギリス系銀行の業務がビクトリアに集中することとなった。こうした銀行の地域主義的性格は、イギリス系銀行にとって植民地預金の獲得競争において、あるいは政府勘定の他銀行への移転などの打撃をこうむることもあった。

　BOA銀行の取締役会は、1860年代に支店の拡張、牧羊貸付に対して一貫した慎重な経営方針を持っていたが、1874年に経営方針を転換して、1876年に慎重な総支配人を解任している。取締役会の基本政策は、1870年代以降、牧羊金融の拡大と植民地預金の獲得を推進するために、オーストラリア系銀行の支店拡張に対抗して、支店の拡張と管理を計ることにあって、これらの政策を具体化した[21]。支店拡張の具体策は、①都市郊外支店の複数開設、②新開拓地の主要地での開設、③ニュージーランド全域での開設であった。開設をみた支店は、代理店も含めて79店舗に上った。同行は、1870年代にはビクトリア、ニュージーランドにおいて支店拡張を進め、1880年代には全植民地において展開し、さらにNSW及びクインズランドへの積極的進出に乗りだした。そして1885年までにオーストラリア系銀行によって水を開けられた分を一応回復するとともに、西オーストラリアを除く全域に支店を開設することができた。ビクトリアに主力をおいたイギリス系銀行は、1880年代にNSWのリベリナ地方及び西部地域へ進出した。それはNSWの南西地域に長く利害関係を形成してきたビクトリアの事業家たちによるところが大きかった[22]。

(2) 銀行の支店監督機構

　BOA銀行は、その株主がほとんどロンドンに居住しており、経営は、株主総会において選出されたロンドンの取締役会（court）が当たっていた。年2回の株主総会は、ロンドン本店において開かれた。そしてメルボルンに植民地の業務を管理する総支配人店（superintendent office）がおかれていた。植民地総支配人（superintendent）が、各支店の支配人をはじめとする人事権、業

務方針を指示し、支店監督権を持っていた。シドニーやメルボルンに本店をおく銀行の場合、取締役会（board）は本店におかれていた。

　BOA 行は、支店の拡大に対して、1862年にメルボルンの総支配人から独立した支店監督局（office of general inspector of branch）を設置した。この最初の主任監督官（chief inspector）に副総支配人が任命されるほど重要な職であった[23]。だが BOA 銀行の基本政策は、牧羊貸付の規制、慎重な支店拡張、イギリス預金の積極的な導入におかれていた。各支店は、支店長（branch manager）によって運営されたが、大口の貸付については、限度額が設定され、限度額を超える場合には本店あるいは支店監督官の承認を必要とした。いずれの銀行も支店の拡大につれて支店監督組織を作り上げた。地域のいくつかの支店を統括するために支店監督オフィスが創設された。監督官は、定期的に各支店を巡回して、牧羊貸付とその担保について監査した。

　支店の中で、ロンドン支店は特異なものであった。各銀行の為替業務、ロンドン取引銀行との金融諸取引一切を引き受けた。また各支店によって振り出されるドラフトは、支店間の資金調整にもなるので支店間の資金調整についても責任を負っていた。各支店は、顧客の決済のほとんどをメルボルン、シドニーなど決済都市の主要支店に集中した。

　BOA 銀行は、ビクトリアで銀行協会を主催し預金金利の協定をつくって、金利の安定化を計るとともに、イギリス預金を積極的に導入（1878年8月790千ポンドから1886年2月2,000千ポンド）し、1884年に貯蓄部門を創設して小口預金の獲得にのりだした[24]。貸付の面では、ニュージーランドでの不動産抵当貸付を拡大し、長期手形による貸付の規制を緩和し[25]、さらに砂糖プランテーションをはじめとする製造業への貸付も開始した。同行は、支店の拡張が銀行業の拡大の最善の方法であると確信し、新しい町で他の銀行が支店を開設すれば、対抗上新たに支店を開設した[26]。

第3節　銀行の預金業務と貯蓄銀行

(1) 国内預金の動向

　銀行統計によれば、預金総額を無利息預金と利付預金に分けて報告している。1851年以降の預金銀行の預金構成を見ると、1850年代は無利息預金が95％を超えていたが、60年代にはいると利付預金の割合が増加することになる。無利息預金全額を当座預金と理解することはできない。というのは、当時、当座預金に対しても利子が賦されることがあったし、定期預金も利息が付かないこともあったからである。

　銀行による預金収集の形態は、1850年代のゴールド・ラッシュ期に無利息預金の急増をみた。というのは金の保管が重要な問題となって、金利を支払わなくても金塊で預金されたからである。しかしこれは、本格的な銀行預金からすると異常なことであり、1860年代のゴールド・ラッシュの後退によって通常の姿に戻る。1860年代に預金額は着実な増加をみせて、1870年代以降、利付預金が急増した[27]。国内預金獲得競争とイギリス預金の導入によって、預金総額は10年間で2倍に増加した。以下、国内預金とイギリス預金に分けて考察することとする。

　国内預金は、1850年代後半に6カ月及び1年の定期預金を創設する銀行があらわれ[28]、1860年からその後の20年間に銀行は、3カ月、6カ月、1年、それ以上の通知預金である利付定期預金を中心とした預金構成に転換した。銀行間の預金獲得競争は激しく、当座預金にも2～3％の金利が付くこともあったが、1858年に銀行間の合意に基づいて当座預金の利子が廃止された。1866年のオヴァレント・ガーニー恐慌を契機に割引率、預金金利、政府勘定等々に関する銀行間協定の必要が焦眉の課題となり、そして1868年に6カ月通知預金の上限を5％とする協定が成立した[29]。しかし1年の定期預金がほぼ7％に維持されるほど金利水準は高かった。さらに、非銀行金融機関が預金収集を開始するにい

表3-1　預金銀行の預金額の変化（1851～1900年）

(単位：千ポンド)

年	無利息預金		利付預金		預金総額
	金額	割合	金額	割合	
1851	2,734	99.2	24	0.8	2,758
1855	10,385	95	527	5	10,922
1860	7,956	56.3	6,169	43.7	14,125
1865	7,219	41.7	10,089	58.3	17,307
1870	6,920	34.7	12,988	65.3	19,909
1875	12,387	36	21,976	64	34,362
1880	15,288	33.2	30,701	66.8	45,988
1885	21,881	29.1	53,076	70.9	74,959
1890	27,566	27.9	71,034	72.1	98,599
1895	29,337	34.5	55,633	65.5	84,971
1900	36,453	41.7	50,921	58.3	87,371

出典：RBA [1971] OP, No. 4A, pp. 140-148 より作成。

たって、預金獲得競争は激化し、金利協定は破棄されて預金金利の上昇を招くこともあった。

　イギリス系銀行にとって国内預金の収集は、地域主義的な制約と株主預金を期待できないために困難を極めた。植民地預金について、BOA銀行のメルボルン、シドニー支店の3万ポンド以上の高額預金者の構成をみると、同行の高額預金者は、生命保険、年金基金、貯蓄銀行等の長期性金融機関によるものと個人預金とに分けられる。前者は、投資目的の遊休資金で金利動向に左右される長期性の預金であった。個人預金は、T. エルダー（Elder, T.）のような大規模な羊毛仲買人とJ. M. ジョシュア（Joshua, J. M.）のような大商人の長期性預金であった。こうした植民地預金の特質が長期性の牧羊貸付を可能ならしめた。

　NSWの政府統計から、1876年の利付預金と要求払預金の割合から、利付預金が急速に増加したことが確認できる。これは1889年に22,925千ポンドに達し、1880年に12,209千ポンドにすぎなかった。要求払預金は、1889年に9,830千ポンドに達し、1880年に5,683千ポンドだった[30]。表3-1は、預金銀行の利付預金と要求払預金の変化を示している。1840年代から1880年代に利付預金が急増

図3-2　銀行の預金金利と貸出金利の変化（1872～1889年）

（単位：％）

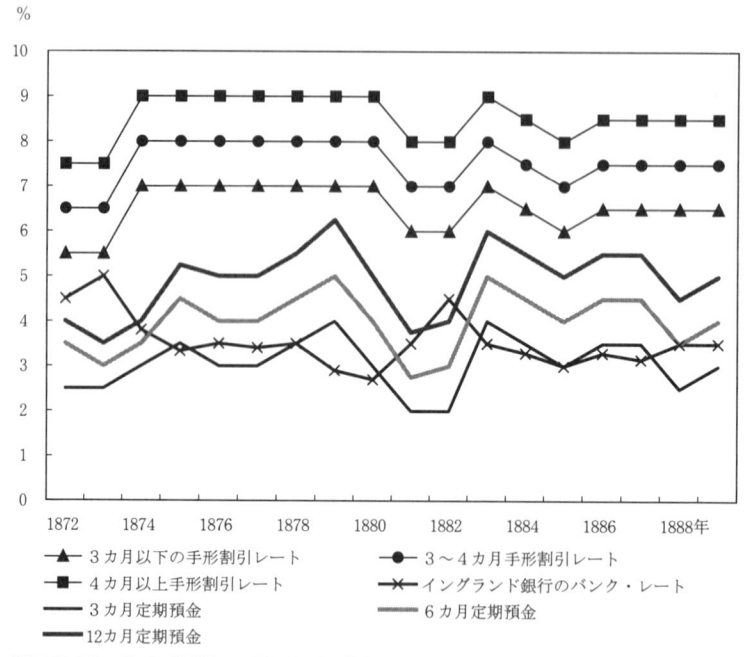

▲ 3カ月以下の手形割引レート　　●　3～4カ月手形割引レート
■ 4カ月以上手形割引レート　　×　イングランド銀行のバンク・レート
― 3カ月定期預金　　　　　　　　― 6カ月定期預金
― 12カ月定期預金

出典：Coghlan, T. A.［1890］pp. 723-724 より作成。

した。

　次に、銀行の金利について検討しておこう。1889年に預金銀行によって預金者に認められた金利は、3カ月定期預金3％、6ヵ月定期預金4％、1年定期預金5％である。貯蓄銀行及び郵便局は4％利子を提供していた。貯蓄銀行は、1889年の末までに開設されているすべての勘定のなかで、最も高い金利を提供していた。住宅金融組合及び不動産・投資会社は、銀行券を発行しないが、上の同じ期間の預金に対して5、6、7.5％の金利を提供していた。

　図3-2は、銀行の預金金利と割引レート、及びイングランド銀行のバンク・レートを示したものである[31]。18年間にこの割引レートが3カ月手形について5.5％から7％まで、4カ月手形について6.25％から8％まで、4カ月以上手形について7.5％から9％間で変動したことを示している。また、オース

トラリアの預金銀行の金利がいかに高かったかを物語っている。

(2) イギリス預金の動向

イギリス預金（british deposits）については、これまで部分的に取り上げられてきたが[32]、オーストラリアで活動する諸銀行は、預金代理業者（deposits agents）を媒介にしてスコットランドの銀行、保険会社、個人信託から預金を集めた[33]。彼等は直接に預金を集めることもあったが、金利及び経費が負担であったことと、スコットランド特有の現金志向のためにこれら預金代理業者に手数料を支払って、預金を獲得した[34]。

イングランドの投資家は、自分の取引銀行を多くの銀行の中から選択することが可能であるが、スコットランドの人々は、金融機関との間に仲介者を必要とし続けていた。彼らは預金代理人以外に自分の貨幣を喜んで託そうとしなかった。預金代理人は預金を集めるために一軒一軒回ったのである[35]。スコットランドの代理人は委託料や費用を銀行に要求したが、銀行は自分で集めたときの金利よりも、代理人に支払う委託料や手数料が安くすんだのである[36]。また代理人は、預金の元本の一部を保証することもあった。

イギリス系銀行は、自己の株主がイギリスに居住するために、イギリス預金を集めるには有利であったと考えられる。国内貸付に運用するためにイギリス預金を導入したのは、オーストラリア系銀行であった。そしてこれに対抗するために1864年にBOA銀行も、イギリス預金の本格的導入を開始した。同行は、100ポンド、500ポンドの単位で、2年物に5.5％、3年ものに6％の利子を提供したが[37]、イギリス預金は基本的には高金利の大口の長期性預金であった。だが1866年の恐慌とその後の貸付低迷期に預金の払戻しが増加して、1873年までにイギリス預金をゼロにした。しかし1874年にイギリス預金の導入を再開し、牧羊業の旺盛な開拓資金需要を満たすために、1880年代に積極的にイギリス預金の獲得を展開した。その場合でも導入額に対して取締役会の上限規定があり、これが総支配人の要望に応じて順次引き上げられた。

UBA銀行は、イギリス預金の上限を1879年60千ポンド、1882年100千ポン

図3-3　イギリス預金の金額とシェアの変化（1867～1892年）
（単位：百万ポンド、%）

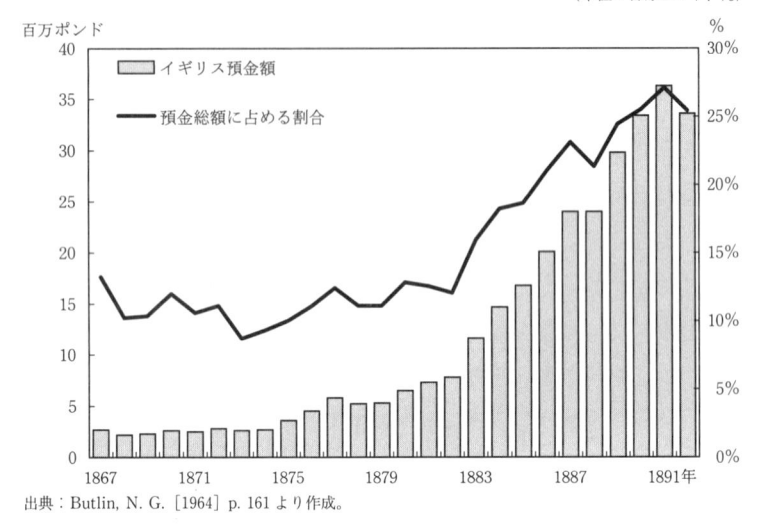

出典：Butlin, N. G. [1964] p. 161 より作成。

ド、1883年150千ポンド、1885年200千ポンドへと引き上げた。同行のイギリス預金の割合は、1870年代に10％未満であったが、1880年代に入ると10％を上回り、1886年に18％に達した[38]。またイギリス預金の形態として1885年に同行は、20年間再支払いの行われない inscribed stock deposits を発行した。これは、銀行による長期借入を目的とした社債形式の預金で、証券取引所に登録された。発行後1年以内に証券取引所に上場されない場合、12カ月預金に転換することが預金者に認められていた。額面50ポンド以上とし年利4％とされた。この預金は1887年1月200千ポンド、1888年7月750千ポンドへと順調な拡大をみた[39]。図3-3は、イギリス預金とオーストラリア預金の動向を示している。これによって1870年代の中頃からイギリス預金が増加し、1892年に減少したことがわかる[40]。

イギリス預金の金利に関して、AIBRによれば、1880年代の後半に定期預金金利は低い水準に低下した。1889年末に定期預金の預金金利は5％と報告されていた。5％の水準は、預金者にとって容易にみつけることのできない高い金利であった[41]。当時、預金者にとって4％が限界的な金利であるとみなされて

いた⁴²⁾。1890年11月は、イギリスのベアリング恐慌の影響によって著しい金融危機が発生して、国内金利が異常に高い水準となった。そしてオーストラリアへの資金の流入が途切れた時期である。過去15カ月間にわたって追加された預金総額は、もちろん正確に確定できないが、相当の額に上ったと推測された。

イギリス預金の総預金に占める割合は、各銀行が貸借対照表においてイギリス預金とオーストラリア預金を区別していないために、正確に把握することは不可能であるが、AIBRによれば、1891年にイギリス預金の総額を400万ポンド、総預金に占める割合を26.3%と推計している⁴³⁾。BSA銀行は、預金総額のうちイギリス預金が3分の2に達し、その預金者のほとんどは同行の株主であった。同行が1892年に支払停止したとき、その原因にイギリス預金の比重が大きいことが問題にされた⁴⁴⁾。

A. L. G. マッカイ（Mackay, A. L. G.）によれば、イギリス預金の総預金に占める割合は、全体で27.8%に達し、QNB銀行、LCA銀行など、50%を越えるものが存在した⁴⁵⁾。またイギリス系銀行よりもオーストラリア系銀行がイギリス預金の割合が高く、預金量の多い有力銀行ほど国内預金に依存していた。加えて、イギリス預金の引出が1893年金融恐慌の原因であったと述べている⁴⁶⁾。

(3) 貯蓄銀行の活動

貯蓄銀行は、すべての植民地で設立され、直接的にも間接的にも植民地政府の管理下にあり、労働者階級が自分の収入の余剰部分を安全に運用するための機関である。貯蓄銀行は、小口の貯蓄性預金を受入れ住宅金融及び政府の公共事業に運用した。その組織形態から一般貯蓄銀行と政府系及び郵便貯蓄銀行に分けられる⁴⁷⁾。NSWでは、郵便貯蓄銀行（post office saving bank）は、郵便局総裁（post-master general）の管理下のもとに1871年にシドニー郵便総局内に設立された。その後地方都市にも支店がおかれた。1889年には、NSWの各地方に370店舗を有していた⁴⁸⁾。貯蓄銀行制度は、ビクトリアにおいて広範に発展し、NSWでは、預金の数からすると、100人に26人が貯蓄銀行に貯蓄勘定を持っていた。預金者1人当たりの平均額は、クインズランドにおいて

表3-2　NSWの貯蓄銀行預金及び郵便貯金の変化（1871～1889年）

(単位：千ポンド)

年	預金銀行	貯蓄銀行	郵便貯金	総額	1人当たり		
1871	7,043	931	14	7,989	15	8	7
1872	9,273	1,028	80	10,382	19	7	11
1873	10,279	1,164	206	11,649	21	0	9
1874	11,884	1,275	303	13,463	23	8	5
1875	13,650	1,295	354	15,300	25	14	11
1876	14,895	1,303	400	16,563	26	19	5
1877	16,325	1,355	467	18,147	28	3	10
1878	16,722	1,333	480	18,535	27	11	9
1879	17,862	1,410	511	19,784	27	17	9
1880	17,883	1,489	586	19,958	26	18	1
1881	20,308	1,427	971	22,706	29	3	2
1882	22,544	1,856	1,158	25,559	31	10	6
1883	23,739	1,822	1,183	26,744	31	3	8
1884	26,250	1,887	1,290	29,428	32	11	1
1885	26,709	2,016	1,471	30,197	31	10	6
1886	28,428	2,081	1,423	31,933	31	17	5
1887	29,253	2,174	1,501	32,929	31	11	6
1888	31,917	2,299	1,737	35,954	33	2	4
1889	33,777	2,550	1,729	38,057	33	18	3

出典：Coghlan, T. A. [1890] p. 725.

高かった。人口に対する預金額の割合は、南オーストラリアが大きかった[49]。

　貯蓄銀行と預金銀行の預金総額は、1888年に、オーストラリアの居住者1人当たり34ポンド近くに達し、これはビクトリアの39ポンド13シリング9ペンスが最も大きいものであって、すべての植民地の平均を6ポンドも上回っていた[50]。メルボルンは19世紀後半オーストラリアのなかでも成長著しい都市であったのである。

　NSWでは、1889年に貯蓄銀行の預金総額のうち31,006勘定は20ポンドないしそれ以下のものであり、平均5ポンド2シリング8ペンスであった。高額の預金勘定は個人預金とは考えられないので、ペニー銀行及び他の公共機関による預金も含まれていた[51]。

　表3-2は、NSWにおける預金銀行、貯蓄銀行、郵便貯蓄銀行の1871年から1889年までの各年末の預金額を示したものである。その増加は、絶対的にも、

人口増加に比べてもかなり急速であった。18年間に、預金は7,989千ポンドから38,057千ポンドまで増加した。1888年の第4四半期に、これら住宅金融組合の預金額が2,599千ポンドであったので、その結果、すべての種類の銀行の預金総額は40,656千ポンドであった[52]。

第4節　準備率と預貸率

(1) 現金と兌換準備率

預金銀行の銀行券は、1ポンド以下の小額面の発行を禁じられ、払込資本額と金準備保有額によって厳しく発行を制限されていた[53]。しかし預金銀行は金準備を潤沢に保有したにもかかわらず、準備の増加に見合った銀行券の発行額を増加させなかった。すなわち保有する現金準備をよりもはるかに少ない銀行券しか発行されなかったのである。この問題は、銀行券の通貨構成における位置の問題である。したがって現金通貨の流通を以下で検討することにする。

オーストラリアで流通している金貨はイギリスの鋳造貨幣と同じものであった。金貨は本位貨幣であり、銀貨と銅貨は補助貨幣である。金貨は無制限法貨で、銀貨は40シリング、銅貨は1シリングを限界とする制限法貨であった。1852年1月の地金条例（Bullion Act）によれば、政府の金分析所（assay office）は、産出された金を一定のインゴットに鋳造した。銀行は1標準オンス71シリングの固定価格で金の預金受入と買入を行った。インゴットは上記のレートで支払が可能とされ、インゴットと交換に発行される銀行券は、12カ月間法貨であるとされた[54]。また金貨を鋳造する王立貨幣鋳造所のシドニー支所が設立されたのは1855年であり、メルボルン支所は1872年であった[55]。1855年からソブリン金貨、半ソブリン金貨はこれらの鋳造所で鋳造された[56]。またオーストラリアで鋳造された金貨は、1863年からイギリス帝国全体において法貨となった。オーストラリアで鋳造された鋳貨は金貨だけである。銀貨と銅貨はイギリスで鋳造され輸入されたが、1891年にシドニー鋳造所で17,200ポンド、

メルボルン鋳造所で1,980ポンドそれぞれ発行された。これらの鋳造貨幣が一般流通で流通し、金地金とともに銀行の現金準備を形成した。

　預金銀行の銀行券は、小切手、商業手形とならんで、商業流通の決済手段であったと考えられる。銀行にとって一覧払債務である銀行券の発行は、高い準備率を要請されるために敬遠され、商業流通では当座預金による決済が中心となった。また手形交換所の設立によって、手形や小切手の銀行間決済制度が機能を始めると、ますます銀行券の役割は小さいものとなった[57]。銀行券が通貨として十分機能しなかったのは、銀行も一般流通も金貨を選択したからにほかならない。

　19世紀後半、民間銀行券の発行高はわずかに増加したものの、預金銀行の預金通貨及び鋳貨残高は、1860年から1900年にほぼ5倍に増加した。すなわち所得流通において金貨が専一的に流通するなかでは、経済成長にともなう所得流通の拡大を金貨の供給が担ってきたのである。拡大する商業流通においては、預金通貨による決済が利用され、その結果、商業流通の拡大にともなって預金通貨の利用は広がるものの、銀行券は、通貨としてはほとんど脇役でしかなかったと考えられ、決済手段として利用されるとしても、手形交換システムから程遠い地方の銀行間決済手段、あるいは顧客の送金手段として機能していたにすぎない。預金銀行の鋳貨残高（現金準備）は、銀行券の兌換準備として機能するよりも、現金決済において必要とされるとき、預金の支払準備として機能していた。9章で見るように、オーストラリア紙幣の発行は、金貨の流通を代替することになったと考えられる[58]。

　銀行券の兌換準備率は、預金銀行の銀行券発行額に対する金貨及び金地金の割合で表され、図3-4に示されている。兌換準備率は1850～60年代の最も低いときでも133％であり、1867年に200％、1886年に300％、1894年に700％を超えている。民間銀行券の発行額も1850年代の最高水準3,680千ポンド（1854年）をピークに1870年代まで低迷して、1881年にこれを超え、1883年の4,499千ポンドをピークに減少した。この事実は、預金銀行の銀行券の兌換準備が十分な水準にあったことを示している。そして逆に、預金銀行の銀行券が一般流通に

図3-4　銀行の兌換準備率と銀行券流通額の変化（1851～1910年）

（単位：千ポンド、％）

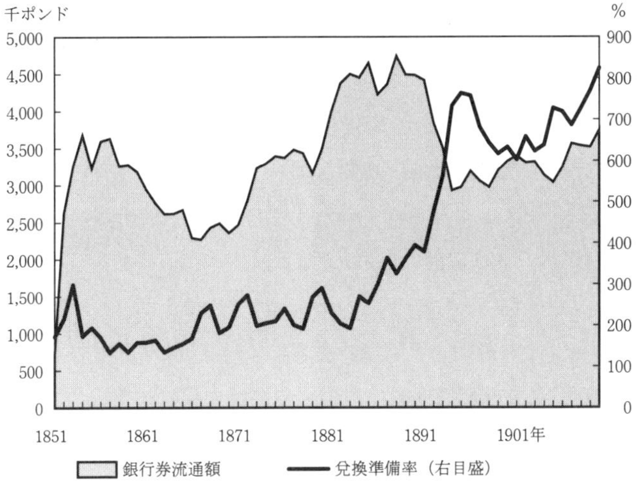

出典：RBA［1971］OP, No. 4A, pp. 112-114より作成。

おいて通貨として十分機能していたのか、まさに銀行券の通貨機能に対する疑念が発生する。一般流通においては、金貨、補助貨、あるいは預金通貨（小切手）が流通していたのであり、銀行券は、地方と決済都市の間で本支店間の決済に、また決済都市における銀行間決済手段として利用されていた。

銀行の金貨保有残高は、金貨流通の現金準備を形成すると考えられる。鋳貨準備はほとんど金よって構成され、銀は4％にすぎなかった[59]。銀行の現金の保有量は、ゴールド・ラッシュ期の例外的に高い保有残高、すなわち1853年8,640千ポンドをピークに減少した時期を除くと、ほぼ1860年代は3,000～4,500千ポンドの変動範囲にあり、1870年代から1883年までは5,500～9,500千ポンドの変動範囲にあり、1884～92年は11,000～22,500千ポンドの範囲に上昇し、1893～1905年は17,500～20,000千ポンドの範囲を変動していた。オーストラリアは、金生産が金貨の一定額を常に供給し続ける経済であり、長期的には経済拡大とともに金貨流通量が増加して、金貨流通の準備として現金準備の増加が生じた。

流通している通貨総額と比べて、オーストラリアの銀行によって保有されている準備はいかなる他の国のそれよりも大きかった。NSWにおいては、銀行の準備は、鋳貨と紙幣の流通額に等しかった[60]。これはビクトリアにおいても妥当する。この比率に近いヨーロッパの国はオランダである[61]。兌換準備率及び預金支払準備は、年毎に大きく変化した。1876年に最高となり、1883年に最低となった。1889年末、植民地の鋳貨量は、すでに9,035千ポンド、1人当たり81シリング1ペンスと報告されている。このうち5,161千ポンドは銀行の手にあり、3,874千ポンドは流通にあった[62]。

　預金銀行の現金準備は、1860年代の不況期に2,923千ポンド（1863年）の低い水準を記録し、その後1866年恐慌の影響によって3,230千ポンドへ再び減少したが、逆に1893年金融恐慌期には、金融の混乱を反映して現金準備の増加が生じることもあった。すなわち金融の混乱と不況を反映して銀行の準備政策の結果、現金準備の増加も生じた。いずれにしても、銀行の現金保有額の変動は、銀行券の発行残高よりも、経済の成長と変動に対して敏感に反応したことが確認される。

　1893年クインズランドでは、民間銀行券に対する10％の課税措置と兌換政府紙幣の発行によって民間銀行券は姿をほとんど消し、1911年のオーストラリア紙幣への発行と民間銀行券に対する全面的な10％の課税措置によって、オーストラリアでは民間銀行券の発行は姿を消してしまうことになる。

(2) 預金準備率

　預金準備率は、預金総額に対する金貨保有額の割合で表され、図3-5に示した。もちろんこの金貨保有額に金地金を加算すると、預金準備率はより高い数値を示すだろう。しかし銀行の金準備総額を取り上げたとしても同じような結論が得られ、銀行券の兌換性よりも、国内の金貨流通に対する銀行の現金準備としての機能、すなわち預金の現金での引出しに注目して、預金総額に対する金貨の割合を取り上げることにした。銀行の預金準備率は、ゴールド・ラッシュ期の例外的な高い水準を除くと、1860年代から1870年代の中頃まで19～26

図3-5　預金準備率と預金総額の変化（1851～1910年）

（単位：百万ポンド、％）

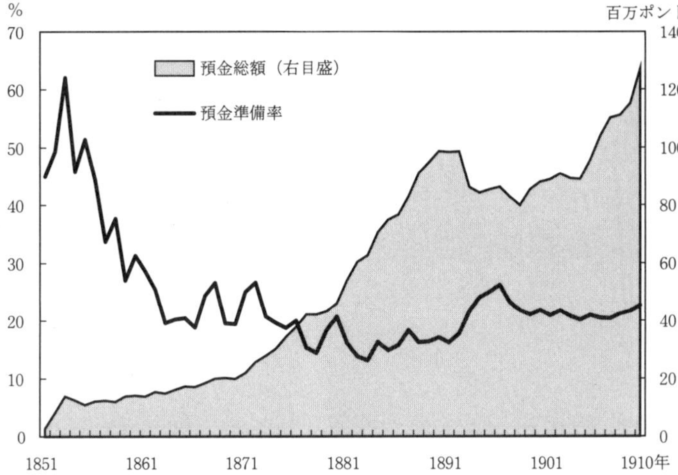

出典：RBA [1971] OP, No. 4A, pp. 112-114 より作成。

％の範囲を変動したが、1877～92年の間に13～20％の範囲を変動するように低下した。この事実から1870年代のオーストラリア経済の高い成長期に、銀行の現金準備の着実な増加にもかかわらず、全銀行の預金準備率が平均して6％も低下し、預金の増加が急速であったことがうかがわれる。

　預金総額にはイギリス預金が含まれていないので、預金準備率の適正水準を量るのに困難がある。イギリス預金は、1870年代の後半から増加し、1891年に銀行全体で26.3％に達し、いくつかの銀行で50％にも達したとすれば、イギリス預金を含めた預金総額をとれば、預金準備率はもっと低い水準となる。預金準備率が適正であるかどうかの評価は、1893年金融恐慌を契機に銀行保有の現金準備の見直しが進み、これ以降20％台に引き上げられたことを見ると、1870年代中頃から1892年までの13～20％の水準は、オーストラリアの預金銀行にとっては低い水準であったと考えられる。ちなみに当座預金が大半を占めると推測される無利息預金に対する現金準備率は、1861～66年、1873～74年、1877～78年、1881～83年に40％代後半の低い準備率の時期があったが、他の期間は50～60％を超えていたので、決して低いとはいえないかもしれない。しかし決

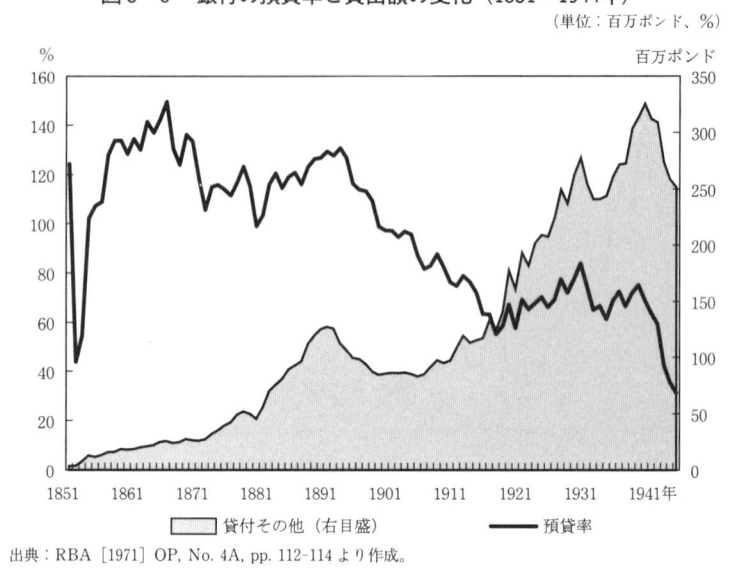

図 3-6　銀行の預貸率と貸出額の変化（1851～1944年）

(単位：百万ポンド、%)

出典：RBA [1971] OP, No. 4A, pp. 112-114 より作成。

済性預金に対して十分な準備率を維持したとしても、銀行の信頼が揺らぐときに、長期性預金の引出しに対する準備も含めて十分であったかどうか、金融危機において明らかになるだろう。

(3) 預貸率の変化

　預金銀行の貸付業務と貸付政策については、8章で検討することにして、ここでは預貸率の変化について検討しておこう。預貸率は、無利息預金と利付預金の合計に対する貸付及び他の資産の割合であり、図3-6に示した。ただしここで言う貸付及び他の資産には、現金、他銀行への貸付、受取手形、政府証券投資は含まれていないので、厳密な意味での貸付に近い金額を示すものと考えてよい。預貸率の変化は、1857年の128％から1870年の133％と、高い経済成長以前では著しく高く、1871年から1885年の高い経済成長期に98～123％の範囲を変動し、この間の多くの年は115％前後を推移するように低下した。そして1880年代の中頃から預貸率は上昇して、ほとんどの年が120～130％に達する

図3-7　銀行の自己資本比率と自己資本の変化（1876～1913年）
（単位：百万ポンド、％）

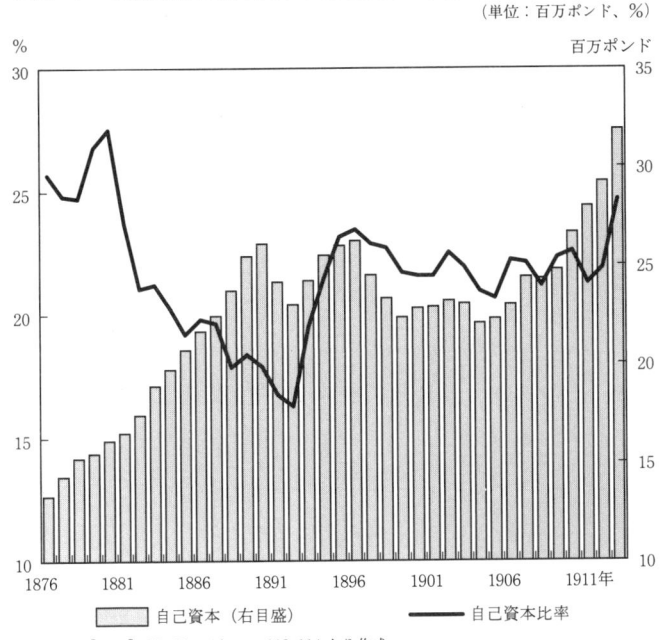

出典：RBA［1971］OP, No. 4A, pp. 112-114 より作成。

ほど上昇した。したがって19世紀後半のオーストラリアでは、預金銀行の預貸率は、ゴールド・ラッシュ期の2年間と1880年の98.8％を除くと、100％を大幅に超えており、長期的なオーバー・ローン状態にあった。預貸率が100％を継続的に割込むのは、1899年からであり、80％台となるのが1905年、70％台となるのが1910年、60％台となるのが1915年であった。

　こうした預貸率の長期的な変化と預金銀行の長期かつ大幅なオーバー・ローン問題は、銀行の資金仲介機能の観点から考えると、この時期のオーストラリア特有の構造的な問題として捉える必要がある。預金額を大幅に上回って継続的に貸付の増加を可能にする特殊的条件は何だったのか検討する。まず株式の発行による自己資本の拡充が考えられる。しかし、当時オーストラリアの預金銀行の自己資本比率は、図3-7に見るように、1881～92年にかけて継続的に低下しており、資料的な制約もあるが、少なくとも1880年代のオーバー・ロー

ンは、銀行の自己資本の増加から説明できない。

　銀行の貸付の拡大が国内預金源泉からも、また銀行の自己資本からも説明できないとすれば、他の資金源泉は借入金に依存するほかない。預金銀行の借入先は、オーストラリア国内においては考えることができない。というのは、オーストラリア内の非銀行金融機関は、9章で見るように、むしろ預金銀行から運転資金を借り入れており、預金銀行の貸出先である。貯蓄銀行の貯金は、政府の管理によって政府の公共事業と住宅建設に大半が回ったので、これも除かれる。したがって、預金銀行の借入は、海外に求めざるを得ないだろう。すなわち一つは、イギリス預金の導入である。今ひとつはロンドンの諸銀行からの借入である。この両者は、AIBRの統計上、把握困難な問題である。これまで多くの研究者が指摘したように、オーストラリアの預金銀行の貸付の資金源泉には、イギリス預金の導入とロンドン諸銀行からの借入が多額含まれていることは否定すべくもない。ただ、これらが当時オーストラリアの銀行統計から除かれていたにすぎない。

　ただしロンドン諸銀行からの借入についてはほとんど説明されてこなかった。というのは、この借入の最も簡単な方法は、オーストラリア国内において、預金銀行がドラフトを振り出すことである。しかし4章でも検討するように、ドラフトの振出しは、銀行の帳簿上では支払手形項目に記帳され、支払手形の集計額と、オーストラリアの輸出手形の買取りを帳簿の上で示す受取手形の集計額は均衡するか、受取手形の金額が通常上回っているために、預金銀行の継続的な借入を示す論証とならなかったからである。ドラフトの発行は、上記の為替取引に関するものと、個々の企業ごとに明記された大口のドラフトの発行が多数あり、これは為替に関する支払手形の項目に集計されていなかった。したがって、オーストラリアの預金銀行を仲介して、個々の企業ごとにロンドンの諸銀行宛のドラフトの発行によって貸し付けられたとみるべきである。これは、オーストラリアの預金銀行にとって、個々の企業への貸付であり、貸付方法はロンドン諸銀行宛のドラフトということになる。このドラフトはロンドンの取引銀行によって支払われることになる。これらのドラフトは、高額面であり支

払方法もそれぞれ異なるために、通常の為替業務の支払手形と合算して集計されなかったのである。ロンドンの取引銀行宛のドラフトによって貸付を受けた個々の企業は、ロンドンでの支払及び輸入代金の支払に利用したと考えられる。

19世紀後半に、預金銀行の預貸率が異常に高いことは、オーストラリアの預金銀行のイギリスから借入と預金の導入によって説明されるだろう。預金銀行の資金源泉の一部がイギリス資金に依存したことは、オーストラリアの金融全体の特殊的構造を反映するものであった。しかし19世紀末から第一次大戦までに預貸率が急速かつ大幅に低下するのを見ると、19世紀後半の預金銀行の預貸率は異常に高かったことを物語っている。

第5節　銀行の財務政策

本節ではBOA銀行の収益構造、配当政策、増資問題に検討を加えることによって、貸付業務の拡大に対応した預金銀行の財務政策を明らかにする。

(1) 収益構造

銀行の収益構造は、調達金利と貸出金利の利鞘によって主に決定される。オーストラリアの銀行がイギリス預金の導入を高めたことを考慮すると、オーストラリアの金利水準とイギリスの金利水準の違いは、銀行の収益構造に大きな影響を与えることになる。オーストラリアでは、銀行間の金利協定のために金利の短期的変動は安定しており、イギリスの預金金利の変動と際立った対照をしめした。オーストラリアとイギリスの預金金利と3カ月手形の割引レートを比較してみると、1880年代オーストラリアの預金金利は極めて高かった。そして時に6％台に達することもあった。6カ月通知預金の場合これより1％下に、3カ月通知預金の場合さらに1％下に決まっていた[63]。そして3カ月手形の割引レートとの差は、常に2％あり、3カ月以上の手形の場合3％、当座貸越の場合4％あり、預金金利と貸出金利の大幅な利鞘からオーストラリアの預金銀行の収益率は極めて高かった。イギリスの3カ月手形の割引と比較した場合、

オーストラリアの割引レートとほぼ4％の差が存在しており、さらに羊毛委託販売による商業的利潤も加えると、銀行の収益は著しく高かった。高い収益は、開拓資金などの旺盛な資金需要によって高い貸出金利が長期に維持された結果である。だが割引レートが6％台に落ちることもあったので、預金金利が上昇して貸出金利に肉薄することも推測される。その結果、銀行収益の低下をもたらすこともあった。事実、BOA銀行によれば、1886年4月に異常な貨幣需要が発生したために12カ月預金が6％に上昇し、逆に9月から65日手形の割引レートが6％に低下して、1887年1月まで利潤が全くなかった。この理由は、銀行間の預金金利協定が破棄されて、競争的な金利の上昇によるものであったと報告されている[64]。

牧羊ブームは、支店拡大にともなう人件費及び一般経費の増加を補って余りある経常利益の増加をもたらした。損益計算書によれば、同行は、1887～88年、1892年以降に経常利益の低下に陥った。特に1887～88年には配当率の低下を引き起こすほどの経常利益の低下となり、イギリス毛織物工業の生産量の減少、オーストラリア羊毛輸出額の減少を原因とするとともに、先に述べた1886年からの預金金利の6％への上昇によるマージンの低下（割引率6％）によっていた[65]。オーストラリアの金融構造は、金利の高め安定に基づいて銀行に高収益をもたらしたが、他方で羊毛輸出に立脚する収益基盤の狭隘性を内包していた。

(2) 配当政策の変化

BOA銀行は、前期の経常利益から配当を行うが、経常利益から植民地及びロンドンの人件費、一般経費、等々の諸経費を控除し、この残額を同行の純利益として計上していた。純利益から支店拡張に伴う店舗補填費と積立金への繰入額と所得税をさらに控除して、その残額を配当対象額として損益計算書の「未配当利潤」（undivided profit）として計上した。

同行はオーストラリアで活動する金融機関と同様に高配当政策を採って、株主への利潤の還元を強力に進め、1873年までに純利益の97％を配当に回していた。これは次期への繰越額を除くと、純利益のほぼ100％の配当率であった。

だが、1874年の準備金の創設にともなって1874年には純利益のうち2千ポンド（7％）を準備金に繰り入れ、87％を配当し、収益の一部を積立金の拡充にまわし、この配当抑制策を1885年まで継続した。

1883年の増資プレミアムの結果生まれた剰余金が形成され、積立金の急激な拡充によって配当抑制策は終わった。配当の支払方法は1883年には従来年に1回の配当から4月と10月の年2期配当制へ転換し、これによって年間配当率は1884年から上昇し、同年には14％配当を回復した。だが、NSW銀行の17.5％、UBA銀行の16％の配当率と比べると決して高いものではなかった[66]。また払込資本に対する準備金の割合は先の両行に比べても低い。これは、資本額が他の銀行に比べて著しく高かったからである。同行の配当政策がオーストラリアにおいて特異なものであったわけではなかった。1874年に始めた配当抑制策は、1872年以降増加した国有地売却による牧羊貸付の拡大と1874年に再開されたイギリス預金の本格的導入の時期と呼応しており、牧羊貸付の拡大及び支店拡大政策にとって必要な準備金・積立金の拡充を意図したものであった。

(3) 増資問題

BOA銀行は、特にニュージーランドにおける業務の拡大と支店の拡張を目的として1862年に増資を行った[67]。この増資は、株主割当制のもとで額面40ポンドの株式を7500株追加発行し、300千ポンドの資本を調達するものであった。資本金の払込みは、4回の分割払込制を取り、第1回払込みの1862年4月から2年以内に払込みを完了させることが特許状に決められていた[68]。第4回払込み完了の時点で、245株が未消化分として残っていたが、未消化分は設立趣意書の規定にしたがって取締役会の処理するところとなった。新株に対する配当は、1863年より始まり、1864年4月より第1回払込分10ポンドに関して旧株と同等の条件が認められた[69]。

1862年の統一会社法の成立とその後一時混乱はあるものの株式会社制度の発展を背景に、イギリス政府は、1862年会社法による法人化を促進させるために特許状による法人化を認めなくなっていた。BOA銀行が、1879年の特許状の

更新(増資問題)を申請したさいに、イギリス政府は、特許状の廃棄と統一会社法の適応を検討するために、BOA銀行の更新申請を延期させた。これに対し取締役会は、会社法が銀行券発行額に対する無限責任制の立場を取っていたために政府方針に反対した。だが、BOA銀行は、すでに銀行券発行額が銀行業務全体においてその役割を低下させ、かつ銀行の管理と業務の拡大が要請される状況では、増資問題を特許状から除くのが好ましいと考えていた。だが、政府は特許状に代わる具体策を提示できないまま、1879年の追加特許状で300千ポンドの増資を認可し、以後BOA銀行は、追加特許状の発行によって容易に増資が可能となった[70]。

取締役会は、1883年に額面40ポンドの株式を株主割当方式で時価発行することにした。BOA銀行は1863年に増資をしたとき、株主割当・額面発行制を採用したが、今回の増資の特徴は、時価発行制の採用にあった。1883年の株式の市場価格は84ポンド、発行費用を控除しても多額の増資プレミアムが発生した。1883年4月の時点で8,588株が株主達によって取得され、最終的に貸借対照表に計上された増資総額は、725千ポンドであった。名目資本額が400千ポンドであったので4月の時点での増資プレミアムの総額は325千ポンドであった[71]。この増資による剰余金は、金融逼迫に備えて準備金を補強しようとする取締役会の意図に沿って積立金、保証金に組み入れられた。

(4) 積立金の拡充

銀行の配当保証金(garantee fund)は、金発見を直接契機とする銀行収益の急増を背景として、将来にわたって安定した配当を実現するために、1853年に200千ポンドを持って創設されたが[72]、これは通常の銀行業務には全く利用されず、全額がコンソル、3%政府証券、ビクトリア植民地政府保証の公共債に投資された。1860年代後半に配当保証金の投資は、先の政府債を中心にNSW、ニュージーランド、その他外国公債に分散投資された。UBA銀行の場合、政府証券投資とともにロンドン市場でのコール・ローンとして運用されていた。

だが1870年、年々の投資収益の増大によってこれを積立金の拡充に当てることが決められ、1874年12千ポンドの額をもって利益積立金（reserve fund）が創設された[73]。積立金は、同年以降毎月の利潤から積み立てられ、1883年には177千ポンドに達し、ほぼ配当保証金と肩を並べるに至った。さらに1883年の増資プレミアムによって発生した剰余金は、配当保証金と利益積立金に当てられ、配当保証金は500千ポンド、利益積立金は228千ポンドとなった。翌年1884年には貸借対照表において両積立金は、同一勘定に統合されて750千ポンドの積立金として計上された。そのうち500千ポンドは、本国・植民地政府証券に投資された。その後も積立金は、利潤の一部から毎期積み立てられ、1886年に800千ポンドをもって資本積立金の拡充策は完了した。

BOA銀行とUBA銀行は、資本金と積立金の合計金額が最も高いものに属し、それゆえに銀行券、預金に対する資本金・積立金の割合は、銀行の債務に対する「自己資本比率」を示し高い水準を示した。積立金は、政府証券・短期貸付に運用され、銀行の資産項目で第二線準備として機能したのである。こうした安定証券への投資は、銀行券・預金に対する政府証券等第二線準備を含む現金準備率を補強する意味を持っていた。債務に対する「自己資本比率」の高さは、金融危機の克服に役だった。UBA銀行は、1893～94年に政府証券を売却してロンドン現金準備金を確保し、この現金準備宛に植民地で為替手形を振り出し、銀行券・預金の支払いに対応する体制を作った[74]。

配当抑制策による積立金の拡充とともに、株式の時価発行制への転換によって生じた増資プレミアムを積立金の増強に充てたことは、牧羊貸付と不動産抵当貸付の拡大にともなうオーバー・ローン的業務体質に対する財務面からの業務補強政策であった。

1) RBA [1971] OP, No. 4A, pp. 112-113, 122-123.
2) 1891年の銀行統計でも、銀行の負債総額が117,393千ポンドに対して、資産総額は171,020千ポンドと、53,627千ポンドも乖離が生じていたのである。この乖離は、銀行の資本金と準備金27,074千ポンドによって生じたと説明され、26,500

千ポンドの残額はイギリス預金額によって説明された。銀行が作成する報告に関する法令は、いくつかの点で時代遅れであり、銀行の統計の整備が問題とされた。

3) Coghlan, T. A. [1892] p. 298.
4) 1850年代に新たに設立された6行は、その後の主要な銀行として活動したものが多い。ESA銀行とLCA銀行はロンドンで設立され、今日4大メジャーバンクの一つであるANZ銀行に吸収された。NBA銀行はメルボルンで設立され、今日オーストラリアのトップ行であるNAB銀行の母体となった。他の2行とAJS銀行はシドニーで設立され、19世紀後半中堅の商業銀行として活躍している。
5) Nunn, H. W. [1988] Vol. 1, p. 454.
6) Butlin, S. J. [1986] pp. 119-293; Butlin, N. G. [1964] pp. 155.
7) Hall, A. R. [1968] p. 3.
8) Butlin, S. J. [1961] pp. 195-196.
9) ロンドン証券取引所に上場したオーストラリアで営業する銀行のうち、全額払込制を採用した銀行は以下のとおりである。ESA銀行(20)、BSA銀行(25)、LCB銀行(20)、NSW銀行(20)、CBS銀行(25)、VDL銀行(17)、MBS銀行(4)であり、( )内の数字は払込額である。
10) The National Bank's Act of Incorporationは、1858年12月にビクトリア立法議会に上程された。議会の特別委員会は、NBA銀行の株主に大きな権限を与えることを承認した。この承認事項は、1859年6月の設立趣意書の付録に記述されていたが、この条例は、植民地外の諸業務に関してイギリス大蔵省の反対にあって修正された（Nunn, H. W. [1988] p. 455)。したがって、植民地議会による銀行設立認可もイギリス法の範囲を越えるものではなかった。
11) Nunn, H. W. [1988] p. 457.
12) AIBR, 1888, p. 842. NSWで営業する銀行の名目資本は13,951千ポンドであったが、資本の多くがNSWにおいてもっぱら利用されているわけではない。NSWの業務のために要求される全資本の割合を把握することは不可能である。1889年に銀行が獲得した収益は、1,693千ポンド、名目払込資本額に対する年平均利益率は12.16％であり、6％から25％の範囲を変化した（Coghlan, T. A. [1890] p. 712)。
13) そのうち16行がNSWに、16行がビクトリアに、11行がクインズランドに、10行が南オーストラリアに、5行が西オーストラリアに、6行がニュージーラ

ンドに支店を持っていた (Coghlan, T. A. [1892] p. 298)。
14) Coghlan, T. A. [1892] p. 298.
15) NSW銀行は、ロンドンのLondon Joint Stock Bankと1845年にロンドン宛為替手形の取立契約を結び、その数年前にCBC銀行は、ロンドンの銀行と代理店契約を結び、為替業務に参入していた (Holder, R. F. [1970] p. 143)。
16) 西村閑也 [1980] 375-376。
17) Holder, R. F. [1970] p. 268.
18) AIBR, 1889, p. 752.
19) 銀行の地域主義的傾向は、植民地の自治領化 (1856年)、NSWからビクトリアの分離 (1851年)、クインズランドの分離 (1859年) に見るように、各植民地の地域ナショナリズムの台頭と関連している (北大路弘信・百合子 [1982] 56-59ページ)。
20) Butlin, S. J. [1961] p. 191.
21) E. S. パーキス (Parkes, E. S.) は、総支配人に任命された。彼は1867年から主任監督官であって、支店拡張策を主張していた (Butlin, S. J. [1961] p. 197)。
22) Coghlan, T. A. [1890] p. 716.
23) Butlin, S. J. [1961] p. 198.
24) Butlin, S. J. [1961] pp. 243-245.
25) Butlin, S. J. [1961] p. 252.
26) Butlin, S. J. [1961] p. 243.
27) RBA [1971] OP, No. 4A, p. 112.
28) Holder, R. F. [1970] pp. 222-223.
29) Holder, R. F. [1970] pp. 284-285.
30) Coghlan, T. A. [1890] p. 723.
31) Coghlan, T. A. [1890] p. 724.
32) イギリス預金に関する課題は、調達方法と運用、預金額の推計と変化であるが、これまでの内外の研究は部分的である。
33) Holder, R. F. [1970] p. 282.
34) AIBR, 1891, p. 164.
35) ロンドンへ郵便によって預金を転送するのが不便であった。スコットランドの預金者は、預金代理人に即座に自己の預金を預けることができた。預金者達は銀行に運用させることを嫌ったように思える (AIBR, 1891, p. 163)。
36) AIBR, 1891, p. 163.

37) Butlin, S. J. [1961] p. 220.
38) Butlin, S. J. [1961] p. 241.
39) Butlin, S. J. [1961] pp. 241-242.
40) Butlin, N. G. [1964] p. 161.
41) 1889年9月に5行が5％を提供していた。そして2行が5％の金利を採用していた。同じ期間に1年定期預金に対して4.5％を提供している銀行の数は7行から4行に減少した。
42) AIBR, 1891, p. 163.
43) この数値は、オーストラリアで活動する全銀行の預金総額から四半期ごとに報告されるオーストラリアの保有預金総額を控除したものであり、正確にはオーストラリア以外で保有された預金総額であってイギリス預金の総額ではない。だが、当時この数値は、イギリス預金額を近似的に示すものと考えられていた (AIBR, 1891, p. 403)。
44) Butlin, S. J. [1961] p. 241.
45) Mackay, A. L. G. [1931] p. 119.
46) Mackay, A. L. G. [1931] p. 118.
47) AIBR, 1886, p. 209.
48) Coghlan, T. A. [1890] p. 588.
49) Coghlan, T. A. [1892] p. 302.
50) Coghlan, T. A. [1892] pp. 303-304.
51) 9,930勘定は20ポンドから50ポンドのもので、平均32ポンド8シリング6ペンスであった。7,785勘定は50ポンドから100ポンドのもので、平均71ポンド7シリング2ペンスであった。さらに8,505勘定は100ポンドから200ポンドのもので、平均121ポンド7シリング3ペンス、1,189勘定は200ポンドから300ポンドのもので、平均212ポンド1シリング2ペンス、211勘定が300ポンド以上のもので平均1,085ポンド17シリング8ペンスであった (Coghlan, T. A. [1890] pp. 725-726)。
52) Coghlan, T. A. [1890] p. 725.
53) BOA銀行は、特許状によって有限責任制（応募資本額2倍）を獲得していたが、他方でこの特許状は、銀行券発行額と資本額の上限を規制していた (Butlin, S. J. [1961] p. 271)。
54) Coghlan, T. A. [1892] p. 137.
55) Coghlan, T. A. [1892] p. 295.

56) 各鋳貨の標準重量は122.5帝国グレインで、半ソブリン貨は61.125グレインである。
57) BM, 1888, p. 616.
58) 金井雄一氏は、イギリスにおいても、1914年8月に発行されたカレンシー・ノートが金貨に置き換わったことを検証した（金井雄一［2004］25ページ）。
59) Coghlan, T. A.［1890］p. 721.
60) 銀行保有の鋳貨及び金地金は、預金銀行のオーストラリア負債総額、すなわち要求払預金及び流通銀行券に対する準備を示している。しかしながらこの負債総額にはイギリス及び他の地域で受け入れられた預金を含んでいない。NSWは、負債総額及び要求払いの負債に対する現金準備の割合は、最も低い水準にある。これら植民地の人口を顧慮すると、オーストラリアの銀行業務は著しい発展を遂げた（Coghlan, T. A.［1890］p.717）。
61) オランダでは、銀行準備は、その国の通貨のおよそ半分近くに達した。T. A. コグランの統計によれば、世界のいくつかの先進国における通貨総額と銀行及び大蔵省に保有されている現金準備の総額を示している（Coghlan, T. A.［1890］p. 718）。
62) Coghlan, T. A.［1890］p. 716.
63) AIBR, 1885, p. 316. オーストラリアとイギリスの金利水準の違い及び1886～93年の金利変動については拙稿［1988］p.142を参照されよ。
64) BM, 1887, p. 527.
65) BM, 1887, p. 527.
66) BM, 1883, p. 528.
67) Butlin, S. J.［1961］pp. 195-196.
68) BM, 1862, p. 349.
69) BM, 1864, p. 890.
70) Butlin, S. J.［1961］pp. 271-272.
71) BM, 1883, p. 1117.
72) BM, 1854, p. 45.
73) BM, 1875, p. 427.
74) BM, 1883, p. 1117.

第4章　外国為替取引とロンドン勘定

　貿易決済及び国際間の資本取引は、外国為替の取引と決済メカニズム、及び金決済を媒介にして行われていた。本章では、オーストラリアとイギリスとの外国為替取引のメカニズムとオーストラリアの銀行のロンドン支店の機能を明らかにする。19世紀オーストラリアの国際収支に関する優れた研究は数多くあるが、これらの研究は、オーストラリアとイギリスとの貿易と決済構造との関係を明らかにしたが、この貿易決済構造と外国為替制度との関係を明らかにしてこなかった[1]。

　S. J. バトリンの研究は、オーストラリアの外国為替取引のメカニズムを明らかにした数少ない業績の一つである。しかし彼は、19世紀前半の大蔵省手形を中心とした対外決済機構と外国為替市場に焦点をあてており、19世紀後半の外国為替取引の技術的なメカニズムを明らかにしていない[2]。

　R. F. ホルダー（Holder, R.F.）が19世紀末の外国為替取引を説明するとき、彼の関心は、輸出金融及び為替レートの変動に向けられている[3]。もちろん彼も述べているように、これまでの研究は、オーストラリアの輸入商人に対する銀行の融資制度及び信用状業務の発展について言及してこなかった[4]。したがって、輸入金融を含むオーストラリアとイギリスとの外国為替取引の特殊性については、われわれに残された課題となっている。

　当時のイギリスとオーストラリアとの資金取引を検討するとき、資金流入の二つの方法、すなわちロンドン証券取引所を通じた長期資本の流入と、銀行を通じたイギリス預金の流入がよく知られている。前者は、政府部門及び民間部門による、ロンドン証券取引所を通じた政府証券、株式、及び社債の発行を意味している。オーストラリアへのイギリス資本の流入に関する統計及びその機

能ついては、いくつかの優れた研究が存在する[5]。

　後者は、イギリス預金の収集とその運用を示しているが、1870年代から第一次大戦までの期間に、オーストラリアの銀行は、イギリス全土から定期預金を集め、その大部分を植民地の主要産業、すなわち牧羊業者に貸し付けていた[6]。しかしながら、この事実は、イギリス預金がオーストラリアの牧羊業に直接貸付けられること、またイギリス資金が直接にオーストラリアに送金されることを意味するとは限らない。われわれは、イギリス預金がどのようにロンドン店からオーストラリアの各支店に送金されたか、さらに銀行はオーストラリアにおける貸付を拡大するために、どのような為替操作を行ったのかを検討すべきである。

　オーストラリアの諸銀行のロンドン支店は、オーストラリアとイギリスとの間の貿易及びイギリスからの資本輸出に関する為替業務に深く関係していた。本章では、ロンドン支店のすべての業務を取り上げて、外国為替取引の技術的なメカニズム、ロンドン支店の機能、及びオーストラリアの銀行の外国為替操作を明らかにすることを主要なテーマにしている。最後に、本章で使用する「ロンドン勘定」（London account）の意味は、広義では、ロンドン支店のバランス・シートを意味し、より狭い意味では、外国為替に関する勘定を意味する。

第1節　外国為替取引の基本形態

　19世紀後半、オーストラリアの経済及び貿易の発展は、全般的な資金需要の急速な拡大、イギリス資本の広範な導入、外国為替取引の拡大を引き起こした。オーストラリアの銀行は、金利、預金の収集、牧羊貸付、外国為替業務において激しい競争を強いられた。さらに金利競争は、牧羊貸付の諸条件が大幅に緩和されるに至り、植民地支店によるロンドン宛の為替取引の管理を著しくあいまいなものとした。

　こうした金融環境の変化の中で、オーストラリアの銀行は、コスト及びリス

クの上昇に直面し、植民地及びロンドンでの各種金利に関する協定を取り結ぶ必要に迫られた。すなわち植民地における安易な貸付及び外国為替の取引を規制する必要があった。オーストラリアの外国為替取引の発展に関して、電信為替の問題は注目に値する。これは1872年以来、オーストラリアの銀行の外国為替業務の一つを形成してきた[7]。

1875年には、メルボルンで銀行間協定が成立したのを受けて、その11月には、ロンドンにおいてオーストラリアの銀行の間でロンドン業務に関する協定が成立した[8]。このロンドンでの協定は、植民地宛為替手形の売買レート、植民地宛ドラフトの取立手数料、及びロンドンでの仲介手数料（rebates or commissions）に関するものであった[9]。BOA銀行は、ロンドンでの協定に従って、外国為替業務を変更することにした。

まず、ロンドン店と直接に取引するビクトリア支店の数を減らした。またロンドンと取引する支店については、1876年10月以降、メルボルンの勘定を通じて執り行われるものとした。ロンドン店及び海外の取引銀行によって振り出されるドラフト及び信用状は、これまで同様ビクトリアのすべての支店宛に振り出されることが認められた。すなわちロンドン宛ドラフト及び手形は、これまで植民地のすべての支店とロンドン店との間で直接に取引されてきたが、今後は、取引するすべての支店によって間接的に取り扱われることになった。これらは、メルボルン店を通過する際に、メルボルンの「雑勘定」(sundry branches account) に記帳されなければならなかった[10]。

同行は、オーストラリアとロンドンとの外国為替取引を以下のような四つの基本的なタイプに分けている。すなわち、ロンドン店及び海外の取引銀行によるドラフト及び信用状（drafts and l/c by the London office）、植民地支店によって支払われる諸手形（bills payable at country branches）、ロンドン宛のドラフト（drafts on London）、イギリス及び海外手形（british and foreign bills）である。同行は、1878年に為替取引の通知及び記帳方法を変更し、すべての支店に通達した。その通達を四つの基本取引に分けて検討することにする。

(1) 植民地諸支店宛の為替手形 (Bills on Colonial Branches)

貿易にともなう為替手形の取引は、一般に荷為替手形取引、すなわち逆為替取引と呼ばれている。イギリスの輸出者は、輸出代金の取立のために植民地支店宛為替手形を振り出し、ロンドン店はこれを買い取り、植民地支店へこれを送付する。これら手形は、受取支店のバランス・シートに受取手形 (bills receivable) と記帳された。

BOA銀行は、1878年の外国為替取引に関係する機構改革以後も、植民地支店宛の為替手形をこれまで同様に受取支店に対して直接に送付していた。支店の受取りに際して、これらの手形は、メルボルン店の雑勘定の貸方に記帳され、そして植民地の受取支店のバランス・シートでは、受取手形の借方に記帳された。ロンドン店は、メルボルン店にこの為替手形の内容を通知するが、この取引の結果、メルボルン店は、当該支店の雑勘定に対して、手形の額面金額だけの債権を有することになり、反対にロンドン店は、メルボルン店に対して債権を有することになる。取立為替手形についてはこれまで同様に処理された[11]。オーストラリアの支払人は、支払期日までにこれを支払い、イギリスの輸出手形の決済が終了することになる。

(2) ロンドン宛為替手形 (Bills of Exchange on London)

ロンドン宛為替手形の取引は、通常、輸出者が振り出す為替手形に一連の船荷書類が付帯しており、一般に逆為替取引と呼ばれている。オーストラリアの輸出業者は、代金取立のためにロンドン宛に為替手形を振り出した。各植民地支店はこれを買い取り、ロンドン店に送付した[12]。これは輸入者によって支払が行われるまで、ロンドン店のバランス・シートの受取手形項目に借方記帳された。これらの手形は、ブリティッシュ・ビルとも呼ばれた。

ブリティッシュ・ビル及び外国手形は、植民地各支店で買い取られ、メルボルン店の勘定を通過した後、ロンドンに送られたのである。特殊な場合に、郵送を節約するために、これらの手形は、ロンドン店に直接に送られた。しかし

可能ならば、明細通知によって送金を確認するためにメルボルン店に打電されなければならなかった。これらの手形は、支店から受け取った手形（bills received from branches）としてメルボルン店によって登記され、郵便の到着までその勘定の借方に記入されていた[13]。オーストラリアの輸出手形の買取りは、輸出金融の一種であるが、輸出品の船積み前の輸出金融、すなわち輸出を前提としたロンドン宛の貸付も行われていた。BOA銀行の行内通達によると、ロンドン店宛貸付は、資産家でかつ責任ある顧客に対してのみ認め、その貸付期間は、できる限り12カ月以内に制限されており、適用される為替レートはロンドンの判断にゆだねられていた[14]。

(3) **ロンドン宛ドラフト**（Draft on London）

　ロンドン宛ドラフトの取引は、一般に送金為替取引の一種である。送金為替取引の説明によれば、植民地の送金者は、植民地支店でドラフトを買い取り、ロンドンの受取人にそれを送付する。BOA銀行の場合、ロンドン宛ドラフトは、ビクトリアのすべての支店で振り出されていた。しかしながら、1876年10月銀行間の為替取引機構の改革の後、これらドラフトは植民地支店によって直接に送られることはなく、メルボルン店を通じて郵送されることになった。またスエズ便（毎月）のドラフトと為替手形の差額が、500ポンド以上のあらゆる支店は、為替手形の超過額をメルボルン店の借方に、ドラフトの超過額をメルボルン店の貸方に記帳した。そして受取手数料（commission received）は、貸方に支払手数料（commission paid）がそれぞれ記帳された[15]。

　ロンドン店は、メルボルン店からその通知を受け取ると、ドラフトはロンドン店のバランス・シートの支払手形項目に貸方記帳された。ロンドン店はその支払期日にロンドンの受取人に支払った。取引はこれで終わりとなるが、ロンドン店はメルボルン店及び植民地支店に対して債権を持つことになる。規模の小さな支店は、ロンドン店と取引する勘定を認められなかったので、ロンドン宛ドラフトの発行が必要なとき、その地域のセンター支店の帳簿に記入された[16]。たとえこれを発行するとしてもドラフトの発行額面を上限規制されてい

た[17]。

　ロンドン宛ドラフトの発行の結果、発行支店は、メルボルン店に対し債務を負い、反対にメルボルン店は、発行支店に対して債権を持つことになる。メルボルン店は、ドラフト発行日にロンドン店に対して発行条件を通知したが、ドラフトの発行が手間取るとき、ロンドン店への通知をメルボルン店がスエズ経由の郵便で行うことは、原則として避けなければならなかった。もしこうしたドラフトが発行されるときは、利用可能なところであれば、電信通知が発行書状（outgoing mail）に遅れないように送られなければならなかった。もちろんその費用は購入者が負担することになっていた[18]。

(4) 植民地支店宛のドラフト（Drafts on Colonial Branches）

　植民地支店宛ドラフトの取引は、一般に今日の送金為替取引の一つである。植民地支店宛ドラフトは、1876年10月以前と同様にロンドン店によって振り出されていた。送金為替の一般的な説明によれば、このドラフトはイギリスの送金者によって購入され、次いで植民地の受取人に送られた。植民地支店は受取人にその額面金額を支払った。このドラフトが発行されるとき、その発行内容を支店宛に通知（advise）した。支店は通知を受け取ると、帳簿の支払手形項目に貸方記帳した。

　さらに支店は、その額面金額をメルボルン店の雑勘定から引き出すか、あるいはメルボルン店に対し債権を有した[19]。このドラフトの取引は、雑勘定では、メルボルン店を借方とし支店を貸方とするように記帳された。したがってイギリスとオーストラリアとの間の為替取引は、実質的には、ロンドン店とメルボルン店との間の取引に振り替えられていた。すなわちロンドン店は、支店宛にドラフトを振り出すと、メルボルン店に対して債務を負うことになり、反対にメルボルン店はロンドンに対して債権を有することになる。言い換えれば、植民地支店宛ドラフトの取引はロンドン店が借方の地位にあり反対にメルボルン店が貸方の地位におかれたのである。

　発行通知を受取る前に支払われるドラフトは、通知受取後に支払われるドラ

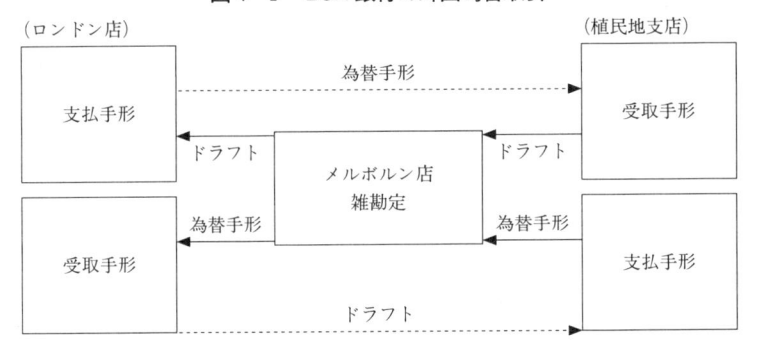

第4章 外国為替取引とロンドン勘定　127

図4-1　BOA銀行の外国為替取引

（ロンドン店）　　　　　　　　　　　　　　（植民地支店）

支払手形　──為替手形──→　受取手形

　　　　　←ドラフト──　メルボルン店　──ドラフト→

受取手形　←─為替手形──　雑勘定　──為替手形→　支払手形

　　　　　　　　　──ドラフト──→

フトと同様に取り扱われた。その場合このドラフトは見積り送り状（pro forma）を付帯すべきであった。

(5) 外国為替取引の構図

　新しい銀行間協定はロンドン宛のドラフト及び為替手形の増加を引き起こすとともに、オーストラリアの銀行が為替取引を営む際の管理機構を変化させることになった。その組織図は図4-1に示されている。BOA銀行によれば、ロンドン宛ドラフト及び為替手形は、支店によって振り出されあるいは買い取られると、メルボルン店を通過した後、ロンドン店に送られた。それらはロンドン店のバランス・シートの支払手形及び受取手形に記帳された。メルボルン店及び雑勘定は、ロンドン店に対してすべての支店の代表者として機能した。これは植民地支店によって振り出され、あるいは購入されたロンドン宛ドラフト及び為替手形の取引機構の改革を意味していた。各支店の為替取引のなかで、銀行が最も注意を払っていたのがロンドン宛ドラフトと為替手形であった。

　BOA銀行のドラフトと為替手形の取引上重要な位置にあったのがメルボルン店であり、その雑勘定であった。雑勘定は、メルボルン店を含む植民地支店間資金取引のための記帳勘定であったが、オーストラリア植民地各支店とロンドン店との間の外国為替取引は、メルボルン店と植民地各支店との資金調整取引に振り替えて、この植民地支店間の資金調整が雑勘定を通じこの勘定に記帳

されたのである。

ロンドン宛ドラフトの発行は、メルボルン店の主要な機能であった。そしてドラフトの様式はメルボルン店によって植民地各支店に送られた。ロンドン店への通知は発行日にメルボルン店によって送られた。ロンドン宛ドラフトは、「支店から受け取られた手形」としてメルボルン店によって登記された。植民地支店宛のドラフト及び為替手形は、ロンドン店によって各植民地支店へ直接に送られ、植民地支店のバランス・シートに支払手形及び受取手形として記帳された。その受取に際して、支店は、メルボルン店の雑勘定に対して貸記あるいは借記された。

第2節　為替手形とドラフトの取引高の推移

本節では、オーストラリアとロンドン間の為替取引高とその変化を前で見た四つの基本取引別に明らかにする。ただし資料上の制約があるため、データーは個別銀行ごとの整理とならざるを得ない。また資料も現存する銀行に限られ、かつその中にも原資料の欠落や記帳方法の変更によって統一的なデーターを作成することは困難である。したがって個別銀行ごとに為替取引高及び残高を集計することにする。

(1)　NSW銀行のケース

表4-1は、1860年のNSW銀行ロンドン店のアグリゲイト・ステイトメント（aggregate statement）における受取手形と支払手形との構成を示したものである。その借方項目を見ると、まず"payable local"は、植民地支店間で振り出された未決済のドラフトである。借方項目の"accepted in London"は、ロンドン店によって発行された植民地宛ドラフトと考えられる。植民地宛ドラフト（ロンドンの引受手形）に対するロンドン宛ドラフトの割合は、バランス・シートの上ではおよそ1：2であった。

貸方項目を見ると、「受取手形」は、銀行による手形割引を意味しており、

表4-1　NSW銀行の受取手形と支払手形の残高（1860年）

(単位：千ポンド)

貸　方		借　方	
受取手形	2,375	支払手形（local）	87
ロンドン店の受取手形（6月30日）	223	ロンドンの引受手形（accepted）	407
買手形	1	ロンドン宛ドラフト	929
ロンドンへの為替手形の送付	387	信用状	130
ロンドンでの一般的移転項目	18	ロンドン支店	4

出典：NSW [Statement] Aggregate Statement of London Branch, Sep. 30, 1860.

図4-2　NSW銀行の外国為替勘定の構成

貸　方	借　方
ロンドン受取手形	ロンドンの引受手形
ロンドンへの為替手形の送付	ロンドン宛ドラフト

出典：NSW [Statement] Aggregate Statement of London Branch, Sep. 30, 1860.

　植民地において支払われ支店によって割引された手形、すなわちローカル・ビルの割引もこれに含まれる。したがってロンドン店による支店宛の為替手形のシェアがどれほどあるのかはこの資料から明らかとならないが、「受取手形」の大部分は、植民地内において割り引かれた手形、すなわちローカル・ビルであったと推測される。ロンドン店の「受取手形」は、羊毛及びその他の輸出品の輸出代金を取り立てるために、植民地支店によって買い取られたロンドン店宛の為替手形であり、そのうちこれはすでにロンドン店に到着したものである。これに対して「ロンドンへの為替手形の送付」(bills remittance to London)は、植民地支店によって買い取られたロンドン宛の為替手形であるが、まだロンドンに到着していない船上のものないしメルボルン店に留めおかれているものと考えられる。

　したがって、NSW銀行の場合、ロンドン宛為替手形の額は、ロンドン店の「受取手形」と「ロンドンへの為替手形の送付」の合計である。しかし植民地宛為替手形に対するロンドン宛為替手形のシェアをこの資料から確かめるのは困難である。われわれはロンドンとの為替取引を同行のバランス・シートから図4-2のように把握することができる。これは、ロンドン宛ドラフトが植民

図4-3　NSW銀行の受取手形と支払手形の推移（1868〜1900年）

（単位：千ポンド）

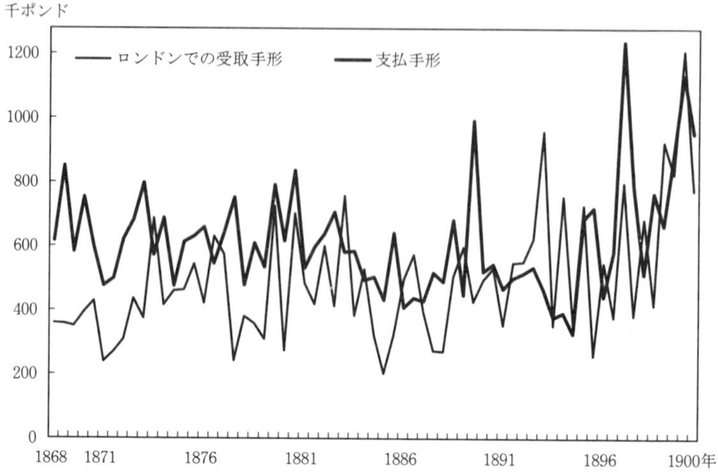

出典：NSW [Balance Book], 〈CA/101/1-8〉より作成。

地宛ドラフト（ロンドンの引受手形）よりもまたロンドン宛為替手形よりも多額であったことを示している[20]。

　NSW銀行の為替取引高は、同行の貸借対照表（aggregate half yearly balance book）から確認できる。同行の為替取引の集計方法は、1868年9月と、1901年と1906年の3回変化し、一貫した為替取引高の推移を辿ることは困難であった。しかし、同行の為替取引高の大まかな推移をこの資料から追うことができる。

　ロンドン宛ドラフトの発行額は、1858年3月から1868年3月までの間に、オーストラリア各支店宛のドラフトと考えられるロンドンの引受手形（accepted in London）の2〜3倍であった。ロンドン宛ドラフトの発行額は、同じ期間に、ロンドンで受け取られる手形とロンドンへの為替手形の送付の総額を常に上回っていた。ただし例外は、オヴァレント・ガーニー恐慌の影響が強かった時期である1866年10月と1867年3月であった[21]。

　図4-3によれば、支払手形（ロンドン宛のドラフト）は、1868年9月から1891年9月までに、ロンドンで受け取られる手形総額を常に上回っていた。た

だし例外は、1873年9月、1876年9月、1883年3月、1884年3月、1886年3月、1886年9月、そして1889年3月の7半期である。これらの期間は、ほぼイギリスの景気循環の恐慌及び不況期に相当する時期であることは注目される。

　受取手形と支払手形の関係は、1891年9月から第一次大戦までの間に変化したと考えられる。とりわけ受取手形の額は、1891年9月から1895年3月までの期間と1906年3月から1911年9月まで期間に、支払手形の額を上回った。ロンドンで受け取られる手形項目における3月の額は、1882年以降、9月の額を上回った。この理由は、3月の数字が羊毛集荷及び輸出シーズンに相当しているからと考えられる[22]。

　NSW銀行のバランス・シートの検討から以下のことが確認できる。第一に、ロンドン宛の受取手形（ロンドンへの為替手形の送付を含む）とロンドン宛のドラフトが重要な業務であったこと、第二に、ロンドンの受取手形と支払手形の取引高は、ストックで見ると1890年代に大きな変化が生じたことがわかる。しかし同行の資料では、植民地宛為替手形がどれぐらいあったか推計することができなかったので、為替取引高の全体像を把握するために、他の銀行の資料を検討する。

(2)　NBA銀行のケース

　NBA銀行のバランス・シートは、同行の為替取引額をオーストラリア各地域及びロンドンとに分けて報告しているので興味深い。同行がロンドンと取り引きした為替に関する記帳は、図4-4に示されている。「郵送中の為替手形」(bills remitted in transit) 及び「ロンドン受取手形」(London bills receivable)、「支払手形」(bills payable)、及び「支店勘定」(branch account) の詳細は、表4-2のようである。

　表4-2は、NBA銀行の全支店のバランス・シートの構成を示している。バランス・シート上のドラフト及び為替手形のそれぞれの詳細な性格を明らかにするために、支店を地域ごとに区分して検討する。同行は、1893年に限ってバランス・シートの各項目の地域別勘定を調査しており、この資料によってロ

図 4-4　NBA 銀行ロンドン店の外国為替勘定の構成

貸　方	受　取
郵送中の為替手形	支払手形
ロンドンの受取手形	
オーストラリアの支店勘定	ロンドン店の支店勘定

注：ロンドンの受取手形は、植民地支店の勘定に記帳されたものであるが、送金手形と比べるために記入されている。
出典：NAB [Balance Book], Assets and Liabilities, London, 31th Mar. 1893.

表 4-2　NBA 銀行のバランス・シート（1893年）

(単位：千ポンド)

貸　方		借　方	
金地金勘定	1,477	銀行券発行	327
建物・施設	461	支払手形	1,758
他銀行に対する債権	21	他銀行への負債	49
他銀行の銀行券	23	預金	8,928
貸付	8,297	支店勘定	4,657
支店勘定	4,671	資本勘定	1,000
印紙税	3	積立金	590
政府証券・その他債券	679	施設積立金	80
郵送下の手形	1,714	損益勘定	61
ロンドン受取手形	83	損失引当金	90
ロンドンの損益勘定	0		
ロンドンのコールマネー	110		
合　計	17,544	合　計	17,544

注：この数字は百ポンド台を切り捨てた。
出典：図4-4に同じ。

ンドン勘定の概要を把握することができる。

　表4-3、表4-4、表4-5は、地域ごとに区分された「郵送中の為替手形」「ロンドンの受取手形」「支払手形」の構成を示している。表4-3「郵送中の為替手形」の各地域名は、当該地域支店へ送られ、そこで受け取られた為替手形の額を示している。すなわち「ロンドン」の項目は、ロンドン店で受け取られた手形あるいは植民地支店によって買い取られロンドンに送られたロンドン宛為替手形を意味している。表4-2によれば、ロンドン店へ送られた為替手形は、684千ポンドに達し、これは同行の「郵送中の為替手形」総額の40％に達している。ビクトリア、南オーストラリア、西オーストラリアに対する取引

表4-3　NBA銀行の郵送中の為替手形（1893年）

（単位：千ポンド）

地　域　名	金　額
ビクトリア	466
南オーストラリア	353
西オーストラリア	209
ロンドン	684
合　計	1,714

出典：図4-4に同じ。

表4-4　NBA銀行のロンドン支店の受取手形（1893年）

（単位：千ポンド）

地　域　名	金　額
ビクトリア	43
南オーストラリア	8
NSW	32
合　計	83

出典：図4-4に同じ。

は、植民地間の内国為替取引と考えられる。これらにはロンドン店によって振出され送付された植民地宛手形が含まれてない。というのは、ロンドン店によって各植民地宛に振出された為替手形は、別の表に区分されているからである。

表4-4は、ロンドンのいずれの項目も含まれないので、ロンドン店によって植民地各支店へ送られた為替手形、つまりロンドンからの受取手形を示している。表4-4の合計は、ロンドン店によって送付された植民地宛手形額であり、83千ポンドに達する。ロンドン宛為替手形はロンドン店による植民地支店宛為替手形額の8倍以上であることは、注目に値する。

表4-5は、各植民地支店宛に振り出された支払手形の額を示している。ロンドンの項目は、ロンドン宛ドラフトを意味し、754千ポンドに達した。しかし他の地域においては、内国送金為替（植民地内で支払われるドラフト）とロンドン店によって発行された植民地宛ドラフトとを区別することはできない。たとえば、南オーストラリアの716千ポンドは、メルボルン店によって振り出

表4-5 NBA銀行の支払手形（1893年）
(単位：千ポンド)

地域名	金額
ビクトリア	257
南オーストラリア	716
西オーストラリア	1
NSW	27
ロンドン	754
合計	1,758

出典：図4-4に同じ。

されたドラフトとロンドン店によって振り出されたドラフトの両方を含んでいると考えられるからである。ロンドン店の支店勘定（branch account）は、外国為替の各項目の対応勘定であり、各支店の外国為替取引の残高を示している。貸方項目におかれている支店勘定は、ロンドン店に対する債権を、反対に借方項目におかれている支店勘定は、ロンドン店に対する債務を意味している。為替勘定については、次節で検討する。

(3) BOA銀行のケース

NBA銀行のバランス・シートから植民地支店宛のドラフトの残高を確かめることはできなかったが、オーストラリアの諸銀行の外国為替取引では、ロンドン宛ドラフト及び為替手形が、植民地支店宛ドラフト及び為替手形の取引よりも重要であることを示していた。われわれはここでストックとフローの概念の相違に注意を払わなければならない。これまで述べてきた額はすべてストック概念（バランス・シート上の残高、未決済のドラフト及び為替手形）である。この場合、ストックは、それぞれの額の残高を意味するにすぎない。すなわち受け取られたドラフト及び為替手形から決済された額を控除した値、つまり未決済のドラフト及び為替手形の額を意味する。

BOA銀行ロンドン店の為替取引額の推計については、ロンドン店とメルボルンの総支配人オフィス（superintendents office）との間で交わされた「電信」に記録された隔週おきの"enclose of secretary's letter"が参考になる[23]。

この記録は、1890年9月まで隔週で、その後毎週報告されたドラフト及び為替手形の通知を含んでいる。これらのドラフト及び為替手形は、ロンドンとオーストラリアの間で郵送された。

この「受取」項目のドラフト及び送金は、ロンドン店が植民地支店から受け取ったドラフト及び為替手形を、そして「送付」項目のドラフト及び送金は、ロンドン店の植民地支店への郵送を意味している。この資料には、定型で通知されたドラフト及び為替手形以外に不定形のドラフト及び為替手形も記録されている[24]。

まずロンドン店が受け取ったドラフト及び為替手形の総額は、ロンドン店から送られたものよりも大きかった。同行は、植民地支店宛のドラフトよりもロンドン宛ドラフトを多く発行した。ロンドン店宛ドラフトのシェアは、同行によって発行されたドラフト総額の78〜90％に達した。これに対して植民地支店宛ドラフトは10〜22％にすぎなかった。ロンドン宛為替手形のシェアは、ロンドン店と植民地支店によって送られた為替手形の総額の76％から84％もあった。これに対して植民地支店宛為替手形は、その16％から24％であった。ロンドン店宛のドラフト及び為替手形は、植民地支店宛ドラフト及び為替手形よりも頻繁に使用されていたことは明らかである。この事実は当時の外国為替決済システムがロンドン貨幣市場に集中していたことを示すものである。

ロンドン店が受け取った為替手形のほとんどは、イギリスへのオーストラリアの輸出代金の取立のための為替手形であった。ロンドン店が受け取ったドラフト及び植民地支店へ送付された為替手形は、オーストラリアの輸入の決済手段として機能したと考えられる。同行の業務通達によると、「毎月のスエズ便によるドラフトと為替手形の差額が500ポンドを超えるすべての支店は、為替手形の超過額とドラフトの超過額をメルボルン店の借方と貸方にそれぞれ記帳する」[25]と述べており、ロンドン宛ドラフトと為替手形の差額が重要視されている。したがってオーストラリアの銀行の基本的な為替操作は、ロンドン店宛のドラフトと為替手形を相殺することであった。

すなわちロンドン宛ドラフトの発行額は、ロンドン資金の変化を考慮した上

で、ロンドン宛為替手形の買取額に制限された[26]。もし為替手形のロンドン店への送付が少ないならば、ロンドン店は、為替準備金を減らすか、あるいはロンドン貨幣市場から短期資金を借り入れなければならなかった。ロンドン店によって送られたドラフトは、その季節的変化もほとんどなく、その発行額も著しく小さかったことから貿易の決済手段として機能しなかったと考えられる。

ロンドン宛為替手形は、オーストラリアの輸出の決済手段として、またロンドン宛ドラフトはオーストラリアの輸入の決済手段として機能していた。言い換えるとオーストラリアの輸出決済は、植民地支店によるロンドン宛為替手形の買取りをもって、つまり逆為替方式（取立）で行われ、その輸入決済は、ロンドン宛ドラフトの振出しつまり並為替方式によって行われた。この点は、オーストラリアとイギリスの間の貿易決済上の特殊性といえる。

しかしながらロンドン宛ドラフトがオーストラリアの輸入の決済手段として機能したと結論するとき、この結論をイギリスの輸出者の側から見ると、イギリスは輸出代金の回収に逆為替方式をとらなかった、言い換えるとイギリスは取立為替の振出しによって輸出代金の前貸を受けなかったことになる。そこで問題となるのがイギリスの輸出金融のあり方である。この問題について羊毛をはじめとしたオーストラリアの対イギリス輸出について多くの研究が存在するが、イギリスの輸出決済システムに関する研究は遅れている[27]。

オーストラリア宛の手形は、たとえそれらが主要な役割を持っていなかったとしても、イギリスからの輸入の支払に使用された。それゆえにオーストラリアの輸入の決済方法は、ロンドン宛ドラフト及びイギリスの輸出債権者によって振り出された為替手形等多様な手段が用いられていたというのが理にかなった説明であろう。

しかしこの特殊性は、オーストラリアの貿易決済のすべてを説明するものではない。繰り返すまでもないが、イギリスのオーストラリアへの輸出すなわちオーストラリアの輸入は、ロンドン店によるイギリスの輸出手形の買取りによっても行われ、その割合はオーストラリアの輸入決済の為替取引のほぼ2割に達していた。さらに植民地宛のドラフトも存在していたのである。ただしこの

図4-5 BOA銀行ロンドン店の為替取引高の推移（1867〜1900年）
（単位：ポンド）

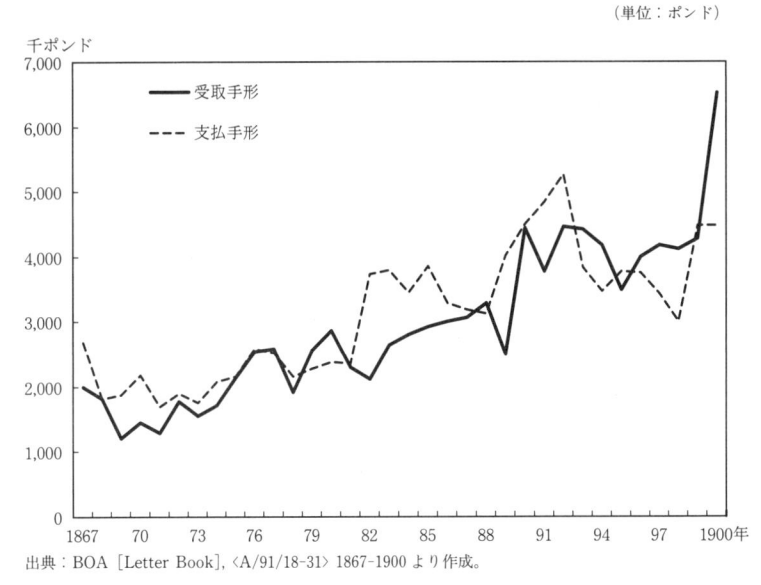

出典：BOA [Letter Book], 〈A/91/18-31〉1867-1900より作成。

植民地宛ドラフトは銀行の対外資金の調整手段として機能していたと考えられる[28]。

図4-5は、BOA銀行のロンドン支店によって受け取られたドラフトと為替手形の長期的推移を示している。ロンドン宛ドラフトの発行額は、1870年から1890年の間では、オーストラリアの経常収支の赤字のために、ロンドン宛為替手形の受取額を上回っていた。しかし1890年代の中頃から後者は前者を上回るようになった。この期間に経常収支は、赤字から黒字に変化していないし、また1890年代オーストラリアの輸入水準も、1880年代のそれに比べて大幅に低下していない。したがってこの時期のロンドン宛ドラフトの減少の理由は、オーストラリアの輸入の減少や貿易動向の変化に求めることはできない。とすればこの理由は外国為替取引の構造的変化に求められるだろう。言い換えると1890年代は、オーストラリアの輸入決済すなわち、イギリスのオーストラリアへの輸出決済が、ロンドン宛ドラフト（並為替取引）から植民地宛為替手形の買取方式（逆為替取引＝取立）への転換期であったといえる[29]。ロンドン店に

よって送付された為替手形のシェアが、送付された為替手形及びドラフトの総額に比べて著しく減少したので、取立為替手形は、オーストラリアの輸入の決済手形としてますます重要なものとなった。そして貿易上の近代的外国為替取引への転換を示している。

(4) ロンドンの輸出金融

オーストラリアとイギリスの間の貿易決済は、オーストラリアの輸出が銀行による輸出手形の買取つまり荷為替手形の買取りによって行われ、オーストラリアの輸入がロンドン宛の送金為替の販売によって行われていたことが確認される。

これと類似した事実は、宮田美智也氏によるベアリング商会（Baring Bros. & Co.）の貿易金融に関する研究において、1830年代のアメリカとイギリスとの間の貿易決済方法においても見ることができる。すなわち氏によれば、ベアリング商会の輸入金融の最も一般的な決済方法は、アメリカからロンドン宛の通常一覧後60日払式手形の送付であり、並為替方式であった。同じ時期のアメリカからイギリスへの輸出決済は、委託荷見返り前貸手形制度のもと逆為替方式で行われていた[30]。氏は続けて、イギリスからのアメリカの輸入決済方法の変化についても次のように述べている。「信用状発行依頼人とその宛先（受益者）が分化し、後者（輸出者）によってその発行人宛に手形が振り出されるようになるとき、アメリカの対イギリス輸入の決済も逆為替の方法で行われるものとなるであろう」[31]。

19世紀におけるイギリスの輸出金融は、今日一般に用いられている輸出手形（取立為替手形）の買取方法と比べると、特異なものであった。輸出金融における銀行による荷為替手形の買取方法の特質は、輸出者が輸出品の実質的な決済以前に、つまりその輸出時に輸出代金を銀行から前貸を受け取ることができるところにあった。しかしイギリスの輸出は、海外での輸入者によるロンドン宛の送金為替で決済されていたとすれば、イギリスの輸出者はどのように輸出金融を受けていたのか問題となる。この問題に関して興味深い指摘が西村閑也

氏によるイギリスの「手形の平均ユーザンス」に関する研究においてなされている。すなわち氏によれば、「周知の如く、英国は、輸入に対しては、現金支払い、または短期の信用条件での支払を行い、輸出については長期の信用を与えていたのである」[32]。ここで注目したい点は、イギリスは、輸出について「長期の信用を与えていた」という点である。

西村氏によれば、輸入が現金ないし短期の信用条件、これに対して輸出が長期の信用というのは、手形のユーザンスの相違として整理されている。イギリスとオーストラリアとの貿易決済は、これまで述べてきたように、決済手段それ自体が相違していたという事実は、イギリスから見ると、イギリスの輸出に対して海外に信用を与えていたと理解される。イギリスが輸出に対して信用を与える方法は、オーストラリアにおけるロンドン宛ドラフトの振出し、すなわち送金為替による決済方法であったと理解される。イギリスの輸出者は、輸出代金の回収にあたって取立為替方式を用いなかったので、輸出時点において、荷為替手形の売却という方法で、銀行から輸出品を担保にした前貸を受けなかった。それは、西村氏も指摘されているように、イギリスにおいて、輸出者が内国為替を振り出すことにより、別のファイナンス方法を持っていたと考えられる[33]。

このイギリスにおける輸出金融とは別のファイナンスに関しては、R. F. ハロッド（Harrod, R. F.）の指摘がある。すなわちイギリスの輸出者は、輸出手形の銀行引受による信用供与よりも、為替手形の現金化を含む運転資金の調達を商業銀行から獲得していたと考えられ[34]、その運転資金の調達方法は当座貸越によっていたと推測される。イギリスの輸出金融の特異さは、海外の輸入者に対する引受信用（acceptance credit）の供与、さらにオーストラリアのように地理的広大さ、遠隔地、さらに交通手段の未発達などから生じる決済の遅延を克服するために作り出され、その結果としてロンドン市場への貿易決済の集中が実現した。

イギリスの輸出者にとって、オーストラリアの輸入者が送金為替で決済することは、この送金為替が取引上どの時点で振り出されるかによって、運転資金

の借入期間の長さとして重要な問題となる。19世紀後半に、オーストラリアにおいて銀行による送金為替の振出しまでに時間がかかり、さらにこの為替を郵便船でロンドンに輸送するのに5週間を要し、さらにその上にドラフトのユーザンスが一覧後60日払いないし90日払いであることを考えると、オーストラリアの送金為替は最終決済までに少なくとも5カ月を要していた。したがって、イギリスの輸出者は、取引の開始から最終決済までの長期の信用供与を必要として、その間の資金の手当を輸出手形の現金化という方法でなく、イギリスの銀行から運転資金の供与という方法で獲得したと考えられる。

第3節　ロンドン勘定の構成

　オーストラリアとロンドンとの外国為替取引において、ロンドン支店が重要な機能を果たしていたことはこれまでみてきた。本節では、外国為替取引がロンドン店の帳簿においてどのように処理されていたのかを明らかにするが、そのためにロンドン店の帳簿を構成する各勘定に詳細な検討をくわえることにするる[35]。この帳簿構成を検討するとき、為替に関する勘定だけでなく、ロンドン店の準備及び決済に関する諸勘定やロンドン貨幣市場での資金取引に関する勘定、同じくロンドンにおける顧客との取引に関する勘定、さらに資本勘定等があるが、これらについては5節において紹介することにする。本節で取り上げるのは、BOA銀行のロンドン店帳簿である。というのは調査によれば、同行のロンドン店帳簿は、今日オーストラリアの銀行のなかでほぼ設立当初から第一次大戦まで現存している唯一のものであるからである[36]。さらにBOA銀行は、ロンドン店が本店であり、本店機能とその帳簿上の処理も明らかになると考えられる。

(1) ロンドン店帳簿の変化

　BOA銀行のロンドン帳簿の構成は、徐々に整備されたが、その顕著な変更は、第一に、1842年4月11日にロンドン店のキャッシュ・アカウント（cash account) の開設と各支店のブランチ・キャッシュ・アカウント (branches cash account) がコロニアル・キャッシュ・アカウント (colonial cash account、以下コロニアル勘定と略記する) にまとめられたことである。この変更は、のちにコロニアル勘定の内容を検討するときに明らかとなるように、為替取引勘定が整備されたことを意味する。次に、1845年10月13日にはロンドン帳簿において個人及び会社名ごとに散在していた勘定が"individual account"にまとめられたことにより、ロンドン支店の顧客勘定が成立したことである[37]。したがって1840年代前半は、まさにロンドン店の帳簿の基本構成の確立期にあたる。

ロンドン店の帳簿の構成は、その後1870年代末まで大きな変更は見られなかったが、1880年代の初めに以下のように次々と整備された。それぞれの勘定の内容については後に説明することにして、ここではその主要な変更について列挙しておく。第一に、1880年に「インター・コロニアル勘定」が帳簿から姿を消した。第二に、さらに1879年に「取立為替手形勘定 (account of bills for collection)」が帳簿からなくなった。1880年には、「買取手形勘定 (bills negotiated)」が創設された。第三に、1880年に「委託販売勘定 (consignment account)」が帳簿から姿を消した。第四に、1883年に「支払手形の割引 (bills payable discounted)」がなくなった。第五に、1881年に「キャッシュ・アカウント」は、あたかもその勘定自体がなくなってしまうほど記帳額が急減した。これに代わってSPS銀行 (Smith Payne & Smiths) の勘定が創設された[38]。この勘定は、前者の勘定の大部分が移されたと推測される。ロンドン店の帳簿構成は、外国為替取引の拡大とロンドン貨幣市場の特殊性を反映して、この時期にいっそうの整備が進められるとともに、以前にまして単純化されたのである。

1840年代前半の帳簿構成の整備以降、1880年代までのロンドン店の帳簿構成は、ロンドン店帳簿No.7 (1852〜57年) の帳簿にしたがって、それぞれの機能別に以下のように、おおよそ七つのグループに分けることができる。

Ⅰ 現金取引及びキャッシュ・フローに関する勘定

1) キャッシュ・アカウント (cash account)

2) SPS銀行勘定

3) 金地金勘定 (bullion account)

4) 預金勘定 (deposit account)

Ⅱ　植民地支店に関する勘定

1) コロニアル勘定 (colonial cash account)

2) インター・コロニアル勘定 (inter-colonial cash account)

Ⅲ　外国為替取引に関する勘定

1) 受取手形勘定 (bills receivable)

2) 支払手形勘定 (bills payable)

3) 買取手形勘定 (bills negotiated)

Ⅳ　海外代理店との取引に関する勘定

1) 代理店受取手形勘定 (bills receivable from agents)

2) 取立手形勘定 (bill for collection)

Ⅴ　ロンドン市場での資金取引に関する勘定

1) 貸付勘定 (loan receivable)

2) 借入勘定 (loan payable)

3) 手形割引勘定 (bills discounted)

Ⅵ　顧客との種々の取引に関する勘定

1) 個人勘定 (individual account)

2) 委託販売勘定 (consignment account)

3) 商品担保勘定 (goods hypothecated for bills)

Ⅶ　資本勘定

1) 株式資本勘定　2) 配当勘定　3) 各種手数料勘定　4) 利子勘定　5) 損益勘定

(2)　外国為替に関するロンドン帳簿の構成

ここで、ロンドン店の為替に関する勘定に検討を加えておく。上の勘定構成

で言えば、II植民地支店に関する勘定とIII外国為替取引に関する勘定である。

①コロニアル勘定

　コロニアル勘定は、それまでロンドン帳簿にあった各植民地支店のキャッシュ勘定（branch cash account）が1842年4月11日にまとめられたものである。同勘定の貸方及び借方項目は、"Sundry"の費目でもって記帳されており、したがって同勘定が他の勘定とどのような関係にあったか、それ自体で内容を把握することは困難である。しかしそれ以前に存在していた支店のキャッシュ勘定の内容から、ロンドン帳簿の支店キャッシュ勘定は、ロンドン店と各植民地支店との、ほぼすべての取引を記帳した総合的な勘定であったと推測できる。1852年のコロニアル勘定は、シドニー支店キャッシュ勘定、メルボルン支店キャッシュ勘定、等々のように九つの支店勘定によって構成されていた[39]。

　ロンドン店帳簿の整備過程からコロニアル勘定は、主にロンドン店と各支店との間の為替取引を記帳するための勘定であり、同行の本・支店間の外国為替取引の勘定であったことがわかる。しかし同勘定では、支店間の取引及び海外代理店（外国銀行及び他の植民地銀行）との諸取引は除かれていた。したがって、同勘定はロンドン店と支店との各種取引の対応勘定として機能していたと考えられる。

　コロニアル勘定の変化は、三つの局面に分けることができる。すなわち1842～52年、1853～81年、1882年以降である。最初の局面は、小規模な業務の時期で、そのボトムは1848年であった。第二の局面は、着実な増加を示した時期である。しかしながら1868年、1873年、1881年にボトムを記録した。急速な拡大は第三局面に出現した。1893年以降コロニアル勘定の借方項目は大きく減少している。

②インター・コロニアル勘定

　植民地支店間の為替取引は、インター・コロニアル勘定に記帳された。この勘定は、ロンドン店帳簿No.5において、オーストラリア各植民地間のドラフト

及び手形（inter-colonial drafts and remittance）、またそのNo. 4においては、"remittance & drafts in transits between branches"と呼ばれていた。この勘定は1853年以降着実に増加したが、1879年に急減して、さらに1880年のロンドン店帳簿から姿を消してしまった。この減少は、オーストラリア各植民地間の決済システムの発展及び為替決済機構の変化によると考えられる。BOA銀行の場合、オーストラリア内の植民地間の為替取引はいわゆる内国為替取引にあたり、これがそれぞれの支店によってロンドン店に報告され、かつ記帳されていた。したがって、オーストラリア内の支店間決済は、ロンドン店を通して遂行されていた。この事実はロンドンに本店を持つイギリス系銀行としての同行の際立った特質である。

③受取手形勘定

受取手形勘定は、海外の代理店からの受取手形勘定が別に存在することから、同行の植民地支店によってロンドンへ送付されたロンドン宛為替手形（オーストラリアの輸出手形）のみを記帳するものであった。支店から送られたロンドン宛為替手形は、ロンドン店が受け取った時点で、受取手形勘定の借方に記入され、またその同額がコロニアル勘定の貸方に記入された。これがイギリスの輸入者によって支払われた場合に、その決済額が受取手形の貸方に記入される仕組みになっていた。したがって受取手形勘定の残高は、ロンドン店が植民地支店から受け取ったオーストラリアの輸出手形の未決済残高を意味している。

オーストラリアの輸出手形は、これらロンドン店の受取手形勘定の借方に記入されたことにより、植民地支店のロンドン店に対する債権を意味したのである。さらにコロニアル勘定の貸方・借方の意味するところは、貸方がロンドン店に対する植民地支店の債権を、借方がそれに対する債務を意味した。コロニアル勘定の残高は、植民地支店のロンドン店に対する債権超過あるいは債務超過を意味したのである。しかしながらまれに海外代理店によってロンドン店に送付された割引手形も記帳されていた。引受手形（acceptance bills）は各支店によって購入された手形を意味するが、ロンドン店は各支店の引受手形を受

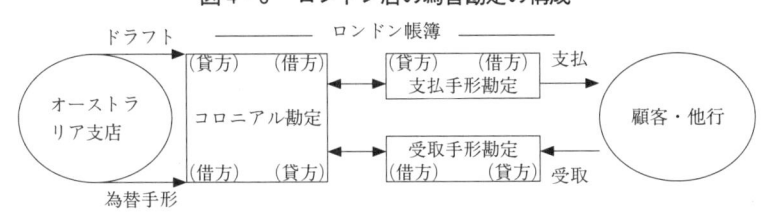

図 4-6　ロンドン店の為替勘定の構成

取手形勘定の負債項目に記帳した。この勘定の対応勘定はコロニアル勘定である。

④支払手形勘定

　支店によって振り出されたロンドン宛ドラフトは、コロニアル勘定に支払手形の記帳名で借方に記帳された。これに対応して支払手形勘定の貸方項目にコロニアル勘定名で貸方に記帳された。ロンドン店帳簿No.4 によれば、支払手形勘定の借方項目は、SPS 銀行に対してだけその額が記帳されており、その貸方は支店名によってその額が記帳されていた。オーストラリア支店の振り出したロンドン店宛のドラフトは、オーストラリア支店のロンドン店に対する負債（債務）を意味した。ロンドン店の支払手形勘定の借方は、ロンドン店の顧客及び他行に対する支払を意味する手形が記帳され、これら手形はこの勘定に借方記帳されたが、オーストラリア支店に対する取引を意味するコロニアル勘定においては、ロンドン店の支店に対する貸付を意味し、貸方記帳されたのである。

　その他のブランチ・キャッシュ・アカウント、買取手形勘定、ならびに取立為替手形勘定は、規模も小さく不明な点も多い[40]。

(3) 海外代理店との取引に関する勘定

①海外代理店勘定

　BOA 銀行の海外代理店リストによれば、同行は、外国為替取引を営むために103行の海外代理店（コルレス先）を持っていた。この海外代理店のネット

ワークは、イギリス本国の各銀行、すべてのイギリス植民地、そしてほとんどのヨーロッパ各国の主要な銀行を含んでおり、さらに重要なことはインド・極東地域で営業するイギリス系植民地銀行がそれに含まれていたことである。このネットワークの基本的な機能は、海外代理店との間で相互にドラフトを発行することであった。

19世紀オーストラリアの銀行は、海外代理店との外国為替取引の決済のために、相互に設定する当座勘定（コルレス預金）を持っていなかったと、ロンドン店帳簿の調査から推測される。この当座勘定の代わりに、代理店との為替取引を記帳するための勘定として海外代理店勘定が存在していた。しかしこの代理店勘定は、送金為替であるドラフトまたは取立手形の記帳勘定にすぎず、為替決済は、すべてロンドン手形交換所加盟銀行によって遂行されたと考えられる。

代理店との為替取引は、代理店勘定と代理店からの受取手形勘定に記帳される。代理店勘定は、代理店からの受取手形、手数料及び利子の受け払いを含み、代理店とのすべての取引を記帳した総合的な勘定であった。この勘定は、また代理店からの受取手形勘定を対応勘定としていた。代理店からの受取手形勘定は、代理店からの取立手形を主要な費目としており、したがって取立手形勘定もその対応項目であると考えられる。

支店との取引と代理店との取引は、ロンドン店にとって異なった意味を持っていたのである。すなわち支店が買取ったロンドン店の受取手形は、その手形を満期まで保有するとすれば、顧客の支払をもって、この為替手形の取引は終了するが、代理店が取立依頼をしたロンドン店の受取手形は、たとえ顧客による支払いが済んだとしても、ロンドン貨幣市場において、代理店とロンドン店との決済を必要とした。したがって代理店勘定は、為替の記帳勘定にすぎなかったとしても、支店との為替取引を記帳した受取手形勘定及び支払手形勘定と別立ての勘定として存在する必要があったのである。

第4節　為替準備金とコロニアル・リソース

　オーストラリアの銀行のロンドンとの為替業務は、これまで述べてきたように、ロンドン宛ドラフトの発行額をロンドン宛為替手形（輸出手形）の買取額に制限すること、言い換えればこの両者を相殺することによって管理されていた。しかし自発的に行われる為替取引の結果、短期的にはロンドン店の為替資金は大きく変化したと考えられる。そこで本節では、為替資金について検討する。

　ここでロンドン店の為替操作は、ロンドン店による植民地支店宛ドラフトの振出し、及び同じく植民地支店宛の為替手形の買取りとその送付を意味している。この取引額は、当時2万ポンドと規則的な数字で推移していた[41]。これに対して支店手形（branch bills remittance：ロンドン宛為替手形）の送付とドラフト（ロンドン宛）は、コロニアル・オペレーションと呼ばれていた。また取引銀行への支払（payment on account of contracting banks）は、ロンドン宛ドラフトと為替手形の決済を委託した銀行との決済を意味している。取引銀行への支払は、経常費用の借入を意味するかどうか問題の残るところである。

　オーストラリアの銀行は、ロンドン店と植民地支店との間の取引を記帳するために、ロンドン店帳簿にコロニアル勘定を持っていた。この勘定は、繰り返すまでもないが、ロンドンと植民地支店との為替取引を主に記帳するためのものであった。このコロニアル勘定に相当する勘定は、NSW銀行では、ブランチ・バランス（branches balance）と呼ばれ、また同行の支店のバランス・シートには、ロンドンとの取引を記帳するロンドン・バランス（London balance）と呼ばれる勘定があった[42]。NBA銀行の場合、これらの勘定に相当するのが各支店帳簿のロンドン勘定（London account）とロンドン店帳簿のブランチ勘定（branch account）である[43]。ロンドン店帳簿のコロニアル勘定とオーストラリア支店の帳簿におけるロンドン勘定は、ロンドンとオーストラリアとの為替取引を中心とした各種の資金取引の結果、それぞれの資金ポジショ

表4-6 BOA銀行ロンドン店のキャッシュ・アカウントの構成（1883年）

(単位：千ポンド)

植民地帳簿のキャッシュ・アカウント(7/16)					3,436.50	(+)
植民地の為替業務	(7/30)	(8/13)	(8/27)	(9/10)	合計	
ドラフト	125	205	105	70	505	(+)
為替手形	100	155	65	155	475	(−)
ドラフト超過額					30	(+)
ロンドン為替業務	(7/25)	(8/8)	(8/22)	(9/5)		
ドラフト	26.5	23	49	24	122.6	(−)
為替手形	44.2	39	51	59.9	194.1	(+)
為替手形超過額					71.5	(+)
植民地のキャッシュ・アカウントの推計					3,537	(+)
コロニアル・リソースの超過額(8/30)					3,430	
当座貸越					107	

出典：BOA [Letter Book] No. 2205, 20th Sep. 1883 (A/91/19) より作成。

ンの変化を返映した債権債務関係を一括記帳する一対の勘定であった。

　ロンドン店との各種資金取引がロンドン店及びオーストラリア諸支店の資金ポジションに変化をもたらすが、その変化はどのように把握されたていたのであろうか、また為替取引と準備金との関連を次に考えてみたい。この点について興味深い資料がある。表4-6は、BOA銀行の為替取引（植民地の為替業務とロンドンの為替業務）と植民地帳簿のキャッシュ・アカウント（cash account of colonial books）及びコロニアル・リソース（extra colonial resources）との関係を示している[44]。

　表4-6によって為替準備金の変化に検討を加えておく。ここでロンドン店の植民地支店に対する債権をプラスと考えると、植民地の為替業務のドラフト及びロンドンの為替業務の為替手形（remittance）は、その債権を意味しプラスの記号となり、植民地の為替業務の為替手形（remittance）とロンドンの為替業務のドラフトはその債務を意味し記号はマイナスとなる。それぞれの差引残高の合計を7月16日の植民地帳簿のキャッシュ・アカウントから差し引いた数値が9月10日のキャッシュ・アカウントの残高である。さらにこれからオーバードラフト（overdraft）の額を控除した数値が8月30日のコロニアル・リソースである。

以上のように一連の計算過程の中で問題となるのが、コロニアル・リソースの期日である。コロニアル・リソースはこの一連の計算過程から独立したものと考えておくのが正しいであろう。ただしコロニアル・リソースも為替取引と密接な関係を有するものであることは間違いない。この一連の計算過程を前提にすると、植民地帳簿のキャッシュ・アカウントやコロニアル・リソースは、ロンドン店の植民地支店に対する債権を意味している。そして重要なことは、植民地帳簿のキャッシュ・アカウントは、ロンドン店と植民地支店との為替取引の残高が累積されたものであると推測される。またここでのオーバードラフトがどのように取引されたものか、その内容がよくわからないが、コロニアル勘定から控除したものであるので、ロンドン店の債務と考えられる。

 ロンドン店のコロニアル勘定は、一定期間のドラフトと為替手形のそれぞれの取引額と決済残高が記入されたフローの数値、すなわち一定期間の変化を示したものであるが、植民地帳簿のキャッシュ・アカウントは、ロンドン店と植民地支店の債権・債務の相殺残高の累積額であると考えられる。そしてこの累積額は、ロンドン店の債権超過を示している。すなわち為替取引でいうと植民地におけるドラフトの発行超過を物語っているのである。植民地帳簿は、一定期間の為替取引とその決済残高を記帳したロンドン店帳簿のコロニアル勘定とは異なる、別個の帳簿であったと考えられるが、今日資料として残存していない。

 コロニアル・リソースについては、これまではほとんど検討されたことはなかった。ただし S. J. バトリンがわずかに言及しているのみである[45]。コロニアル・リソースの構成は、資本金、植民地の鋳貨・金地金、イギリス預金、オーストラリア政府預金、各種積立金であった[46]。これらはメルボルンの総支配人がロンドン宛に為替の送付を報告するときに併せて報告されており、為替取引額の基準として考えられていた（図4-7）。コロニアル・リソースの数値は、累積残高つまりストックの数値である。イギリス預金についてみると、ロンドン帳簿では、一定期間（ここでは1年間）の預金総額と預金の引出額が記帳されており、1年間の残高の変化を知ることができるが、この帳簿からイギリス

図4-7 BOA銀行のコロニアル・リソースの構成

(単位：ポンド)

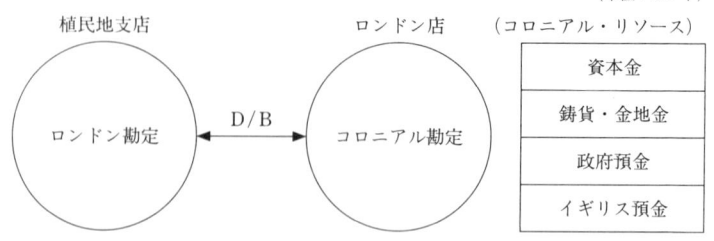

植民地支店　　　　ロンドン店　　（コロニアル・リソース）

ロンドン勘定 ⇔ D/B ⇔ コロニアル勘定

| 資本金 |
| 鋳貨・金地金 |
| 政府預金 |
| イギリス預金 |

の預金の累積額を知ることはできない。コロニアル・リソースに含まれるイギリス預金の額は、イギリス預金の残高であることはいうまでもない。したがってコロニアル・リソースは、応募資本金及びイギリス預金の増減に比例して不規則に変化した[47]。

　BOA銀行の場合、コロニアル・リソースは、1883年12月17日から1885年7月3日までの間、3,760千ポンドで、1888年11月15日から1890年2月14日までの間に、4,404千ポンドであった[48]。そしてコロニアル・リソースが1886年4月17日から7月15日の間に3,880千ポンドであったとき、同行のイギリス預金は、2,330千ポンド（1886年6月25日）と記録されている[49]。これに関連して同行のロンドン宛ドラフトと為替手形の年間取引高は、9,670千ポンドであった。したがってイギリス預金はコロニアル・リソースの主要な部分であったと考えられる。以下ではイギリス預金の機能について言及しておこう。

　イギリス預金は、1年から4年の期間を持つ通知性の定期預金によって構成されていた。アデレード銀行（Bank of Adelaide）によれば、その平均残高は、1,270ポンドであった[50]。1877年の植民地証券条例（Colonial Stock Act）の成立以降、インスクライブ・ストック預金も導入された[51]。預金者のほとんどは、イギリス及びスコットランドの居住者であったが、オーストラリアの居住者が12カ月定期預金を設定するために、ロンドン店へドラフトを送付した事例も報告されており[52]、イギリス預金は植民地の居住者によっても形成されていたと考えられる。

　UBA銀行は、その4分の1（のちには5分の1）を短期証券としてロンド

第4章　外国為替取引とロンドン勘定　151

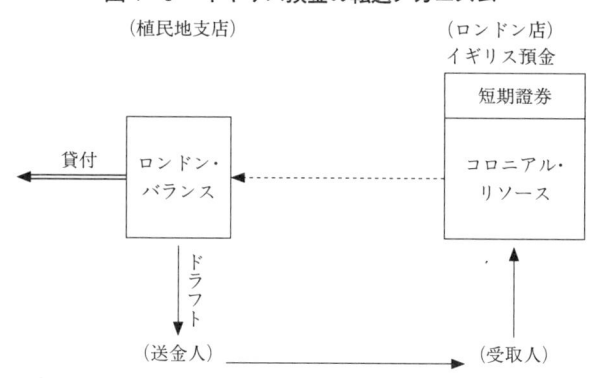

図4-8　イギリス預金の転送メカニズム

```
        (植民地支店)              (ロンドン店)
                                  イギリス預金
                              ┌──────────┐
                              │  短期證券  │
        貸付   ┌──────┐       ├──────────┤
    ←───────│ロンドン・│←╌╌╌╌│ コロニアル・│
            │バランス │      │  リソース  │
            └──────┘       └──────────┘
                │ド                    ↑
                │ラ                    │
                │フ                    │
                ↓ト                    │
            (送金人) ──────────────→ (受取人)
```

ンで保有するという原則を持っていた。ロンドンに保有される預金のうち4分の3は、コロニアル・リソースに含まれ、そして残りは、先に見たようにイギリス預金の支払準備としてロンドン貨幣市場で短期証券に運用されていた[53]。S. J. バトリンによれば、UBA銀行の場合、イギリス預金は、1880年代の初めに急速に増加した[54]。

　総支配人は、その上限が100千ポンド拡大されたことを伝えている。すなわちロンドン店が植民地で利用できる預金は、1878年9月28日付のロンドン店の支配人の手紙のなかで600千ポンドから700千ポンドに増加したことを報告している[55]。ほとんどの場合、イギリス預金は、ロンドン店宛のドラフトの発行によって植民地に移されたと考えられる。そしてまれな場合、ロンドンからの鋳貨・金地金で郵送された。図4-8は、イギリス預金の機能をモデル化したものである。

　コロニアル・リソースは、ロンドン帳簿のコロニアル勘定の原資ともいうべきものであった。これは同時にオーストラリアとロンドンとの為替取引の原資として機能したのである。イギリス預金は、コロニアル・リソースの最大の構成要素であったが、この預金が植民地へ送付されるとき、その方法は植民地支店によるロンドン宛ドラフトの発行であった[56]。そしてこのドラフトはオーストラリアのイギリスからの輸入の決済手段として機能したのである。

第5節　ロンドン店のその他の勘定

(1) 現金取引及びキャッシュ・フローに関する勘定

①キャッシュ・アカウント

　キャッシュ・アカウントは、ロンドン店のキャッシュ・フロー全体を記帳した勘定であった。その貸方項目と借方項目のほとんどはコロニアル勘定の名前で記録されていた。その他の主要な記帳費目は、受取手形と支払手形であった。受取手形は、キャッシュ・アカウントの借方に、支払手形はその貸方に記帳された。この勘定の借方額は現金の増加を意味し、貸方額はロンドン店の現金の減少を意味していた。キャッシュ・アカウントの残高（balance）は、キャッシュ・フローの額に比べて著しく小さいことにより、ロンドン店は、為替業務について債権・債務（貸方・借方）の相殺に注意を払っていたことが推測される。このことは、為替取引のメカニズムでも述べたが、植民地支店によるロンドン宛支払手形（ドラフト）の振出しを、輸出手形のロンドン送付額に厳格に制限する政策が採られていたことからもわかることである。

　この勘定は、1842年に設立されて以来、1853年以降、ロンドン店のキャッシュ・フロー全体を記帳する項目として機能し始めた。1881年には、同勘定のキャッシュ・フローの大部分は、SPS銀行勘定に移管されたと考えられる。その際、ロンドン貨幣市場で決済を必要とする為替取引に関するキャッシュ・フロー及び、ロンドン市場で資本取引に関するキャッシュ・フローが移されたものと考えられる。

②金地金勘定

　金地金勘定は、1852年のロンドン帳簿で初めて登場し、1884年の勘定以降、不定期的な記帳となった。金地金の取引は、1854～83年の間に減少する傾向にあった。その間に、1863年、1867年、1871年、1878年に取引及び残高は高い水

第4章　外国為替取引とロンドン勘定　153

③預金勘定

　BOA 銀行の場合、ロンドン店の預金勘定は、1864年7月1日にロンドン帳簿に記帳され始めた。この勘定の貸方は、預金の設定を意味し、借方項目は、預金の引出しを意味する。したがってその残高は、1年間の預金残高の変化を意味し、同行のイギリス預金の総額を示すものでないことに注意する必要がある。イギリス預金の増加額は、1873年を底に、1883年のピーク時までに急速に増加し、1892年のピーク時以降急減した。

④ SPS 銀行勘定

　ロンドン支店の帳簿の変更過程から見ると、SPS 銀行勘定は、1881年に同帳簿のキャッシュ・アカウントに代わって設定されたことがわかる。したがって同勘定は、ロンドン店のキャッシュ・フローのほとんどを記帳したものであると考えられる。SPS 商会は、ロンドンの個人銀行（private banks）でロンドン手形交換所加盟銀行であった。当時植民地銀行及び外国銀行に対してロンドン手形交換所への加盟が認められていなかったので、BOA 銀行もロンドンで決済を必要とする外国為替取引を遂行するために、加盟銀行との間に為替及びその他の決済業務の委託契約を結ぶ必要があった。その意味で SPS 銀行は、BOA 銀行のロンドンの取引銀行（London banker）であった[57]。したがって為替業務の決済とその記帳を効率よく遂行するために、従来から為替取引の決済を委託していた SPS 銀行に、拡大するロンドン決済にともなうキャッシュ・フローの記帳を同勘定に移管したと考えられる。SPS 銀行は、BOA 銀行の支店が同行宛にドラフトを発行することを認めていたし、ロンドン貨幣市場での同行のドラフト及び為替手形を決済する便宜を提供したのである。

(2)　ロンドン貨幣市場における資金取引勘定

①手形割引勘定

手形割引勘定は、ロンドン店による手形割引を記帳する勘定である。この手形の性格は、帳簿から明らかにすることはできないが、通常の商業手形、あるいはオーストラリアへの輸出手形ではなかったかと考えられる。この勘定は、1883年以降受取ローン（loan receivable）勘定に吸収されたと考えられる。

②資金取引勘定（loan receivable and payable）

同勘定におけるローン（loan receivable）は、ロンドン貨幣市場に対する資金の貸付を意味し、借入（loan payable）は、ロンドン貨幣市場からの資金の調達を意味すると考えられる。ロンドン貨幣市場において資金を取引する相手は、BOA銀行の場合、SPS銀行、グローブ保険会社（Globe Insurance Co.）と限られた金融機関であったことから、ロンドンにおける資金取引は、取引銀行（ロンドン・バンカー）との決済資金の調整手段であったと考えられる。のちに、同勘定は、ロンドンにおける会社、金融機関、個人に対する長・短資金の貸付を意味する手形割引勘定を吸収しており、BOA銀行が、ロンドン貨幣市場に対して貸手であったことが明らかとなる。というのはローンの残高が増加し、借入は1884年以降姿を消していったからである。

(3) **顧客勘定**（account for individual）

①顧客勘定

顧客勘定は、一般に当座勘定（current account）をさすが、ロンドン店の顧客勘定は当座勘定ではなく、したがって決済勘定ではないので、individual accountを顧客勘定と呼ぶのは適切でないかもしれない。この勘定は、ロンドン帳簿No. 5においてオーストラリアの居住者、イギリスの居住者、他の植民地の居住者の名前で帳簿内に散在した各顧客の勘定を、ロンドン帳簿No. 6以降ひとまとめにしたものである。しかしこの勘定が本格的に機能し始めたのは、1879年に委託販売勘定がロンドン帳簿から姿を消した後の、1880年以降のことである。ここでは、顧客勘定、委託販売勘定（consignment account）、手形担保商品勘定（goods hypothecated for bills）、そして保険勘定（claims under policy insurance）を併せて検討する。というのはこれらの勘定がそれぞれ相互に他の勘定を費目としており、相互に他の対応勘定として機能したと考えられるからである。

　顧客勘定は、借方項目では cash を費目として記帳され、他方貸方項目では、委託販売勘定、手形担保商品勘定、代理店からの手形勘定を費目としていた。そしてこの勘定は、顧客名が記された唯一の勘定であり、貿易に関係する一種の顧客勘定であったので、19世紀の第四半期以降ロンドン店の当座勘定へ発展したと考えられる。

　顧客勘定の発展は、貿易金融の拡大によるばかりでなく、イギリス資本輸出の増加にもよる。なぜなら QNB 銀行の顧客勘定には、多くの金鉱山会社、政府・公共債が数多く見いだされるからである。

(4) ロンドン店の役割と外国為替取引の変化

　貿易上の外国為替取引は、輸出者が輸出代金の取立のために輸入者宛に振出す逆為替取引が一般に用いられている。19世紀後半、ロンドン宛のドラフトは、ロンドンで購入される植民地宛の為替手形の代わりに、オーストラリアへのイギリスの輸出の決済手段として一般に使用されていた。このロンドン宛のドラフトは、並為替取引である。ロンドン宛のドラフトがオーストラリアの輸入の決済手段として、またロンドン宛の為替手形がオーストラリアの輸出の決済手段として使用されていたことは、19世紀オーストラリアの外国為替取引の特殊性の重要な側面である。この特殊性は、ロンドン貨幣市場が国際決済システムのセンターとして長く機能していた事実によるものである。

　1870年代のオーストラリア経済・貿易の急成長、イギリス資本輸出の増加、牧羊金融の拡大、さらに銀行協定の成立を受けて、オーストラリアの銀行は、外国為替取引機構を変化させ、さらに為替取引の管理機構を新たに構築した。BOA 銀行は、ロンドンと直接取引する支店の数を減らし、支店がロンドン宛のドラフト及び為替手形を振り出す場合、メルボルン支店を通じて行うこととした。

オーストラリアの銀行の為替業務は、ロンドン宛のドラフトと為替手形を相殺することであった。とりわけ、ドラフトの発行額をロンドンに送る為替手形の送金額に制限することであった。外国為替勘定は、植民地支店のバランス・シートにおいてはロンドン・バランスと呼ばれ、ロンドン支店のバランス・シートにおいては、ブランチ・バランスと呼ばれていた。ロンドン・バランスとブランチ・バランスは、外国為替取引のための一対の勘定であり、外国為替取引を記帳する勘定であった。BOA銀行の場合、ロンドン支店の植民地帳簿のコロニアル勘定が外国為替取引の記帳勘定であった。

これら外国為替取引の記帳勘定の基準は、コロニアル・リソースと呼ばれていた。コロニアル・リソースは、ドラフト及び為替手形の原資として機能し、銀行は、ドラフト及び為替手形の取引量をこれを通じて管理した。すなわちロンドン宛ドラフトは、コロニアル・リソース宛に振り出され、そしてロンドン宛の為替手形でもって相殺された。コロニアル・リソースは、応募資本額、地金、政府証券、イギリス定期預金によって構成されていた。コロニアル・リソースの額は、取締役会によって制限され、新資本発行額の変化と、ロンドンのイギリス預金の増加に比例して変化した。イギリス預金は、植民地支店におけるドラフトの発行を通じてオーストラリアに送金され、そして植民地において運用された。

オーストラリアの銀行は、為替取引を営むために、外国の銀行及びイギリス植民地銀行とコレスポンド・アグリメントを締結していた。そして各種の為替手形の決済をロンドンのクリアリング・バンクスを通じて行った。ロンドン支店におけるイギリス預金の現金準備率及び負債総額に占める準備率は、極めて低い水準に押さえられていたので、彼らは、ロンドン市場において短期資金を定期的に取り入れなければならなかった。

ロンドン支店の当座勘定は、主にオーストラリアの企業及び個人、またイギリスの企業及び個人によって構成されていた。これらは、オーストラリア及びイギリスの居住者にとって為替及び貿易決済上重要な意味を持っていたとは考えられない。外国為替取引は、個人の当座勘定を通じて取引されることはなく、

ロンドン支店のブランチ・バランスと植民地支店のロンドン・バランスによって取引された。ロンドン支店の当座勘定は、顧客がロンドン証券取引所において株式及び社債を発行する場合、その発行額の残高の預託勘定として機能したと考えられる。

ロンドン宛ドラフトは、オーストラリアにとって輸入の決済手段であり、イギリス資本の対オーストラリア投資の送金と回収の手段であった。これらはオーストラリアにとって最も重要な決済手段であった。しかしドラフトは、1890年代に減少し、そしてオーストラリアにおいても今日一般的な逆為替取引が一般化することになる。

1) Butlin, N. G. [1962a] [1964]; Boehm, E. A. [1971b]; Kenwood, A. G. and Lougheed, A. L. [1960] pp. 93-101（岡村他訳 [1977] 82-92ページ）.
2) Butlin, S. J. [1953] pp. 31-33, 478-491.
3) Holder, R. F. [1970] p. 524.
4) Holder, R. F. [1970] p. 375.
5) Hall, A. R. [1968]; Butlin, N. G. [1962a].
6) 1870年代の中ごろからイギリス預金は増加し始めたが、劇的ではなかった。1880年代に政策は変化し、イギリス預金は、コロニアル・リソースに対する追加として求められた（Butlin, S. J. [1968] p. 241）。
7) *Banking in Australasia* [1883] p. 104.
8) Holder, R. F. [1970] p. 299.
9) ①一覧払いの植民地宛ドラフトは、為替平価で発行されるべきである。②最優遇レートの植民地宛ドラフトの購入は、逐次決済されるべきである。③植民地宛ドラフトの取立について、すべてその手数料は0.5％とされるべきである。送金為替手形（current exchange）も0.5％とされるべきである。④植民地へのケーブルによる貨幣の送金は、通信コストのほかに、1％の手数料を取るべきである。⑤1883年1月1日以降、リベートは、0.5％、ロンドン・ジョイント・ストック銀行によって取り扱われている7日通知預金の金利に0.5％の上乗せしたものを適用すべきで、その上限を5％とする（*Banking in Australasia* [1883] p. 88）。
10) "sundry branches account" は「雑勘定」と訳出した。雑勘定の決算は、ブ

ランチ・キャッシュ・アカウント帳簿（branch cash account ledger）の他の勘定と同様に1年で締め切られるべきものであった。その残高は次期に繰り越されていた（BOA [Circular] No. 245, 22nd Aug. 1877）。
11) BOA [Circular] No. 245, 22nd Aug. 1877.
12) 支配人は、輸出品が現実に船積みされる前に署名された船荷証券（bills of lading）によって保証された為替手形を買い取ることを警告されている。こうした習慣は、不幸なことに植民地のいくつかにおいて広く行われていた（BOA [Circular] No. 119, 2nd. Feb. 1849）。
13) BOA [Circular] No. 119, 2nd. Feb. 1849.
14) ロンドン宛信用（credit on London）は、以下のように運用されていた。①ロンドン店宛の信用は、資産家でかつ責任ある立場の顧客に対してのみ認められる。②その貸付期間は、可能な限り12カ月以内に制限されるべきである。③その為替レートは、ロンドンにおける調整に残されるべきである（BOA [Circular] No. 127, 12th Sep. 1854）。
15) BOA [Circular] No. 262, 10th Sep. 1878.
16) BOA [Circular] No. 265, 21st Oct. 1878.
17) BOA [Circular] No. 245, 22nd Aug. 1877.
18) これらドラフトの書式は、メルボルンによって副署されたものであった。そして異例の額のドラフトについては、メルボルンへの特別申請が必要となり、これに時間がかかるので、時間がない場合には電信が利用された。ドラフトの書式は、要求された住所へメルボルンによって郵送された。
19) サンドリー・ブランチ・アカウントは、今日一般に雑勘定として理解されているが、当時はむしろメルボルン店と各支店との資金調整、したがってまたメルボルン店を通じた支店間の資金調整のための記帳勘定として機能していたと考えられる。
20) オーストラリアとイギリスとの為替レートの基準は、AIBRで毎月報告されたロンドン宛ドラフトに対する有力銀行の為替レートであると考えられた。たとえば60日払いのロンドン宛ドラフトのレートは、現在その販売レートが3/8％のプレミアム、その購入レートが3/8％のディスカウントである（AIBR, 1883, p. 3）。
21) ロンドンの引受手形額は、1867年3月の記録によれば、ロンドンへの為替手形の送付額より大きくなった。ロンドンの引受手形（植民地宛ドラフト）は、為替手形やロンドン宛ドラフトによるロンドン店からロンドン店への準備金の

不足を補充するために、メルボルン店からロンドン店への送金手段の一種として機能し、ロンドン店の資金調達を意味した。
22) 為替レートには季節的な変動が存在する。羊毛シーズンの始まる10月に銀行はロンドン宛為替手形の買取レートを決定した (Holder, R. F. [1970] p. 525)。
23) ケーブルの開通にともなうこの2～3年の経験や銀行の顧客から要請された最先端の郵便船の利用は、外国為替の取引方法を変化させた (Butlin, S. J. [1961] p. 254)。
24) 本店支配人の通達 (secretary's letter) は、その受取項目に "Advice and Pay, "Drafts or L/C", and "Number in favor of" "Advice of Pay David Jones & Co. 等の電信送金が2,000ポンド記帳されている (BOA [Letter Book] No. 2538, 5th Jul. 1889)。また送付項目では、"Advice Pay", "Negotiate Manager Drafts", "Pay Proceeds", 例えば "Broken Hill Properties 社のブリタニア号の積み荷の純利益と記入された個別の項目も20,862ポンド記帳されていた (BOA [Letter Book] No. 2655, 24th Jul. 1891)。ロンドン宛に発行されたドラフトの年間総額は、1893年に5,386千ポンド、1892年に6,268千ポンドに達している (BOA [Letter Book] 16th Jan. 1894, p. 25)。
25) BOA [Circular] No. 262, 10th Sep. 1878.
26) 1905年の輸出収入の著しい改善は預金の増加を引き起こし、銀行のロンドン資金の増加をもたらした。……諸銀行は手形を買い入れるための資金を必要とするときに、植民地でロンドン宛ドラフトを販売するために、またロンドンの取引先に多額の資金を積み上げるときに、……これらの資金は大きく変化するので、すべての銀行は手形を買入れるための資金不足に直面する前に、現金を用意しなければならなかった (Holder, R. F. [1970] p. 523)。
27) ただし S. J. バトリンによれば、オーストラリアの輸入者は、イギリスの輸出者によって振り出された一覧後60日払いのユーザンスを持つ為替手形によって決済するのがオーストラリアの習慣であったと述べているが、その根拠が示されていないので、今後の研究を待たねばならない。私見によれば、オーストラリアの輸入者が振り出すロンドン宛ドラフトが当時オーストラリアの主要な決済手段であったとしても、イギリスの輸出者が振り出す手形を否定しているわけではない、イギリスの輸出の取立手形は当時主要な決済手段たりえなかったというのが本論の結論である。
28) 資金が余剰となると、資金はロンドンの割引商会及び預金銀行に貸し付けられ、あるいはオーストラリア宛に振り出された手形の買取りに利用された

(Blainey, G. [1983] p. 45)。

29) 1930年代の為替取引については以下を参照。Spalding, W. F. [1932] pp. 266-267.

30) 宮田美智也 [1995] 131ページ。

31) 宮田美智也 [1995] 131ページ。

32) 西村閑也 [1980] 175ページ。居城弘氏は、輸出金融におけるロンドンの引受信用の重要性を強調して、ドイツにおける輸出金融も複雑であったことを指摘している（居城弘 [2001] 435-438ページ）。

33) 西村閑也 [1980] 175-177ページ。

34) R. F. ハロッド（Harrod, R. F.）は、対外短期債務の増大要因について説明する箇所で、興味深い指摘をしている。「すなわち貿易業者が、日々の支払に応じるのに、銀行引受による信用供与にもっぱら頼るのでなく、むしろ運転残高をも保有するという傾向である。この一般的傾向はおのずとイギリスのポジションを弱めたもののようである」R.F. ハロッド/東銀調査部訳 [1959年] 12ページ。

35) ロンドン支店の研究については、横内正雄 [1986] [1987]、西村閑也 [1993] を参照。

36) BOA [London Ledger]〈A/336〉。ただしBOA銀行のロンドン店帳簿のFirst Ledgerは欠落していた。

37) BOA [London Ledger] No. 4-6.

38) BOA [London Ledger] No. 10.

39) BOA [London Ledger] No. 7.

40) ブランチ・キャッシュ・アカウントはコロニアル勘定の古い勘定と考えられる。買取手形勘定は、ロンドン店によって買い取られた手形を記帳する勘定であったと考えられる。この勘定は1880年にロンドン店帳簿に初めて現われた。手形買取勘定は、ロンドンで購入されたオーストラリア宛のイギリスの輸出手形の買取りを記帳する勘定であったと考えられる。この勘定は1880年代以降ロンドン店帳簿において重要となった。もし買取手形勘定がイギリスで振り出された手形の買取りを記帳するものであるならば、ロンドンでの逆為替取引が1880年代に規則的なものとなったと考えられる。取立為替手形勘定は、代理店から委託された手形が主なものであり、支店によるものはまれに存在した。代理店により依頼された取立手形は、手形割引により取得されたものではなく、一般に海外代理店による取立依頼にすぎず、預託と考えられるものである。こ

の勘定は、1879年のロンドン帳簿から姿を消している。
41) BOA [Letter Book] No. 1389, 25th Feb. 1867.
42) NSW [Balance Book].
43) NBA [Balance Book] 1893.
44) 植民地帳簿のコロニアル勘定（Estimate of Colonial Cash Account of Colonial Books）とあるからには、これまで述べてきたロンドン店帳簿のコロニアル勘定と関連するものであることが推測される。ただしコロニアル勘定の残高と数値が全く異なることに注意を要する。ロンドン店帳簿は、一定期間の取引量を記録したフローの集計値であったので、その残高の数値は極めて小さな額であった。
45) Butlin, S. J. [1961] p. 240.
46) BOA [Letter Book] No. 2191, 2nd April 1883.
47) NBA銀行のロンドン支店の設立に際して、アデレード支店の支配人はその月にロンドン宛に振出されたドラフトを提供するための資金を送金できなかった。同支配人は利用可能な資本金及び準備金の3分の2に等しい額を利用した（Blainey, G. [1983] p. 46）。
48) コロニアル・リソースの額は以下のように変化した。1883年1月15日2,550千ポンド、同年12月17日から1885年1月3日まで3,760千ポンドに固定された。1885年8月17日から1886年9月17日まで増加し、さらに1887年1月14日から1888年11月15日まで増加した。1888年11月15日から1890年2月14日に3,900千ポンドから4,450千ポンドへ変化し、4,040千ポンドで固定された（BOA [Letter Book] A/91/17-30）。
49) BOA [Letter Book] No. 2359, 25th Jun. 1886.
50) The Bank of Adelaide, *Balance Book*, 30th June 1893.
51) Hall, A. R. [1968] p. 29. 1878〜79年に預金銀行と土地抵当会社は、ロンドンで株式及び社債を発行した（Hall, A. R. [1968] p. 156）。1875年以前にイギリス預金は、ほとんど重要でなかった（Butlin, N. G. [1962a] p. 417）。"Inscribed Stock Deposits"については、Butlin, S. J. [1961] pp. 241-242を参照されよ。
52) BOA [Letter Book] No. 2386, 17th Dec. 1886.
53) Butlin, S. J. [1961] p. 241.
54) Butlin, S. J. [1961] p. 240.
55) BOA [CMB], 18 Aug. 1879.
56) BOA銀行の場合、準備率は年率1/9であった（BOA [Letter Book] No.

2191, 2nd April 1883)。

57) オーストラリアの諸銀行及びイギリス系植民地銀行のロンドン・バンカーについては、石田高生［1984］81ページを参照されよ。

第5章　牧羊金融の展開と貸付政策

　牧羊業は、オーストラリア最大の生産高と輸出額を誇る産業であり、楽観的な収益に対する期待を動機としながら、19世紀後半に急速な発展を遂げた[1]。この発展に対する牧羊業者への貸付は、パストラル・ファイナンス（pastoral finance）と呼ばれ、19世紀後半オーストラリア特有の金融方式となり、預金銀行の貸付の大半を占めたものである。したがって預金銀行のパストラル・ファイナンスの構造を明らかにするのが本章の課題である。牧羊業者への貸付は、預金銀行だけでなく、牧羊金融会社によっても行われており、両者の関係は、牧羊金融の構造を理解するときの一つの課題となるが、牧羊金融会社については6章で取り上げるので、ここでは預金銀行の牧羊貸付の検討に必要な限りで言及することにする。

　1870年代以降、預金銀行の発展は牧羊金融に深く関係を持っていたが、本章は、この時期の牧羊業の発展過程とその金融的側面を取り上げて、パストラル・ファイナンスにおける預金銀行の役割を検討する。牧羊業の売上と収益は特定の季節に集中し、かつ2～3年の周期で旱魃が発生する特殊的条件のなかで、イギリスの商業銀行の原則を持つ預金銀行が牧羊業に対してどのような貸付方法、貸付政策、及び資産管理を行ったかを明らかにする。牧羊貸付の方法は、貸付の見返り保証としての担保の取り方と密接に関係しており、担保構成及び担保政策の検討を通じて、預金銀行の貸付政策や資産管理を明らかにする。銀行の資産管理は、羊毛の大半が委託販売方法によりイギリスに輸出されていたので、預金銀行と牧羊業者及び牧羊金融会社との羊毛輸出代金の決済、為替取引、委託販売の取引構造と密接に関係する。こうした牧羊金融における預金銀行の活動を検討することによって、3章で検討した預金銀行の受信業務と併

せて、19世紀後半の預金銀行の業務全体像が明らかになる。

　パストラル・ファイナンスに関する研究は、N. G. バトリンの諸成果に集約されている。彼は、NSW の牧羊借地権の登記を経営主体別に分類し、1866年から1896年度までの変化を分析することにより、オーストラリア牧羊業における金融機関の経営支配を否定し、個人経営の自立性を強調することにより、個人経営をオーストラリア牧羊業の典型と結論した[2]。彼は、この見解をその後積極的に展開するにいたらなかったが、N. G. バトリンが同論文で批判した B. フィッツパトリック（Fitzpatrick, B.）は、金融機関の牧羊支配とオーストラリア牧羊業における典型的企業形態としての会社経営を強調する見解を発表していた[3]。19世紀末オーストラリアの金融機関と牧羊業の関係は、論争問題となっていた[4]。だが、N. G. バトリンの研究は、その後羊数の分布の変化（1860～1957年）、牧羊資本の形成（1860～90年）、パストラル・ファイナンスと資金需要の動向等に集大成され[5]、彼の研究が広く支持されている[6]。

　N. G. バトリン［1950］、N. カイン（Cain, N.）［1962］、H. M. ブーツ（Boot, H. M.）［1988］の研究は、牧羊借地権の登記簿の調査をもとにした研究であり、所有権（freehold）登記の調査に基づいた研究はいまだに空白となっている以上、銀行の牧羊借地権の抵当権登記が単に貸付の見返り保証としての抵当権登記にすぎないという事実から、銀行の牧場支配を否定するのは不十分であることは否めない。銀行による経営支配を論証するには、銀行による抵当権登記の実質内容、担保構成と担保政策、銀行の貸付及び牧羊業の資金管理、羊毛委託販売の方法を検討する必要がある。また私有地は、NSW において総面積の25%にすぎなかったが、銀行の貸付の担保構成をみるとき、牧羊借地権よりも当然のことながら牧羊地の所有権がより重要であり、所有権登記簿の調査も必要である[7]。

　パストラル・ファイナンスに関する研究対象は、牧羊金融会社の牧場の経営支配に重点がおかれ[8]、預金銀行の不動産抵当貸付の方法と不動産担保の管理及びその流動化についてほとんど考察されてこなかった。そこで、本章では、19世紀後半のオーストラリア牧羊業の構造変化、牧羊金融の構造、預金銀行の

牧羊貸付の方法、担保構成と資産管理の順で検討する。

第1節　牧羊業の発展と構造

本節では、政府の国有地売却政策による土地投資の変化、牧羊地の地理的拡大、牧羊業の生産構造と資金需要を見ておこう。

(1) 土地投資の動向

オーストラリア牧羊業は、1870年代に飛躍的な発展を遂げたが、この発展の制度及び政策上の要因となったのは、国有地売却政策の開始とその後数回の土地法の改正によって牧農地の私有化が増加し、牧羊借地権の長期化が保障されたことであった。この制度的変化は牧農地の改良と新しい技術の導入を促して、牧羊業の設備投資を飛躍的に増大させた。

牧羊業者の牧草地は、スクオティングの承認によって大半が国有地の借地であり、彼らは地代を支払っていた。土地の販売価格及び地代は、ほぼ1861年土地法により、土地価格1エーカー1ポンドと、借地地代320エーカー年1ポンドと決められ、1880年代まで変更されることはなかった。政府の土地収入は、土地の売却額と地代収入の合計であった。当時イギリスの平均的な地代が、1エーカー年1ポンドの地代であったことと比較して、この地代が如何に安価な地代であったかがわかる。

図5-1は、NSW政府の土地収入の動向と牧羊設備投資の動向を示したものである。国有地売却政策は、1861年のロバートソン法の成立直後の10年間には大きな進展は見られなかった。しかし政府の土地収入は、良好な気候と羊毛価格の上昇、イギリス資本の流入によって、1871～77年に急増し、1870年代末に旱魃のために大幅に減少した後に、再び1881～82年に急増した。政府の土地収入は売却面積の増減に比例して増減したが、牧羊業の土地の購入と地代の支払いであるために、牧羊業の土地投資額の推移を意味するものである[9]。牧羊業の土地投資は1871年より増加し、1877年にピークに達し、旱魃後の1881年に

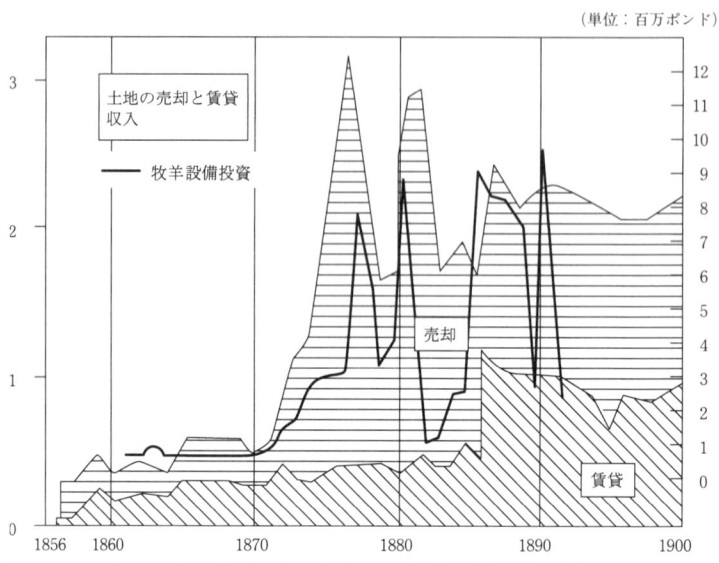

図5-1 NSWの土地売却収入と牧羊設備投資の変化（1856～1900年）

（単位：百万ポンド）

注：土地収入の目盛りは左側、牧羊設備投資の目盛りは右側の細かい目盛りである。
出典：土地収入については、Lamb, P. N. [1967] p. 42、牧羊設備投資については、Butlin, N. G. [1964] p. 114 より作成。

再びピークに達した。土地投資の増加とともに牧場の改良投資を示す牧羊設備投資も1871年より増加し、同じく1877年にピークに達し、再び1881年にピークに達した[10]。牧羊業の設備投資についてはのちに検討する。

国有地売却政策の結果、1903年にオーストラリアでは、土地の総面積のうち、45.30％が、国有地として売却されずに残っていた。残りの54.70％は、すでに売却されるか、賃貸された土地であった。なかでもNSWは、88.89％の土地が、売却（24.57％）されるか賃貸（64.32％）されており、残りの11.11％が国有地として残っているにすぎなかった。次に国有地の残存が少ないのは、クインズランドの31.15％であるが、ここでは売却された土地は、3.97％にすぎず、売却面積でみても、1903年末においてNSWの49百万エーカーに対して17百万エーカーにすぎなかった[11]。土地のほとんどが賃貸（占有）された土地であったことは、クインズランド牧羊業の土地投資を軽減したという意味にお

いて注目される。ビクトリアの国有地として残っていたのは、39.48％で、売却された土地が43.60％で、面積にするとNSWに次いで大きい。両植民地の売却面積は、オーストラリアの売却総面積の6割に達する。クインズランドにおける土地売却が極めて少なかったことは、この地域の牧羊投資の費用を軽減して、クインズランド牧羊業における経営規模の大きさを形成する要因となった[12]。

(2) 牧羊地帯の分布と牧羊生産額

オーストラリアの羊毛生産地域は、南緯20度から44度すなわち南回帰線のほとんど南に位置している。東部オーストラリアでは、東は分水嶺山脈（Great Dividing）の高原によって、西は乾燥ステップによって挟まれる地域である。クインズランドの羊毛生産地域は、内陸の草原地帯に横たわり、NSWとビクトリアでは、分水嶺山脈の西斜面とその高原地帯に位置しており、これらの地域がオーストラリア最大の羊毛生産高を誇っていた。南オーストラリアと西オーストラリアでは、海岸と内陸の乾燥した半砂漠ステップによって制限された。温暖湿潤気候・西岸海洋性気候・ステップ気候は、熱帯の半乾燥・半湿潤の植生よりも牧羊に適している[13]。

東部オーストラリア3州の羊数の変化をみると、1830〜40年代のスクオティング時代の急増を別とすれば、羊数は1860〜80年代の30年間に飛躍的な増加を示した。だが、1890年代にほぼ半減し、一応の回復を見るのは1910年代に入ってからで、その後も不安定な変化を示し、安定した推移を示すのは1930年代のことであった[14]。

19世紀後半の牧羊業の分布と生産規模の変化は、N. G. バトリンの東部3州の羊分布の研究とR. J. ウィリアムズ（Williams, R. J.）の気候説明をもとに検討する[15]。1862〜92年の30年間に羊数は、1,700万頭から9,000万頭へ5倍以上増加したが、その分布は変化した。羊の分布の主要な変化は、ビクトリアが相対的に停滞した結果、その地位が第3位に低下した。これに対しNSWは1860年代以降急速に拡大し、東部オーストラリアの羊の3分の2を占めた。ク

インズランドは1880年代に入って急速に拡大して、1892年に4分の1に達した。1860年代初頭まで、牧羊業は、緑の多い多雨地帯に集中していたが、NSWの西部・北西部とクインズランド中西部の広大な半乾燥地帯へ広がった[16]。

図5-2は、東部オーストラリアの牧羊地帯の分布を示したものである。以下、少し詳細に各地域の牧羊地帯の分布を考察してみる。NSWでは古い開拓地である東部地区、中部地区、西部地区に分けられるが、東部地区は、最初の15年間に半減し、1880年代にNSW羊総数に占めるシェアは低下した。中部地区では羊数は急増して、1875年までにNSWの半分のシェアに、そして1880年に68%に達した。さらにこの中部地域は三つの地域に分けられ、北部（Ⅳ）は多雨な冬と年間平均した雨量を持つ地域であり、長期旱魃の以前と以後においても安定した増加を示した。中央部は（Ⅲ）、1870年代以降拡大しNSWで最も羊の多い地域である。南部（Ⅱ）は、南はビクトリアのリベリナ（Riverina）に隣接し夏に雨が少なく冬に1～5ヵ月雨期があり、植生はあかしやや低木のステップによって構成されており、1870年代以降後退した。西部地区（Ⅴ，Ⅵ）の牧羊業は、1860～70年代に急速な拡大をみて1880年代の初めに3分の1に達した[17]。

クインズランドでは、ブリスベン西部と北部のダウンズ（Downs）、コスタール（Coastal）地区（Ⅶ）は、牧草の生育によい暖かい冬と高温の夏があるが、1870年代以降に減少し、この地域の西部に位置するミッチェル（Mitchell）、ワレゴ（Warrego）、マラノア（Maranoa）（Ⅷ）は、1870年代以降拡大した。結果として、1879年までにコスタール地区は、クインズランドの羊総数の半分から5分の2に減少し、ミッチェル・ワレゴ・マラノア地区は、全体の半分に達した[18]。

ビクトリアの牧羊業は、ポートランド（Portland）及びハミルトン（Hamilton）等の西部地域を中心としており、すでに占有された土地のより効率的な利用が課題とされていた。1860～80年代に羊数の分布に大きな変化はなかったが、メルボルン北部・北東部がわずかに増加する傾向にあった[19]。

オーストラリアの羊毛生産量は、1871～91年の20年間にほぼ倍増した。特に、

図 5-2 牧羊地帯の分布

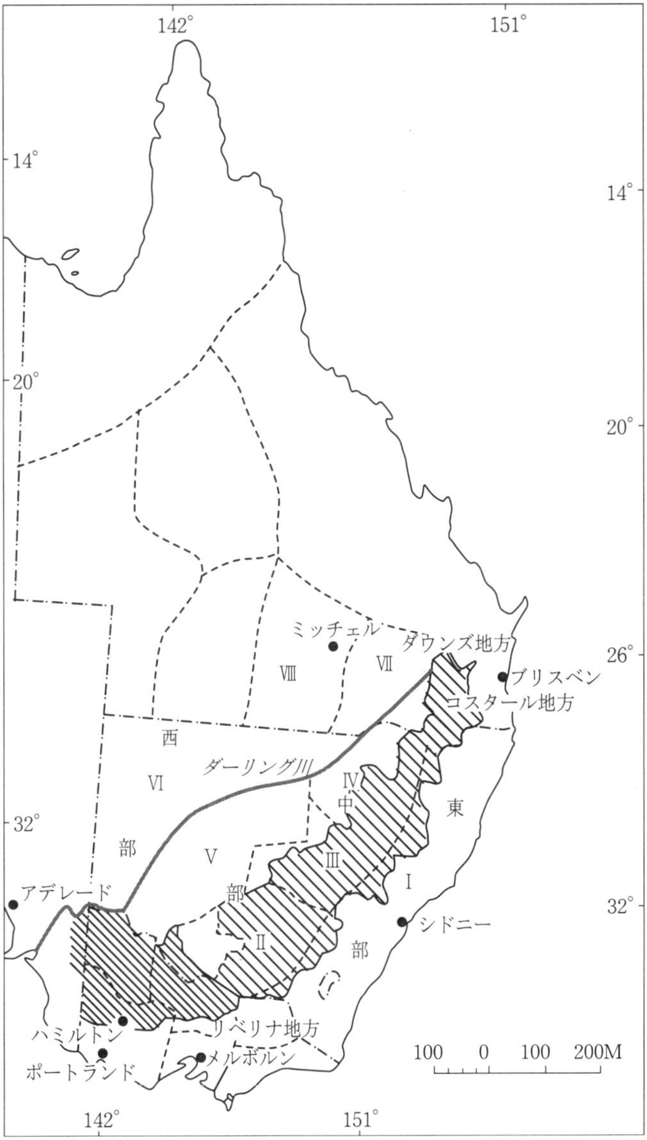

注：斜線部分が主要な牧羊地帯である。
出典：Butlin, N. G. [1964] p. 64 より作成。

NSWは、1871年から10年ごとにほぼ倍増し、オーストラリアの羊毛総生産量に占めるその割合は、1891年には60％近くに達した。ビクトリアの生産量は、ほぼ横ばいで、その割合は1871年30％から1881年13％までに減少した。クインズランドでは、1880年代に約2.5倍に急増し15％に達した[20]。一頭当たりの羊毛産出量は、ビクトリアにおいて著しく高く、この地域は羊毛生産性が極めて高い地域であったことを示している。そしてオーストラリアの羊毛生産性は一般に上昇傾向にあった。

オーストラリア羊毛のイギリスにおける価格は、1856～66年の間に1ブッシェルほぼ22～23シリングで推移した。そして1866年23シリング6ペンスをピークに1894年11シリング9ペンスまで低下した。ただし例外として、1871～75年の5年間に高水準を記録したのちに、1879～83年と1886～89年の2回の穏やかな価格上昇を経験した[21]。羊毛生産額は、羊毛価格が低下傾向を示す過程でも増加した。その要因は、羊数の増加と1頭当たりの羊毛収穫高の増加による[22]。

オーストラリアの羊毛輸出量は、1871～91年の20年間にほぼ倍増したが、つづく不況と旱魃の10年間に25％ほど減少した。NSWは、1871年にオーストラリア羊毛輸出量の41％を占め、その後一貫してこの割合は増加し、1906年には、絶対額が減少しつつも61％に達した。これに対してビクトリアの割合は、1870年代に半減し1890年代にさらに減少した。クインズランドでは、1880年までに倍増したが1890年代に大幅に減少した[23]。

オーストラリア冷蔵肉の輸出は、1881年にニュージーランドの成功をきっかけに増加する[24]。ただし、これを羊毛の輸出額の変動と比較してみると、年ごとに著しく不安定な変動を繰り返している点が特徴であり、羊毛輸出額の5％にも満たなかった。だが国内食肉消費を含む家畜屠殺収益は、羊毛販売収益のほぼ3分の1に達し、そのため牧羊業全体の収益動向にとって、大きな位置を占めるものであった。そして羊毛販売収益、家畜屠殺収益、羊純増分は、牧羊業の総生産額の構成要素をなしていた。家畜屠殺収益に関する注目すべき点は、1890年代の羊毛生産・輸出が減少した旱魃期に絶対額も割合も増加し、その結果は、長期旱魃による羊の減少とともに、この期のオーストラリア羊数の激減

の要因となった[25]。

(3) 牧羊業の資金需要と資金調達の動向

　土地購入のための莫大な資金もさることながら、特に1870年代の牧羊開拓は、NSWのダーリング川以西とクインズランド中西部へと広がった。これらの土地は、ステップ、乾燥地帯に位置し、牧羊の条件としては比較的劣位の条件にあったが、牧羊借地期間が延長され、そこで初めてこの地域で必要とされた堀抜き井戸等の灌漑施設、牧場施設への投資も可能となったのである。従来牧羊業は簡単な柵を作るためのわずかな投資であったが、土地購入資金及び牧羊設備投資等の大量の資金を必要とする産業へと変わっていた。

　こうした連続的な追加投資は、牧羊地の面積の増加、羊数の急増という外延的な拡大とともに、一頭当たりの羊毛産出量の上昇にみられるように内包的な拡大としても現れた。これが1880年代羊毛価格の急激な低下にもかかわらず、羊毛輸出の増加を可能にした。

　牧羊業の設備投資額は、N．G．バトリンによれば、1872〜91年の間に、NSWの土地売却額のほぼ3.6倍に達しており、土地投資額よりもはるかに多額であった[26]。売却面積が減少したにもかかわらず、政府の土地収入が高い水準を示したのは、売却価格と地代の引上げによるものである[27]。牧羊地の購入は、牧羊設備投資を導き、さらに羊毛の増産にともなう経常費用の増加を考えると牧羊業全体の投資動向を決定する要因であった。

　旺盛な追加投資の誘引であるオーストラリア牧羊業の利潤形成の基本構造はどのように理解されるのであろうか。すなわち利潤の形成は、イギリスをはじめとする工業諸国における毛織物工業の羊毛需要の増加を基本的要因としながらも、オーストラリアはこれら工業地域から最も遠方に位置し、そのため多額の輸送費を必要とする。本来借地農の場合、利潤の一部が、市場原理に基づいて地代に転化し、利潤と地代の分配上の対立関係が生じるはずであるが、オーストラリアは安価な地代によって牧羊業の超過利潤が形成された。

　牧羊業の投資は、土地購入投資と牧羊設備投資によって構成される。N．G．

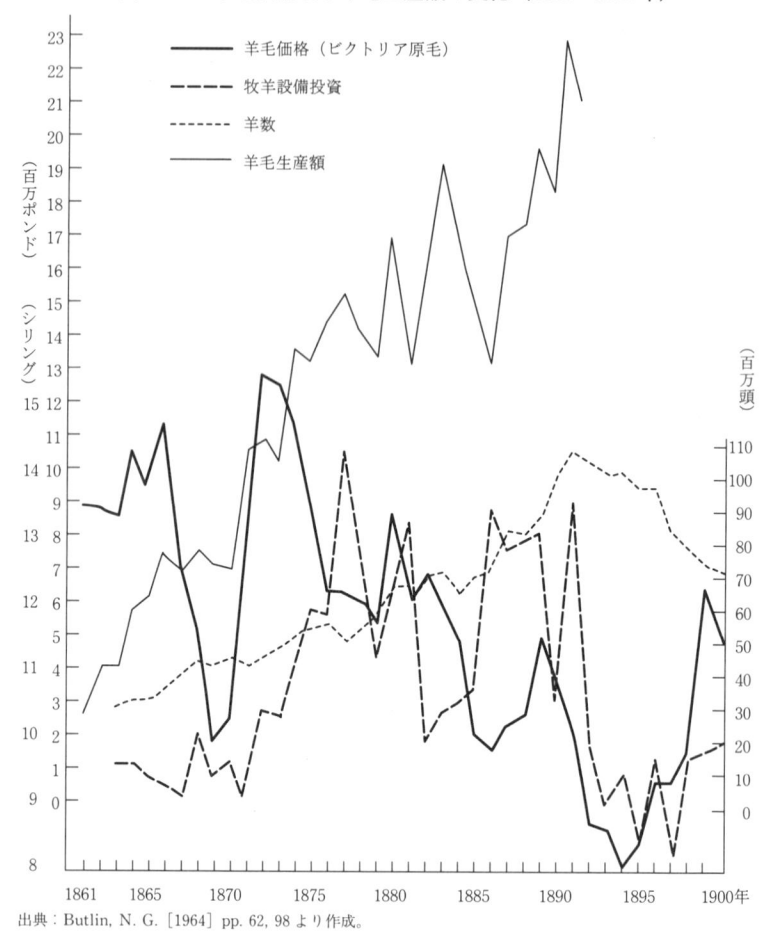

図 5 - 3　羊毛価格及び羊毛生産額の変化（1861～1900年）

凡例：
— 羊毛価格（ビクトリア原毛）
--- 牧羊設備投資
...... 羊数
— 羊毛生産額

出典：Butlin, N. G. [1964] pp. 62, 98 より作成。

バトリンは、牧羊設備投資を推計して、オーストラリア牧羊業の資金調達の動向を明らかにしている[28]。彼によれば、19世紀後半の牧羊設備投資は、四つの局面に区分されている。牧羊設備投資、羊毛生産額及び羊毛価格の変化は、図5-3に示されている。この設備投資額は、1866年までの賃金水準の低下を反映して、1870年まで減少する傾向にあったが、1871年以降の20年間に増加して、住宅投資及び鉄道投資をリードした。この投資額の増加期は三つの時期に分け

られる。第一期は、1871～77年（ピーク）の上昇と1879年の谷へ低下した時期である。第二期は、1880～82年の短期間の上昇と低下期である。この二つの時期の牧羊設備投資は、羊毛販売の短期資本収益を期待した土地購入投資の増加と呼応しており、新開拓牧場の設備投資を中心としていた。すべての牧場において設備投資が行われたので、著しく高い水準として現れた。第三期は、1882年の低水準から徐々に増加し、不動産市場の拡大にともなう短期資本収益の確保を目的とした投機的な投資に基づいていた。良好な季節と羊毛価格の上昇によって、投資水準は加速し1891年まで高かった[29]。しかしこの時期は、土地購入投資が低い水準にあり、新開拓地での牧羊設備の建設を含むものの、むしろ1884年土地法にみる土地改良条件の強化と既存牧場の地代及び認可料の引上げと、そこでの集約的土地利用のための改良的追加投資の色彩が強かった。その後投資水準は下降し、1893年金融恐慌と長期旱魃によって20世紀当初まで低い水準にあった[30]。

牧羊業の資金需要及び資金調達の動向は、設備投資額・土地投資額と純利益の差額から算出して次のようにまとめられる[31]。牧羊業の営業収益と営業費用は、1860年代から1877年までともに増加したが、1878～79年と1885～86年に営業収益は、旱魃の影響によって減少し、営業費用よりも急激に減少した。その結果、牧羊業者の貯蓄率を当時オーストラリアの平均貯蓄率の30％を上回らなかったと仮定すると、牧羊業の純利益によって牧羊設備の建設を賄えたのは、1861～62年、1865～66年、1869年、1871年、1882～83年ということになる[32]。しかし1882～83年は、土地購入投資が著しく増加した時期であり、1871年までは逆であったことを考えると、少なくとも1860年代は、牧羊業における自己金融が可能であったと推測される。

牧羊投資が牧羊業の所得を上回ったのは、11年間であった。すなわち1868年、1877～78年、1881年、1885～91年であった[33]。さらに政府の土地売却による牧羊業者の土地投資を考慮するならば、牧羊業の資金需要が純利益をほぼ上回ったのは、1875年、1876年、1879年、1880年の4年間が加わる。したがって、以上の年は、牧羊業の資金需要が外部資金に依存した年であった。1882～84年に

牧羊設備投資が低水準になったのを除くと、1875年以降牧羊業の資金調達はその大部分を外部資金に依存していた。1870年代後半からの外部資金調達の増加にともなう利子負担分は、牧羊業の経常利益を大幅に侵食し、1880年代には、利払が利子を控除した純利益に匹敵するまでになった。そして1880年代後半の牧羊投資は、利子負担に苦しむ牧羊業の財務構造をさらに悪化させるものであった。

第2節　牧羊金融の構造

(1) 牧羊金融の構造

　牧羊業の資金調達が活発化したのは、1875年以降のことであり、預金銀行の貸付が増加するのもほぼこの時期のことである[34]。牧羊業と農家を対象とした金融は、預金銀行と牧羊金融会社によって複雑でかつ多様な貸付方法でなされた。複雑で多様な方法とは、牧羊業と農家の規模・経営形態による分化が進行したこと、羊毛委託販売が決済方法を複雑にしたこと、預金銀行と牧羊金融会社の金融的関係が錯綜していることによって生じた。以下順に検討することにより、牧羊業の構造を明らかにする。

　牧羊業・農家は、規模と経営形態の分化と金融機関との関係から三つの層に分けることができる。大規模に土地を占有したスクオター層は、1860年代以降、牧羊業がクインズランド及びNSW西部地区へ外延的に拡大するのなかで、土地所有の集中を進め、大規模牧羊業者に発展した。他方で家族経営を中心とした小規模牧羊業者とに分解していった[35]。さらに1861年の国有地売却法によって小規模農地を獲得し、穀物生産に従事していた農家（selector）層が新たに形成された。だが、彼らは基本的に零細農家であった。

　これら3層の牧羊業・農家に対して資金供給は、3種の系列を取っていた。一つは、牧羊金融会社による牧羊業全体への長期・短期資金の貸付である、彼らは、ロンドンで長期社債の発行、国内での預金収集、預金銀行からの借入に

より資金調達して、牧羊貸付、羊毛の輸出、牧場の経営を行っていた。二つは、預金銀行による大規模牧羊業者に対する長期・短期資金の貸付である。預金銀行は、小規模牧羊家への貸付では、羊毛輸出代理商や1880年以降に拡大する牧羊金融会社を媒介にした貸付方法をとり、比較的大規模な牧羊業者に対して直接貸付の方法をとった。三つは、零細牧羊家及びセレクター層（小規模農家）に対しては地方の商人である羊毛・家畜取引商人、ストアキーパー（store-keeper）及び製粉業者等々による短期資金あるいは商品の無担保での貸付と現物での支払いが行われていた[36]。だが1880年代になると預金銀行による零細牧羊家・セレクター層への貸付も行われるようになった。

　羊毛委託販売は、19世紀中ごろ一般に羊毛仲買人によって行われていたが、少なくとも1870年代には、牧羊金融会社と預金銀行が羊毛委託販売の主役となっていた。羊毛委託販売は、オーストラリアの各輸出港からイギリスへ羊毛を船積みしたのちに、ロンドンにおいて羊毛の値付けが行われ、その後に牧羊業者に代金の決済が行われた。羊毛輸出代金の決済は、特定シーズンに集中し、その間の牧場の経営資金は、金融機関からの借入に依存した。羊毛の委託販売より発生する金融機関の牧羊業者への貸付・返済、羊毛輸出の為替決済の方法と期間、これに加えて地方の羊毛仲買人及び商人と牧羊業者の代金決済の方法が問題を複雑にした。

　預金銀行と牧羊金融会社は、一方で牧羊貸付と羊毛委託販売の部面において競争関係にあった。他方で預金銀行は、牧羊金融会社を牧羊貸付の媒介として、また担保物件の売却先として利用し、牧羊金融会社は、預金銀行から長短資金の借入を行っていた。その際、牧羊金融会社は羊毛先取権を銀行に借入金の担保として提示した。これによって牧羊業者の所有物件に対する抵当権は複雑な権利関係を生み、羊毛委託販売及びその輸出代金の流れを複雑にしていた。

(2) 牧羊貸付の構造変化

　預金銀行の貸付は、牧羊業の複雑な構造と変化の中でどのように行われていたのか明らかにしたい。ここでの主要な課題は、預金銀行の貸付が顧客である

図 5-4　牧羊貸付の構造

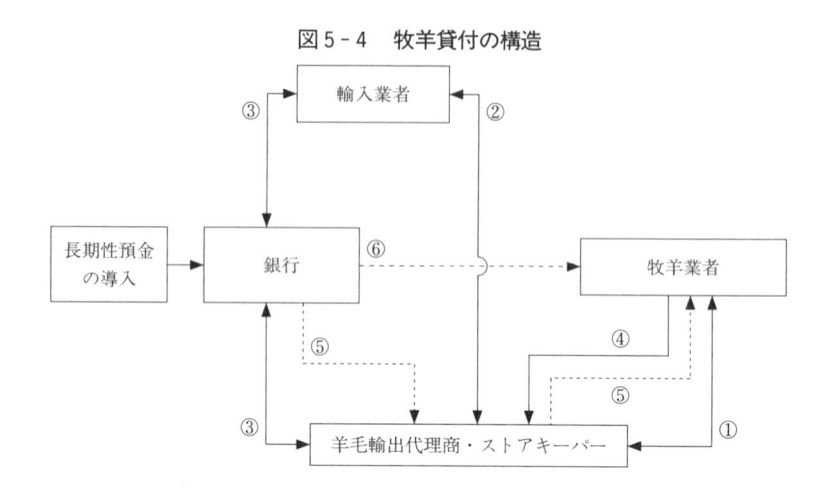

```
                    ┌──────────┐
              ③ ──▶│ 輸入業者  │◀── ②
              │    └──────────┘       │
              │         │              │
┌──────┐    ┌──────┐   ⑥         ┌──────────┐
│長期性預金│──▶│ 銀行 │─ ─ ─ ─ ─ ─▶│ 牧羊業者 │
│の導入  │    └──────┘              └──────────┘
└──────┘      │    │                  ▲    ▲
              ⑤    │                  ④    │
              │    ③                  │    ⑤
              ▼    ▼                  │    │      ①
            ┌──────────────────────────┐
            │ 羊毛輸出代理商・ストアキーパー │
            └──────────────────────────┘
```

　牧羊業者、羊毛仲買人、牧羊金融会社、一般商人とどのような金融取引を形成したかを単純化して理解することである。預金銀行の牧羊貸付の基本構造は、牧羊金融会社などを媒介とした間接的貸付方式と牧羊業者への直接的貸付方式の二つである。さらに預金銀行の貸付は、1860～70年代に間接的方式から直接的方式に転換したといわれるが、牧羊貸付の構造と貸付方式の転換は、どのような金融取引と決済方法の上で進行したのかを検討する。図5-4は、牧羊貸付の構造を示したものである。①～⑥の番号によって取引の金融的側面を説明することにする。

① 　羊毛・家畜取引業者・ストアキーパーは、小規模の牧羊業者へ短期資金・生活資材を貸付け、牧羊業者は現物（羊毛・家畜）を含む返済と決済をおこなった[37]。

② 　輸入品の取引は、輸入業者とストアキーパー層の取引を経由して牧羊業者へ流れていく。商人間の取引では手形支払と当座勘定によって決済されていた。地方の商人と牧羊業者の間では①の決済が行われていた。

③ 　銀行は、羊毛仲買人・牧羊金融会社・輸入業者・地方商人に対して商業手形の割引、当座勘定による決済手段の提供、外国為替取引、営業資金の貸付など商業金融及び貿易金融を提供した。

④　牧羊業者は、羊毛を輸出代理商、あるいは牧羊金融会社に委託し、羊毛輸出代理商がロンドン市場でこれを販売する[38]。その際輸出代理商は、委託販売が羊毛の買取でないため、牧羊業者に対して羊毛代金の支払をするわけでもなく、また約束手形を振り出すこともなかった。羊毛代金は、ロンドンへの輸出・価格形成ののちに、預金銀行及び羊毛輸出代理商の勘定に振り込まれ、牧羊業者の預金を形成するか現金で支払われた。

⑤　銀行は、牧羊業者の資金需要に対して、商人（ストアキーパー、輸出代理商、輸入業者）を媒介に牧羊業者への貸付を好んだ。商人は、商品及び家畜の販売を通じて、牧羊業者が振り出した手形に裏書きしてこれを銀行で割引に賦した。多くの場合、融通手形も振り出された[39]。しかしこの場合、牧羊業者の担保をめぐって銀行と商人との間に抵当権及び先取権をめぐる訴訟が頻繁に生じ、その結果、預金銀行は牧羊業者への直接貸付を好んだ。

⑥　銀行は、商人層との抵当権の重複を避けるために、牧羊業者が土地購入・牧羊設備資金の必要に迫られたとき、当座貸越、手形貸付（特にイギリス系銀行の場合）によって牧羊業への直接貸付を拡大した[40]。これは、商業金融とは異なる牧羊設備及び土地購入資金等の長期的な追加資本の貸付である。

　図5-4の点線は、銀行と牧羊業者の金融取引⑤から、牧羊業者への直接貸付⑥への変化を示している。その要因となったのは、牧羊業の資金需要の変化である。牧羊業の資金需要は、1870年代以降の国有地売却の増大、NSW北・西部地域・クインズランド南西部への牧羊業の拡大によって、土地購入資金、牧羊借地の賃貸料の上昇、土地改良投資の増加等による長期性資金需要が増大したことである[41]。

1875年以降、牧羊業の純利益は同部門の設備投資＋土地購入費を下回り、牧羊部門が資金不足に陥ったことを示していた。とりわけ旱魃による純利益の減少は、牧羊業者に巨額の資金需要をもたらした。資金需要は、牧羊業者の年生産額（羊毛及び家畜の販売額）を上回る事態となった[42]。これらの資金需要は、牧羊関連会社の設立によるロンドン資本市場からの資金導入と預金銀行によるイギリスの長期性預金の導入によって調達された[43]。

商人を媒介とした貸付⑤から預金銀行の直接貸付⑥への転換は、牧羊業の長期性の資金需要の増加を要因としていた。牧羊業者が羊毛輸出代理商に羊毛の販売を委託する際、手形の振出しが行われなかったとすれば、牧羊業者への直接貸付は、自ずと短期資金も長期資金も含めて当座貸越の形式をとらざるを得なかったといえる。ただしイギリス系銀行の場合、直接的な牧羊貸付に対して極めて慎重で、手形形式による直接貸付を好み、この手形の書換えを通じて長期性資金を貸し付けた。

BOA 銀行は、貸付政策の基本方針として商人との重複抵当権を避けること、顧客の信用を為替業務によって判断し、貸付額を牧羊業者の年生産額に限定する原則を持っていた。また牧羊業への貸付政策は、商人の振り出した羊毛輸出代金の取立為替手形の額に、植民地内の手形割引・貸付の額を制限することであって、その意味で商業金融の域を出るものではなかった。同行は土地の購入資金及び改良投資資金等の貸付を制限して[44]、植民地内貸付は、牧羊業者の短期の運転資金の貸付に止めた。加えて預金獲得は、植民地での困難からイギリス預金の導入を積極的に進めようとしたために、結果としては、支店拡張策は極めて消極的なものであった。

UBA 銀行の1860年代以降の基本政策も、牧羊金融において商人を媒介にした貸付を行うこと、その貸付額は牧羊業者の年生産額に限定すること、資金調達は支店拡張よりも金利の引上げによって預金の獲得を目指すこと、羊毛委託販売に参入しないことに置かれていた。同行は、BOA 銀行よりも牧羊金融に対して厳しい原則を持っていた[45]。

第3節　牧羊金融の貸付方法

(1) BOA 銀行の貸付方法

預金銀行の貸付は、顧客に対してどのような貸出しが行われたか、BOA 銀行の1万ポンド以上の大口貸付（1867〜75年）を顧客別に分類して、さらにこ

れを貸付方法別に分類することによって、各顧客集団の貸付方法の特徴を検討する[46]。同行の大口貸付は、スクオター及び商人層に集中しており、製造業及び農業への貸付はほとんど見られない。スクオターと羊毛代理商への貸付はともに牧羊業への生産・輸出に関連する貸付であり、当時、牧羊業が最大の銀行貸付先であったことを物語っている。製造業への貸付は、たとえあったとしてもまだ規模の小さな貸付にとどまり、大口貸付のなかではきわめてわずかであった。この時期のオーストラリア製造業は、農村部の家内工業にとどまっており、機械制工場は、都市周辺にもほとんど存在しなかった。

BOA 銀行の顧客業種別分類によれば、1880年代まで牧羊業への貸付が第1位を占めたが、90年代中頃以降に農業部門への貸付が増加したことがうかがえる。貿易金融は、1880年代中頃に2割近くもあったが、20世紀初めごろには1割を切る水準に低下した。顧客業種別分類によれば、次の点がまず明らかになる[47]。それは、1万ポンド以上の貸付を見ると、農業部門への貸付がほとんど見られないことである。これは、農業部門が小規模・零細であったこと、これに対して牧羊部門は比較的規模が大きかったことを示している。

(2) 銀行貸付の分類

BOA 銀行の貸付帳簿では、顧客ごとにその顧客の職種及び貸付に対する担保の内容が明記されている。そこで次に同行の顧客を三つのグループに分類し、グループごとの貸付方法の特徴を検討する。同行の顧客を①牧羊業者（pastoralist）、②イギリスからの輸入品に関係する商取引を行う総合商人層、③羊毛輸出に関係する羊毛輸出代理商の三つのグループに分けることにする。

牧羊業者への貸付①は、同行の貸付帳簿によると"station advance"と記入されており、これを集計し、貸付方法別に分類したものが表5-1である。総合商人グループ②は、イギリスの製造業品の輸入業者・総合商人である[48]。これらを同様に集計し貸付を分類したものが表5-2である。羊毛輸出代理商グループ③は、羊毛の輸出に携わった商人及び羊毛仲買人である[49]。これらを同様に集計し貸付方法を分類したものが表5-3である。ただし③に含めた

表5-1　BOA銀行の対牧羊業貸付方法別分類（1867～1875年）

（単位：千ポンド）

貸付方法	1867年	1871年	1875年
手形の裏書き	66 (10)	100 (62)	170 (80)
約束手形	444 (66)	10 (6)	
植民地間手形	34 (5)	2 (1)	4 (2)
引受	32 (5)	10 (6)	
当座貸越	48 (7)	1	1
キャッシュ・クレディット	37 (5)		1
保証貸付	13 (2)	40 (25)	35 (17)
ロンドン宛の貸付			
その他			1
合　計	675 (100)	162 (100)	212 (100)

出典：BOA [Statement] 1867, 1871, 1875 より作成。

表5-2　BOA銀行の対商人層貸付方法別分類（1867～1875年）

（単位：千ポンド）

貸付方法	1867年	1871年	1875年
手形の裏書き	378 (63)	484 (73)	591 (62)
約束手形	39 (7)	16 (2)	200 (21)
植民地間手形	36 (6)	75 (11)	52 (5)
引受	84 (14)	30 (5)	
当座貸越	11 (2)	10 (2)	79 (8)
キャッシュ・クレディット	42 (7)		10 (1)
保証貸付	8 (1)	47 (7)	18 (2)
ロンドン宛の貸付	1		
その他			3
合　計	599 (100)	664 (100)	953 (100)

出典：表5-1に同じ。

storekeeperは、地方の雑貨商であり、②のグループに含まれるとも考えられるが、それらがすべてではないにしても、彼らは牧羊業者から羊毛の販売を委託されていたことが確認されるので③のグループに含めた[50]。

　これら三つの表から以下の点が確認される。第一に牧羊業への貸付は約束手形（promissory note）による手形貸付と当座貸越（overdraft及びcash credit、以下、当座貸越と略記する）、保証貸付（secured advance）の貸付方法が用いられた。なかでも約束手形は、圧倒的に高いウエイトを示している。

表5-3 BOA銀行の対羊毛輸出業貸付方法別分類（1867〜1875年）

(単位：千ポンド)

貸付方法	1867年	1871年	1875年
手形の裏書き	157 (93)	100 (62)	170 (80)
約束手形	1 (1)	10 (6)	
植民地間手形	3 (3)	2 (1)	4 (2)
引受	3 (3)	10 (6)	
当座貸越	1 (1)	1	1
キャッシュ・クレディット	3 (3)		1
保証貸付		40 (25)	35 (17)
ロンドン宛の貸付			
その他			
合　計	168 (100)	162 (100)	212 (100)

出典：表5-1に同じ。

　ここでは、約束手形は、手形割引（indorsement bill）と区別されていることから、商業手形の割引と考えるより手形貸付と考えられる。同行は牧羊業への貸付に際しても手形形式を好んだといわれており、牧羊業者への貸付にあたって手形形式を多く用いていたことが確認される。また当座貸越は、一般商人及び輸出代理商よりも牧羊業者への貸付において著しく高いウエイトを示しており、牧羊貸付に関連していることが確認される。手形貸付の場合、銀行は、担保として土地・家畜の抵当権、羊毛先取権を登記していた。キャッシュ・クレディットは、イングランドにおける当座貸越に相当するもので、スコットランド特有の当座貸越の呼び名である。ただしキャッシュ・クレディットの場合、借手と一人以上の保証人が債務保証書（bond of credit）を書くことを要求される点に違いがみられる。

　第二に、牧羊貸付には手形割引はほとんど存在しない。この事実は、牧羊業者が羊毛輸出代理商に羊毛販売を委託する場合、羊毛輸出代理商から手形を受け取っていなかった。これは貸付方法の転換を考える上で極めて重要な点である。

　第三に、商人への貸付は、手形割引・手形貸付が主なものである。手形貸付は、商人グループと牧羊業者の貸付にもみられ、羊毛輸出代理商にみられない

貸付方式である。手形割引は、植民地内手形（local indorsement）、植民地間手形（intercolonial indorsement）、に分けられ、ともにオーストラリア内の商業手形の割引であった。手形割引は、羊毛輸出代理商人、輸入業者・一般商人に対する貸付にみられ、牧羊業者にはほとんど見られない。

　第四に、羊毛輸出代理商への貸付は、ほとんど手形割引の形式が用いられており、ロンドン宛輸出手形の買取りであったと考えられる。

(3) 貸付方法の変化

① NSW 銀行のケース

　表5-4は、NSW 銀行の貸付形態の変化を示したものである。これによると、NSW 及びクインズランドでは1870年までに同行の貸付方法は、手形割引（discount = bills receivable）から当座貸付へ転換し、1880年までにほとんどすべての植民地において貸付方法が転換した。ただしビクトリア植民地では、同行の貸付は手形割引が主要な形態として残っていた。すなわち1860年代 NSW では手形割引から当座貸付へ急速に変化し、ビクトリアではそうではなかったことが確認される[51]。

　ただこの資料では、"bills receivable" を一括手形割引としたが、のちに考察するように、通常は手形貸付（promissory note）や貿易手形の買取り（trade bills）も含まれると考えられ、これらがどの程度を占めるか明らかにされていない。そのため当時の種々の貸付方法の性格については別の資料で補わざるを得ない。ここでは差し当り、NSW で銀行の貸付方法が1870年までに当座貸越へ急速に転換したこと、しかしビクトリアではこうした転換は緩やかな過程をたどったことが確認されれば十分である。

② NBA 銀行のケース

　表5-5は、NBA 銀行の1866年の貸付形態の分類である。"local bills" はビクトリアの手形割引、"inlannd bills" はオーストラリア各植民地で決済を要する手形割引である。"british bills" はロンドン宛輸出為替手形の買取りで、

表5-4　NSW 銀行の貸付方法の変化（1860～1880年）

(単位：千ポンド)

植民地名	貸付方法	1860年	1870年	1880年
NSW	割引	1,176	637	468
	貸付	332	1,398	2,757
	合計	1,511	2,060	3,167
ビクトリア	割引	1,078	926	583
	貸付	185	331	723
	合計	1,238	1,290	1,290
クインズランド	割引	59	135	119
	貸付	16	178	333
	合計	80	322	449
ニュージーランド	割引		561	364
	貸付		191	462
	合計		680	793
南オーストラリア	割引			117
	貸付			120
	合計			226
全植民地	割引	2,313	2,259	1,651
	貸付	533	2,098	4,395
	合計	2,829	4,352	5,924

注：割引(受取手形)と貸付(当座貸越とキャッシュクレディット)の数値は半期ごとの各支店の9月30日のバランスシートから取られたものである。これらの数値には、転送項目とロンドンの勘定が除かれている。合計の数値は各植民地で9月に公表された四半期間の平均値である。したがって、割引と貸付の単純合計値と表の合計値が一致していない。
出典：Holder, R. F. [1971] p. 364.

　また"colonial bill"はイギリス内植民地との取引から生じる外国為替手形の買取りである。"bills receivable"は、通常、ロンドン宛為替手形の買取りを記帳する項目であったので、"british bills と同じものである。"current accounts"は当座貸越を、"security accounts"は証書貸付を意味し、"cash credit"は当座貸越の一種である。

　表5-5によれば、1866年までに貸付形態は、手形割引よりも当座貸越のウエイトが大きく、NSW 銀行の場合と同様、貸付方法が当座貸越へ転換したことが確認される。また支店勘定が本店勘定よりも当座貸越のウエイトが高い点

表 5-5　NBA 銀行の貸付方法の分類（1866年）

(単位：ポンド)

	Head Office		Branches		Total	
ビクトリアの手形割引	130,114	(29%)	127,286	(34%)	257,400	(31%)
オーストラリア内手形の割引	58,563	(13%)	-		58,563	(7%)
イギリス手形の割引						
英植民地の手形の割引	6,431	(1%)	647	(1%)	7,078	(1%)
不渡り手形	8,566	(2%)	10,478	(3%)	19,044	(2%)
受取手形	10,028	(2%)	7,380	(2%)	17,408	(2%)
当座貸越	182,930	(41%)	204,811	(55%)	387,741	(47%)
保証貸付	45,996	(10%)	4,000	(1%)	49,996	(6%)
キャッシュ・クレディット	-		19,861	(5%)	19,861	(2%)
不良債権	-		-			
その他	1,126	(1%)	-		1,126	(1%)
合計	443,754	(100%)	374,463	(100%)	818,217	(100%)

出典：NBA [Balance Book], 30th, Sep, 1866.

表 5-6　NBA 銀行の支店の貸付方法の分類（1866年）

(単位：ポンド)

	ジローン(%)	ハミルトン(%)
手　形　割　引	30,248 (62)	25,541 (35)
受　取　手　形	523	774
当　座　貸　越	17,919 (37)	46,743 (64)
合　　計	48,710	73,059

出典：表 5-5 に同じ。

が注目される。これは、本店がメルボルンという商業中心地に位置し、商業金融に集中する傾向があり、商業手形の割引が多かったこと、支店は内陸の牧羊地帯に位置するものが多く、当座貸越を中心とした牧羊貸付が多かった。

表 5-6 は、同行のジーロン支店とハミルトン支店の貸付方法の分類である。ただしジーロンは当時イギリスとの貿易及び輸入品の販売を中心とした商業都市であり、ハミルトンは、ビクトリア西部の牧羊地帯に位置する支店である[52]。両支店勘定の比較によると、商業都市の支店は手形割引を中心とし、牧羊地域の支店は当座貸越を中心としている。この事実から銀行は顧客層の取引・決済

の違いに従って異なった貸付方法をもっていた。すなわち商人層に対しては手形割引、牧羊業者に対しては当座貸越を用いていた。

NBA 銀行の貸付方法の分析から、預金銀行の貸付方法の変化は、銀行の牧羊貸付の拡大と密接に関連しているという結論が成り立つ。さらにビクトリアを主要な活動の地域とする NBA 銀行が1866年までに当座貸越へ転換していたことから、NSW とビクトリアとの間の貸付方法の変化が地域的な法制上の相違によることを強調する R. F. ホルダーの見解は誤りである。

BOA 銀行は、少なくとも1860年まで為替業務及び植民地内商業金融を中心としていた。為替業務は、羊毛輸出代理商の振り出したロンドン宛取立為替手形の買取りと、ロンドンの本店宛ドラフトの販売とによって構成されるが、これらの為替手形は、担保証券の掛目から判断すると第一級の証券として取り扱われていた。前節でみたように同行は、為替業務を基礎にして植民地の内国為替及び手形割引等の業務を行った。商人への貸付の方法は、裏書きされた商業手形の割引 (local indorsement)・植民地間の為替 (intercolonial indorsement)・引受 (acceptance)・当座貸越 (overdraft) でもって行われており[53]、こうした貿易金融及び商業金融は、1860年代以降もイギリスへの羊毛輸出の増加とオーストラリア経済全体の発展を反映して着実に増加した。

だが、1870年代の後半以降、国有地の売却が大規模に開始されて牧羊業に多額の資金需要が発生した。資金需要は、土地購入資金（1エーカー1ポンド）、住居及び柵の建設資金（柵の製作費用は、1870年代、1マイル20～30ポンド）、及び農機具の導入と土地改良資金、また旱魃等の補塡費用、短期的には収穫までのつなぎ資金等があった。特に土地購入資金は多額であり、長期分割支払方式で年4％の利子が付いた。さらに1860年代以降の鉄道建設及び都市の発達によって、不動産及び住宅金融に対する需要が高まり[54]、牧羊業におけるこれら開発資金の長期的不足が出現するにいたった。そこで銀行も危険率が高くまた規制の多い分野であった牧羊金融へ進出し、商業金融・貿易金融から牧羊貸付へ転換するとともに、各種金融機関の成長と牧羊業の金融的依存体質が形成された。

オーストラリアでは、銀行に対して、その設立特許状によって土地・家屋・船舶等を直接担保にした貸付及び商品担保貸付を禁止していた[55]。だが銀行の不動産抵当貸付に対する規制は、銀行が当座貸越の見返り保証として、牧羊業の不動産抵当権を担保にすることを法的に規定していなかったにもかかわらず[56]、銀行によるこれら抵当権を担保にした貸付が展開することとなった。この見返り証券に関する法的規定が存在しないことは、銀行と牧羊業者との間に抵当権を巡って訴訟問題を頻繁に発生させた。だがトレンス式不動産登記法が1862年に成立したことにより、抵当権の登記とその譲渡が法的に保証され[57]、1864年会社法（Company Act）のもとで預金銀行の不動産抵当貸付が認可された[58]。さらに1870年枢密院規定（Privy Council Verdict）によって請戻し権の喪失した抵当権に第一級の所有権が認められた。1860～70年に預金銀行の牧羊業の貸付のための法的措置は銀行の要求であり、訴訟の結果実現してきたものであった[59]。

預金銀行による牧羊貸付の本格的展開は、オーストラリア系銀行が、先導的役割をはたした。NSW銀行の場合、1850年代から当座貸越の貸付方法を取り扱い、1870年代には牧羊金融の拡大とともに貸付方法の中心は、手形割引から当座貸越へ転換した[60]。これは同時に貸付業務が商人を媒介とした商業金融の形式から牧羊業者に対する直接貸付への転換を意味していた。

だがイギリス系銀行は、商人との不動産抵当権の重複、国有地借地権の担保としての不安定性、抵当物件の管理、さらに支店の貸付管理の問題から牧羊業者に対し直接に貸し付けることに消極的であった[61]。BOA銀行は、当座貸越よりもむしろ牧羊業者との間に約束手形を作成しこれを割り引いた。

以上、BOA銀行、NSW銀行、NBA銀行の顧客別貸付方法及び貸付形態の検討から、1860年代にオーストラリア系銀行は、貸付形態を手形割引から当座貸越に転換した。この形態変化は牧羊業者への貸付の拡大を要因としていた。しかし貸付形態の変化は一様でなく、イギリス系銀行の場合、貿易・商業金融を重視しながらも、その貸付形態は、牧羊貸付の拡大を背景にして、当座貸越へ変化しつつあった。しかし牧羊業者への直接貸付の際、当座貸越よりも約束

手形による手形貸付を多く利用していた。このイギリス系銀行の貸付の特殊性はイギリスの商業銀行の銀行原理が強く作用し、ビクトリアとNSWにおける貸付方法の慣習的な違いを作り出した。

第4節　担保構成と資産管理問題

(1) 預金銀行の担保構成

　銀行の牧羊貸付は、1880～90年代に積極的な展開をみることになった。図5-5(A)と(B)は、BOA銀行の保有担保の性格に従って1886年と1901年の貸付額を分類したものである。この二つの図は、担保の分類方法が1892年に変化したため単純に連続して読むことはできない。この変化の重要な点は以下のことにある。図5-5(A)と(B)によれば、農村部の土地は、私有地・国有地借地権を含み、牧場施設、家畜、及び羊毛と区別されているので、担保の分類基準としては、土地と、牧場施設・家畜・羊毛などとの区別が重視されていた。同行は、さらに土地の利用方法について、牧場に利用されているか農地として利用されているか、担保物件の利用状態の違いに注目して分類している。このことは、1892年に銀行の担保貸付の基準が変更されたことを推測させるものである[62]。

　貸付担保の構成は、農村部の私有地及び国有地借地権（crown lease）、都市部の土地（town and suburban land）、牧場施設・家畜抵当権、羊毛先取権、工場設備（manufacture plant）、株式（mining share and other share）、割り引された貿易手形及び商業手形、富裕者に対する保証、船舶証券であった。銀行の担保の評価基準は、担保の評価額に対する貸付額の割合つまり掛目によって表されるので、これを表5-7によって算出してみる。

　担保貸付のうち担保の平均掛目は58.9％であって、当時の有担保原則は厳しかった。同行の保有担保の性格を比較検討するために、便宜的にその掛目を六つの水準に分けて検討する。すなわち掛目100％のグループ、80％グループ、60％のグループ、50％のグループ、40％のグループ、30％のグループである。

図 5-5 (A) BOA 銀行の担保別貸付構成 (1886年)
(単位：%)

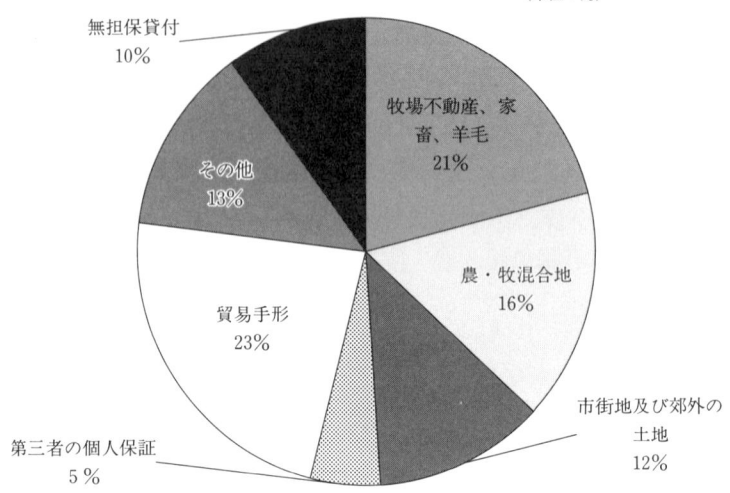

- 無担保貸付 10%
- 牧場不動産、家畜、羊毛 21%
- その他 13%
- 農・牧混合地 16%
- 貿易手形 23%
- 市街地及び郊外の土地 12%
- 第三者の個人保証 5%

出典：BOA [Yearly Review] pp. 284, 401, 494, 597.

図 5-5 (B) BOA 銀行の担保別貸付構成 (1901年)
(単位：%)

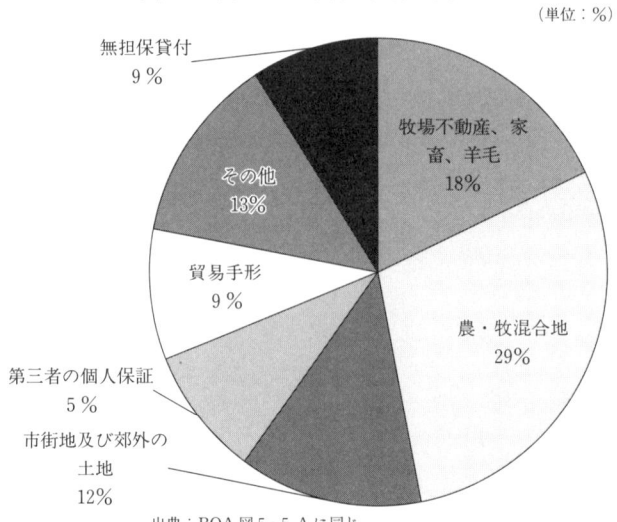

- 無担保貸付 9%
- 牧場不動産、家畜、羊毛 18%
- その他 13%
- 貿易手形 9%
- 農・牧混合地 29%
- 第三者の個人保証 5%
- 市街地及び郊外の土地 12%

出典：BOA 図 5-5 A に同じ。

表5-7　BOA銀行の掛目の変化（1886〜1901年）

(単位：%)

担保の種類	1886年	1889年	1892年	1895年	1898年	1901年
牧羊貸付、牧羊借地、私有地、その他の土地、家畜抵当権、羊毛先取り権等の一番抵当権	60	61	60	64	57	53
農業貸付、私有農地、条件付き購入地及び家畜抵当権の一番抵当権	42	39	43	44	41	40
市街地及び郊外の土地と建物等の一番抵当権	50	46	52	55	52	47
鉱山開発権及び機械の一番抵当権	50	40	37	20	32	63
工場不動産及び設備	63	56	43	42	44	56
株式－鉱山	27	19	50	35	34	36
－その他	46	48	62	74	74	47
各種の二番抵当権	41	47	50	44	49	48
生産物及び財	64	60	79	77	47	81
船舶	57	35	43	42	69	
第三者の個人保証	100	100	98	100	100	100
固定預金				100	100	100
貿易手形の割引	98	98	100	100	100	100
融通手形	100	100	100	100	100	100
担保貸付のその他	38	44	40	53	56	47

注：分類できないものは、Bills for Collection, F. D. R. & C. and other securitiesである。
出典：BOA [Yearly Review] 各年より作成。

　もちろん掛目のパーセンテージが小さくなるにしたがって銀行の貸付が厳しくなることを示している。
　まず100％のグループは、ロンドン宛為替手形、農家及び牧羊業者に対する割引手形、その他の割引手形、富裕者による個人保証であり、生産物の輸出及び国内商業流通にかかわる手形の割引であって、貿易金融及び商業金融の分野に相当する貸付である[63]。これらに対する貸付は銀行によって第一級の貸付と見なされていたといえる。80％のグループは、販売契約成立前の生産物である。
　担保の掛目60％のグループは、牧羊業に関する羊毛先取権と家畜抵当権、工場設備に対する請求権であり、これらは銀行によって担保としての確実性が比較的に認められていた。だが私有地抵当権及び牧羊借地権は、1891年までの分類によると掛目が30％台の後半で、借手にとって借入額のほぼ3倍近くの評価

額をもつ不動産権利証書を必要とする極めて厳しいものであった。1892年以降は、牧羊地の抵当権は60％、地方の土地50％、農地40％という水準でランキングされていた。ここからオーストラリアにおいて牧羊業がいかに高い収益源であったかをうかがい知ることができる。ただし牧羊地借地権を担保にした貸付は、私有地を担保にした貸付額のほぼ3分の1にすぎなかったことから、銀行にとっては1860年代の中頃まで、担保としての不確実性のために敬遠されていた。そして牧羊業に対する不動産抵当貸付は、保証貸付総額の41.3％に上っており、1870年代前半からほぼ横這いであった。農地は、工場設備とほぼ同じ水準の40％で貸し付けられていたので、農業への貸付は厳しく抑制されていた。

また注目に値するのは、オーストラリア第二の輸出産業であった鉱業への貸付は、鉱山採掘権、機械、鉱山株式を担保としており、ほぼ30％水準であったことから、鉱山業への貸付も厳しく制限されていた。株式を担保にした貸付の場合、その掛目は大きく変動した。

外国為替手形（ロンドン宛の為替手形）及び船荷証券・信用状等の外国為替業務の担保は、担保総額に占める割合が27.4％に達し、外国為替手形は、担保の掛目が100％であることから、同行にとって最も信頼のある証券であった。そしてこれらの牧羊金融、外国為替業務に加えて、都市及びその郊外の土地・建物を担保にした貸付13.5％があり、これら三つのグループで同行保有の担保総額の82.2％に達して、この担保構成のシェアから貸付業務は、牧羊業に関連する牧羊貸付と外国為替業務を中心にしていたと言える。

貿易金融及び商業金融の手形割引を除くと、担保の評価が低下したのは、1896年以降のことである。牧羊・農業・都市部の不動産に対する掛目が低下し、1897年になるとほとんどの掛目が低下した。これは1903年まで続く長期旱魃の始まりを原因としていると推測される。これ以前の担保の掛目の変化に関連して注目されるのが、都市部不動産の掛目が1887年から下がり始め、その後低い水準で激しく変動を繰り返した。これは6章と7章で取り上げる1880年代土地ブームの崩壊と関連しており実に興味深い点である。

BOA銀行は、商人、牧羊業者に対する貸付とは別に、さらに大口貸付とし

てGibbs Bright & Co. のようなマーチャント・バンカー、Australian Mortgage & Agency Co.、Goldbrogh Co. 等々の牧羊金融会社、Broken Hill Property Co. のような鉱山会社、さらにアルコール・砂糖製造企業にも貸付を行っていた[64]。製造業及び非銀行金融機関に対する貸付は、少なくとも1875年まで大口貸付の中に見ることはできなかったが、1889年の勘定にこうした貸付を見ることができる。1880年代は、一方で牧羊業への貸付が拡大するなかで、他方では着実に製造業・非銀行金融機関への貸付が発展していた。そこに1920～30年代に発展する製造業への貸付の萌芽をみることができる[65]。

(2) 羊毛委託販売

牧羊貸付の結果、銀行は各種牧羊資産の抵当権を担保として保有したが、そこでの金融機関による土地抵当権の長期保有は、牧羊資産の所有関係にどのような影響を与え、牧羊業に対してどのような支配関係を形成するに至ったかの問題は、法制上、極めて複雑な問題を含んでおり、オーストラリアにおいても論争問題となった[66]。また銀行は、不動産抵当権のなかでも羊毛先取権の獲得を重視していた。以下では、羊毛委託販売とその他担保物件の管理について検討することにする。

19世紀にオーストラリア羊毛は、牧羊業者が羊毛の販売を輸出業者に委託し、彼等の手によって輸送され[67]、ロンドン羊毛市場において競売され、そこで価格が形成された。オーストラリア羊毛の輸出に携わっていたのは、マーチャント・バンカー、専門的な羊毛輸出代理商（auctioneer）、牧羊金融会社であった。彼らは競売価格の2～2.5％を手数料として手にした[68]。

預金銀行は牧羊業への直接貸付を増加すると、当然羊毛先取権が登記され羊毛の委託販売に乗り出さざるを得ない。また牧羊金融会社への貸付の増加も、預金銀行の羊毛委託販売の増加を引き起す要因となった。すなわち牧羊貸付及び牧羊金融会社への貸付けの増加の結果、預金銀行も羊毛委託販売にかかわっていた。しかし他方で、牧羊金融会社が国内預金を集めながら、牧羊貸付を拡大したことに対抗して、預金銀行は羊毛委託販売手数料の獲得を目指し、さら

に牧羊業者の売上代金の管理（預金化）をも目指して、積極的に羊毛委託販売に参入した。

さらに、預金銀行は、牧羊業への直接貸付を拡大した結果、牧羊業者の販売代金の管理とロンドン資金の拡充を目的として、羊毛先取権を根拠に、羊毛委託販売に参入していった[69]。銀行による牧羊業者に対する貸付は、羊毛委託販売（輸出）、価格決定の後に、ロンドンにおいて返済されたと考えるほかない。そして返済額の残金が牧羊業者の受取分として預金を形成した。羊毛委託販売は、預金銀行にとってはロンドン資金の形成を意味し、ロンドン宛ドラフトの為替準備金の獲得を意味していた。預金銀行による羊毛委託販売の最初の記録は、1855年のNSW銀行の販売例である[70]。

表5-8は、牧羊金融会社、預金銀行、BOA銀行、UBA銀行の羊毛輸出量の動向を示したものであるが、金融機関のオーストラリア羊毛輸出総量に占める割合は、1887年でほぼ45％に達しており、すべての金融機関を含めるとその過半に達したと推測される。金融機関のなかでも牧羊金融会社が銀行のほぼ3倍を占め、銀行は総輸出額のほぼ1割程度であった。そして銀行のなかではオーストラリア系銀行が、この業務において先進的であり、イギリス系銀行はBOA銀行のみが際立った取引量を示しているものの、全体として羊毛委託販売に対しては慎重であった。そしてUBA銀行をはじめイギリス系銀行による羊毛委託販売が活発化するのは、1880年代後半になってからであった。預金銀行は、金融的利益にとどまらず、羊毛委託販売からの商業的利益をも獲得しており、19世紀後半のオーストラリアの銀行の特質をなしている。羊毛委託販売は1890年代以降のオーストラリアの輸出構造の多様化によって、羊毛市場がオーストラリアに形成されるとともに消滅することとなる[71]。

銀行による牧羊業者への直接貸付は、銀行への不動産抵当権の集中をもたらし、羊毛委託販売によって返済される。この場合の本支店における資金偏在は、植民地でのロンドン宛為替手形の販売によって調整されるが、オーストラリアでの牧羊金融の拡大と貸付期間の長期化によって、預金の獲得は焦眉の課題となった。そこでイギリス預金の獲得とそのオーストラリアでの運用が拡大する

表 5-8　金融機関別羊毛輸出の変化（1879～1890年）

(単位：千ベイル)

年	銀行			牧羊金融会社			輸出総量	BOA銀行	UBA銀行
	銀行数	輸出量	輸出シェア	会社数	輸出量	輸出シェア			
1879	9	72	8.7	8	253	30.6	826	9	
1880	8	60	6.9	8	239	27.7	864	8	
1881	8	74	7.9	8	286	30.7	932	12	
1882	9	80	8.0	9	291	29.1	1,000	17	
1883	10	103	10.4	9	289	29.2	991	22	1
1884	10	111	10.3	9	316	29.2	1,084	25	2
1885	12	91	8.9	9	290	28.2	1,028	16	1
1886	11	122	10.7	9	330	28.9	1,140	26	8
1887	13	120	10.7	10	380	34.0	1,117	28	13
1888	13	142	11.4	9	407	32.7	1,245	30	17
1889	13	155			383			28	25
1890	20	170		9	397			27	29

注：銀行及び牧羊金融会社の数値は、500ベイル以上輸出した金融機関の合計数である。
出典：AIBR, March, 1889, p. 177, May, 1891, p. 354 より作成。

こととなる。同時に保有資産の流動化が問題となる。これらの点については次に考察することとする。

(3) 不動産管理と抵当物件の流動化

不動産抵当権は、貸付の見返り保証であって、それ自体は抵当物件に支配を及ぼさないが[72]、返済に問題が生じた場合、あるいは借換えが繰り返されて、抵当権の設定が長期化する場合には、金融機関の牧場資産に対する管理が表面化する[73]。ただし羊毛先取権の場合、それは年々の収穫された羊毛の事実上の販売優先権を意味し、金融機関は一般に牧羊業者から羊毛販売の依託を受け[74]、これを自己の名義で輸出した。金融機関による羊毛委託販売は、オーストラリア羊毛輸出量のほぼ50％に達していた。金融機関は、羊毛の販売代金からコスト及び委託販売手数料を控除するとともに、牧羊業者の販売収益を自己の当座預金として設定させ、彼らの資金管理を行っていた[75]。以下、銀行と牧羊金融会社の不動産担保の管理についてそれぞれ簡単に検討することとする。

牧羊業者が土地や家畜を購入しすぎて、彼の支払不能が明らかとなった場合、

牧羊業者が死亡し牧場の経営に不安のある場合、旱魃による家畜の激減や返済の不履行が生じた場合、牧場の生産能力の減少による所得の減少が生じた場合、家畜の売却を補う家畜の増加が生じなかった場合、家畜の損失・羊毛の収穫の減少が生じた場合[76]、言い換えれば、正常な牧場経営にかげりが生じた場合は、抵当権者である銀行は、事実上の牧場所有権あるいは牧羊借地権を確保した。

　BOA 銀行は、毎年、支店監督局（inspector office）の保有牧場報告書（reports on the squatting dependencies）において銀行の牧場管理について取締役会の方針を示していたが、1906年の同報告書で九つの牧場を取り上げている。そしてこのリストに揚げられた牧場は、利子負担が貸付残高の3倍以上にのぼるものもあり、貸付残高と利子負担が、担保の10倍に達したものがほとんどであった[77]。支店監督官（inspector）は、自己の判断に基づいて収益の上がらない牧場については、出来る限り早く売却することを決定した。だが、多くの牧場は立地条件が悪く売却不可能なものであった[78]。

　NBA 銀行のアレクサンドラ支店（Alexandora branch）は、顧客勘定61を持っていた。同支店の貸付総額は23,051ポンド、これに対応する担保額は43,313ポンドであった。そのうちの4分の1の勘定は"to sale, sold and bad & doutful debt"すなわち不良債権であり、出来る限り早く売却するかすでに売却される過程にあった[79]。同支店は、担保として私有地や国有地賃借権を獲得したが、もし借手が受戻し権を喪失した場合、すでにその借手が、牧羊業を退き、家畜を保有していない時には、早い機会に牧場を競売に附すこととした。しかし借手が現役の牧羊業者で羊を保有している場合には、銀行は貸付額を減らすために羊を売却させた[80]。だが、こうした予期せぬ羊の売却は牧羊業者にとって死活問題である。羊の売却が大規模であれば、彼らは牧羊業者としての地位からリタイヤーせざるを得なかった。その結果土地すらも手放さなければならなかったのである。

　NSW 銀行の牧場所有権の移動状況をみると、1879年と1882年に所有権の移動が増加した。1879年のR. H. Shaffe の Fort Contantine 牧場は、銀行の同意のもとで商人の抵当権行使により売却され、F. ＆ J. Keans の Narraburra

Bourke Creek 牧場は、UBA 銀行による返済資金の貸付による勘定の移転であり、1882年の J. Heane の Barbigal 牧場の場合は、AJS 銀行による牧羊業者への返済資金の貸付による銀行勘定の移転である。それ以外の七つの牧場は、すべて NSW 銀行による牧場の売却であった[81]。銀行による牧場の保有期間は、1860年代2～3年の短期間であったが、1870年代以降長期化する傾向にあった[82]。銀行は、牧場の実質的所有権を長期間保有したが、直接経営に参入するよりも一定期間の後にそれを売却することを担保管理政策の基本としていた。

　銀行は獲得した不動産抵当権が都市郊外など住宅適用地である場合、不動産・投資会社 (property and investment company) に譲渡することを通じて彼等に抵当権の管理を任せ、債権の流動化を計ることもあった。不動産・投資会社は7章で取り上げるように、都市・郊外の開発・住宅建設とこの関連の金融機関であって、都市近郊の牧場を宅地に開発することで銀行と利害が一致した。UBA 銀行は、ニュージーランド信託会社 (New Zealand Trust Company) と密接な関係を形成していた。同行は、この信託会社を通じて牧羊業に不動産抵当貸付を行うとともに、自己の獲得した不動産抵当権を同信託会社に貸し付け、抵当業務の一切を任せた。かわりにこの信託会社は自己の資金を同行に預金し、さらに自己の顧客の預金を銀行に誘導した[83]。その際銀行は羊毛先取権を確保し、羊毛の委託販売によって年々債権を流動化するとともに、同信託会社は家畜抵当権・土地抵当権を取って、抵当権の受戻し権の喪失したものを、最終的に売却することによって資金の回収を計った。ニュージーランド信託会社は実質的には、不動産の仲買・投資・管理・貸付を行うことによって、当時金融機関の一角をなした不動産・投資会社の一つである。こうした会社は20～50年の長期社債を発行し、さらに銀行借入や預金業務も行い、不動産取引・管理を主要業務としていた。銀行は、これら不動産・投資会社への不動産債権の信託ないし譲渡を通じて、長期債権の流動化を計った。1880年代は、都市・郊外における都市開発と住宅建設が増加して、まさにこの時期は土地の流動化が進行した時代であった。

　UBA 銀行は、1880年代に有力な牧羊金融会社であるダルゲッティー (Dalgety Co.）とも同種の関係を形成していた[84]。またBOA銀行は、こうした不動産・投資会社を発起するとともに、有力な牧羊金融会社を対象に貸付・預金勘定、債権の譲渡など密接な関係を形成した。以上、こうした不動産・投資会社及び牧羊金融会社を通じた抵当権の管理とその譲渡によって、債権の流動化がはかられた。

牧羊金融会社は、実際に牧場を経営するとともに個人牧羊業者に対して資金の貸付を行っていた。彼らは、受戻し権の喪失した牧場に対して基本的に自己の牧場として経営にあたっていた。だが少なくとも長期旱魃期まで抵当権を実際に行使することは少なかった[85]。1880年代後半から長期旱魃期にいたる時期に、銀行に比べて西部地域において貸付を拡大する傾向にあったために、彼らにとって牧羊業の不振は直接に収益の悪化を引き起こした。だが旱魃による羊数の大幅な減少は、牧場の経営にとって著しい困難をもたらし経営方針の転換を迫られた[86]。AMLF（Australian Mortgage Land & Finance Company）は、1890年代初頭、隣接する牧場の抵当権を行使して、牧羊業者に所有権を放棄させた上で、彼らの牧場を一つに統合して経営することとした。同社が西部地域において保有していた31の牧場抵当権のうち少なくとも19の抵当権を実際に行使している。1891年6件、1892年2件、1899年11件である。これらの牧場は、元の所有者に任せられるか直接に経営された[87]。特に、1891年と1892年に抵当権を行使した牧場は、いくつかにまとめて経営した。オーストラリア・イステイスト・モーゲージ社（Australian Estates and Mortgage Company）の抵当権の行使は、1894年以前に2件、1894年3件、1896年2件、1898年2件であったが、長期旱魃期にこれらの牧場を統合し、直接に経営した[88]。ゴールドブロー社（Goldbrought Mort and Co.Ltd.）は、多額を貸し付けていた牧場に対してそれらを共同して経営することに方針を転換している。牧羊金融会社は、多くの牧羊業者の所有権を放棄させた上で費用を低減させるために、牧場を統合し監督を強化した[89]。牧羊金融会社の担保管理は、銀行と異なって牧場経営への直接的参加にいたるものであった。

表5-9 所有規模別土地所有の状況（1903年）

(単位：人、千エーカー)

所有規模 （エーカー）	NSW		南オーストラリア		西オーストラリア	ニュージーランド	
	所有者数	所有面積	所有者数	所有面積	所有者数	所有者数	所有面積
1～100	40,028	1,201	6,804	183	2,344	36,935	955
101～1,000	28,016	9,830	10,618	4,711	3,054	24,234	7,844
1,001～5,000	4,764	9,521	2,394	4,623	713	3,003	6,195
5,001～20,000	961	9,530	481	4,737	115	583	5,747
20,001以上	359	17,422	58	1,974	42	279	15,145

出典：Coghlan, T. A. [1904] p. 343.

第5節 牧羊業の構造変化

(1) 土地所有の構造変化

パストラル・ファイナンスの結果、金融機関の担保にはいった牧場不動産は、金融機関、不動産・投資会社、牧羊業者の間で広範囲に取引され[90]、牧場不動産市場が貸付市場を補足するものとして成立していた。この牧場不動産の取引の結果、土地所有の集中が進展したと考えられる。以下牧羊業の構造変化について考察を加えておこう。

表5-9は、NSW、南オーストラリア、西オーストラリア、ニュージーランドにおける土地保有面積別の所有者数とその面積を示したものであるが、この表の説明によれば、NSWにおいて売却された土地の約半分が、730の個人ないし法人によって保有されており、南オーストラリアでは、約半分の土地が1,283の個人ないし法人によって、ニュージーランドでは、その半分の土地が500の個人ないし法人によって保有されており、1880～90年代に土地の少数者への集中が進んだことが明らかになる[91]。

表5-10、NSWの所有面積別所有者数の変化を示したものである。1879～89年の間に条件付購入のもとで売却された国有地の売却件数は、82,879であった。そのうち15～400エーカーの所有者層は、この間ほとんど増加しなかった。

表5-10 所有規模別土地所有の変化（1879、1889年）

(単位：人)

所有規模（エーカー）	1879年	1889年
15未満	4,974	7,290
15〜200未満	21,302	22,048
200〜400未満	6,199	6,774
400〜1,000未満	4,964	6,849
1,000〜2,000未満	1,212	2,191
2,000〜10,000未満	940	1,810
10,000以上	327	658
合　　計	39,918	47,620

出典：Coghlan, T. A. [1890] p. 241.

　これに対して1,000エーカー以上の所有者層は倍増し、小数の所有者による国有地の購入が進み、私有地の兼併が進行した[92]。T. A. コグランのNSWの各地域別の私的賃貸状況の調査によると、私的な土地所有者から地代を支払って土地を借りている私的借地、あるいは自己の所有地に加えて他の所有者から地代を支払っている借地が示されている。これによると地主より土地の賃貸及び一部賃貸を受けている面積は、総私有地面積の27％に達し、200エーカー以上において最も大きく、保有面積が大きくなるに従って私有地の貸借の割合は減少するように見える。これは、借地が、牧羊業よりも農業において支配的であったことを示している[93]。古い開拓地である東部地域ほど土地の賃貸率が進んでおり、早くから牧・農開拓が進み資本蓄積の進行した地域ほど、土地における所有と経営の分離が進展するとともに、大規模牧羊業者と中小牧羊業者への分離が進行した。その結果後者に対する政府の助成問題が今世紀初頭の牧羊業の重要な政策として要請されるにいたった[94]。

　同時代の経済学者や批評家達は、土地所有の集中とその粗放な土地利用を激しく批判することとなった。なかでもNSWの土地長官は、『オーストラリア・エコノミスト』において次のように述べている。NSWでは50百万エーカーの国有地が6万人に売却されたが、実際の入植者は5万人以下であり、そのうちほぼ656人が、私有地の40％、平均面積にして31,000エーカーを所有して

いる。そしてハンター・リバー（Hunter River）とホークスブリー・リバー（Hawkesbury River）では、175万エーカーが売却された。だがその土地の3％が耕作されたにすぎなかった。この耕作された土地には、7,000人の雇用が見いだされ、残りの地域では2,000人の雇用が見いだされたにすぎない。そして、こうした傾向は、NSWのいたるところでみられたと[95]。

(2) 生産地域の変化

　1890年代のオーストラリア牧羊地帯の変化を考察しておく。90年代に羊の数は、NSWで40％近く、クインズランドでは半減するほど急速に低下した。その結果、牧羊地帯の変化を余儀なくされた。牧羊地帯の分布上の変化は、新しい土地の占有の結果として、またいくつかの地域から牧羊業の後退の結果として、さらに占有された土地のより効率的な利用の結果として生まれた[96]。N.G.バトリンのあげた東部3州の19地域の検討によると、NSWは、1880年代後半より東部3州に占める羊の割合が、長期旱魃期に絶対数の半減をみたものの、60％前後を維持しており、この地域がオーストラリア牧羊業の中心であったことに変わりはなかった[97]。

　クインズランドでは、80年代にその割合は、急速に拡大し1892年に23.4％へ上昇したが、90年代の長期旱魃期に急減し、その後20～25％の間を推移した。ビクトリアでは、東部植民地に占める羊保有割合は、1860年代以降一貫して減少傾向を示したが、長期旱魃期には、むしろ増加し、牧羊地帯としてその地域の安定性を示した。しかしクインズランドにおいて旱魃は、NSWのその期間（1896～1903年）に比べると、1899年に始まり1903年までの比較的短期であった。これは、クインズランドの牧場が大規模であったことまた自己金融の度合が高かったことと相まって牧羊業のすばやい回復の要因となった[98]。

　次にNSW東部・中部・西部の牧羊業の分布が長期旱魃の前後でどのように変化したかについては、以下のようであった。NSW全体に占める各地域の羊保有の割合は、東部地域で30％前後→35％前後、中部地域で45％→50％前後、西部地域で25％前後→15％前後に変化し[99]、西部地域は1870年代以降牧羊地帯

として急速に拡大したものの、長期旱魃を契機に急激に後退した。そして第二次大戦後に至るまで牧羊業の分布に大きな変化がみられないことから、長期旱魃の打撃は深刻であり、この要因は単に雨量の不足によるだけでなく、牧羊業の活動や習慣が、降雨量の減少とともに牧草地の砂漠化をつくりだしたと考えられる。すなわち土地の飼育能力以上の家畜の過剰、兎や有害な草木等による牧草の侵食によって、西部地域は、永久的なダメージをこうむった[100]。

(3) 経営形態の変化

　牧羊業の経営形態を直接に示す資料は見あたらないが、NSWの牧羊業の借地権登記の動向により推測することとする。これまでの考察で明らかなように金融機関が、貸付の見返り証券として土地抵当権を登記するとき、牧羊借地権の登記簿における名義は、単なる抵当権の登記を意味するにすぎない場合が多いとしても[101]、返済の不履行等によって抵当権設定者の受戻し権が喪失する事態には、金融機関による事実上の借地権の獲得を意味する[102]。特に1890年代のように牧羊業の収益の悪化が表面化するとき、金融機関による借地権の名義を単に抵当権の登記とのみ考えるのは、現実の金融機関による牧場の管理及び経営支配を過小に評価することとなる[103]。

　NSWの牧羊借地権登記簿に関するN. G. バトリンの研究によると、銀行及び牧羊金融会社による牧羊借地権の登記は、1860年代後半以降増加し、逆に個人及びパートナーシップによる登記は減少した。もちろんここで金融機関の借地権の登記のうちどの程度が単に抵当権の登記にすぎないのか、あるいは牧羊業者の受戻し権の喪失によって、金融機関の事実上の牧羊借地権が確定していたのかについて、記録簿が受戻し権の喪失を記録しなかったために確かめることはできない[104]。

　だが、1890年代のAMLFの西部地域における31の牧羊勘定のうち少なくとも19勘定について抵当権が行使されたこと[105]、またNBA銀行のアレキサンドラ（Alexandra）支店の61勘定のうち4分の1が"To sold and bad & doubtful debt"として整理され[106]、できる限り速やかに売却するかすでに売

却過程にあったことを考慮すると、金融機関の借地権の登記が、単に見返り保証としての抵当権の登記ばかりでなく、受戻し権の喪失による金融機関の事実上の借地権の確保を意味するものがかなりの件数に上ったと推測される。特に牧羊金融会社の場合、直接的な牧場経営が主要な業務であったことから、1860年代以降の金融機関の牧羊借地権の増加傾向は、限られた意味であるにせよ牧場の経営形態の変化を示すものといえる[107]。特にこの点については1890年代に受戻し権の喪失が多数存在したことから確認できる[108]。

最後に H. M. ブーツも述べるように、クインズランドでは、牧羊業においてパートナーシップや個人経営が比較的有力であった[109]。この点は、19世紀後半の経営形態の変化をオーストラリア全体に当てはめることができないことを示しているとともに、NSW 西部地域では、大規模な株式会社形態の牧羊業が典型であり、他方クインズランドでは、パートナーシップ及び個人経営が支配的経営形態であったように、地域的に牧羊業の支配的経営形態が異なるというオーストラリア牧羊業の特質が、この時期に形成されつつあったことを論証することとなった。

1) Butlin, N. G. [1962]; Hall, A. R. [1968].
2) Butlin, N. G. [1950] pp. 89-90, 110-111.
3) B. フィッツパトリックは、金融機関による牧羊業支配とオーストラリア牧羊業が個人経営から株式会社経営へ転換したことを強調した。これに対してN. G. バトリンは、オーストラリア牧羊業における金融機関の支配を否定し個人経営を典型とすることを強調している。そして近年 H. M. ブーツも N. G. バトリンの研究を確認している。しかし N. G. バトリン及び H. M. ブーツの研究は、公有地借地権 (pastoral leases) の研究に基づいており、銀行の担保構成における重要性からすると土地所有権 (freehold) を対象にした研究が必要である。各論者の研究については以下のものを参照されよ。Fitzpatrick, B. [1941] [1950]; Butlin, N. G. [1950]; Boot, H. M. [1988].
4) Fitzpatrick, B. [1950] [1941]; Butlin, N. G. [1962a]; Cain, N. [1962].
5) Butlin, N. G. [1964].
6) Boot, H. M. [1988].

7) 当時、銀行は所有権の抵当権を登記しなかったという可能性もあり、牧場所有権の登記簿の調査が必要である。
8) Butlin, N. G. [1950]; Cain, N. [1962]; Boot, H. M. [1988].
9) Lamb, P. N. [1967] p. 59.
10) Lamb, P. N. [1967] p. 52. 土地の売却面積をみると、1881年230万エーカー、1882年240万エーカーに対して、1886年90万エーカー、1887年80万エーカーにすぎなかった (Coghlan, T. A. [1890] p. 452)。
11) Coghlan, T. A. [1904] p. 342.
12) Butlin, N. G. [1962b] pp. 300-307.
13) Williams, R. J. [1962] p. 161.
14) Butlin, N. G. [1962b] pp. 300-307.
15) Williams, R. J. [1962]; Butlin, N. G. [1962b].
16) Butlin, N. G. [1962b] pp. 284-286.
17) Williams, R. J. [1962] p. 164; Butlin, N. G. [1962b] p. 287.
18) Butlin, N. G. [1962b] p. 291.
19) Butlin, N. G. [1962b] p. 290.
20) Coghlan, T. A. [1904] p. 424.
21) Mitchell, B. R. & Deane, P. [1862] p. 496.
22) Butlin, N. G. [1964] p. 177.
23) Coghlan, T. A. [1904] p. 425.
24) Coghlan, T. A. [1904] p. 427.
25) Boot, H. M. [1988] p. 52.
26) Butlin, N. G. [1964] p. 121.
27) Butlin, N. G. [1964] p. 62. だが政府の土地の歳入分のどの程度が、牧羊投資の水準を適格に示すものであるかは、この歳入が都市における土地の売却も含んでいるために確定できない。
28) オーストラリア牧羊業全体の投資総額と営業費用の総額を確定できないので、ここでは牧羊設備投資の動向と経常収益の動向から、オーストラリア牧羊業の資金調達の動向を簡単に考察しておく。また資金調達動向に関する必要な限りで、土地投資を参考とし、営業費用は、営業収益の控除分として取り扱うこととする (Butlin, N. G. [1964] p. 120)。
29) Butlin, N. G. [1964] p. 61.
30) Butlin, N. G. [1964] p. 62.

第5章 牧羊金融の展開と貸付政策 203

31) 土地購入投資の水準を確定することが困難なので、設備投資と経常収益から資金調達の推移をまとめている。牧羊業の経常収益は、羊毛販売収益と家畜屠殺収益によって構成されており、家畜の自然増加分は、その売却によって収益となるが、ここでは家畜資産の増加とみなし、この家畜資産の増加は、牧羊業の担保能力増大を意味し、外部資金の調達能力を強化するものであった。この営業収益から人件費、輸送費、販売費、その他の営業費用を控除したものが、牧羊業の経常利益である。さらに経常利益より利子支払い分を控除した残りが牧羊業者の所得、つまり純利益である（Butlin, N. G.［1964］p. 120）。
32) Butlin, N. G.［1964］p. 121.
33) Butlin, N. G.［1964］p. 122.
34) 1873年から1892年にかけて、貸付が増加し、1879年と1880年に減少した（The Australian Economist［1986］p. 113）。
35) NSW地区の土地保有面積の変化をみると1000エーカー以上の土地の保有者数は、1879年から1889年にほぼ倍増したが、400エーカー以下の保有者数は、同じ時期にほぼ横這いであった。また私有地の賃貸状況は、早くから開拓された東・中部地区において約27％達しており、すでに地主―小作関係が形成されていた。牧羊の拡大は、土地の集中をもたらし牧羊業者の分解を促進した（Coghlan, T. A.［1890］p. 243）。
36) Waterson, D. B.［1968］p. 149.
37) Waterson, D. B.［1968］p. 149.
38) Barnard, A.［1958］p. 107.
39) Butlin, S. J.［1961］p. 213.
40) Butlin, S. J.［1961］p. 215.
41) Lamb, P. N.［1967］p. 42.
42) Butlin, N. G［1964］pp. 111-124.
43) 牧羊金融会社（pastoral finance company）の活動に関しては、わが国では伝田功氏の先駆的な研究がある。以下のものを参照されよ。伝田功［1967］［1968］。
44) Butlin, S. J.［1961］p. 215.
45) Butlin, S. J.［1961］pp. 222-224.
46) BOA［Statements］1867-1875.
47) この資料において商人とは、以下のものを含んでいる。Merchant, Wholesale Druggists, Storekeeper, Importers and Provision Dealers, Importers and

Dealer in Hardware である。羊毛代理商は、Merchants and Commission Agents, Stock Agents and Action Stock Agent, Landed Proprietor and Steam Shipp Owner である。スクオターは、Station Advance 及び Squatter と職業が記入されたものである。General Customer は、Officer と Bishop と記入されていた。

48) 帳簿では "Merchants, Importer, Wholesaler, Dealer, Importer and General Merchant" 等と記入されたものである。

49) 帳簿では "Wool Auctioneer, Settler Agents, Storekeeper, Stock Agents and Auctioneer, Commission Agents, Cattle Salesman, Merchants and Commission Agents" 等と記入されたものである。

50) ストア・キーパーの活動については、Waterson, D. B. [1968] を参照されよ。

51) Holder, R. F. [1970] p. 364.

52) Nunn, H. W. [1988] pp. 571-572.

53) 銀行が取引した商人は、二つに分類することができる。第一は、パートナーシップ形式の羊毛輸出代理商社であり、第二は、工業製品・日常品等輸入業者であり、後者は、銀行勘定では、個人名で登場する（BOA [Statements] 〈A/148〉1867, pp. 58-71）。

54) オーストラリアの鉄道建設は、各植民地政府による公共事業として促進されており、資金調達は、ロンドン証券取引所において植民地政府債の発行によって行われていた。そして商業銀行は、政府代理業務を除けば、鉄道金融には関与していなかった。オーストラリアの鉄道建設とイギリス資本との関係については、荒井政治 [1974] 109-115ページを参照。

55) Butlin, S. J. [1961] p. 25.

56) Holder, R. F. [1970] p. 217.

57) Roberts, S. H. [1968] p. 233.

58) Holder, R. F. [1970] p. 217.

59) Holder, R. F. [1970] p. 214.

60) NSW 銀行の貸付構成は、1860年に手形割引が83％で、当座信用・当座貸越等の貸付が19％であったが、1880年には、割引が28％、貸付が74％と大きく変化した（Holder, R. F. [1970] p. 364）。

61) 土地を獲得した場合、不動産の速やかな売却による貸付資金の回収を必要とされるが、これが極めて困難であった。また国有地の所有権は植民地政府にあり、最終的に所有権の獲得が困難であった。さらに1884年の土地法まで貸借期

間は、西部地区の5年を最も長期としており、担保としては不確定な要素が多かった。特許状の禁止規定は、ニュージーランドにおいても1880年代に訴訟問題として取り上げられていた。貸付の規制は、同時に牧羊業者の資金の困難を表面化するために、つねに法的禁止規定は抵当貸付に対する銀行・牧羊業者の現実の要求と対立していた（Holder, R. F.［1970］p. 250）。

62) この時期は、オーストラリアにおける1880年代の土地ブームが崩壊した後であり、1890年イギリスのベアリング恐慌と1893年の金融恐慌の狭間にあたる。したがって何らかの貸付政策の変更があってもおかしくはない時期である。

63) 富裕者による個人保証は、キャッシュ・クレディットを指していると考えられる。

64) BOA［Yearly Review］1885, pp. 16-17.

65) オーストラリア工業化の開始期は、琴野孝氏によれば1920年代とされている（琴野孝［1973］13ページ）。

66) この論争は、銀行による国有地借地権の登記が長期に及んだことを金融機関による牧羊業への支配と見るか否かについてであった。B. フィッツパトリックは、支配を強調し（Fitzpatorick, B.［1949］pp. 384-5)、N. G. バトリンは、抵当権の法的性格と受戻し権の喪失が少なかったことを重視してこの支配に否定的であった（Butlin, N. G.［1950］p. 89）。だが N. G. バトリンの研究は、借地権のみを検討して所有権の移転と集中については残された課題となっている。

67) Barnard, A.［1958］p. 107. 西村閑也氏によれば、委託販売の場合、委託者は競売価格の何割かを受託者に対して手形を振り出すことができた（西村閑也［1980］381-382ページ）。

68) Barnard, A.［1958］p. 107.

69) Holder, R. F.［1970］p. 372.

70) Holder, R. F.［1970］p. 370.

71) Barnard, A.［1958］p. 65.

72) Butlin, N. G.［1950］p. 110.

73) NSW 中部地区の牧羊借地権の登記簿によると、金融機関の抵当権の登記を含む借地権の登記のなかには、1885～1901年の間に登記名義人が全く変化しなかったものが多数存在するが、この事実は抵当権が長期に設定されていたことを示す。

74) Barnard, A.［1958］p. 59.

75) Butlin, N. G.［1950］p. 107.

76) NSW, Stations-Bank Property, 1877-1907, この資料は、同行の Senior Archivist, Patricia Quinn が整理したものである。
77) BOA [Confidential] Vol. 9, Aug. 1906, p. 227.
78) BOA [Confidential] Vol. 9, Aug. 1906, p. 222.
79) NBA [Aliexandra] Mar. 1893, pp. 10-30.
80) NBA [Aliexandra] Mar. 1893, p. 22.
81) NSW, Station-Bank Property, この資料には、ページ数が記載されていない。
82) Cain, N. [1962] p. 452.
83) BOA [Confidential] Vol. 9, Aug. 1906, p. 227.
84) BOA [Confidential] Vol. 9, Aug. 1906, p. 222.
85) Cain, N. [1962] p. 452.
86) Cain, N. [1962] pp. 452-453.
87) Cain, N. [1962] p. 452.
88) Cain, N. [1962] p. 453.
89) Cain, N. [1962] pp. 452-454.
90) Land Occupation Branch [Central] 1885-1890, 1890-1901, この資料の登記名義の変化から推測される。
91) Coghlan, T. A. [1904] p. 343.
92) 個人による他の個人の牧場の兼併ばかりでなく、牧羊金融会社による大規模牧場の兼併も進んだと考えられる。20世紀初頭の兼併についてであるが、ワガワガ (Waga Waga) では、ゴールドブロー社と AMLF による大規模牧場の兼併が進んだことが示されている (Swan, K. [1965] p. 136)。
93) Coghlan, T. A. [1890] p. 54.
94) Reeves, W. D. [1902] p. 334.
95) The Australian Economist [1986] p. 590.
96) Butlin, N. G. [1862b] p. 281.
97) Butlin, N. G. [1862b] p. 300.
98) Boot, H. M. [1988] p. 40.
99) Butlin, N. G. [1962b] p. 287.
100) Cain, N. [1962] p. 444.
101) NSW の牧羊借地権の登記簿における銀行名義の登記は、その大半が抵当権の登記であり、第一次借地権の登記ではなかった (Butlin, N. G. [1950] p. 94)。
102) N. G. バトリンによれば、牧羊借地権には所有者である州政府に貸借期間や

回収について一方的な決定権が存在するため、金融機関による借地権の獲得は、一般的に行われたことではなかった（Butlin, N. G. [1950] pp. 98-100）。

103) N. G. バトリンは、金融機関の牧羊支配を金融的過程に限定した（Butlin, N. G. [1950] p. 110）。
104) Land Occupation Barnch [Central] p. 303.
105) Cain, N. [1962] p. 452.
106) NBA, Alexandra Branch, pp. 10-30.
107) B. フィッツパトリックは、牧羊業における個人経営から会社による経営と支配への転換が19世紀後半に進展し、銀行・牧羊金融会社による牧場所有の集中の結果、クインズランドとNSWにおいては株式会社経営が典型的となったことを、牧羊会社の複合的経営と取締役の人的結合を分析することによって明らかにした（Fitzpatorick, B. [1950] pp. 384-388）。フィッツパトリックに対するN. G. バトリンの反論の根拠の一つは、法人格に関する会社形態それ自体の法的規定が、オーストラリアにおいて著しく曖昧であり、この点から国有地借地権の登記者を銀行、金融会社、パートナーシップ、個人に分類したとしても、その分類の結果からオーストラリア牧羊業における会社の経営と支配を論証したことにならないという点にあった（Butlin, N. G. [1950] pp. 92-93）。
108) Butlin, N. G. [1964] pp. 134-135; Cain, N. pp. 451-454.
109) Boot, N. M. [1988] p. 39.

第6章　金融市場の確立

　経済成長と国民所得の増加は、預金銀行の内外決済機能と資金仲介機能を高めるとともに、多様な金融取引の分化を推し進めることになった。19世紀後半のオーストラリアは、預金銀行とは異なる独特の非銀行金融機関の発展を生み出し、証券市場の発達を促すことになった。多様な金融取引と金融機関の分化が、その国の資金循環の特徴を形成することになる。本章では、まず牧羊金融の中心的な担い手であり、オーストラリア特有の金融機関でもある牧羊金融会社の活動と発展を取り上げる。牧羊金融会社は、内陸部まで拡大した地方農村部における羊毛の集荷によって広いネットワーク組織を持っており、メルボルン、シドニーなど羊毛輸出港、さらにロンドンとも直接に取引していた。牧羊金融会社の活動に関する研究は、社史、マクロ統計、羊毛市場の構造分析、地方史の研究などの広い分野で進められてきた[1]。

　経済発展は国民所得の増加を生み出し、商業都市の急速な拡大を作り出してきたが、オーストラリアでの本格的な都市開発は、1880年代以降のイギリス資本の導入の増加によって進められ、都市における資金仲介機能を担う金融機関の発展を促した。すなわち貯蓄銀行、住宅金融組合、不動産投資会社、土地抵当銀行の設立と発展である。牧羊金融会社が地方農村部を代表するとすれば、これらの金融機関は、都市型金融機関ということになるだろう。2節では、これら都市型金融機関の発展を検討する。

　1860年代にオーストラリア各植民地で、会社法、特に株式会社法が成立するまで、株式会社はイギリスのロイヤル・チャーター、総督及び植民地議会のチャーターによって、一部例外はあるが、発券機能を有する預金銀行だけに与えられてきた。しかし会社法の成立によって、鉱山開発をはじめとして株式会社

制度の発展をみて、これまで植民地における相対で取引されていた株式及び証券取引が会員制の証券取引所を中心とした取引に変化した。第3節では、19世紀オーストラリアの株式会社制度の発展とメルボルン証券取引所の発達を明らかにしてその特色を検討する[2]。

第1節　牧羊金融会社の発展

(1) 牧羊金融会社の設立

19世紀オーストラリアの羊毛輸出は、羊毛委託販売（wool consignment）と呼ばれる制度を通じて行われていた。この委託販売制度で中心的役割を果たしたのが牧羊金融会社である。牧羊金融会社は、1870～80年代に羊毛仲買人（wool selling broker）から発展して、羊毛委託販売業及び羊毛に関する輸出金融の専門的な機関となり、かつ預金銀行と生産者である牧羊業者との間にあって、手形の引受及び割引などの金融仲介を営む機関であった。その機能は、シティで引受信用を提供するマーチャント・バンクと同じようなものであった[3]。彼らは、表6-1に見るように、1880年代の中頃にパートナーシップから株式会社に転換して、株式及び社債をロンドン市場に上場し資金調達力を強めた。

牧羊金融は、オーストラリアの預金銀行にとっても重要な貸付業務であったので、預金銀行と牧羊金融会社は同じ部面で競合する関係にあったが、それぞれ独自の専門業務を持ち、牧羊金融の複雑な構造のなかで機能分化して、相互補完的な関係にもあった。したがって本節では、預金銀行と牧羊金融会社との金融的関係を明らかにする。資料は、NSW銀行の取締役会議事録（Board Minute Book）を主に取り上げ、この中のメルボルンで最大の羊毛仲買人であったゴールドブロー社関連の記録である。これに検討を加えることによって、1860～70年代の羊毛仲買人及び牧羊金融会社のオーストラリアの金融構造における機能を明らかにする。

表6-1 牧羊金融会社の主要勘定と羊毛輸出量の変化（1880～1891年）

（単位：千ポンド）

年	牧羊金融会社			羊毛輸出量（千ベイル）	
	貸付	払込資本	社債・預金	牧羊金融会社	銀行
1880	6,756	1,586	6,041	239	59
1881	8,017	1,668	6,094	286	73
1882	9,631	1,709	7,177	291	80
1883	10,723	1,909	8,271	289	103
1884	15,371	3,249	11,279	316	111
1885	17,504	3,463	12,867	290	91
1886	19,424	3,953	14,636	330	121
1887	20,237	4,160	15,582	380	120
1888	21,842	4,988	16,957	407	142
1889	22,739	5,085	17,183	383	154
1890	22,952	5,157	17,604	397	169
1891	21,708	5,151	17,351	－	－

出典：Butlin, N. G. [1964] pp. 143, 151, 152; AIBR, May18, 1891, p. 354 より作成。

(2) ゴールドブロー社の発展

ゴールドブロー社は、R. ゴールドブロー（Goldsbrough, R.）によって設立された羊毛委託販売及び羊毛輸出金融の引受商社である[4]。R. ゴールドブローは、1847年にメルボルンに移住し、1848年に長年培った本国での羊毛取引の経験をいかして羊毛仲買業を開始した。1853年に E. ロー（Row, E.）及び G. キーク（Kirk, G.）とパートナーシップのもとに、家畜取引と牧場経営を行うゴールドブロー社を設立した。彼は牧場の開拓に興味をもち、マレー川北側のリベリナ地方に大規模な牧場を購入し、その経営に成功をおさめたが、牧場開拓はリスクが大きいこと、また時間と多額の資金を必要とするために、その4年後に羊毛仲買業に事業を限定した[5]。

1850～60年代には、人口の増加、メルボルン市場の拡大を背景に、羊毛委託販売及び輸出金融の引受商社として発展した。少なくともこの時期までに NSW銀行とゴールドブロー社との取引関係が形成されていたと考えられる[6]。N. G. バトリンによれば、商業銀行との関係が築かれたことがゴールドブロー社の発展の要因であった。また R. ゴールドブローは、リスクを恐れることの

ない大胆な人物であり、同業者のなかでも、厳格な営業規律に縛られるような男でなかった。彼は、牧羊業者への貸付に際して、一方で正式の抵当権証書による厳格な貸付方法と、他方で羊毛生産者との口約束による未保証の貸付と、多様な貸付方法をもちいて成功を収めた[7]。そしてゴールドブロー社は、1869年にビクトリアで最大の抵当権契約をもち、1879年にメルボルンで販売された羊毛のほぼ半分にあたる63千ベイルの羊毛を輸出していた。この数字は、1856年に同社が輸出した1万ベイルと比べると、この間に如何に大きな発展を遂げたかを知ることができる。

少なくとも1860年代まで、メルボルン、シドニー、アデレードは、それぞれの牧羊後背地とイギリスへの羊毛輸出を結びつける独立した商業及び金融センターとして機能していた。だが、1870年代にはいってNSW北西部及びクインズランド中央部のステップ地域に牧羊業が拡大し、またそれぞれの独立したセンター間の結合が進み、牧羊金融会社の事業もオーストラリア東部地域全体をカバーする支店網が形成されることになった。さらに、地方の農村部では、商人（local firm）や買付け人（traveler）達が牧羊業者との間で、羊毛取引関係を築き、大規模な牧羊金融会社は、こうしたネットワークを利用して取引した。

1868～69年に羊毛及び家畜の価格の下落によって、ゴールドブロー社はNSW銀行から多額の借入とその返済不履行に陥った。NSW銀行の貸付・担保調査によれば、12年間の累積で約250千ポンドの借入となっており、そのうち返済の繰り延べを認められた100千ポンドのうち55千ポンドが未保証となっていた[8]。1870年に羊毛市場は回復したが、同社の回復は1873年までかかっている。

1881年にはR. ゴールドブローは重い病にかかり[9]、他のパートナーの責任を軽減するために、有限責任制の株式会社に組織変更することを決めた。これは、1881年6月30日にAustralian Agency and Banking & Co. のと合併によって実現された。社名は、Goldsbrough & Co Ltd. に変更され、資本金3,000千ポンドの株式会社となった。この変化は、ゴールドブロー社が羊毛仲買人か

ら大規模な牧羊金融会社への転換をしめす象徴的なできごとであった。

　1870年代後半からNSWのリベリナ・西部地域、さらにクインズランド中西部への牧羊地帯の拡大によって、ゴールドブロー社の関心は、シドニー市場の発展に向けられた。1888年8月11日、シドニーの有力な牧羊金融会社であるモート社（Mort & Co.）を買収した。この合併は、N. G. バトリンによって、以後20年間に進行したオーストラリアの金融合同及び牧羊金融会社の法人化、さらに、ロンドン羊毛・金融市場への参入を象徴するできごとであったと評価されている[10]。

(3) 銀行借入

　ゴールドブロー社は、NSW銀行と密接な関係を持っており、当座貸越によって営業資金を借り入れていた。当座貸越の上限は1863年に150千ポンドに設定されていた。同年9月の時点で貸越残高は、この範囲におさまり、担保も全体として十分であるとNSW銀行の取締役会によって評価されていた。当座貸越は、その限度額の設定と担保設定を重要な要件とした。当時、家畜・羊毛に対する貸付額の基準は、刈込み前の羊（家畜抵当権）に対して6シリング8ペンス、羊毛先取権については、2シリング6ペンスを上限とすることが決められていた[11]。当座勘定の担保は、通常牧羊業者の場合、条件付土地購入及び牧羊借地契約等の牧地であるが、ゴールドブロー社の場合、羊毛委託販売及び輸出金融の専門業者であるために、担保の多くは、家畜抵当権や羊毛先取権であった。

　ゴールドブロー社は、提示した担保の市場価値を上回る50千ポンドの当座貸越を受けていた。しかしこれを上回る借入を増やすときに、相当額の担保の追加要求が銀行よりなされた。羊毛の倉庫など設備資金の調達も1870年に銀行から借入れていた。こうした長期の追加融資は、申請時から承認にいたるまでほぼ10カ月の長期間を要し、また担保もゴールドブロー社に委託された羊毛ではなく、土地・建物等の不動産であって、同社の正規の営業活動（羊毛仲買・輸出）にともなう短期貸付とは異なった[12]。当座貸越が通常の受払以外の長期的

な資金の貸付に利用されていたことが推測できる。こうした貸付担保の場合、一般に不動産抵当権によって保証されていた。

羊毛収穫期の営業費としてさらに1万ポンドの当座貸越による追加借入がなされた。この追加融資は、あくまでもゴールドブロー社の正規の営業活動の範囲に限られた[13]。同社は、委託された羊毛を担保に1万ポンドまで、一時的な当座貸越を受けている[14]。これらの当座貸越は、同社の正規の営業活動に必要な一時的な資金の借入、とりわけ羊毛収穫期の集荷・輸出・手形引受等の費用を銀行から調達した。返済はイギリスへの羊毛輸出代金の回収でもって行われた[15]。

羊毛委託販売に必要な資金の借入保証は、ゴールドブロー社に委託された羊毛が担保となっている点を確認しておきたい。年々の営業資金の借入は、羊毛委託販売代金の支払及び諸費用にあてられており、同社に委託され、保有された羊毛の売上総額の範囲内に制限される。こうしたNSW銀行による同社への年々の営業活動費の貸付は、羊毛輸出の前貸金融すなわち輸出金融の一種と見なされる。さらに羊毛委託販売に必要な資金を上回る貸付は、すなわち通常の営業活動以外の、例えば羊毛の倉庫及び取引所等の拡大投資のための貸付は、その担保として建物や牧地等の不動産以外にはなかったのである。委託販売業務のために必要な資金とそれ以外の長期的な資金の貸付は、前者が羊毛先取権及び家畜抵当権を後者が土地等の不動産抵当権を取っていたことを確認しておきたい。

(4) 羊毛委託販売と為替取引

オーストラリアで生産された羊毛のほとんどは、銀行を含む委託販売者によって集荷・輸出され、ロンドン市場で最終的に価格が付けられた。そのため羊毛の刈込みから羊毛販売収益を受取るまでに、通常で3～5カ月、時には9カ月を要することもあった[16]。刈込みから収益獲得までの期間に、牧羊業者は、羊毛の輸送費及び人件費等の羊毛収穫のための費用、また牧羊借地の地代支払、燃料費、さらに生活費等の年間を通じた各種経費を必要とした[17]。さらにロン

第6章　金融市場の確立

ドン市場の羊毛価格の変動によるリスクをも負担しなければならなかった。

　羊毛収穫期の費用は、本来ならば銀行によって、羊毛販売代金の受取までのつなぎ資金として前貸されるが、19世紀前半預金銀行は牧羊業者に対して直接に貸し付けることに消極的であった[18]。通常、預金銀行は牧羊業者が振出した約束手形に第三者の裏書を要求したので、この裏書保証（引受及び割引）を専門としたのが、ゴールドブロー社等の羊毛仲買人・委託販売業者であった。この裏書された手形が預金銀行に持ち込まれ、割引及び再割引によって現金化されたのである。

　もちろん牧羊業者によって振り出された手形は、委託販売を引き受けた仲買人によって羊毛がロンドン市場で競売に付されたのち、最終決済されることになる。この羊毛委託販売業者及び仲買人は、羊毛を船積みすると、船荷証券及び保険証券を添えて銀行でロンドン宛為替手形を振り出し、これを銀行に売却する。為替手形は、ロンドンに郵便船で送られ、通常は、羊毛よりも先に到着し、輸入業者の為替決済が確定した段階で、輸入者に船荷証券が引渡されて羊毛の取引が完結する[19]。

　委託販売業者（仲買人）は、銀行に為替を売却した時点で、羊毛の輸出代金の前貸を受けており、銀行は、輸入者の為替決済によって羊毛の輸出代金の前貸に対する返済を受けることになる。委託販売業者（仲買人）が牧羊業者に対して小切手で支払う場合、またつなぎ資金の前貸のために羊毛生産者の振り出した約束手形に裏書保証（引受及び割引）を与え、これを銀行で再割引する場合にも、これらの銀行による牧羊業者への前貸は、ロンドン宛為替手形の売却代金で決済されることになる。

　しかし1860年代の土地売却政策の開始が銀行の牧羊業者への直接貸付を拡大したことにより、決済制度に大きな変化が現れることになる。すなわち牧羊業者は、銀行に当座勘定を設定し、上記の各種支払を小切手で決済するようになり、かつ羊毛代金を委託販売業者の振り出した小切手によって、受け取るようになった[20]。牧羊業者は羊毛販売代金の獲得までのつなぎ融資を受けるために約束手形を振り出し、この手形が委託販売業者（仲買人）によって裏書保証さ

れる制度のほかに、直接に銀行宛の小切手によってつなぎ資金を獲得することも可能であった。その結果、銀行の貸付が国内的には手形割引方式から当座貸越方式へ転換されることになった[21]。

　この変化は、羊毛委託販売制度が変化したことを示すものでなく、銀行が牧羊業者に対してつなぎ資金を直接に前貸するようになったにすぎない。しかしこの意味は大きい。牧羊金融の一つの側面は、羊毛販売代金の最終受取までのつなぎ資金の前貸であり、羊毛仲買人や委託販売業者の裏書保証と銀行によるその手形割引によって行われていたが、銀行による直接貸付の拡大によって牧羊業者へのつなぎ融資は、預金銀行と羊毛仲買人との競争領域となったのである。

　ゴールドブロー社は、1860～70年代に牧羊業者の生産した羊毛のロンドンへの委託販売に際して、その羊毛を担保に銀行から借入を行っていた。彼らは羊毛を輸出する際、イギリスの羊毛輸入商社宛に荷為替手形を振り出し、これをNSW銀行で割り引くことによって、羊毛輸出代金の前貸を受ける。同行は、ロンドン宛為替手形の割引の場合、船荷証券を確保することを条件として、委託販売業者（仲買人）に対して輸出金融を提供した。銀行からの借入も、羊毛の船荷証券を担保にしたロンドン宛為替手形の銀行による割引によって返済されることになる[22]。

　ゴールドブロー社による牧羊業者への小切手での支払、すなわちNSW銀行による同社への貸付は、同社が牧羊業者から羊毛の委託販売を引き受け、これを輸出した際のロンドン宛為替手形によって返済された。言い替えれば、ゴールドブロー社の当座貸越の一部は、常に同社の輸出手形の売却と直接に相殺される構造となっていた。NSW銀行の取締役会議事録からゴールドブロー社関連の記録を貸付、担保、及び不良債権問題に焦点をあてて整理したが、この検討から1860～70年代における預金銀行と羊毛仲買人（牧羊金融会社）、牧羊業者、3者間の金融取引は以下のようにまとめることが出来る。

　羊毛仲買人・委託販売業者は、預金銀行の当座勘定を通じて羊毛取引の決済を行うとともに、短期の営業資金の借入及び拡大投資のための長期資金を借入

れた。彼らは、牧羊業者に対して通常の羊毛取引に際して、その代金を当座勘定の小切手によって支払う。牧羊業者が羊毛収穫期に必要とするつなぎ資金を牧羊業者の振出す約束手形に対して裏書保証を与え、これはさらに預金銀行によって割引されていた。さらに羊毛仲買人・委託販売業者は、羊毛取引のために必要な銀行借入を羊毛輸出の際に発生するロンドン宛為替手形の銀行への売却によって返済していた。預金銀行による為替の買取りは、ロンドンで羊毛が競売された後、輸入業者によって決済されたのである。

しかし羊毛取引が小切手によって決済されるようになると、銀行は牧羊業者に対して当座勘定の開設を認め、貸越制度を通じて牧羊業者へつなぎ資金や長期の土地購入等の資金を直接に貸し付けるようになり、預金銀行と羊毛仲買人（牧羊金融会社）は、牧羊業者の資金需要に対して競争するようになっていった。

第2節　都市型金融機関の発展

1870年代以降、各植民地政府による国有地売却政策は、私有地の拡大と土地取引を拡大した。農牧地の私有地化と集中が進み、他方で、イギリス及び内陸部との商業活動の拡大、人口増加、中所得層の形成によって商業都市に人口の集中がおこった。特に、シドニー、メルボルン、その他の主要都市及びその郊外では、1880年代になると都市における人口が急速に増加して、住宅及び大規模な商業用建物の建設需要が増加した。この需要を支えたもう一つの要因は政府の公共施設の建設であった。これらの建設需要に対して土地の開発と建物の建設に従事し、かつ資金を融資したのが住宅・不動産金融機関であった。彼らの資金源泉は、国内貯蓄とイギリス資本であった。この住宅・不動産金融機関は、住宅金融組合（building society）、抵当銀行（mortgage banks）、不動産投資会社（property and investment company）である[23]。本節では、これら住宅・不動産金融機関の発展を営業活動と財務内容から検討する。これらが金融機関であるのは、広く預金を集めているからであり、預金を受け入れなかったものは対象から除かれる。会社名にbankとあるが、companyと大きな違い

表 6-2 住宅・不動産金融機関の主要勘定（1888年）

(単位：千ポンド)

金融機関	払込資本	準備金	預金・借入	貸付	土地・投資	資産総額
住宅金融組合	2,872	224	4,086	7,030	345	7,733
抵当銀行	858	310	3,149	3,882	448	4,543
不動産投資会社	1,467	979	5,984	3,020	5,639	8,746

注：預金・借入項目の住宅金融組合と抵当銀行は預金、不動産投資会社の預金は1,835千ポンド借入は4,149千ポンドであった。
出典：AIBR, Oct. 16, 1888, pp. 662-663 より作成。

はない。本書では、銀行とは、預金による広い決済機能を持つものと規定しており、その後の発展から考えれば、住宅金融組合が銀行にあたると考えている。

これら都市金融機関の主要勘定は、表6-2に示される。以下各金融機関の業務を検討することにする。

(1) 住宅金融組合

住宅金融組合は、一般に都市及びその郊外で住宅建設に資金を提供する金融機関の一種である。すなわち各種出資金と貯蓄性預金を集め、住宅抵当権を担保に資金を貸し付けることを主要な業務とし、さらに住宅金融に関連して、個人住宅及びテラスハウスを販売していた。住宅金融組合は、ビクトリアの会社法及び友愛組合法により登記され、出資金の性格から、永続住宅金融組合（permanent building society）と期限付き住宅金融組合（terminating building society）に分けられる。その設立時期は、1875年までさかのぼることができるが、ビクトリアにおける設立数をみると、1860年代5社、70年代前半6社、後半8社、80年代前半18社、後半12社であった[24]。住宅金融組合の成功は、土地取引が公式に認められ、その高い収益を目的として、他の多くの住宅金融組合、抵当銀行、及び不動産投資会社の設立を促すことになった。

出資者の多くは、通常、組合の会員となるが、持株（shares）に対して配当が支払われ、配当額は出資元本に組み入れられた。住宅金融組合は、業務を拡大するために株式市場の動向をにらみながら、永続株式（permanents share）の発行によって、資金調達の拡大をはかった。永続株式の配当は現金

第6章　金融市場の確立　219

でもって定期的に一般株主に支払われたので、投資家にとっても人気のある証券であった。その他の資本として、公募株式（subscribing share）、投資株式（investing share）、期限付き株式（terminating share）等が上場された。これら証券は、組合の準備を形成し予期しない損失に対する補塡に利用された[25]。

1880年代中頃から住宅金融組合の業務はその伝統的な業務から逸脱していった。イギリスでは、会員は20ポンドから100ポンドまでの額面の株式を取得し、毎月ないし決められた期間に分割払いによって支払った。集められた資金は、不動産を購入しようとする他の会員に高い利子で貸し付けられた。NSWの組合は、1888年に44社を数えたが[26]、そのほとんどは正当な業務に関連するものよりも、土地投機などさらに魅力的な業務に貸付を見い出していた。当時大きな利益を生み出す運用方法は、未開発の政府国有地の数区画を購入して、人々が利用するための購入可能な小さな私有地に分割してそれを売り出すことであった。したがって購入された国有地の区画価格と分割地の販売からの収入総額との差額が利益の源泉となる。加えて分割地の買手への貸付金利が8％以上もあり、これがが高収益の要因となった[27]。

許可資本額に対して応募資本額が少ないこともあって、資金は、高い配当率と8～10％の範囲の高い金利によって集められた。貸付金利は12％に及ぶこともあった[28]。多くの住宅・不動産金融機関が設立され、彼らは競って預金の獲得を目指した。住宅金融組合は一般に大衆から強い支持を受けた。住宅金融組合は、独自の業法によって設立されたものでなく、1873年と1876年の友愛組合法（Friendly Societies Acts）及び1874年の会社法（Cpmpanies Statute）によって登記されたので、政府の監督範囲の外にあった。1889年の記録によれば、NSWの住宅金融組合の資産は6,396千ポンド、負債は4,540千ポンドであった。彼らの応募資本額は1,512千ポンド、積立資本額は600千ポンドであった。そして彼らは、6～25％と高い配当を提供した。資産構成のなかで、土地保有が大きいことがこの種の金融機関の危うさを感じさせ、1889年末に3,493千ポンドの土地を保有した[29]。

彼らの営業活動に関する統計は、1880年代の中頃までNSWの公式統計に

はなかった[30]。その後、組合に関する統計は、NSW の預金銀行が四半期ごとに提供してきた書式に基づいて報告されている。この方法が不適切であることは当時から指摘されていたところである。すなわち法律よってより包括的な統計を作成し、株主や預金者を保護するために保証として経営の適切な監督制度が必要になる時期にあった。しかしながらこれらの統計的な欠陥や監督制度の欠如にもかかわらず、組合は全体として重要な機能を遂行してきたと言える。

ビクトリアでは、1888年に49組合、2,872千ポンドの資本金を擁していた。会社法によれば、住宅金融組合は、資本金の3倍まで借入金を認められた。しかし彼らの借入金はこの限界点からすると極めてわずかにとどまっていた。すなわち銀行借入117千ポンドと預金4,086千ポンドであった。資本金に借入金を加えた住宅金融組合の運用資金は、7,660千ポンドである。これに対して資産総額は、7,733千ポンドで、そのうちローン及び貸付が7,030千ポンド、不動産395千ポンド、現金119千ポンド、他の資産189千ポンドであった。AIBR は、この資金ポジションを高く評価している[31]。しかしこの時点での評価が甘いものであったことに気がつかなかったのである。住宅金融組合の機能は、オーストラリアのように、最初の本格的な都市建設及び住宅建設がはじまったところでは重要なことであったし、社会にとっても利益のあることであった。組合の失敗が低所得層及び中間階層の人々の貯蓄に大きな影響を与えることを考えると、適切な法的制限が必要であった[32]。

(2) 抵当銀行と不動産投資会社

抵当銀行は、住宅金融組合とほぼ同様の業務を営む住宅金融機関の一種であるが、彼らの特徴は、根抵当を担保に資金を貸し付けることを主要な業務としていること、彼らの1件当たりの貸付額が住宅金融組合のそれと比べて大きいこと、彼らは会社法（Company Statute）により登記された法人で住宅金融組合に比べ営業の自由度は大きかった[33]。AIBR の報告に記載された抵当6社の勘定をみると、これら会社のうち2～3社の業務は不動産抵当貸付業務だけであった。

抵当銀行の資本金は、応募資本で構成され2,868千ポンドに達する。この額のうち858千ポンドは払込済みで残りの2,010千ポンドが未払分となる。預金はわずかであるが、社債の発行が3,149千ポンドに達し、これが主要な資金源泉であった。負債総額は4,498千ポンド、資産総額は4,543千ポンド、1社当たりの資産総額は、757千ポンドで、住宅金融組合のそれ157千ポンドと比べて、その規模が大きいことがわかる[34]。

　資本勘定は、応募資本額と払込資本額との差額は、未払資本額であり、払込資本額は、応募資本額のほぼ3割、残りの7割は未払い資本額であった。これは分割払込によって株主の負担を軽減するとともに、経営危機に際して払込請求が可能となるため株主責任分である。準備金は、資本準備金に相当するものとして、利益積立金すなわち過去の内部留保の累積額である。1888年8月に未配当利益13千ポンド、配当・ボーナス額45千ポンド、合計58千ポンド、利益額に対する配当額の割合は77％に達しており[35]、ちなみに、住宅金融組合は未配当利益183千ポンド、配当額72千ポンド、利益に対する配当額の割合は28％であって、抵当銀行は著しく高い配当政策をとっていた。こうした高配当の事業体が存在することが、イギリスの投資家にとって見れば魅力的なものであったに違いない。1888年6～8月は、不動産投資ブームの絶頂期にあたり、高い配当政策によりロンドンからの資本の導入を積極化したと考えられる。営業資金は、払込資本額、長期性預金、及び社債によって構成され、払込資本の比率は21％であった。

　資産項目を検討すると、貸付のほとんどはメルボルンにおける土地、住宅建設、及び建造物の売買及び投資のための資金の貸付であり、不動産抵当貸付であった。貸付が85％、不動産への投資が10％、現金準備が3％であった。銀行の安定性の観点からみると、預貸率は、123％と高い水準を示しており、預金に対する現金準備率は4.5％と流動性比率は著しく低い水準となっている。この低い流動性比率から抵当銀行は営業上の流動性を預金銀行に依存していたと考えられる。

　不動産投資会社は、表6-2に見るように、土地取引及び投資を主要な業務

図 6-1　金融機関間の貸付シェアの変化（1880～1891年）

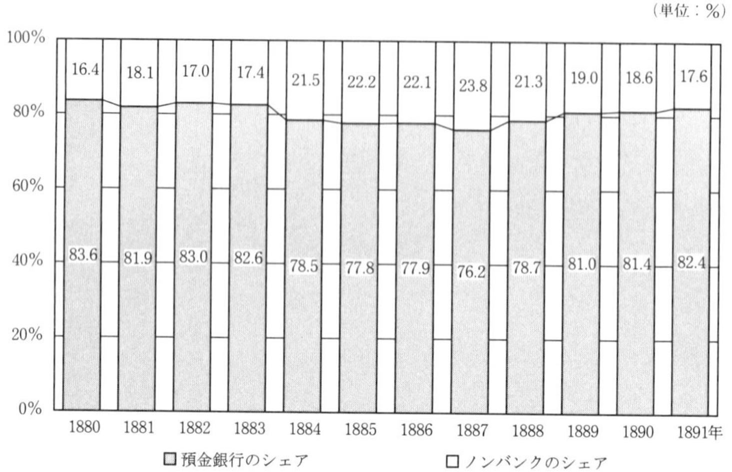

(単位：%)

年	預金銀行のシェア	ノンバンクのシェア
1880	83.6	16.4
1881	81.9	18.1
1882	83.0	17.0
1883	82.6	17.4
1884	78.5	21.5
1885	77.8	22.2
1886	77.9	22.1
1887	76.2	23.8
1888	78.7	21.3
1889	81.0	19.0
1890	81.4	18.6
1891	82.4	17.6

出典：N. G. Butlin [1964] pp. 143, 265; RBA [1971] OP. No. 4A, p.117 より作成。

としており、5章4節で述べたように、預金銀行の抵当物件の流動化に密接な関係を持っていた。したがって、住宅建設や都市開発を対象にした不動産担保貸付に業務の中心をおいていた住宅金融組合や抵当銀行とは大きく異なる。資金の調達においても資本金及び預金の割合が相対的に低く、むしろ預金銀行からの借入に依存していた。すなわち、金融機関の資金仲介機能において、住宅金融組合及び抵当銀行よりもその役割は低かった。1社当りの資本金の規模を比較すると、抵当銀行が757千ポンド、不動産投資会社が104千ポンド、住宅金融組合が58千ポンドであって、小規模の「地方金融機関」に位置付けられる。

(3) 金融機関間の競争

図 6-1 は、預金銀行の貸付総額と牧羊金融会社及びメルボルンの住宅金融組合の貸付総額のシェアを1880年から1891年にわたって変化を見たものである。1884年から1888年にかけて非銀行金融機関のシェアが拡大していることが確認できる。この非銀行金融機関の貸付シェアの拡大は、住宅金融組合の数値がメルボルンだけに限られていること、不動産投資会社及び抵当銀行の数値を欠い

ている点で、実態の過小評価となっている[36]。金融機関の貸付総額については、1888年10月16日付けのAIBRによれば、抵当銀行6行の資産総額454万ポンドのうち貸付総額は388万ポンド、不動産投資会社14社の資産総額874万ポンドのうち、貸付・投資総額は302万ポンドであった[37]。図6-1に算入できなかった両グループの貸付総額の合計は、690万ポンドに達し、メルボルンの住宅金融組合の貸付総額が703万ポンドとほぼ匹敵する貸付額である。1885年の数値であるが、NSWの住宅金融組合と不動産投資会社の貸付額は206万ポンド、ビクトリアの不動産投資会社の貸付額は85万ポンドに上った[38]。1880年代における非銀行金融機関のシェア拡大は、図6-1に示されるよりもはるかに大きかった。

非銀行金融機関の設立件数が1870年代の後半から増加し、80年代前半をピークとして同年代後半まで続いた結果、この時代はオーストラリアの金融業界における新規参入の嵐に相当し、これまでほぼ順調に拡大してきた預金銀行との激しい競争が展開され、預金銀行は勃興した都市中間層に対する金融サービスで遅れをとるとともに、むしろオーストラリアの預金銀行の伝統的な業務分野であった農牧金融も侵食された。新たに設立された金融機関の多くは、イギリス資本及びロンドンからの資金調達に依存していた。他方で預金銀行は、設立特許状及び条例によって貸付方法、取扱い不動産担保規定、銀行券発行規制などによって規制されていた。中央銀行が存在しないなかでは、金融秩序の維持を目的とした行政上のプルーデンス政策もなく、比較的自由で激しい競争が展開された。

預金銀行の貸付総額は、1860年の1,800万ポンドから1880年の4,600万ポンドへ、1890年の1億2,500万ポンドへ増加した。この貸付総額の増加は、個別銀行の貸付シェアの変化を生み出した。NSW銀行、BOA銀行、UBA銀行など従来の銀行の貸付シェアよりも、新設の銀行であるCBA銀行、AJS銀行、QNB銀行のそれが大きくなった[39]。

1860年代以降、新たに設立された預金銀行と非銀行金融機関の設立は、伝統的な銀行システムにとって収益性の低下とリスクの追加をもたらした。新たな

預金銀行は、預金の獲得と貸付の拡大において相対的の高いリスクを負い、この増大するリスクに対する流動性の確保及び資本の増強もままならなかった。オーストラリアの銀行システム全体は、長期の経済成長とイギリス預金への依存性の急速な高まりによって維持され、リスクの増大は預金者にも株主にも明らかとならなかった。金融恐慌に先立つ10年間にすべての金融機関のオーストラリア資産総額は9,300万ポンドから2億3,500万ポンドに増加し、そのうち預金銀行のオーストラリア資産総額は、8,400万ポンドから1億5,200万ポンドへ増加した。しかし新たに設立された預金銀行との間で競争が激化したので、メルボルンの銀行間金利協定は動揺した。くわえてオーストラリアの利付預金の割合が1860年の44％から1880年の67％に上昇し、利付預金であるイギリス預金の割合も上昇した。銀行の調達コストの上昇は、貸出金利との利ざやを圧縮した。ノンバンクとの競争もさらに銀行の収益構造を圧迫したのである[40]。

第3節　証券市場の発展

　証券市場の発達は、発行市場と流通市場の二つの視点から捉えることができる。発行市場の発展は、資金調達を必要とする産業の発展と株式会社制度の発展にかかわる問題であり、流通市場の発展は、証券取引所の設立と証券の取扱業をなす株式ブローカーの登場によって一つの画期をなす。証券取引所の成立は、証券取引を集中しかつ単一の価格形成を可能にするからである。オーストラリアの証券取引所の最も古いものは、1861年に設立されたメルボルン証券取引所である。そこではすでに専門的なブローカーによる株式取引が成立していた。NSWでは、シドニー証券取引所が1872年に設立されている。これ以降、証券取引所を中心とした株式流通市場が発展することになる。しかし証券取引所の設立に至るまでには、特別条例に基づいた株式会社が存在しており、シドニー及びメルボルンにおいても株式・証券の取引は独特の歴史があった。したがって、この節では、株式会社制度の発展と証券取引所が設立される以前のオーストラリアの証券取引を明らかにし、次いでメルボルン証券取引所の設立と

発展過程を検討することにする。

(1) 株式会社制度の発展

イギリスにおける会社組織の形態は、少なくとも1862年の会社法の成立までパートナーシップを主要なものとしていた[41]。オーストラリアでも、19世紀前半には、発券預金銀行と独占的特許会社を除くと会社組織の形態の多くは、パートナーシップであった[42]。株式会社制度が一般に普及するのは、ビクトリアの1864年会社法（Company Statute）、NSWの1874年会社法（Companies Act）の成立以降のことであり、製造業及び金融機関が広く採用するにいたるのは1880年代にはいってのことである[43]。

オーストラリアにおいて最も早く設立された株式会社（Joint Stock Company）は、1817年4月に営業を開始したNSW銀行である。当時のNSW総督であったL. マックワリの建議のもとに設立された法人格を持つ銀行であった。総督は、有限責任制をもつ法人会社を許可する権限をもっていなかったが[44]、NSW植民地内において法人格特許状を必要とする都市を設置する権限を有していた[45]。この権限に基づいて、銀行の法人格、株主の有限責任制、及び株式会社の権限と特権（priviledges and title of corporation and joint stock company）を規定した会社契約状（deed of settlement）が1817年2月に承認されて、同行は設立された。この会社契約状はcolonial sealと呼ばれている。その有効期限は7年間とされ、1823年に更新されている[46]。

イギリスにおいて1825年泡沫法（Bubble Act）の廃止前後において、一般に認められた会社形態は、①ロイヤル・チャーターによって法人格を与えられた会社、②議会の特別制定法によって法人格を与えられた会社、③会社契約状に基づく会社（deed of settlement company）であった[47]。したがってNSW銀行はイギリスの会社形態③によって株式銀行として認可されたのである。

1830年代には、BOA銀行は、オーストラリアで銀行業務とりわけロンドン宛の為替手形の買取りを営むために、1835年5月ロイヤル・チャーターを獲得してロンドンに設立された。したがって先に取り上げたNSW総督の建議に

より、ローカル・チャーターを獲得して営業を開始した NSW 銀行と異なっている。1834年大蔵省の提示した特許状の条件によれば、BOA 銀行の資本は全額募集され、募集額の半分の払込みをもって業務が開始可能とされた。もし応募及び払込みが18カ月以内に達成されない場合、特許状は失効するものとされた。株主の有限責任制は応募額の2倍とされ、明確に株主の有限責任制をもつ株式銀行であった[48]。

会社法をめぐる問題はオーストラリア独特のものではなく、イギリスでも1830～50年代にかけて、株式会社の有限責任条項の法的整備をめぐって議論された[49]。特に銀行の株式に対して有限責任制を与えるか否かが大きな問題であった。少なくとも1858年まで、イギリス政府は、民間の銀行に対して、有限責任制を持つ法人格を一般法としては認めなかった[50]。ただし例外的に、個々の申請ごとに検討して、王立特許状をもって有限責任制を認めた。

1830年代の後半は、会社設立ブームの時期にあたり、1835～50年の間に、NSW では少なくとも71社が設立された。そのうち60社は NSW の会社であるが、残りはイギリスの会社であった。植民地に設立された株式会社のほぼ半分は、銀行及び金融会社10社、保険会社7社、海運会社8社、その他に交通関連会社が2社あった。鉱山会社は、ほとんどがすぐに清算されてしまった。さらに残りの会社は、当時主要な産業であった牧羊業、農業に密接に関連するものであった[51]。

イギリスの企業形態がパートナーシップを主要なものとしていたのと同様、オーストラリアでも、1871年以前の企業の形態の多くはパートナーシップであった[52]。1850～60年代は、オーストラリアの特有の条件に調和した会社法が模索された時期である。これは主要な企業形態であったパートナーシップの領域から始まった。パートナーシップは少数の個人の共同事業であり、株式会社のように所有権が株式に分割されていない法人である。総督及び議会は、1853年7月に有限責任制に基づくパートナーシップを承認する条例（Limited Partnerships Act）を成立させた[53]。同条例は、農業、鉱業、商業、機械、製造業を対象としたが、銀行と保険は除外されていた。だが同法は法人格を規定して

いなかった[54]。

　ビクトリア政府は、鉱山開発ブームを背景に、1855年に、パートナーシップ法（1853年）を改正して、鉱山会社法（An Act for better Regulation of Mining Companies）を成立させた。この条例は、鉱山会社のパートナーシップに対する有限責任制と一般法人格を認めたものであるが、有限責任制の規定に関して、株式の資金払込み、及び会社倒産時の株主の追加責任について言及しなかった点で不完全なものであった[55]。

　次いで、ビクトリア政府は、1860年9月に鉱山業のパートナーシップ有限責任法（An Act to limit the Liability of Mining Partnerships）を成立させた。同法は、鉱山業のパートナーシップが登記されること、その株式額面は固定され、株式の購入者は十分な額面に対して責任を持つことを明記していた。たとえば、会社が2シリングごと10回の分割払で支払われる1ポンドの額面の株式を発行したとき、その会社が5回の払込み請求で、すなわち払込済み総額10シリングの段階で倒産した場合、株主は未払い額の10シリングについて責任を負うものとした[56]。

　NSWでは、1850年代、鉱山業の有限責任制と法人格に関する法律は存在しなかったが、ビクトリアの鉱山業のパートナーシップ有限責任法の成立を受けて、同様の条例が1861年5月に立法化された。同法によれば、起業家は、自分の営業地域の地方裁判所の登記局で、定形書類の登記もって会社を設立することができた。登記書類には、名目資本額、株式の額面価格等が記載された。会社設立に対する制限は、総支配人が1月と7月の年2回、会社の貸借対照表と損益決算書を公表する義務があったことである[57]。

　1871年ビクトリアは、鉱山会社法（Mining Companies Act）を立法化した。同法によれば、登記以前に払い込まれるべき額は額面の5％を義務とし、残額は分割払いとするが、この払込み請求額は株主の義務ではなかった。ただし払込み請求に応じない場合、その株式は発行会社によって没収され、再売却されることになった。同条例は、鉱山会社の株主の責任を著しく軽減し、大衆に広く株式投資の機会を与えるものであった。NSWでは、同様の立法化はみられ

なかったが、10年後の1881年3月に株主の責任を軽減した制度を採用し、一般投資家の鉱山会社に対する株式投資の道を開いた[58]。

ゴールド・ラッシュは他方で鉱山以外の産業分野における会社法の成立も促した。ビクトリアでは1864年に一般株式会社法の成立をみた。同法は、1862年のイギリス会社法の模倣であったが、NSW では、包括的な会社法は、ビクトリアに遅れること10年、1874年6月に成立した。それまでは、鉱山業以外の株式会社は、NSW 政府の特別法によって承認されていた。一般株式会社法は、3類型の株式会社を承認している。第一の形態は、株式の払込資本額によって制限された有限責任制の法人である。第二の形態は、責任の引受保証額を定め、その保証額を限度とする有限責任制の法人である。第三の形態は、株主が企業の債務全額に対して責任を負ういわゆる無限責任会社である[59]。

オーストラリアにおける株式会社制度の発展は、イギリス会社法の影響を受けたことはいうまでもないが、むしろ19世紀後半この分野での特色は、オーストラリア固有の鉱山会社法が成立したところにある。すなわち鉱山会社は、株主有限責任制を他に先駆けて容易に認められ、かつ株主の払込資本額も著しく軽減されたものであった。したがってオーストラリアでは鉱山株式の取引が活発化し、これが証券市場の発展に大きな影響を与えていった。

(2) オクショナーとブローカーの登場

株式会社が限られた時代は、株式の取引も当然わずかであった。一般投資家を対象とした株式取引の最初ケースの一つは、1826年4月の『シドニー・ガゼット』(Sydney Gazette) の記録である。シドニーの訴訟代理人が NSW 銀行の2株を販売することを掲載している。株式の売買希望が新聞の市場で表明されていた。1830年代後半の株式会社設立ブームを背景に、オーストラリアでも株式取引が出現することになる。だが、この時期に株式が取引されたのは、約40社にすぎなかった。『シドニー・モーニング・ヘラルド』(Sydney Morning Herald) の株式リストは、最大23社の株式を掲載していた。そのうち5社がイギリスの会社であった[60]。新聞紙上で買手を探す方法は、徐々に競売制度へ

と変化していった。

　オクショナー（競売人）は、株式を専門的に取引したのではなく、農産物、羊毛、家畜、不動産、株式も販売していた。S. サルズブリー（Salsbury, S.）によれば、1835年から1851年の間に、株式を取り扱う業者としてリストされた人は、シドニーで48名であった。そのうち19名は、競売人であり、5人は法律家であり、3名は不動産及び土地の代理人で、7名がブローカーで、1名が海運会社の代理人であった。さらに彼らは、リストに記載された職業のほかに多くの職業を兼業していた。1851年以前の株式取引の大部分は、こうした競売人たちによって取引されていたのである[61]。したがって証券取扱業はオーストラリアの場合、農産物、家畜、不動産等の商品取扱業から発展したことが確認される[62]。

　1840年代の不況の中で、多くの銀行及び会社が清算・吸収されたので、1851年の株式リストは、9社を上げているにすぎない。1840年の株式リストによれば、最大の株式資本は、NSW銀行の3,000株、払込資本額17万ポンドであった。1840年代の不況期に会社の清算によって株式会社は一般に魅力のないものとなり、株式取引及びその刊行物へのリスト掲載も減少した[63]。ただし競売制度のもとで活躍した競売人のなかから専門的な株式ブローカーが出現することになる。

　ゴールド・ラッシュは、金鉱山の開発による資源輸出産業の新たな登場、鉄道建設をはじめとした輸送手段及び施設の建設など、多額の資金調達の必要によって、会社設立ブームを引き起こし、さらに株式取引を拡大させた。ゴールド・ラッシュは、メルボルン、バララット、ベンディゴ、の三つの都市に証券取引所を設立させた。1860年までに10社以上の専門的な株式ブローカー会社（brokerage house）がメルボルンに設立され、『株式』という週刊誌を共同して刊行した。1861年4月にはメルボルン株式ブローカー協会（Melbourne Stock Broking Community）が形成された。したがって、ビクトリアで専門ブローカーが仲介した株式取引の開始は、ゴールド・ラッシュから1861年のメルボルン株式ブローカー協会の設立の間ということになる。1852年10月8日

『アーガス』（Argus）紙上の「コマーシャル・イテリジェンス」のコラムのなかにメルボルンの株式リストが公表されている。このリストは、E. クール(Khull, E.) という株式ブローカーの名前で公表され、おそらく専門的な株式ブローカーによって公表された株式取引リストの最初のものであろう[64]。

シドニーでは、1850年代に専門的な株式ブローカーは2名にすぎなかった。1850年代では、株式市場の発展からみると、NSW はビクトリアに遅れていたのである。この違いは、両植民地におけるゴールド・ラッシュの違いによるところが大きい。1870年代のシドニー証券取引所の設立は、金鉱山から生じたものではなく、銅やすず鉱山ブームからも生じていた[65]。NSW では、1850年代に、鉱山会社が設立された。『シドニー・モニング・ヘラルド』は、10年間に金鉱山会社6社をリストしている。なかにはNSW 特別法によって有限責任制と法人格を認められた20万ポンドの資本金を要する株式会社も設立された。

(3) メルボルン証券取引所の設立

『アーガス』紙上の「コマーシャル・イテリジェンス」の株式リストは、1850年代の終わりに、複数ブローカーによって規則的に公表されるようになり、株式取引がこの時期に規則的なものとなったことを示している。株式リストに掲載された業種は、銀行、鉄道、ガス、石炭、水道、保険、海運、金管理等であって、今日的に言えば、経済、社会生活において、公益事業に近い産業である。こうした産業は大規模な資本を必要とし、建設から操業までに長期間を要する業種であった。加えてゴールド・ラッシュの影響によって全般的に価格水準が上昇し、熟練労働者を中心に労働賃金の上昇によってコストが上昇した時期である。資本投資額は、計画時点の予想を上回って上昇した。

1855年の鉱山会社法によって、ビクトリアでは金鉱山株の取引が活発に行われるようになった。1858年にバララットには鉱山株を主とした証券取引所が設立されている。メルボルンでは、1859年10月には株式ブローカー協会が設立された。だが、この協会は、従来の銀行・鉄道・その他公共事業的株式を取扱った人々より、むしろ鉱山株式ブームに乗った新規参入者によって構成されてい

た。株式の取引は規則的な会合で行われるようになり、取引の報告は週ごとに印刷されるようになった。1860年5月にメルボルン証券取引所を設立するための準備会合がもたれている。この会合では、ロンドンやリバプール証券取引所の習慣や方法に基づいたルールが検討され、さらに50ポンドの株式100株を発行して証券取引所を設立する計画であった。ブローカー協会の事務局は、1860年7月から'The Stock and Share Journal'という週刊誌を発行するようになった[66]。

　1861年にブローカー協会は、取引所入会手続き、取引所の機能、そして規約に関するルールを作成した。同時に長くメルボルン証券取引所における株式取引の方法となったコール・ルーム制度(ブローカーによる株式競売所)を導入した。しかしブローカー間の対立のために、産業別に設立された。そして1865年に、金鉱山株式を主要な取引とするメルボルン証券取引所が設立され、これが1884年に名前を変えるまで続くことになる。

　コール・ルーム制度は、取引所にリストされたすべての株式売買価格が順次呼び出され、コール・ルームに集まった会員によって売買価格が一致を見た場合に、売買が成立する方式であった。リストされた株式はすべて通常1日に2回売買相場が呼ばれたのであり、全く商品のオークションと代わるところはなかった。しかし問題はコール・ルームが著しくオープンであったことである。会員以外の誰でも望むならば、コール・ルームのベランダの下で取引が多く行われていた[67]。さらにイギリスのロンドン証券取引所におけるジョッバーとブローカーは機能的に分化していなかった。また1860〜70年代、取引所の会員権は、1878年の時点で10ギニーの入会費と年会費5ギニーを支払えば獲得できた[68]。

　だが、取引所の設立過程でブローカーの役割と機能について論争が生じた。J. B. ウエア (Were, J. B.) は、ブローカーによるジョッバー業務を禁止し、あくまでもブローカーは顧客の株式取引の代理業務に限定され、自己の勘定で株式の取引を直接にも間接にも行うべきでないと主張した。すなわちブローカーとジョッバーの機能分化を主張したのである[69]。この論争により、J. B. ウ

エアは協会を脱退し、自己が意図した取引所の設立趣意書を起草し、これをブローカー協会の事務局に送った。この対立の結果、ブローカー協会は機能が完全に麻痺した。その結果協会のメンバーは、株式取引を自分の名前で管理せざるを得なかった[70]。

ブローカー間の論争と対立がどのような形で決着を見たか明らかでないが、1865年に数人のブローカーによって、新たに証券取引所の設立が企図された。この取引所はコリン・ストリートの商工会議所の建物におかれ、メルボルン証券取引所（Melbourne Stock Exchange）を名乗った。しかし、これはビクトリア植民地における主要な証券取引所とはならなかった[71]。

メルボルン証券取引所は1861～84年の間法人格をもった組織ではなく、ブローカーたちによって承認されたルールに基づいて、ブローカーのなかから選出された証券取引委員会が取引業務と経営管理を行う組織であった[72]。

メルボルンにおける株式取引は、ビクトリア地域の金鉱山会社の年間配当額が100ポンドを上回ったことを背景に、1870年代に入って、特に1872年をピークに活況を呈したが、1870年代後半には早くもブームの後退が生じた[73]。この株式取引の低調な時期にメルボルンのブローカー協会のメンバーのなかで、新しいメルボルン証券取引所の設立のための分離の画策が進められた。1884年10月16日に商業会議所の第4ルームで最初の会合が開かれた。ブローカー協会の分裂の直接の要因は、ブローカー協会のルールのなかで、ブローカー各自が自分の名前で、株式販売の統計、証券及び株式市場の動向を報告することを禁じたルールの見直しを巡る対立であった。分離運動を進めたブローカーたちは新聞紙上で自分の名前で報告するのは権利であると主張したのである[74]。

ブローカーとジョッバーの機能が未分化な証券取引所にあって、内部者に操作された情報によって投資家を投機的な株式取引に誘い、背信まがいの株式取引が横行していた。これに対して自己の株式取引の実績や証券・株式市場に対する態度を明らかにすることは、投資家からの信頼を獲得し、自由な相場の原理を具体化するのに効果のあるものと考えられる。

R. ウォーレン（Wallen, R.）とその賛同者は、新しい取引所のルールを検

討し、メルボルン最大のブローカーであったクラーク商会（Clarke & Co.）の参加を得て、10人のメンバーで新しい証券取引所を始めた[75]。初代議長には、R. ウォーレンが就いた。新規ブローカーの加盟、旧ブローカー協会からの参加が相継ぎ、新しいメルボルン証券取引所（Stock Exchange of Melbourne）と旧取引所（Melbourne Stock Exchange）の合同のための協議が、1885年9月にもたれ、11月には事実上の合同が成立した[76]。1887年までにメルボルン証券取引所は、着実に運営され、同年にメルボルン証券取引所会社が取引所の新しい建物（コリンストリート338）を取得する手段として1887年に設立された。この取得費用は会員資格料の引上げによって調達された[77]。取引所の会員は、87年から88年にかけて75人から120人へ増加し[78]、1887～90年には証券ブームが発生するとともに、同証券取引所のスタートが切られた。その後の発展については今後の課題としておく。

(4) 鉄道・政府証券の発行

鉄道建設は、とりわけ多額の資本量を必要とし、資本調達の面で株式会社制度が採用された。しかし鉄道業は十分採算のあう産業ではなかった。Alexander Railway Companyは1855年に、Melbourne Mount Railway Companyは1858年に、採算悪化のために政府により買収され、国有鉄道として運営されることになった[79]。1850年代のコスト上昇による投下資本量の増加はガス会社にも見られ、実際のサービスが大幅に遅れることになった。

1854年は、ビクトリアの証券取引の転機であった。すなわちメルボルン市とジーロン市は年利回り6％の公債を発行した。これら公債の元利金はロンドンとメルボルンで支払うことを保証していた。ジーロン債については、BOA銀行が全額引受け、メルボルン債についてはBOA銀行とUBA銀行が半分ずつ引受け、ロンドン証券取引所で起債された。これはオーストラリアがロンドン証券取引所を通じて公的借入を行った最初のものであった。BOA銀行は、引受けた公債の一部をメルボルンで4％のプレミアムを付けて発行することを認められたので、この公債発行はオーストラリア国内における政府証券市場の始

まりをも意味している[80]。

　鉄道会社の社債の元金と利子は、1850年代の中頃までロンドンとメルボルンで支払われた。1855年の鉄道社債は45%がメルボルンで支払われている。だが、政府によるロンドンでの資金調達が増加したことにより、ロンドンで支払われる方式に転換されていく。さらに1850年代後半から1860年代にかけて、メルボルンで鉄道会社の社債及び株式は、鉄道会社の政府所有により政府証券の発行へ転換されて、1864年までにメルボルンの株式発行リストから姿を消していった[81]。

　1857年ロンドンでビクトリア政府鉄道債券が上場されたとき、発行の調整及び引受をBOA銀行を中心としたシンジケート団が組織された[82]。1858年からロンドンで支払われる政府証券について、メルボルンでの相場付けが停止されることにより、政府証券はメルボルンの証券取引リストにおいて、発行額が大幅に減少することになった。政府証券は10～25万ポンドと発行総額が大きい上に、発行額面が100ポンドと高かったために、この発行に対応できるほどオーストラリア証券市場が実質的厚みを持っていなかったことを示している[83]。

　しかし1860年代政府証券の全額がロンドンで発行されたわけではない。1863年には、10ポンドの低額面の政府証券（ロンドンでの発行額面は通常100ポンド）がメルボルンで地方の投資家を対象に発行されている。また元利金の支払いは、ロンドンまたはメルボルンのどちらかを選択可能であった[84]。

　オーストラリアの政府証券は、オーストラリア国内の投資家にとっては魅力あるものではなかった。当時銀行の当座貸越が10%の金利をつけた時代である。牧羊及び金鉱山等の高い利益を生み出す産業または資産が存在した。その中で5～6%の利回りを保証する政府証券は魅力あるものとならなかった。そのため多くの政府証券はロンドンで発行された。ニュージーランド政府がメルボルンでオタゴ・ハーバー・トラストの8%債券を発行したときも、ビクトリアの投資家にとって魅力あるものでなかったといわれている[85]。

　　1) Bailley, J. D. [1966]; Butlin, N. G. [1962a]; 伝田功 [1967] [1968].

2) Hall, A. R. [1968]; Salasbury, S. [1988]; Adamson, G. [1984].
3) Bailley, J. D. [1966] p. 14.
4) R. ゴールドブローは、1821年10月17日にヨークシャーのシップレイ（Shipley）に生まれている。14歳でブラッドフォード（Bradford）の羊毛仲買人のところに奉公に出て、1842年に羊毛取引商人として自立した（Goldsbrough Mort & Co. Ltd. [1946] p. 56）。
5) Goldsbrough Mort & Co. Ltd. [1946] pp. 56-66.
6) メルボルンで営業したゴールドブロー社がNSW銀行を主要な取引銀行とするには多少の疑問が残る。NSW銀行の取締役会議事録の1860〜70年代の資料によれば、ゴールドブロー社とLCA銀行との取引関係が確認できる（NSW [BMB] 26/7/1870, 15/11/1870, 25/6/1872）。ただし同行との取引関係がどの程度占めたか明らかでない。
7) Butlin, N. G. [1964] p. 130.
8) NSW [BMB] 30/6/1869.
9) R. ゴールドブローは、1886年4月8日に64歳で生涯を閉じている。
10) メルボルンのゴールドブロー社とシドニーのモート社の合併は、これ以降20年間に進行する金融機関の合同、先進的牧羊金融会社の法人化、さらにはロンドンの羊毛及び金融市場への参入を象徴するできごとであったと評価された（Butlin, N. G. [1964] p. 131）。
11) NSW [BMB] 18/8/1863.
12) NSW [BMB] 5/8/1870.
13) NSW [BMB] 29/7/1870.
14) NSW [BMB] 14/1/1873.
15) 年々の返済額は、ゴールドブロー社の年間収益のうち1万ポンドと決められ、減額も可能であるとNSW銀行は考えていた。またこの1万ポンドのうち25％が現金により、残額が手形で支払われることになっていた。1872年の返済は、1万5千ポンドのうち7,500ポンドが現金により、残りが12月30日に延期された小切手によって支払われるとされていた（NSW [BMB] 19/4/1872）。
16) Bailey, J. D. [1966] p. 14.
17) NSW, Dubbo Branch, Cash Credit Legder.
18) 1862年の不動産登記制の成立まで、牧場及び家畜等の不動産抵当権の法的根拠に疑問があり、銀行の設立特許状によって不動産担保貸付を禁止していたこともあって、これが明確化されかつ緩和されたのちも、預金銀行は牧羊業者に

たいする不動産抵当貸付に消極的だった（Butlin, S. J.［1961］p. 111）。

19) Barnard, A.［1958］pp. 98-100.
20) Barnard, A.［1958］p. 97.
21) 5章2節及び石田高生［1992］を参照されよ。
22) NSW［BMB］18/11/1867.
23) Building Societyは、イギリスの金融機関を紹介した文献では、これまで建築組合と訳されてきたが、建築組合という訳語から、住宅金融機関であることを想像し難いので、本書では住宅金融組合と訳出することにした。
24) AIBR, 1888, p. 662.
25) AIBR, 1888, p. 651.
26) Bitlin, N. G.［1964］p. 250.
27) Australian Economist［1986］p. 159.
28) Australian Economist［1986］p. 159.
29) Coghlan, T. A.［1890］pp. 726-727.
30) AIBRの1885年以前のものに住宅金融組合、抵当銀行、不動産投資会社の統計は見つけることはできない。
31) AIBR, 1888, p. 651.
32) Australian Economist［1986］pp. 160-161.
33) AIBR, 1888, p. 651.
34) AIBR, 1888, p. 651.
35) AIBR, 1888, p. 663.
36) コグランは、住宅金融組合（Building and Investment Society）の預金量について次のような数値をあげている。最近の有益な統計は、そこに投資された額は、NSWにおいて2,881千ポンド、ビクトリア5,285千ポンド、ニュージーランド285千ポンドであった（Coghlan, T. A.［1892］pp. 303-304）。
37) AIBR, 1888, p. 663.
38) AIBRの統計によれば、NSWの住宅金融組合の資産項目（総額2,242千ポンド）の"Balance of Outstanding Mortgages"を貸付額と推定している。因みに同グループの資産項目には不動産投資額と推定される"Land and House Property"107千ポンドがあり、不動産投資会社の資産項目（総額1,724千ポンド）の中に貸付額（Balance of Outstanding Mortgages）855千ポンドと不動産投資額（Land and House Property）755千ポンドがあった（AIBR, 1886, p. 231）。

39) 因みに、CBA銀行の貸付シェアは、1878~90年の間に2.1%から6.6%に拡大した。AJS銀行の貸付シェアは同じ期間に5.5%から7.2%に、QNB銀行のそれは2倍に、COM銀行のそれはほぼ5倍に拡大した（Merrett, D. T. [1989] pp. 66-67）。
40) Merrett, D. T. [1989] pp. 65-66.
41) 独占的特許会社の典型としては、1824年に設立されたオーストラリア農業会社（Australian Agricultural Company）がある。同社はリバプール平原に1万エーカーの土地を下付されその開拓の独占権をロイヤル・チャーターによって保証されたが、農場の造成はほとんど行われず、むしろ石炭の開発に乗り出した。同社については、山中雅夫 [1984] 82ページ、[1993] 6-14ページを参照されよ。
42) パートナーシップは、相互に親しい関係にある少数の人が、共同して取引をなすための結合体ないし社団（association）と解されていることから、実質的にはわが国の合名会社に近いと考えられている。パートナーシップは、会社に法人格はなく、社員が相互に代理人たる地位にあり、会社の利益分配を受ける権利を有し、損失に対しても完全な人的無限責任を負った（本間輝雄 [1963]）。
43) Solomon, R. J. [1988] p. 11.
44) イギリスの官界は、銀行に、とりわけ、母国以外で設立された金融機関に対して強い疑念を長く持っていた。たとえば、イギリス政府は、アメリカの独立戦争以前に、北アメリカ植民地においていかなる銀行の設立も禁止していた（Salsbury, S. [1988] p. 8）。
45) NSWの法務官J. ワイルは、本国政府が総督の株式銀行設立の申請を拒否しないと確信していた。この助言に従って本国政府との交渉を重ねたが、銀行の設立発起人たちは本国政府へ特許状（Charter）を申請することを断念した（Holder, R. F. [1970] p. 12）。
46) Holder, R. F. [1970] p. 17.
47) 武市春男 [1961] 62ページ、イギリス株式会社法の発展については大隅健一 [1987] 70-85ページを参照。
48) Butlin, S. J. [1961] p. 25.
49) 本間輝雄 [1963] 54-59ページ。
50) 本間輝雄 [1963] 150ページ。
51) Salsbury, S [1988] pp. 6-7.
52) 本間輝雄 [1963] 46ページ。

53) そのため1852年10月の株式リストのうち、イギリス植民地銀行を除くと、株主の有限責任制を持つ会社は1社もなかった。法人格（Incorporation）は、株式会社9社のうち6社が獲得しており、また1853年に3社が法人格を獲得した。1864年のCompany Statuteによって一般に株式会社の有限責任制への道は開かれた。しかしこれによって株式会社制度が広く普及したわけではない。イギリスと同様に、銀行、保険、運河、ガス、鉄道等の公益事業分野では採用されたが、他の事業分野では、合資会社形態やパートナーシップが長く支配的であった（Salsbury, S [1988] p. 5）。
54) Salsbury, S. [1988] p. 29.
55) Salsbury, S. [1988] p. 35.
56) Salsbury, S. [1988] p. 35.
57) Salsbury, S. [1988] p. 36.
58) Salsbury, S. [1988] pp. 36-37.
59) Salsbury, S. [1988] p. 30.
60) Salsbury, S. [1988] p. 14.
61) Salsbury, S. [1988] p. 18.
62) 株式競売制度は、株価が競売ごとに大きく変化し、市場として不完全なものであったが、1830年代後半の会社設立ブーム期に、株式の販売は頻繁に行われるようになった。『シドニー・モーニング・ヘラルド』は、「株式市場」（share market）の表題のもとに、1839年10月14日に株式取引の情報を公表し始めた。競売制度のもとで株式の取引が拡大したことを示している。同紙の最初のリストは、15社の株式の額面価格、払込額、年配当額、そして取引価格を記載した。しかし、この時期の株式取引は、専業的な株式ブローカーを登場させるほど厚みのあるものではなかった（Salsbury, S. [1988] p. 18）。
63) Salsbury, S. [1988] p. 18.
64) このリストには14社が記載され、そのうちわけは銀行5社、鉄道会社3社、その他の会社6社であった。その他の会社は以下のようであった。The City of Melbourne Gas and Coke Company, The Melbourne Water Company, The Victoria Insurance Company, The Victoria Gold Escort Company, The Australian Steam Navigation Companyであった（Hall, A. R. [1968] p. 3）。

　E. クールは、1852年にメルボルンの株式リストにおいて、仲買に関する記事と株式の売買の宣伝を記載していた唯一の人であった。彼は1853年に4種類の株式から1858年には18種類株式へ仲買リストの数を増やしている。彼は専業ブ

ローカーとなっていたかもしれない。だが少なくとも彼は1850年代前半まで金及び金塊の仲買業に従事し、『アーガス』紙の「商品取引」(Commercial Intelligence) に毎週論評を寄せていた。また1852年には彼は乗船券や保険の仲買人・代理人としても活動していたことが確認されており、株式仲買人は金や不動産や家畜の仲買人でもあった。すなわち1850年代はまだ証券の取扱業と商品取扱業が人格的に未分化の状態にあった (Salsbury, S. [1988] p. 11)。

65) Salsbury, S. [1988] p. 24.
66) Hall, A. R. [1968] p. 24.
67) Hall, A. R. [1968] p. 25.
68) Hall, A. R. [1968] pp. 25-26.
69) ロンドン証券取引所設立以前のブローカーとジョッバーとの機能分化については、稲富信弘 [1980] 109-110ページ参照。
70) Adamson, G. [1984] pp. 7-8.
71) Adamson, G. [1984] pp. 8-9.
72) Adamson, G. [1984] p. 9.
73) Adamson, G. [1984] p. 11.
74) Adamson, G. [1984] p. 12.
75) Adamson, G. [1984] p. 12.
76) Adamson, G. [1984] p. 13.
77) Adamson, G. [1984] p. 20.
78) Adamson, G. [1984] p. 16.
79) Hall, A. R. [1968] p. 4.
80) Hall, A. R. [1968] pp. 6-7.
81) Hall, A. R. [1968] pp. 37-38.
82) Hall, A. R. [1968] p. 42.
83) Hall, A. R. [1968] p. 39.
84) Hall, A. R. [1968] p. 38.
85) Hall, A. R. [1968] p. 40.

第7章 金融恐慌の特殊性

　金融恐慌が一般に周期的に繰り返す中期循環の画期であるとすれば、1890年代初めのオーストラリアの不況、とりわけ1893年の金融恐慌は、19世紀後半の30年近くに及ぶ高度経済成長の画期であった。1861年から1880年代の終わりまで、オーストラリアは、ほぼ安定した高度経済成長を実現してきた。成長の原動力は、農牧業の開拓が内陸部とりわけ東海岸の西部地域及び北部地域に拡大したこと、また金・銅をはじめとした地下資源の開発が進み、鉱山業が第二の輸出産業として発展したことを要因としている。しかしオーストラリア経済は、1880年代末の不動産投資ブームの後退、1890年のベアリング恐慌の影響、1893年の金融恐慌、1895年から1903年までの長期旱魃による牧羊業の長期不況を経験する。もちろんこの時の経済的混乱の原因は、牧羊業の長期不況に見られるように、最大の長期旱魃の影響を外部的要因としながらも[1]、不動産投資ブームの後退や金融恐慌の発生に見られるように、オーストラリア固有の経済構造や金融システムの欠陥を内在的要因としたものであり、その後の貨幣・金融システムに大きな影響を与えた。

　1893年の金融恐慌は、同年1月にFBA銀行（Federal Bank of Australia）が支払を停止したことに始まり、4、5月のパニック時には、これまで営業してきた28の銀行のうち12行が支払停止に陥った時をピークとしている。これらの銀行は、同年9月の初旬までに再建されるが、この12行の預金総額と銀行券発行総額はオーストラリアの全銀行の預金総額の56％、銀行券発行総額の61.3％にも達したのである。銀行の支払停止は金融恐慌の最終段階であり、この前段に80年代の不動産投資ブーム期に成長した都市型金融機関である住宅金融組合、不動産投資会社、抵当銀行等の非銀行金融機関の破綻が1888年の第4四半

期から始まり、1889年の第4四半期には本格化した。したがって1893年の金融恐慌は、1889年第4四半期に表面化した住宅金融組合の破綻と一連のものとして理解されるとともに、これに続く1895～1903年までの長期不況に大きな影響を与えた。

金融機関の破綻は、1890年代初めに多くの国で起こった出来事であり、オーストラリア固有の出来事ではない[2]。ベアリング恐慌によるロンドン貨幣市場の引締めは、証券の新規発行の減少、海外証券市場の価格下落を通じて海外の金融市場に大きな影響を与えた。イギリスからの資本輸出の減少は、オーストラリアの国際収支の動向に実質的な影響を与え、金融機関の安定性を圧迫した[3]。

1893年金融恐慌に関する研究は、T. A. コグランをはじめとする同時代の統計家からのマクロ経済指標を用いたアプローチと戦後S. J. バトリン、R. F. ホルダー等の銀行社史の研究から預金銀行の業務運営を論じた労作がある。またA. R. ホールは、イギリス資本輸出の研究から金融恐慌に接近した[4]。しかしオーストラリアの金融恐慌の10年間を包括的に分析したのは、E. A. ベームである。彼は、80年代前半から90年代初めにかけての景気循環をオーストラリア経済の内部的要因と外部的要因に分けて、景気循環をマクロ的な指標を用いて接近した[5]。特に彼は、金融恐慌に関連して当時のオーストラリアの銀行システムの抱える構造的な問題点を、銀行資金の多くが不動産抵当貸付に固定されたこと、預金銀行の流動性基準の低下、イギリス預金への依存性の3点を強調した。最近、D. T. メルツ（Merrett, D. T.）は、ビジネスヒストリーの研究方法から当時の預金銀行のプルーデンス政策を中心に検討しながら、銀行の資産内容、流動性比率、ギアリング率、リスク管理の問題を取り上げて、1893年金融恐慌について興味深い研究を発表している[6]。

本章では、これらの研究成果を利用しながら、オーストラリアの四半期ごとに報告された金融機関のバランス・シートに焦点をあてることにする。D. T. メルツも指摘するように、当時のバランス・シート及び損益計算書は、書式が大雑把でなおかつ会計士の作為も多く、金融機関の実態を把握するにかなり限

界もあると考えられる。しかし比較可能で包括的な金融機関の動向を捉えるには、バランス・シート及び損益計算書の変化に注目したほうが成果が大きいと判断される。またオーストラリアの貨幣・金融制度が金融恐慌によって、その後どのような変更と展開をみせるかを明らかにしようとすると、中央銀行の通貨統計が利用できないなかでは、預金銀行のバランス・シートを利用するのが最も適していると考えるからである。

第1節　不動産投資ブームの後退

(1) 金融機関の不動産投資の実情

　住宅金融組合は住宅金融に、抵当銀行及び不動産投資会社は大規模不動産開発とこれに関連した金融を主要な業務としており、彼らの資産は貸付債権及び不動産関連の所有権及び抵当権によって構成される。これら非銀行金融機関の活動が、1880年代のシティーや郊外の不動産価格を異常に上昇させた要因であることは疑いない。住宅金融組合はいうまでもないが、抵当銀行及び不動産投資会社は、金融機関としての性格も持ちながら、政府から購入した未開拓の土地区画を、その一次所有者から販売を目的として購入し、この購入した土地を整備・分割して販売した。住宅金融組合の場合、シティ及び郊外で、間口20フィート奥行き80から100フィートに分割して、そこに間口がそれ以下のテラスハウスが建てられた。小口貯蓄は、1870～80年代に着実に増加して[7]、住宅金融組合の多くの顧客たちは、家賃を支払う負担よりも、小さいながらも私有地を獲得するほうが負担は小さいと考えるようになった。住宅金融組合は、当初こうした人たちが出資ないし預金して設立した組合組織の金融機関であったが、住宅建設や都市郊外の開発が進むと、彼らは自己の資金で不動産取引に従事していった。そして通常業務である住宅金融以外に、不動産の取引と開発をすすんで行うようになった[8]。いくつかの住宅金融組合は不動産を取引する権限も持っていた[9]。そして抵当銀行や不動産投資会社はさらに大規模な土地開

発や建設に携わっていた。政府からの土地の購入は、条件付販売（conditional sale）によって制約されるなかで、都市開発の拡大につれて地価の上昇を招き、賃金の上昇要因とも重なって、開発・建設コストの上昇を引き起こした。

不動産投資ブームの種は、1884～85年の繁栄の年に植えつけられ、驚くべき速さで成長し、1887～88年は、不動産投機が以前にもまして活発であった。1888年までにすでにコントロールできる範囲を超えていた。不動産市場及び株式市場を支配したこの数年来の価格上昇は、1880年代にピークを迎えたイギリス資本の積極的な導入が背景にある[10]。抵当銀行や不動産投資会社は、イギリスから株式により資金調達する経路を持っていた。住宅金融組合は、組合員の出資とともに、小口預金を積極的に集め、運転資金を預金銀行に依存するものも多かった。

ブームの崩壊は、博覧会が開催された1889年の終わりに突然起こった[11]。不動産金融機関の不動産開発と住宅金融の広がりは、多くの郊外の地価上昇の要因となって限界にぶつかった。土地を買いすぎた住宅金融組合は、激しい販売競争を強いられた[12]。預金銀行は預金金利を4％から5％に引き上げ、さらに不動産担保貸付を手控えた[13]。ブーム崩壊の原因について、同時代の論評は、以下のように要約している。①向こう見ずでまったく不当な借入、②信用創出機関の過度の増加、③金融負債を引受けことに対するギャンブル的な精神と無頓着さの前例のないほどの爆発、④植民地の輸出生産物である羊毛、小麦、鉱物資源の市場価格の全般的な下落である[14]。

不信の始まりは、1888年10月のメルボルンにおける不動産投機の失敗に関連した会社の清算に求めるのが自然である。これによって1880年代の不動産ブームは緩やかにかつ深く収束へ向かった。その間多くの不動産関連会社が倒産に追い込まれた。債権者から逃げ場を求めるのに汲々となった。不動産市場の競争者にとって将来の見通しは、ますます後退するばかりであった。彼らは、大衆から資金を預かり、通常安全な形で投資してリスクを最小限に抑えてきたが、今や保有する不動産の販売は不可能となり、集めた資金は購入した不動産より

表7-1 住宅金融組合の資産構成（1888～1890年）

(単位：千ポンド)

年	1888年	1889年	1890年
貸付	7,030	8,429	8,316
土地保有	395	1,061	358
現金	118	42	104
他の資産	118	186	193
合計	7,733	9,718	8,972

注：この数字には Premier Permanent Building Association の1889年の貸付は872千ポンド、土地保有額は713千ポンド、合計1,585千ポンドを含んでいない。
出典：AIBR, 1890, p. 781, 1891, p. 816 より作成。

生じる債務の返済にあてなければならなかった。

不動産開発の限界は、一方では内外の資金を動員した無謀な都市開発によって引き起こされるとともに、他方では1880年代に高い成長を持続した結果として、賃金の上昇と所得増大の広がりが不動産開発を十分吸収するほどには達していなかったことを示した。住宅の販売は、地価の上昇と建設コストの上昇により住宅価格が上昇して、その価格実現に困難が生じ、住宅金融は返済及び利払い不履行に直面した。以下では、住宅金融組合の資産構成に検討を加えておこう。

表7-1は、1888年から1890年のメルボルンの住宅金融組合の資産構成を示したものである。住宅金融組合は、1889年に土地保有が増加した。現金の保有は1889年に銀行借入が大幅に増加したのに大きく落ちこんでいる。1888年の第4四半期と1889年の第4四半期に、住宅金融組合の破綻が生じたにもかかわらず、この3年間の比較から、住宅金融組合は期待された以上に貸付や保有資産を拡大している[15]。

住宅金融組合の財務内容は組織の清算によって明るみになった[16]。土地の販売が困難になると、債務返済のための流動資産の不足に陥ったのである。彼らの貸付は権利のなくなった鉱山や仮証券類のような無価値な担保によって保証されたものもあった[17]。収入を生み出す健全な貸付の担保は、簡単に売却可能なもので流動性の高いものであったが、この優良資産が、販売不可能な不良資

産と区別されていなかった。すなわち資産管理が著しく大雑把であり、資産の大部分は非流動資産で構成されていた。非流動資産である保有不動産（長期性資産）と、貸付などの短期的かつ規則的に返済される流動性債権との区別が帳簿上曖昧となっていた。もちろんこの点は、金融業務と不動産取引業務の分離が行われていなかった業務そのものの問題点を反映している。不動産金融機関の資産は、運用面からみれば、不動産投資と不動産抵当貸付の区別であり、流動性の視点からすれば、不動産投資は流動性が低く、返済の確実性を前提にすれば、貸付は流動性の高いものと区別される。しかしこの区別がないことは、当時、住宅金融組合が、不動産投資ブームの中で、出資金や預金を住宅金融及び不動産担保貸付に回す金融仲介機能と、自己の勘定で行う不動産開発とを混同して、資金仲介としての金融機関の基本的使命から大きく逸脱して、まさに不動産開発・取引業に近いものに変質していた。この点がブーム崩壊の制度上の根本的な原因といえるだろう。

　不動産及び住宅貸付に関する他の問題点をいくつかあげておこう。まず自社の取締役への貸付に対する取締役の不正である。これは当時でも論外とされた貸付である。自社から不動産や株式を担保に貸付を獲得するために、自分の地位を利用することは不法行為であり、訴訟の対象となった。また清算時に特定の債権者が保護され、預金者が犠牲にされたケースもあった。これも住宅金融組合の慣例に照らしてみても常軌を逸脱した違反であった。一般に、自社株を担保にした貸付、株式抵当貸付自体に関して、株価の評価、特に市場価格を基準とするか否かなどの課題が残されていた。逼迫期に、株式は売れなくなり、プレミアムの代わりにディスカウントされるようになるからである[18]。また特定の不動産を担保に多額の貸付も行われていた。不動産は管轄当局によって評価されるが、担保の過大評価が行われるとともに、それによって過剰な貸付が行われたのである。

(2) 非銀行金融機関の資金調達問題

　次に、住宅金融組合を中心に、不動産関連金融機関の資金調達を検討してお

表7-2 住宅金融組合の負債構成（1888～1890年）

(単位：千ポンド)

年	1888年	1889年	1890年
預　金	4,086	4,967	4,740
銀行借入	117	285	180
合　計	4,204	5,252	4,921

出典：AIBR, 1890, p. 781, 1891, p. 816 より作成。

こう。預金業務、銀行借入、資本構成に関して順を追ってみていく。住宅金融組合及び不動産投資会社は、自身で預金を集めたが、預金を維持しさらに拡大することは困難を極めた。彼らは預金者に対して利益のほかにボーナスをも提供しようとした。彼らの利益は、貸付利子と不動産売買差益の合計から、預金者へ支払われる利子及び借入の利子を控除した残りであるが、1888年の第4四半期から減少した。そして収益の減少に際して、配当を株主への払込請求によって維持するものも現われ、ある住宅金融組合の場合、1889年以来、配当支払を停止していた。預金収集が困難になるとき、多くの土地を購入した危険な組合ほど、高い金利を提供して預金をひきつけようとした。表7-2は、住宅金融組合の負債構成を示したものである。

表7-2によると、1889年から1890年にかけて預金は227千ポンド減少した。銀行借入は105千ポンド減少している。銀行が貸付を回収・抑制していることを示している[19]。1889年9月に金融界に対する信頼が揺らぐと、大規模な預金の引出が予想され、預金銀行は住宅金融組合及び不動産投資会社に対する援助を拒否した。これは当然の措置である。もし大規模な返済不能や預金の流出が生じた場合、たとえ貸付が十分な担保によってカバーされていたとしても、流動性確保のため保有担保を悪化した市場に投げ出すことは、破滅的な損失を被ることになるだろう。金融不安が予想されるときに、小口の預金者達は、恐慌による業務の一時的中断の期間のために、自己の手元にある程度の資金をおいておこうとする。預金の引出は、預金者にとって損失を回避しようとする当然の行動である[20]。ビクトリアにおける1874年の住宅金融組合条例は、払込資本及び準備額の3倍を借入限度と決められていた。この制限がNSWでも効力

をもつならば、会社の財務状態は実質的に改善されるはずであった[21]。不動産金融機関の預金の受入れは規制する方向で検討されていた。

　不動産市場の繁栄が1888～90年の間に後退していくなかで、不動産金融機関は、コストをカバーするための販売価格を維持することが不可能となった。事態を悪化させた重要な点は、組合及び会社が預金者に誤った印象を与えて預金を集め、これを投機的に運用したことにある。預金者から獲得した資金が安全な形態で運用されていたならば、過ちは最小限に止められた。しかし預金のほとんどは、不動産購入の負債を決済するために使用され、借入金の返済に充てられていたことが清算によって明らかとなった。警鐘を速やかに受け止めて行動した人々もいたが、高い利息の提供によって助長された無知で貪欲な人々もいたのである。

　イギリスの投資家をひきつけるために、ロンドンの専門的な管理人達は、自分達の名声を容易に貸していた。しかし不動産関連会社への預金が満期を迎え始め、信頼が打撃を受けるときに、預金者は全般的に預金の更新を減らし、預金の解約が激しいものとなった。最後にAIBRの記事はイギリスの預金者に対してメルボルンの中小金融機関への投資が危険であること、またその判断が慎重であるべきことを指摘している。こうした指摘はもちろんイギリスの投資家・預金者に大きな影響を与えることになったと考えられる[22]。預金の払戻しに窮した組合は、預金の株式への転換を預金者に求めたが、これはかえって預貯金に対する不安をいっそう大きなものにした。

　こうした環境の中で、メルボルンの住宅金融組合の中でも最大級のPremier Permanent Building Associationの支払停止が避けられない事態となり、多くの組合が支払停止した。実際、完全に清算されたのは、メルボルンでは6社であった。ほかに不動産関連金融機関も破綻した[23]。多くの会社が支払停止の後に、債権者からできる限りの譲歩を引き出しながら再建することを模索した。金融機関の再建は、まず多くの預金者に預金の更新を求めることであった。そのとき提示された条件は、預金者が預金額に相当する株式の取得を認めた場合に、その利益に対する最初の請求として7％の金利を与え、3年間の更新期間

表7-3 住宅金融組合の資本勘定（1888〜1890年）

(単位：千ポンド)

年	1888年	1889年	1890年
会社数	49	55	49
永続資本	1,505	1,831	1,890
応募・期限資本	1,367	1,377	1,365
株式資本合計	2,872	3,208	3,255
準備金	224	280	318
内部留保	183	142	229
株主資金の合計	3,279	3,631	3,803

注：25万ポンドの資本を持っていたThe Premier Building Societyの失敗及び預金も含む。
出典：AIBR, Nov. 17, 1890, p. 781.

を超える場合、分割払いによって再支払されるというものであった。いわゆる預金の払戻しのモラトリアムによって回避するものであった。1889年の住宅金融組合の破綻と再建は、1880年代後半の不動産投資ブームに一応の区切りをつけるものであった。しかし不動産金融機関が抱える問題処理の第一幕にすぎなかった。

　負債構成のなかで、預金に次ぐのが銀行借入である。銀行借入は、預金残高にはるかに及ばないものの、貸付の連鎖の観点からはるかに重要なものである。預金銀行のロンドン準備の不足あるいはロンドン金利の上昇は、オーストラリア各支店のロンドン宛ドラフトの振出しの減少、資金の減少を通じて、オーストラリア国内の貸付の減少を引き起した。預金銀行は金融的な危機に直面すると不明瞭な貸付に用心深くなった。不動産金融及び住宅金融市場における貸付の過剰が表面化すると、預金銀行は金利を引き上げ、当座貸越を削減したのである[24]。借入は預金銀行以外の金融機関からもあったことが報告されている[25]。支払停止が続くと、これらの会社の資本が問題となった。以下ではこれらの資本について検討しておこう。表7-3は、住宅金融組合の1888〜90年の資本構成を示したものである[26]。

　株主資本は、組合全体では1889年に352千ポンド、1890年に172千ポンド増加した。この増加は、払込請求の増額と預金から株式への転化分によるものと推

測される。払込請求に際して、払込資本額と未請求の応募資本額との帳簿処理上の分離が問題となったのをみると、1880年代に設立された多くの不動産関連会社の資本管理が不十分であったことを示している。また各会社による準備金の形成も合わせて推奨された。準備金は通常の取引に利用されるべきではないことはいうまでもないが、むしろ銀行の現金及び金地金と同等の準備として一定の水準を維持すべきである[27]。

金融機関の破綻で問題となったのは、ブーム期に投機を演出した経営者たちの資質と金融取引及び会計制度の法的な整備であった。それを最後に列挙しておこう。①会計監査制度の問題、②不動産及び抵当権の評価問題、③経営者の個人的裁量及び不正の問題、④不動産抵当貸付業務と預金銀行業務の分離問題、⑤不動産価格のバランス・シート記入方法などであった。

ブームの崩壊の原因の一つは、以上述べた金融機関の行き過ぎた不動産投資・貸付の増大と貸付基準及びプルーデンス政策の低下に求められるだろう。牧羊金融会社及び不動産投資会社は、当座勘定の利用、為替決済、及び資金調達の面で商業銀行の顧客であった。ロンドンでの金利上昇による預金銀行の調達コストの上昇は、両金融機関のコスト上昇を招いたのである[28]。

第2節　ベアリング恐慌の勃発と影響

(1) ベアリング恐慌の過程

1880年代のイギリス資本輸出の増加は、海外植民地をはじめ世界的な不動産開発投資ブームをもたらした。しかしオーストラリアではすでに1888年第4四半期に投資の限界が表面化し、翌1889年の第4四半期にはこれら金融機関の破綻が相次いで、金融機関の貸付及び証券取引で、恐慌の接近がはっきり感じられるようになっていた。南アメリカにおけるブームは、外国資本の大量流入によって生み出された[29]。しかしすでに1889年にアルゼンチンは金融的破局の瀬戸際においこまれていた[30]。さらに南アフリカのケープ植民地では、1889年7

月に、The Union Bank of Cape Town の失敗が明らかとなり、その後に大規模な取付及び破産がおこった[31]。

1889年の末には、世界の主要な金融市場では大きな逼迫が感知され、市場金利が急騰した。最も大きな困難を経験したのはドイツであった。次いで1890年は、ロンドンとニューヨークにおいて市場金利が上昇し逆に物価と株価は下落し始めた。しかし第1四半期は依然としてドイツが恐慌の主要舞台であり、3月ごろには貨幣恐慌が激しい形態をとった。1890年の第2四半期には貨幣恐慌の中心は、ドイツから南アメリカに移った[32]。

1890年の秋までにロンドンのマーチャント・バンクであるベアリング商会(Baring Bros. & Co.)が営業困難に陥っているのではないかという疑惑が生じていた。ベアリング商会は、世界にまたがる銀行業務、手形引受業務、及び外国為替業務のほかに、南アメリカの公債の引受発行を積極的に展開していた[33]。ベアリング商会は、短期返済の条件で借りた資金を使って、アルゼンチンの中央・地方政府が発行した公債の多くを購入した。しかしアルゼンチンで革命が勃発したとき、アルゼンチン公債の価値は急落した。そして次の数カ月以内に、多額の債務を履行しなければならなかった[34]。そして当座の債務に対応する十分なだけの流動資産を保有していなかった。11月8日にベアリング商会は、自らの状態をイングランド銀行に開陳した。同社が支払を停止すると大きな被害が生じるのは明らかであった。そこでイングランド銀行総裁は大蔵大臣と相談のうえ、同行が割り引くベアリング商会の手形から発生する損失の半分を大蔵省が負担するという約束を取り付けた。さらに総裁はシティーの金融機関からこの損失保証金として1,700万ポンド余りの支援を取り付け、フランス銀行から300万ポンド金の借入とロシアから150万ポンドの金の購入によって準備金を増強した。その結果、ベアリング商会の清算はパニックにいたらず、同社の清算は長期にわたったが、債権者及び保証人は多大な損失も被ることはなかった[35]。

1890年はシティーでのパニックを見ることなく過ぎ去ったが、事業活動のブームは終息し、また5年間に及ぶ物価下落と事業活動の低下が始まった。1890

年代の初頭はイングランド銀行にとって非常に困難な時期であった。その最大の問題は、イングランド銀行の銀行部準備の不適切さであった。さらに銀行部の準備を維持するために、バンクレートを高水準に維持することは国内産業に対して負担を強いることになった。したがって金利政策に一定の限界が生じていた[36]。

(2) ベアリング恐慌の影響

ベアリング恐慌は、直接にはアルゼンチン公債の暴落によって引き起こされたものであるが、オーストラリアではすでに1888年の第4四半期から不動産投資の限界が生じ、1889年には不動産関連金融機関の破綻が表面化していた。これと同じようなことは南アフリカでも発生した。1890年の初めにはドイツ、アメリカにも金融の逼迫が生じており、こうした世界的な金融的な不安定性がベアリング恐慌によって、一時的に引き上げられた金利の上昇とともに対外投資に対する不安を一挙に高めた。

オーストラリアへの資金の流入が途切れた時期である。これによってオーストラリアの金融は引き締まり、つづいてイギリス資金の引上げが生じて、オーストラリアでの割引率は1890〜94年の間に8％を推移することになった。ここにいたって土地投機の失敗が暴露された。

不動産関連会社に預金した人たちは、預金が満期を迎えると、更新することを極端に嫌った。こうした環境の中で Imperial Banking Corporation と British Bank of Australia が1891年7月と8月にそれぞれ支払を停止した[37]。この2行は、Bank という名前を持っているが、当時オーストラリアで Bank として分類された発券業務を営む預金銀行ではなく、不動産投資と開発を主要な業務とした抵当銀行及び不動産投資会社であった。これ以降ほぼ翌年の3月までにメルボルンで一般に預金を受け入れていた金融機関21社が支払を停止した[38]。その内訳は、住宅金融組合7行、大規模な抵当銀行である Australian Deposit and Mortgage Bank、不動産投資会社（Property and Investment Company）9社、不動産取引に深くかかわった発券預金銀行2行、すなわち

Standard Bank of Australia と Metropolitan Bank、ビクトリアの地方銀行であった The Ballarat Banking Co. と The Mercantile Bank of Australia、以上の21社である[39]。

　これら金融機関の支払停止によって明らかになったものの一つに、イギリスに対する債務額がある。これらの債務総額に占めるイギリスの債権者に対する債務額が350万ポンドに上った[40]。したがってベアリング恐慌を中心とした海外投資に対する警戒感からイギリス投資の回収がこれら金融機関の主要業務を圧迫し、流動性を悪化させたのである。1888年の第4四半期からオーストラリアにおける不動産開発投資の後退によって、これら金融機関が抱えた不良債権がイギリスの資金回収を引金として処理されたものと理解される。したがってこのパニックは、ベアリング恐慌の影響によるものであるとともに、まさにこの時期がオーストラリア金融恐慌の第2段階である[41]。

第3節　産業循環と金融恐慌

(1) 財政問題

　政府の財政状況は、1889年度以前には健全なものであったが、同年度から1893年度の5年間に大幅な財政赤字が発生した。この原因は鉄道収入の減少による。1889年度は、前年に対して歳入のわずかな減少と歳出の大幅増加によって1,127千ポンドの赤字となった。以下では、政府の歳出入の変化を検討することにする。

　歳入は、1889年度に、150千ポンド減少し、さらに翌年度に176千ポンド減少、1891年度に614千ポンド、1892年度に771千ポンド、1893年度に243千ポンド、1894年度に2千ポンド、1895年度256千ポンド減少した。歳入の減少は、イギリス金融恐慌に先行して発生し、不動産ブームの崩壊、不動産関連金融機関の清算に呼応して大幅な減少を示していることが確認される。歳出は、1890年度517千ポンド、1891年度646千ポンド、1892年度493千ポンド、1893年度680千ポ

ンド、1894年度550千ポンド減少している。歳出の減少は、歳入の減少に対応して政府支出の節約及び削減の結果である。不況下での政府支出の削減がさらに不況色を強めたことは推測するに余りある。さらに重要なことは、政府は歳入減の対策として、新しい税収の手段を講じた。まず保護関税（protective duties）の引上げをとった。さらにビール、スピリッツ等の消費税の引上げ、相続税及び印紙税の引上げを行った。しかしこれらの租税の引上げはビール消費税を除くとあまり効果はなかったので、1894年度に所得税及びたばこ税が付加された。こうした増税措置は、不況色をますます強めるように働くと考えられた[42]。他方、政府支出の節約・削減は、まず大衆サービスのほとんどの分野で実行された。次いで、政府の雇用者、使用人の直接の削減・後補充の不実行、賃金の引下げが進められた。さらに鉄道建設、その他公共事業は、収入の減少と政府借入の中断によって抑制された。

(2) 国際収支の動向

イギリスのオーストラリア累積投資額は、AIBRによれば、3億5,000万ポンド、その利払い額は1,400万ポンドに上ると推計されている[43]。1893年の投資残高は、表7-4に示される。資本流入額は、1889年をピークに、1890年より急速に減少した。特にイギリス預金の減少は、オーストラリアの預金銀行の貸付と流動性に直接影響したと考えられる。1880年代の国際収支の特徴について、E. A. ベームは次のようにまとめている。①1880年代資本の流入はかなり大きく、そして1890年代の初めに急速に減少した。②資本の導入による海外債務の支払い負担額は1880年代に2倍以上になった。③1880年代の輸出入は、相対的にわずかにとどまった。そして海外債務の支払い負担額は、輸出額の半分に迫り、オーストラリアの国際収支の不均衡要因となり、1890年代初めにその傾向を強めた[44]。資本の流入は、オーストラリアの商品の輸入と国内投資の半分近くに達し、経常収支の大幅赤字を調整していた。表7-4は、イギリスの対オーストラリア投資の構成である。政府の借入が1億8,768万ポンド、金融機関全体で8,654万ポンドに達した。

表7-4 イギリスの対オーストラリア投資の種類（1893年）

(単位：千ポンド)

投資項目	金額の構成
政府公債・大蔵省手形	187,683
鉄道：株式	720
社債	2,444
事業団体	13,119
銀行払込資本	6,913
資本回収不能額	700
イギリス預金	43,147
金融・土地・投資会社：株式	13,986
社債	22,503
ガス：株式	666
社債	1,161
その他：株式	5,358
社債	7,070
鉄・石炭：株式	931
社債	280
鉱山：株式	8,347
社債	88
合計	315,124

出典：AIBR, Sep. 19, 1893, p. 847.

1880年代から90年代にかけて、輸出は順調であったが、資本の流入は半減し、90年代の国民総生産に対する資本流入の貢献は、1880年代の3分の1にすぎなかった。対外債務の支払額は倍増した。こうした対外部門の構造的変化は、経済活動の水準及び経済成長率にかなりの影響を及ぼした[45]。

オーストラリア羊毛は、その4分の3をイギリスに輸出し、輸出価格はロンドン相場によって決まった。ロンドンの羊毛価格の変動は、1886年3月に極端な低水準を記録した後、1887年には回復し、1888年にはまた落ち込むというように、激しい変動を繰り返している。1889年には羊毛価格はピークを打ち、1890年1月と2月には、消費需要の弱さからロンドン市場で価格低下が生じた。この価格低下は1894年末まで続き、回復を見せるのは95年になってのことである[46]。

E. A. ベームによれば、1890年代、オーストラリアの羊毛生産は、羊毛の過

剰生産、在庫の過剰、牧草地の地力の低下によって構造的な問題を抱え、1890年代中頃からは、旱魃をはじめとした自然災害の増加によってこの傾向はいっそう強まった[47]。これが経済にマイナスの影響をもたらした。牧羊業は、過剰な生産能力を抱えながら、需要の低下や長期旱魃に対応しきれなかった。オーストラリア牧羊業が1860年代以降、外延的・内包的拡大を遂げた結果、1890年代に生産能力の過剰と収益構造の低下に陥ったことを示している。

羊毛及び小麦の輸出は、価格低下によって、1890年からほぼ1894年まで減少した。ただし小麦の収穫は1892～93年に価格の低下にもかかわらず、良好であった[48]。また食肉及びバターの輸出は、新しい主要な輸出品として登場してきた。輸入額は、不況により大幅に減少した。特に織物と木材の取引は最大の負担を被り、食糧・雑貨及び茶の取引は、他のものよりも相対的に大きな減少であった。食糧の需要は不況によって影響されている。金生産は1890年に最も低い生産量に落ち込んだ後、1893年には最高の産出量を記録したが、銀行恐慌によって金は海外に流出した[49]。

第4節　銀行恐慌の過程と通貨制度

1889年の住宅金融組合の破綻、1890年ベアリング恐慌の影響のもとで起こった不動産金融機関の破綻、その後も断続的に金融機関の破綻が生じており、こうした一連の金融機関の破綻によって金融不安が醸成されていた。そこに前節で簡単に見たように羊毛価格の低下と羊毛輸出量にみられる産業の過剰生産が重なって、預金銀行を含む全般的な信用連鎖の崩壊が引き起こされたのである。預金銀行の破綻は1893年1月から始まり4～5月にピークに達した。金融恐慌の第三段階である。表7-5は、支払停止した預金銀行の主要負債及び資産を示したものである。以下では、銀行恐慌の発生過程をBOA銀行の総支配人報告を中心にまとめ、さらに通貨制度の変化、預金銀行の再建について検討することにする。

表7-5 支払停止預金銀行の主要勘定（1893年）

(単位：千ポンド)

銀 行 名	支払停止日	対株主債務	預金者債務	現金・投資	貸付総額
Commercial Bank of Australia	4月5日	2,058	12,635	2,047	12,157
English, Scottish, Australian	4月13日	1,239	7,028	1,268	6,493
Australian Jiont Stock Bank	4月16日	1,305	11,772	2,190	10,447
London Bank of Australia	4月22日	1,367	7,384	957	7,411
National Bank of Australasia	5月1日	1,730	11,155	2,290	10,130
Colonial Bank of Australasia	5月6日	573	3,820	517	3,678
Bank of Victoria	5月10日	889	7,857	1,701	6,804
Queensland National Bank Ltd.	5月15日	1,343	9,279	1,976	8,343
Commercial Banking Sydney	5月16日	260	391	109	524
Bank of North Queensland	5月15日	1,535	12,480	2,614	11,016
City of Melbourne Bank Ltd.	5月17日	732	5,103	1,076	4,657
Royal Bank of Queensland Ltd.	5月17日	432	927	247	1,049

出典：AIBR, May19, 1893, pp. 201, 203.

(1) 銀行恐慌の発生

　銀行の預金の引出しは、1892年末から1893年にかけて大幅であった[50]。政府の預金は増加した。利付預金のうち1,000ポンド以上の大口預金の減少が顕著であった。これらの預金者は、政府証券をはじめ特別に保証された抵当権証書へシフトした。利付預金の減少に対して、無利息預金が増加した。預金の減少は、大部分は引出しによって、支払停止した銀行の清算、さらには銀行再建及び存続銀行の預金債務の株式への転換によって説明される。引き出された預金のうち4分の1は、政府貯蓄銀行などの安全預金（safe deposits）に預け替えられた[51]。唯一、BNZ銀行だけが預金を増加させた。CBA銀行とFBA銀行は預金を大きく減らし、後者は支払停止により清算に追い込まれた。大口預金は政府証券及び確実な保証のある抵当証券にシフトし、小口預金は政府系貯蓄銀行などの安全預金を選択した。預金の流出を地域的にみると、クインズランド、南オーストラリア、タスマニアで大口預金の減少が大きかった。

　金融恐慌は、1893年1月にはFBA銀行が支払を停止したことに始まり、4～5月はこれまで営業していた28の銀行のうち12行が支払停止に陥った。これ

らの銀行は、1893年9月の初旬までに再建されるが、この12行の預金総額と銀行券発行総額はオーストラリアの全銀行の預金総額の56％、銀行券発行総額の61.3％にも達したのである。

　銀行を再建するために、危機を乗切った銀行は処分可能な抵当権を執行し、不動産を売却した。また政府や自治体からの借入を申請して、8月には定期預金の金利を5％へ引き上げた。多くの顧客の余裕資金を引きつけるための努力である。とりわけ小口預金者の数は急速に増加した。1893年の秋には金利を引き下げる時期が来ているとほとんどの銀行が感じるようになり、預金の流出は落着きを取り戻した。

　銀行券の発行総額は、一部銀行の増加もあったが一般に減少を示した。クインズランドにおける減少は、民間銀行券の発行を規制するために、税率が2％から10％へ引き上げられたことによって生じた。1895年6月30日以降、流通銀行券の全てに対する課税が行われた。通常の支払のために金貨の準備を増加しなければならないと同時に、クインズランドでは政府紙幣を準備しなければならなくなった。

　資産については、貸付総額が減少した。それは、過去数ヵ月間に採用された引締め政策（制限政策）による。また銀行業務のかなりの部分の流動性を確保することが課題となった。20千ポンド以上の大口貸付勘定は減少した。貸付の減少は、失敗した銀行の帳簿価格の切り下げ、縮小した業務、企業倒産を原因としている。多くの良好な抵当貸付は、自己の資金投資先を求める大口の預金者や受託者によって増加した。健全な取引は、銀行による激しい競争にさらされ、低いレートを提供しなければならなかった。

　各植民地における貸付の動向を比較すると、ビクトリアとNSWでの貸付額が減少しているなかで、唯一貸付を増加させたのは、100千ポンドの増加を見たBNZ銀行だけであった。ESA銀行は、506千ポンド、LCA銀行は286千ポンドの大幅減少を示した。クインズランドのパニックは相対的に鋭く、貸付業務は他の植民地よりも減少した。牧場及び砂糖プランテーションへの貸付は預金銀行にとって魅力的なものでなかった。牧羊不動産を担保にした貸付を減

らすことができるならば、預金銀行にとって満足すべきであった。しかしこれらを処分することは不可能だった。南オーストラリアでも貸付総額が減少したがNSW銀行は増加した。南オーストラリアは、輸出産業の価格下落と農牧地の規模の小ささによって、回復の展望はほとんどなかった[52]。

正貨及び地金の実質準備は、負債総額の30.17％（92年23.10％）であったことをBOA銀行は報告している。1893年9月の全銀行の平均準備率は24.68％（92年18.14％）であった。預金銀行は銀行準備を一般に強化した。新たな金貨は、仲介業務を通じて、ロンドンへ輸送された。シドニーおける平均準備率は8％弱であった。ビクトリアでは20％であった[53]。国内の準備、ロンドンへの支払準備にとって、多くの銀行は、過去不十分な準備しか保有していなかった。したがって、預金銀行は準備の強化を急いだ。

BOA銀行の損益計算書をみると、受取利子は49千ポンドとひどく悪化した。受取利子の平均利率は6.40％（92年6.52％）であった。これに対して支払利子は、17千ポンドと比較的少なく、定期預金の平均金利は、4.54％（92年4.72％）であった。負債総額の平均費用は3.27％（92年3.48％）であった[54]。手数料及び為替勘定は4千ポンドの改善を示している。L/Cを担保に発行されたドラフトの総額は、1893年に5,386千ポンド（92年6,268千ポンド）であった。ロンドン宛て為替手形（british bill）の買取総額は、7,406千ポンド（92年7,962千ポンド）であった。正貨の移送費用は1893年の後半に高かったが、ロンドン宛て為替手形の買取りに3％の高いレートを獲得した。その結果、1893年の年間収益率は、11.6％で1892年及び1891年よりもほぼ1％高かった[55]。金利は、パニック時に著しく高い水準であったわけではない。年間通してみれば、支払停止しなかった銀行は、前年に比べてわずかであるが年間収益率の改善さえみられた。

(2) 民間銀行券の法貨性と兌換政府紙幣の発行

NSWでは第一に、政府は銀行券発行条例（Bank Issue Act, Act 56 Vic. No. 15）のもとに民間銀行券に対して法貨性を付与しようとした。だがBOA

銀行と UBA 銀行の反対にあい[56]、政府が躊躇するなかで金融恐慌は激化した。政府は5月15日に、支払停止していない銀行の銀行券に対して、法貨性を翌日から6カ月間付与することを決定した。こうして NSW では、店を開けている銀行は正貨を支払う義務をまぬがれた。そして銀行は預金引出しに銀行券で対応し、大衆はこれらの銀行券を受入れて、金融恐慌は緩和した[57]。

　第二に、NSW 政府は、当座預金条例 (Current Account Depositors Act, Act 56 Vic. No. 17) を発布して、各行の当座預金勘定の半分の額まで大蔵省紙幣 (Treasury Note) を貸し付けることにした。この大蔵省紙幣は、法貨性を有するとともに通常5年満期ないし、通知されればそれより短い満期で大蔵省において金と兌換された。そしてこの紙幣流通額は35万8千ポンドに達したが、1893年中にすべて兌換によって回収されてしまった。パニック収束後の1893年6～8月にかけて、再建された12行の銀行券にも法貨性が付与された[58]。銀行券発行条例は、6カ月間の時限立法であったため、11月に民間銀行券の法貨規定が失効することになる。そこで11月の NSW 議会で同条例は、本店を除く、NSW の全支店において銀行券を法貨とすると定めた。

　議会審議の焦点は、第3項と第7項にあった。第3項によれば、銀行は、払込資本額の3分の1と金準備（鋳貨と金地金）の合計を超えて、銀行券を発行または再発行することを禁止するものであった。ただし、金準備は各行が前月期に保有する額とされた。表7-6は預金銀行の銀行券発行限度額を示した一覧表である。この規定は、民間銀行の銀行券発行は払込資本の3分の1を除くと全額金準備制に基づくことを意味していた。第7項では、本条例に基づいて、発行されたすべての銀行の銀行券は3項に規定された額まで法貨であるが、銀行券は、シドニーの本店において法貨でないと規定された[59]。この規定は地方では銀行券は法貨であるが、本店においては要求しだい現金決済を強制されるものであり、まさにシドニーが NSW において準備都市として機能することを意味していた。したがって、シドニー本店は、地方支店に対して銀行券の兌換準備を供給する必要はなくなり、シドニー本店に準備を集中することをも意味していた。同条例は内閣の混乱もあって、1893年11月に議会を通過したが、

表7-6 銀行券発行限度額 (1893年)

(単位：千ポンド)

銀 行 名	資本3分の1	金準備	発行限度	平均発行額
Bank of NSW	416	1,519	1,000	1,014
Commercial Banking Sydney	233	1,168	1,000	359
Bank of Australasia	533	547	1,000	197
Union Bank of Australia	500	734	1,000	147
Australian Jiont Stock Bank	294	574	867	212
London Bank of Australia	333	220	553	12
English, Scottish, Australian	219	329	548	0
Commercial Bank of Australia	680	85	766	10
City Bank of Sydney	118	132	250	220
Queensland National Bank Ltd.	160	127	287	0
Bank of NZ	300	142	442	19
National Bank of Australasia	462	115	577	1
Bank of North Queensland	66	17	83	0.2

出典：AIBR, Dec. 18, 1893, p. 1084.

法令としての施行は、1894年まで引き延ばされた。この法令以降シドニーは、地方に対する兌換準備都市として機能し、準備の集中が進められた。

クインズランド政府は、NSWと同様に民間銀行券に法貨性を付与しようとした。だが同様にBOA銀行とUBA銀行が反対してこれを断念した。そして1866年に実施されたのと同じ方法を採用することとした。まず銀行券発行税 (stamp tax) を2％から10％へ引き上げた。この措置は、銀行券の発行を事実上禁止することを意味するとともに、クインズランドではこれ以降、民間銀行が銀行券を発行することはなかった。民間銀行券の流通に代って同植民地政府は、大蔵省紙幣を発行することにし、これを各銀行に4％の利率で貸し付けた。紙幣は政府によって法貨性を付与され、要求あり次第大蔵省において金貨で支払われた[60]。大蔵省紙幣は、民間銀行にとって、現金と同様に資産勘定に記帳されことにより、民間銀行券が発行銀行の債務で負債勘定に記帳されたことと異なる。

大蔵省紙幣は法貨性を付与された政府紙幣であるが、同時に兌換規定も有していた。この兌換準備は発行額の3分の1を大蔵省保有の金貨で、残額は大蔵省証券で準備されていた。銀行は大蔵省紙幣を借りる場合、借入額の25％を鋳

貨で同省に預金しなければならなかった[61]。銀行による見返り預金が大蔵省紙幣の発行準備の金貨の大半を占めることになった。つまり大蔵省紙幣の発行は民間銀行の金預金に支えられていた。大蔵省証券による保証枠は、兌換請求が増加して金貨不足に陥った場合、同証券の販売によって民間から資金調達することになっていた。大蔵省証券は10年満期の4％利付証券であり[62]、兌換準備を含めた各種の支払に利用された[63]。

　NSWとクンズランドにおける大蔵省紙幣の発行は、銀行信用の動揺によって民間銀行券の兌換性が疑わしくなり、また支払停止という事態にたいして、植民地政府が銀行信用を救済するために行ったものである。大蔵省紙幣は、政府の法貨性の付与によって強制的に通用させられた政府紙幣である。同紙幣は、基本的に国家信用によって支えられて流通した。だが同時にこの紙幣は兌換性を有しており、兌換準備の25％が民間銀行の預託する見返り預金によって形成され、その限りで健全な民間銀行の現金準備によっても支えられていた。したがって、政府は、その強制通用力だけで紙幣を流通させるほど高い信用力と資金調達手段を持ち合わせていなかった。民間における信用力が完全に崩壊してしまうこともなければ、政府の公信用だけで政府紙幣の流通が維持されるわけでもない[64]。民間銀行の信用力は、預金の引出しとシフトによって大きく動揺し、銀行信用の動揺によって銀行券の兌換性は疑わしくなる。さらに民間銀行の信用力が低下すると、民間銀行は資金調達の限界と資金不足に直面し、さらに悪化すると連鎖的に支払停止に陥る。こうした銀行信用の動揺と現金の不足に対して、政府は外部から法貨性を持つ政府紙幣を発行し銀行信用の救済を行う、まさにNSWとクインズランドにおける政府紙幣の発行はそのようなものであった。

第5節　預金銀行の再建過程

　預金銀行の再建は4月5日に始まり、6月に5行、7月に2行、8月に4行が再建された。本節では、預金銀行の再建過程をその法的根拠、資本再建計画、

負債管理に分けて検討することにする。

(1) 銀行再建の法的根拠

銀行の再建計画は、NSW及びビクトリア両植民地の高裁（supreme court）によって承認された。その根拠となったのは、NSWの場合、1891年の株式会社整理法（Joint-Stock Companies Arrangement Act）であり、ビクトリアの場合、1892年の改正会社法（Conpanies Act, Amendment Act）であった。

NSWの株式会社整理法の第2～3項（ビクトリアの改正会社法の3～4項）によれば、株式会社の整理と和議に関する諸決議は、裁判所の決定に従って承認されて初めて有効とされた。第4項では、株式会社の整理と和議に関する決議は変更しうるとともに、その実行過程で必要と考えられる取決め及び条件を追加することができると規定していた。すなわち債権者総会の4分の3の多数決を持って成立した決議は、裁判所の承認のもとに、少数派に対して合法的なものとされた。ただし、債権者総会の有効決議は、裁判所の審理及び登記を要し、裁判所はその決議に拘束されないために、その内容に変更を加えることが可能であった。

1870年のイギリス会社法の修正は、それぞれの植民地での株式会社の整理及び再建について詳細な考慮が払われなかった。その結果、イギリス本国のロイヤル・チャーターに基づいて設立されたESA銀行とLCA銀行による整理と再建についての計画が提案されたとき、イギリス裁判所は、4分の3の支持を得た決議が植民地の債権者たちを十分配慮したものであるよう指示した。したがってこれらの債権者への十分な通知の後に、オーストラリア植民地の主要都市で債権者総会が開催されるように指示した。また裁判所は、できる限り債権者の声を確認しなければならなかった。

ビクトリア高裁の首席判事であったW. オーエン（Owen, W.）は、CBC銀行とAJS銀行の債権者総会をシドニー、ブリスベン、及びロンドンで開催するよう指示し、その総会の議長職にさえ指名されていた。ただしビクトリア高裁は、ビクトリア以外の場所でビクトリアの会社の清算は、ビクトリアにおけ

る清算に付随するものにすぎず、したがって総会の開催はないものとして取り扱われた[65]。

(2) 資本再建計画

銀行の再建計画において、資本構成、旧株式の取扱方法、株主払込額、株主の未払込残高、配当条件について検討して、銀行資本の再建を明らかにする。

銀行の名目資本は、額面と発行株式数によって算出されるが、当時の銀行株式は、高額面の分割払込制を採用したために、実質資本額とは払込資本額をさす。株式の構成は、普通株式と優先株式に分けられる。優先株式は、資本に対する優先権及び収益に対する優先権を内容として、一般に期限付き優先株であった。たとえば、BOV銀行の場合、優先株式に対しては10％の年配当率を10期支払い、その後に優先権を廃止するものであった。BOM銀行の場合、年配当率6％の支払いを10期継続した後に、その優先権を廃止するものであった。6行が普通株式だけによって再建を果たし、優先株を併せて発行したのは残りの6行であった。後者のうち優先株の発行が大きかったものが2行、普通株と優先株が同額のもの1行、優先株の発行が小さかったもの3行であった。

旧株式の取扱方法については、①旧株を新株に分割したものが3行、AJS銀行の場合、額面20ポンド・払込み9ポンドの旧株式が額面10ポンド・払込み4ポンド10シリングの新株式に分割された。②旧株式を維持しながら新株を別に発行したもの1行、③変更なし3行、④旧株式の簿価の引下げ5行、そのうち引下げ額を準備金に積み上げたもの2行であった[66]。

次に株主への払込請求が行われた。一株当たりの払込請求額は1ポンド5シリングから6ポンドと銀行によって幅があり、2～3ポンドが多くの銀行の払込請求額であった。再建時払込請求した10行の払込請求総額は、6,062千ポンドに上った。1行ごとの請求額は大きく、等額分割の払込方法が取られた。払込完済が最も早いもので、LBA銀行の1894年11月であり、最も遅いものはCBA銀行の1899年4月であった。新たに払込請求が行われなかった銀行は、BNQ銀行1行であった。

この払込請求により未払分は当然減少するが、ここで未払残高がどの程度あるのか見ておこう。払込請求額と未払残高が同額のものが4行、払込請求額が未払残高を上回るもの2行、払込請求により未払残高が消失するもの1行であった。配当条件については、条件なしが3行、負債の完済を条件とするもの6行、期限付きのもの1行、超過利潤の配分を条件とするもの2行であった[67]。払込請求は1行を除いて11行で行われた。その結果、払込資本額は増加した。株式の新規発行1行、旧株式を新株に分割したもの3行、旧株式の減額3行であった。そして今回の払込請求は未払残高を維持しながら行われた。また新株の発行は、未払残高の減少を補うためであったことは言うまでもない。したがって銀行は株式の未払残高を維持することが株式資本の管理の上で重要視されていた。

(3) 負債管理計画

　銀行の支払停止は預金の払戻しの停止であり、銀行の負債の大半は預金債務である。したがって債権者である預金者に対してその負債処理が銀行再建にとって重要な課題となる。ここでは、債権者総会における預金者との協定の内容を検討することにする。預金の引出しを制限することが目的となるが、それは預金の形態から別の負債形態に転嫁することが課題となる。
①当座預金以外の預金（主に、定期預金）の預金受領書（deposit receipt）への転換、預金受領書は、銀行の預金債務証書であるが確定利付きで登録を必要とした。通常は確定日払いの預金証書であり、再建後4年前後を満期として年1回の等額払いの現金による支払いを約束したものであった。預金受領書を代替するものとして以下のものがあげられている[68]。
　　㋑譲渡性預金受領書（negotiable deposit receipt）
　　㋺譲渡性記名預金証券（negotiable inscribed deposit stock）、
　　　この証券の支払は銀行に選択権がある。
　　㋩社債（debenture）
　　㋥長期確定日払いの預金受領書

8～12年後の一定期日に支払を取り決めたものである。
②預金の一部の優先株への転換
　負債の3分の1から5分の1を優先株に転換するもので、最初の3年間に5％前後の確定配当を約束するものであった。優先株への転換を取り決めた銀行は4行あった。
③当座勘定を持つ預金者に対して、50ポンド及び100ポンドの上限を設けて、また分割払制を採用して、預金の引出を制限したもの9行。そのほかに以下のような取決めがなされた。
　㋑当座貸越の供与、新銀行において取締役の承認のもとに当座貸越を受けることができる。その場合の現金の引出しには上記の制限が加わる。
　㋺預金受領証への転換、確定日払いの、期限付き（terminable）のもの、譲渡性を有するもの等である。
　㋩社債への転換
　新銀行の取締役の選出規定について、預金受領書の保有の債権者に取締役の数名の選出権を与えたもの5行があった[69]。

　預金銀行の再建過程における資本と負債の管理計画を見ると、1893年金融恐慌は、預金銀行にとって貸付政策と担保管理とともに資本と準備を適正に維持することを問うことになった。すなわち19世紀後半は、牧羊金融会社、抵当銀行、不動産投資会社などオーストラリアにおける独特の多様な金融機関が登場し、預金銀行もイギリスとは異なって独自の発展を遂げた時代である。土地開発は、牧羊業、鉱山業、都市建設の拡大によって大量の資本を必要として、これらの産業構造を反映して、金融機関の貸付は、内外からの資金を動員して不動産担保貸付に偏重していった。オーストラリアの金融の発展から見ると、この時期の金融の最大の課題は、自治政府の財政活動の規模も小さく、中央銀行が存在しない中で、民間金融機関の資金仲介機能の創出と発展であり、預金銀行及びその他金融機関にとっては、資本と準備の増強、貸付担保の内容と管理がその成否を決める二つの重要問題であった。

1) 1890年代の金融恐慌と続く長期不況が、後の1929年の大恐慌とそれに続く不況に匹敵するほど深刻なものであったことはよく知られている。E. A. ベームは、この二つの不況を比較・研究した（Boehm, E. A. [1971a] pp. 26-27（谷内訳 [1974] 22-23ページ））。
2) 1880年代のブームの次には、世界のさまざまな地方で一連の恐慌が起こり、イギリス資本輸出を数年間挫折させた。アルゼンチンの金融的崩壊とベアリング恐慌（1890年）につづいて、南アフリカ鉱山株暴落とオーストラリアの金融機関の破綻が起こった。オーストラリアでは州政府の財政的な弱さが明らかになり、いくつかの銀行や住宅金融組合や不動産投資会社の破産は、イギリス投資家にひどい損害を与えた。1893年には多くの銀行が支払停止に陥った。その間に、銀価格の急激な下落によって東洋との貿易は混乱し、インドの株式・公債・保証鉄道から得られるイギリス投資の収入は、20〜30万ポンドも減少した。アメリカの景気は、マッキンリ関税と通貨不安によって影響を受け、多数の鉄道は固定費を弁済することができず、管財人の手に移った。鉄道証券は一般的な崩壊を招いた。ヨーロッパでは多数の政府は重大な赤字に直面した。それは世界的な不況と緊縮の力も意思もなかった経費増大の結果生じた（Hobson, C. K. [1914] pp. 149-150（楊内訳 [1968] 109ページ））。
3) Merrett, D. T. [1989] p. 61.
4) Coghlan, T. A. [1969]; Butlin, S. J. [1961]; Holder, R. F. [1970]; Hall, A. R. [1963].
5) Boehm, E. A. [1971b].
6) Merrett. D. T. [1989] p. 60.
7) Coghlan, T. A. [1890] p. 725.
8) 1890年に49社がメルボルンにおいて営業していた。だがそれ以外に同年に4社が清算されたと報告されている。そのうち当時メルボルンで最大の住宅金融組合の一つであったPremier Building Societyが支払停止に陥った。この失敗は、メルボルン議会で取り上げられ、住宅金融組合が顧客の不動産取引の仲買ばかりでなく、自己の勘定で多くの不動産取引を営んでいることが問題にされた。すなわち自己の勘定のための取引を禁止するかどうかであった（AIBR, 1890, p. 781）。
9) The Premier Building Societyの失敗によって引き起された一つの重要な問題は、ビクトリア議会によって取り扱わなければならない（AIBR, 1890, p. 781）。

10) イギリスの対オーストラリア資本輸出は、尾上修悟氏によれば、1870年代後半から増大し、1880年代後半にピークに達した後は大きく減少した（尾上修悟 [1996] 108ページ）。
11) 貸付の膨張に対する最初の厳しいショックは、悪名高き3人の土地投機家が支払い不能に陥ったことである。彼らの負債総額は、110万ポンドを超えていた（AIBR, 1890, p. 78）。
12) *Australian Economist* [1986] Vol. 1, pp. 160-161.
13) Turner, H. G. [1904] p. 292.
14) Turner, H. G. [1904] pp. 292-293.
15) 1890年の資産合計には Premier Building Association のものが含まれていない。というのは、同社は、1889年に破綻したからである（AIBR, 1890, p. 781）。
16) The Australian Mercantile Loan and Guarantee Co. の失敗によって、これまで順調な発展の陰に隠れて、節度のない無知な経営が明るみにされるとともに、その破綻が避けられないことが明らかになった。同社の財務的な批評は、不動産投資会社の制度上の本質的な弱点を指摘した（Australian Economist [1986] Vol. 1, p. 160）。
17) さらに前任の取締役2名が貸付を受けており、持ち逃げしてしまった。他の2名は警察裁判所の処分にふされた。まさに株主及び預金者は、不法な経営と詐欺の犠牲者であった（Australian Economist [1986] Vol. 1, p. 160）。
18) Australian Economist [1986] Vol. 1, p. 160.
19) AIBR, 1890, p. 781.
20) Australian Economist [1986] Vol. 1, p. 160.
21) Australian Economist [1986] Vol. 1, p. 160.
22) AIBR, 1890, pp. 77-78.
23) AIBR, 1890, pp. 76-77.
24) Australian Economist [1986] Vol. 1, p. 160.
25) 公正権利証書（equitable title）を担保にして、信託会社からの借入は法令の規定を逸脱するものではないが、この借入が正当なものであるかどうか疑わしいので調査の対象となった（Australian Economist [1986] Vol. 1, p. 160）。
26) 永続住宅金融組合と期限付き住宅金融組合の勘定によって構成されているが、期限付き住宅金融組合の有力なものは、メルボルンで活躍し会員に利益を供与している。しかし大衆は永続住宅金融組合からの借入を好んでいる。その資金は株式に依存している（AIBR, 1888, p. 651）。

27) Australian Economist [1986] Vol. 1, pp. 160-161.
28) Merrett, D. T. [1989] p. 70.
29) 南米では銀行及び鉄道へのイギリス投資は、1886年には10年前に比べて3倍以上と推定された。総額は585万5千ポンドと計算され、その大部分はアルゼンチン及びブラジルであった。——最初の打撃はブエノスアイレスの反乱勃発につづいて起こった1890～91年のアルゼンチンの崩壊であった。ロンドン・リヴァプレート銀行を除いてあらゆる銀行が災難に遭い、アルゼンチン政府自身も滞納し、多数の州がその例にならった（Hobson, C. K. [1914] pp. 147-149（楊井訳 [1968] 108-109ページ））。
30) エリ・ア・メンデリソン [1961] 58-62ページ。
31) The Union Bank of Cape Town の失敗の直接の原因は、鉱山開発会社 W. Lippert and Co. への保証が偽造されたものであることが判明して、その結果主要な債権者であった Standard Bank of South Africa によって同行の小切手の現金化を拒否されたことによる（AIBR, 1890, pp. 630-631）。
32) エリ・ア・メンデリソン [1961] 59-60ページ。
33) Feavearyear, A. [1963] p. 327（一ノ瀬他訳 [1984] 344-345ページ）.
34) King, W. T. C. [1936] pp. 306-307（藤沢訳 [1978] 355ページ）.
35) Feavearyear, A. [1963] pp. 327-328（一ノ瀬他訳 [1984] 345ページ）.
36) Feavearyear, A. [1963] p. 328（一ノ瀬他訳 [1984] 346ページ）.
37) AIBR, 1891, p. 561.
38) AIBR, 1892, p. 247.
39) AIBR, 1892, p. 266.
40) AIBR, 1892, pp. 247-248.
41) 1891年11～12月の金融機関の清算に続いて、1892年2～3月の M. H. デービス（Davies, M. H.）の関連した金融機関の破綻も生じた。Freehold Investment & Banking Corporation of Australia Ltd.（1882年設立）、Victoria Mortgage and Deposit Bank Ltd.（1889年法人化）、English & Australian Mortgage Bank Ltd.（1884年に設立された Henry Arnold & Co. が1888年に名前を変更した）、Mercantile Bank of Australia Ltd.（1877年に設立された Australian Economic Bank が1885年に名前を変えたもの）以上が清算された（AIBR, 1892, pp. 80-81）。
42) BOA [1894] p. 41.
43) AIBR, 1893, p. 847.

44) Boehm, E. A. [1971b] p. 17.
45) Boehm, E. A. [1971b] p. 21.
46) Mitchell, B. R. & Dean, P. [1962] p. 496.
47) Boehm, E. A. [1971b] p. 95.
48) 羊毛の刈取りは、冬の後半から春と夏であった。小麦の収穫時期は、春の後半から夏にかけてである。これらの期間は、労働や資本が完全雇用状態にあり、1年間で比較的忙しい時期である。とりわけ社会的な資本である鉄道の利用が最も盛んになる時期であった（Boehm, [1971b] p. 7)。
49) BOA [1894] pp. 36-39.
50) BOA銀行の植民地の総支配人がロンドンの取締役会の代表取締役に（secretary）に宛てた1894年1月16日付の報告書（BOA [1894]）は、1893年10月と1892年10月のバランス・シートを比較しながら、総支配人の金融恐慌についての論評をまとめたものである。
51) BOA [1894] p. 4.
52) 不良債権勘定（doubtful debt account）は、取締役会との特別通信において主要な問題であった。BOA銀行の総支配人は、この半年間に無価値となった勘定について、10月23日付のコンフィデンシャル・レターにおいて言及していた（BOA [1894] pp. 11-14)。
53) BOA [1894] pp. 15-16.
54) 定期預金利は6月に4％から4.5％に上昇し、8月に1年物の定期預金金利は5％となり、このレートが植民地のすべてで支配的であった（BOA [1894] p. 5)。
55) BOA [1894] pp. 24-25.
56) 両行が法貨性の付与に反対したのは、両行の銀行券の流通量が比較的多額であったこと、金融危機においても他行の銀行券に代わって流通量を拡大できるほど銀行券の信用が高いことにあった（B M, 1895, p. 735)。
57) Coghlan, T. C. [1969] Vol. III, pp. 1678-1679.
58) Coghlan, T. C. [1969] Vol. III, pp. 1679-1680.
59) AIBR, 1893, p. 1084.
60) AIBR, 1893, pp. 1084-1085.
61) 同手形は、政府首相（President of Council）、下院議長（Speaker）、植民地大蔵大臣（Colonial Treasurer）に委託保有されることになっていた（AIBR, 1893, p. 1784)。

62) 大蔵省証券については、横内正雄氏の第一次大戦前のイギリス大蔵省証券に関する研究を参照（横内正雄氏 [1986]）。
63) AIBR, 1893, p. 1783.
64) クインズランド大蔵省紙幣の発行の特質を明らかにするために同紙幣の発行をイングランド銀行券（イギリス）の発行と比較しておく。イングランド銀行の保証準備発行額は、同行の政府への貸上げ金に対して発行を許可された銀行券の発行額である。つまりイングランド銀行が政府に貸し付けた額に対して、政府が同行に銀行券の発行を保証したことは、国家と銀行の関係が商取引上の債権・債務関係に擬制された。こうしたイングランド銀行券の発行について松井安信氏は、「公（国家）信用がじつに巧妙に銀行信用のなかに吸収され」と説明された（松井安信 [1970] 115頁）。
65) AIBR, 1893, p. 582.
66) 額面35ポンドの株式を1株10ポンドの帳簿価格に引き下げ、その引下げより生じた45万ポンドは準備金として積み上げられた。株主に対する払込請求は、1株当たり12ポンド10シリングで、払込完済日を1895年の1月とし4回の分割納入制を取り、今回の払込請求額56万ポンドを加えた払込資本総額は、101万ポンドとなる。1株当たりの未払い残高として、今回の請求額と同額の12ポンド10シリングが残されていた（AIBR, 1893, pp. 766-772）。
67) AIBR, 1893, pp. 766-772.
68) 預金債務は、以下のように取り決められた。①25％は社債（debenture）に転換する、②25％は期限付き預金受領書に転換する、この受領書は、新銀行の法人化日より7年目に支払を開始し、その後5年間の等額分割払いで支払われるものであった。またこの受領書は、1898年1月1日以前に額面価格で社債（debenture stock）に転換できるものであった。③50％は、記名預金証券（inscribed deposit stock）に転換する、のちに、元本は社債に、利子は期限付き預金受領書に分割される。ただし、社債と預金受領書は新銀行の選択のもとにそれぞれ5％と2％のプレミアムをつけて償還される。金利は、預金受領書が4％、社債が4.5％とされた。当座預金者は、社債あるいは期限付き預金受領書を担保に総額の50％を上限として貸付を受ける権利を有する。あるいは当座預金者は、支払われる預金総額の25％を、ただしその額が50ポンドを上限として、支払を受ける権利を有するとされた（AIBR, 1893, pp. 766-772）。
69) AIBR, 1893, pp. 766-772.

第8章　製造業の確立と通商・産業政策の展開

　多角的な貿易・決済システムは、1870年から1914年の間にイギリスを中心としたものから大きく変化した。それはドイツとアメリカが工業製品の輸出国として登場したからである。アメリカは、ヨーロッパ大陸との貿易赤字を減らし、中南米、インド、ブラジルからの輸入を増加させ、さらにオーストラリア、アルゼンチン、カナダに対して輸出超過となった[1]。

　イギリスの貿易と決済のパターンは、1910年までに大きく変化した。アメリカ合衆国に対する赤字額は増加し、カナダ、海峡植民地、南アフリカは、イギリスの債権国になっていた。1910年にはイギリスの債務残高は、ほぼ極東とオーストラリアを通じて処理されていた。なかでもイギリスの赤字総額のほぼ40％を相殺していたインドは、依然イギリスの決済制度にとって鍵となっていた[2]。

　第一に、多角的な貿易・決済構造の変化は、19世紀末の経済の長期停滞期以降、オーストラリアの貿易・決済構造にどのような変化をもたらしたのか、その上で、1900～45年の国際収支の基本的な構造を明らかにする[3]。第一次世界大戦は、これまで緩やかに変化してきた世界経済の構造変化を決定づけて、オーストラリアにとって多額の対外債務を押し付けた。1920年代以降、対外債務問題と経常収支の赤字について検討する[4]。1920年代は、貿易、資本、労働の流れを通じて世界的な市場の拡大が生じて、近代工業技術の伝播と工業化の波が広がった時代である[5]。工業化の受容は、各国の社会、政治、文化によって大きく異なり、オーストラリアでは、連邦制の成立以降、連邦関税制度により輸入代替工業化が進められた。したがってオーストラリア製造業の確立過程を検討することが第二の課題である[6]。第三には、連邦制以降は、財政制度を確

立の上で、財政、産業、通商政策が本格的に動き出すとともに、連邦銀行の設立により貨幣政策が効果を持つにいたった[7]。この時代は、戦争や恐慌による世界的な経済危機を背景に、国家が貨幣制度、貿易、企業活動に積極的に介入し始めた時期にあたり、政府の財政構造、関税制度、通商・産業政策を検討する必要がある。第四の課題は、19世紀末の長期不況を脱し、製造業の育成を目指したオーストラリアは、二つの世界大戦と大恐慌の影響をこうむるなかで、大恐慌の影響がどのような経済変動をもたらしたのか[8]、経済のブロック化のなかで、オーストラリアの通商・産業政策は、1930年代以降どのような変化を辿ったのか明らかにしたい[9]。その上で、この40年余りの間に、戦後高度成長の国内制度上の基礎的な枠組みが形成され、かつ次章で検討する貨幣・金融政策の基盤となる経済構造を明らかにすることである。

第1節　貿易構造と国際収支の変化

(1) 貿易構造の変化

　輸出品目の構成は、羊毛と鉱物資源の輸出が2大品目であったが、そのなかで1900年代に変化が生じた。すなわち最大の輸出品であった羊毛は、1890年代から第一次大戦までの長期旱魃を最大の理由にして減少し、これに対して鉱物資源及び金の輸出額は、金鉱脈が1890年代に西オーストラリアで発見・開発されたことにより、最大の輸出品となった。第一次大戦後、図8-1に見られるように、金生産の重要性は急速に低下して、1930年代と第二次世界大戦直後を除くと、金生産は、価格上昇期に一般に低下し価格低下期に増加する傾向を持っていた[10]。1903年に金生産額がピークを迎え、他の鉱物資源の輸出が増加した結果、羊毛の輸出シェアは、1890年代の不況と旱魃によって鋭く低下して輸出品目の第二位となったが、ほぼ1905年までにオーストラリアのトップの輸出品としての地位を再び獲得した。羊毛は、20世紀中頃まで最大の輸出品であり続けたが、輸出総額に占めるそのシェアはほぼ3分の1までに徐々に低下した。

第8章　製造業の確立と通商・産業政策の展開　275

図8-1　オーストラリアの主要輸出品シェアの変化（1881～1976年）
(単位：%)

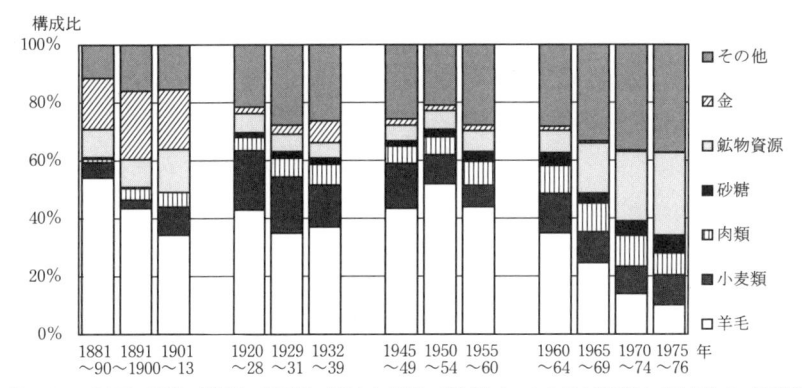

構成比／1881～90／1891～1900／1901～13／1920～28／1929～31／1932～39／1945～49／1950～54／1955～60／1960～64／1965～69／1970～74／1975～76　年

凡例：その他／金／鉱物資源／砂糖／肉類／小麦類／羊毛

注：オーストラリア年鑑の統計は、1914年に年次から年度に変更された。この図の1913年までは年次で、1920年以降は年度である。ただし1975～76は年次である。
出典：Boehm, E. A. [1971] pp. 88-87 より作成。

　小麦の輸出は1900年以降増加し、小麦粉の輸出は第一次大戦後に増加して、農産物輸出が1900～13年の期間に輸出額シェアの10%から20%に達したことにより、主要な輸出品としての地位を確立した。オーストラリアは19世紀前半まで食糧自給に課題を抱えていたが、農産物輸出の増加は、19世紀後半の土地改良及び農業促進政策が1900年以降実を結んだ結果である。バター、食肉、及び皮革の輸出も19世紀最後の10年から増加した。1900年から第二次大戦前までにほぼ15%の輸出シェアを占めるに至った。19世紀末から第一次世界大戦までに、羊毛、小麦、酪農加工製品、鉱物資源産業が20世紀前半の4大輸出産業として確立した。

　輸入品の大半は生産財であり、そのシェアは1920年度まで高まった。最終消費財の輸入はほぼ30%前後を推移している。ここでは、イギリスからの輸入品構成と日本からの輸入品の構成についても注意を払ってまとめることにする。

　図8-2によれば、オーストラリアの輸入品の構成は、1901～03年から1920～21年の間に大きな変化はない。繊維・織物は、輸入総額の30%弱、機械・製造品は20%前後で、これに次ぐのが植物性食品、紙類、石油、木材で、さらに薬品、皮革、陶磁器などが続く。

図 8 - 2　オーストラリアの主要輸入品シェアの変化（1901年〜1920年度）
（単位：％）

| | 1901〜03年 | 1904〜08年 | 1909〜13年 | 1914〜18年度 | 1920年度 |

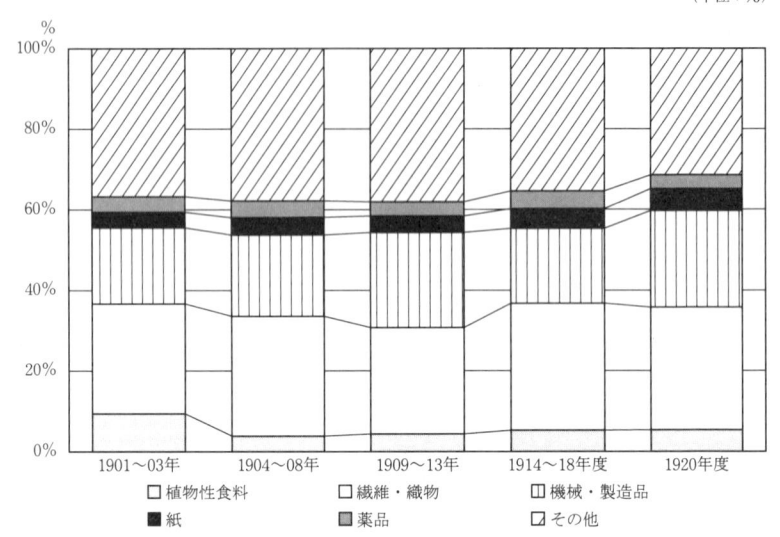

□ 植物性食料　　■ 繊維・織物　　□ 機械・製造品
■ 紙　　　　　　■ 薬品　　　　　☒ その他

注：1913年までは年平均、1914年度以降は年度の平均である。オーストラリアの年度は、7月に始まり、翌年の6月が年度末である。
出典：Year Book, No. 15, 1922, p. 489 より作成。

　輸出入相手国の変化をみると、1890年代は、オーストラリアの貿易構造が大きく変わった時期である。T. A. コグランの統計によれば、19世紀後半少なくとも1890年まで、オーストラリアの輸出入に占めるイギリスの位置はほぼ75％前後を占め、これにイギリス植民地との貿易を加えると83％から95％に達していた[11]。統計上の連続性に欠けるが、B. ダイスター（Dyster B.）及び D. メアーディス（Meredith D.）がオーストラリア年鑑から作成した統計によれば、1892〜96年にイギリスへの輸出入がそれぞれ70％強から、1897〜1901年に輸入が63％、輸出が57％、1902〜06年に輸入が53％、輸出が46％に低下している[12]。この二つの統計から、オーストラリアとイギリスとの貿易は、1890年代に減少し始め、アメリカ、ヨーロッパ諸国との貿易が拡大した。この傾向は1890年代後半から1906年までに急速に進んだことが確認される。

　第一に、オーストラリアの輸出入相手国は、1890年代の後半から多様化が進んだ。特に、輸出相手国は、イギリス以外のヨーロッパ、フランス、ドイツ、

図8-3　オーストラリアの輸出相手国のシェアの変化（1899年～1930年度）
（単位：％）

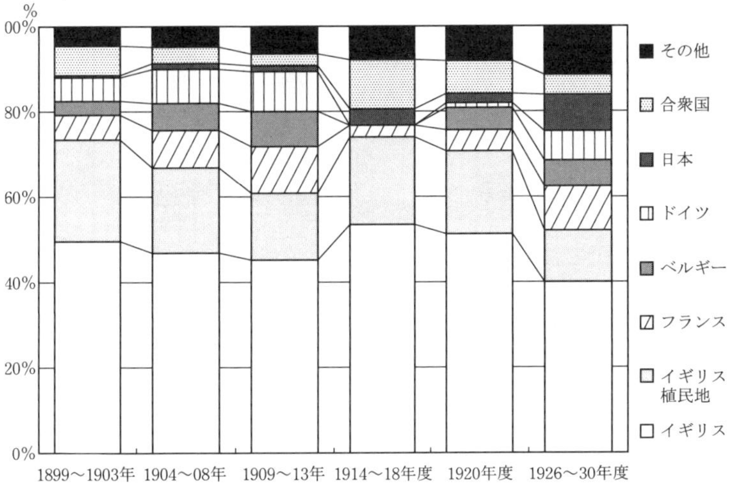

出典：Year Book, No. 15, 1922, p. 477, No. 25, 1932, p. 152 より作成。

ベルギー、さらに日本、合衆国が一定のシェアを維持した。これに対して、輸入相手国は、イギリス及び英植民地、アメリカでほぼ8割のシェアを占めていた。

　輸出相手国のシェアの変化については、図8-3によってまとめておく。イギリスへの輸出は、1899～1903年に49.6％と、50％を割り込み、英植民地への輸出を含めても73％に低下した。イギリス及び英植民地への輸出シェアの低下傾向は、少なくとも1930年度まで変わることはなかった。同年度には、イギリスへの輸出シェアが40.1％、英植民地を含むそれが52％となっている。イギリスを除く他のヨーロッパ諸国への輸出は、第一次大戦の直前まで増加し、輸出シェアで28.3％に達している。ヨーロッパ諸国への輸出シェアは、第一次大戦中に大きく後退するものの、戦後徐々に回復して、1926年度から1930年度の平均で見ると23.4％とほぼ戦前の水準に到達している。日本へのオーストラリアの輸出は、今世紀にはいって着実に増加して、1926年度から1930年度の平均でみて、8.4％に達している。アメリカへの輸出は、5％前後の水準であり、第

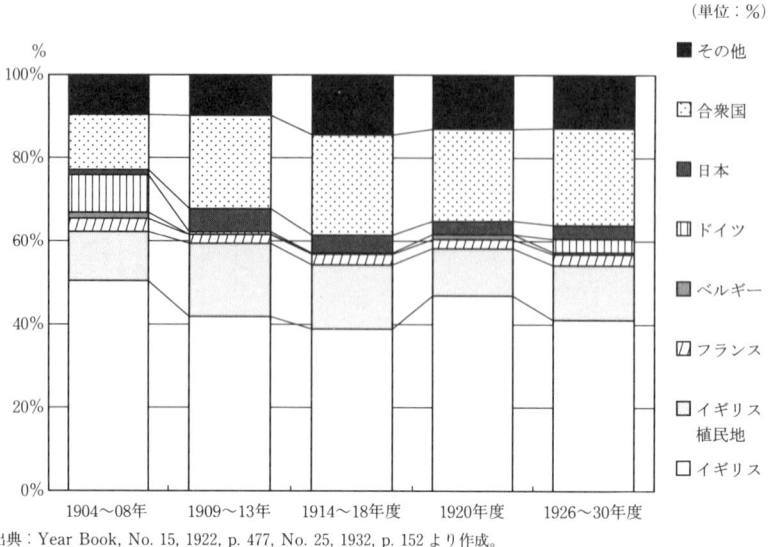

図 8-4　オーストラリアの輸入相手国のシェアの変化（1904年～1930年度）

（単位：%）

凡例：その他／合衆国／日本／ドイツ／ベルギー／フランス／イギリス植民地／イギリス

出典：Year Book, No. 15, 1922, p. 477, No. 25, 1932, p. 152 より作成。

一次大戦中に増加した。

　輸入の相手国については、図8-4によれば、輸出相手国ほど多様化は進まなかった。イギリス及び英植民地、アメリカからの輸入で、全体の輸入のほぼ8割を占めていた。イギリスからの輸入が50％を切るのは第一次大戦中であり、それ以降この水準を回復することはなかった。アメリカからの輸入は、イギリス植民地からの輸入を上回り、20％台強のシェアが続いた。

　オーストラリアの貿易に占めるイギリスのシェアは、世紀の変わり目までに50％強に後退した。輸出の残りは、イギリス植民地と他の外国によって分けられた。オーストラリアの輸入にとってイギリスの重要性も同じであった。ドイツとアメリカもまた重要となったのである。イギリスは、輸出の30～40％を占めて、オーストラリアの主要な貿易のパートナーとして残った。日本やフランスが1920年代にそれぞれ10％を占めた。輸入は、イギリスが40％を占め、合衆国が25％を占めるようになった。

　日本は、第一次大戦後の工業化により、イギリスに次ぐオーストラリアの羊

毛の海外市場としてますます発展する趨勢にあった。1935年度オーストラリア羊毛輸出総額の278万3千ベイルのうちイギリスへ34.4％、日本へ28％であり、日本への輸出は漸次増加した。同様に、小麦及び小麦粉についても日本と満州は重要輸出先としてイギリスに次いだ[13]。第二次大戦以前の日本の貿易構造は、日本が輸出額第二位の商品である生糸をアメリカに輸出し、アメリカから綿花を輸入して輸出品第一位の綿製品を生産した。日本は、この綿製品をイギリス植民地（インド、マレー、海峡植民地、カナダ、オーストラリア）に輸出して、英植民地から重化学工業原料を輸入していた[14]。

(2) 経常収支と対外債務問題

貿易収支は、20世紀前半にほぼ黒字を基調としていた。しかし1920年代の始めから1929年度まで赤字に転換した。例外は、1921年度に3,330万ポンドの大幅な黒字を記録していることである。大恐慌の影響が強く残った1930年度には再び黒字に転換した。貿易取引は、第一次大戦中と1929年度から1935年度までに低い額に縮小したのを除くと、輸出額も輸入額も増加した。貿易外収支は、この全期間を通じて赤字を記録した。特に、貿易外収支のなかでも第一次大戦後に所得収支（対外利払）の赤字が大幅となった。図8-5によれば、オーストラリアの経常収支は、輸出の減少と輸入の急増によって、1912年以降赤字となった。大戦以降、貿易外収支の赤字、そのかなりの部分を占める対外債務の利払い分が増加して、経常収支の赤字要因となった[15]。オーストラリアの経常収支の基本的特質は、貿易収支の黒字で貿易外収支・所得収支（対外利払分）の赤字を調整する構造にあった。わけても輸出価格の低下・交易条件の悪化により貿易収支の赤字が発生するときに、国際収支の危機・対外決済手段の不足が表面化することになっていた[16]。

大戦中に軍需物資及び消費財が大量に輸入されたが、公表された貿易収支において正確な記録がない。しかし大戦中の輸入の決済は、国際収支のなかで明らかになる。図8-6によると、貿易外収支のその他項目における対戦中の大幅な赤字は、1914年度と1918年度の間に、平均すると、経常収支全体の赤字の

図8-5 国際収支の変化（1918～1929年度）
（単位：百万ポンド）

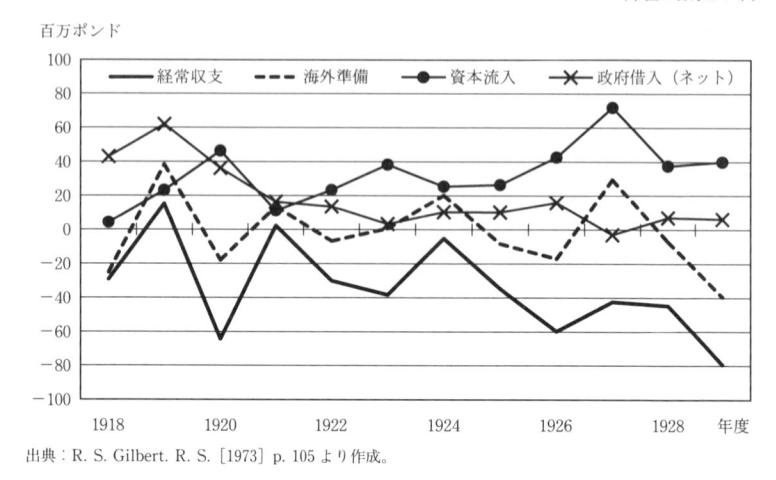

凡例：経常収支、海外準備、資本流入、政府借入（ネット）

出典：R. S. Gilbert. R. S. [1973] p. 105 より作成。

62%にのぼり、対戦中の輸入決済額と見られる[17]。

　オーストラリアの政府債務は、1919年6月の数字を見ると、連邦政府債務3億2,570万ポンド、州政府債務3億9,630万ポンド、合計7億2,200万ポンド（GDP比、117%）に達した。連邦政府債務は、対戦前の1914年6月に1,920万ポンドであったことから[18]、5年間で17倍に膨らんだのである。図8-6によれば、連邦政府債務のうち3分の1がロンドン調達分で、残りの3分の2が国内調達分であり、州政府債務は3分の2がロンドン調達分、国内調達分が3分の1であった。海外債務のほぼ半分は、ヨーロッパで購入された軍需物資の支払のためにイギリス政府によって貸し付けられた額であり、利子支払は、1919年までに年間1,500万ポンドに達したのである[19]。

　1920年代は、オーストラリアの経済環境が悪化した時代である。政府の債務総額は、図8-6によると、1929年に11億380万ポンド（GDP比、129%）に膨らんでいた。同年の内訳をみると、連邦政府債務総額3億7,750万ポンド、そのうち1億5,970万ポンド（42%）が海外調達分で、残りの2億1,780万ポンド（58%）が国内調達分であった。州政府債務は、7億2,630万ポンド、そのうち4億1,240万ポンド（57%）が海外調達分で、3億1,390万ポンド（43%）が国

図8-6　対外債務負担率の変化（1914〜1940年度）

（単位：百万ポンド、％）

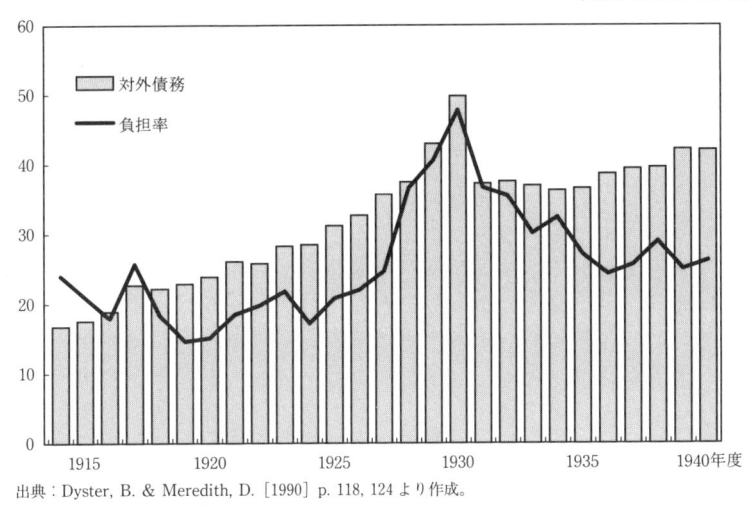

出典：Dyster, B. & Meredith, D. [1990] p. 118, 124より作成。

内調達分であった。1920年代の連邦及び州政府による借入は、鉄道、道路、電力、灌漑事業などの大規模な公共事業のために膨らんだのである。固定資本形成における公共投資は、実質項目でみて、戦前ほど高くなかったが、その資金調達のために資本の流入は増加した。経常収支の赤字は、1920年代後半に、1925年度から1929年度に年平均ほぼ5,200万ポンドで、GDPの約7％であった。これが海外債務負担の増加を生み出した[20]。1920年代の対外借入は、R. S. ギルバート（Gilbert, R. S.）によれば、政府の資金調達の唯一の源泉であり、1920年代の資本流入の3分の2は、政府がこれまでの対外債務に利子を支払うために、政府により借り入れられた額であった。そして1918年度から1929年度の借入のうち巨額の戦時公債をオーストラリア国内債券へ転換する額も多額に上った[21]。

　海外債務負担が増加するなかで、オーストラリアは世界貿易の拡大を必要としたが、世界貿易は、1920年代の後半に活気がなかった。オーストラリアの輸出は、1924年度のピーク時から反転し、交易条件も同年度から不利となった。

オーストラリアの輸出総額は増加したが、世界の商品価格が低下して輸出収益は減少した。輸入価格はわずかであるが低下して、条件が悪化するなかで世界と貿易せざるをえなかった。輸出の悪化は、1924年度以降、貿易収支の赤字を引き起した。戦前オーストラリアの貿易収支は13年間黒字を継続し、経常収支の赤字も5年だけであったが、戦後は対外債務を賄うために、よりいっそうの貿易収支の大幅な黒字と資本の流入を必要とした[22]。

　ニューヨーク市場は、1920年代の中頃、証券発行の中心地となっていた。連邦政府と各州政府も、1925～28年にニューヨークからも多額の資金を借り入れた。その額は、政府のネットの借入総額の40%に達したが、政府の債務総額の8%にすぎなかった。ロンドン金融市場はオーストラリアにとって伝統的な資金調達の源泉であり続けた[23]。

　オーストラリアの海外からの借入は、1928年から減少した。そして1929年から1930年には公債協議会（Loan Council）は、公債の発行を抑制した。しかし既発債の借換えに加えて新規発行需要もあったので、発行利回りは高まっていたが、海外での資金調達を抑制できなかった。特にパニック以降、ニューヨーク市場は、金融的繋がりが薄かったために敬遠され、ロンドン市場とこれを補うものとしてオランダ市場が利用された[24]。連邦政府は、貿易赤字の加速と経常債務の利払いをカバーするために、短期のスターリング建ての大蔵省手形を発行して回避した[25]。

　1930年代にオーストラリアに流入した外国資本額（ネット）は、1920年代の4分の1に減少して、1931年以降に政府は、借入以上に返済した。結局資本の実質流入（ネット）は、民間資本によるものであって、1930年代中頃及び後半に、外国の企業が安いオーストラリア資産を購入し、資金を運用し、高い関税障壁の内側に預金しようとしたものであった[26]。民間資金の流入には世界的な移民増加によっても生じた。移民の増加は、オーストラリア700万人の人口に対して、1931～40年の間に3万2,000人を追加した。

　しかし1920年代と比較して、外国資本の流入が滞ったこと、また政府が海外の金融市場で資金調達を抑制した結果、貿易外収支の赤字をカバーするために、

貿易収支の黒字を維持しなければならなくなった。幸運なことに、西オーストラリアを中心とした金生産は回復して、1930年代の終わりには、金の輸出は輸出総額の10分の1を占めるまでになった。小麦の価格は不安定であったが、羊毛価格もヨーロッパと日本からの買付によって、1933年と1934年の間にほぼ2倍に上昇した[27]。そして貿易収支は、1930年度から大幅な黒字を維持したのである。

第2節 製造業の確立と産業政策

(1) 製造業の成立過程と関税政策

製造業の発展は、1851年の金の発見以前にはほとんどなかった。金発見の直後、1854年の最初の鉄道建設、1856年のヨーロッパとの蒸気船の定期航路の開通によって、初期の工業化は促された。NSWとビクトリアでは、責任政府が成立してすぐに土地の開拓と農業育成を目指した。土地開拓法は、労働者に以前にもまして雇用機会を提供し、第一次産業の規模の拡大によって製造業を育成した[28]。自由貿易の時代に、農牧業など輸出産業の反対をおさえて、各植民地に採用された関税制度は、製造業の成育に貢献した[29]。1861年から1920年度の間の工場数と雇用者数の変化によれば、製造業は、1880年まで工場数及び雇用者数を着実に拡大して、1881年に、6,272工場、雇用者数85,395人に達した。しかし1890年代の不況期にその拡大の足取りは鈍り、連邦制成立から1911年に14,455工場、雇用者数316,710人に増加した。またこの統計から、工場規模は1881年前後で拡大したと推測されること、NSWとビクトリアでは、製造業の種類はともかくその拡大過程において大きな違いはなかったことが確認される[30]。

オーストラリアの工業の成長は、N. G. バトリンの推計によれば、1870年代の後半にGDPの1割に達してから、1890年代の長期不況期にかけて、確かに成長率は遅いものの確実に国内総生産における重要性を高めていった[31]。続く

1900年に12.6%、1910年に13.2%、1920年度に12.5%、1930年度に15.9%、1938年度に18.7%と着実に成長を遂げたといえる[32]。1900年以降の製造業の発展を促進した要因は、オーストラリア連邦の成立、連邦政府の関税政策、さらに連邦発足後14年を経て勃発する第一次世界大戦であった。

　大陸ヨーロッパ、アメリカ、及び日本との貿易の多様化が進み、さらに中国、日本、アジア諸国の貿易商人の活動と輸出品の脅威に晒されて、オーストラリアは連邦として関税政策を志向することになった[33]。連邦制は、各植民地の関税制度及び差別的な運賃などの諸規制が取り払われて、植民地間の物流と労働の密接な関係が作り出され、製造業をはじめとして幅広い産業の急速な発展を促し、全国的視野に立った工業化政策を遂行する基盤が準備されることになった[34]。特に広い市場を求める製造業は、植民地間の関税と差別運賃の撤廃によって、オーストラリア市場全体を獲得し、生産要素の効率的利用を実現した。

　オーストラリア連邦の最初の関税は、1902年に成立した関税法（Customs Tariff Act, 1902）であり、これによってオーストラリア国内に統一的な関税率を適用して、各州間の取引は自由とされた。ただし、西オーストラリア州は、総収入の9割近くを関税からの収入に依存していたために、特別に5年間他州からの財に関して税の徴収権を認められた。1906年には南アフリカとの関税同盟が成立し、さらに1908年にはイギリスに対して特恵関税率が承認にされている。統一的な新関税制度が製造業の保護的効果をもったことは多くの研究者のなかで承認を得ている[35]。その後、1920年度まで一般的関税改正はなかったが、イギリス商品に対する特恵は維持強化され、イギリスからの輸入シェア（53%）は、60%台に回復し、特恵税率の効果が現われた。

　製造業の発展は、連邦制成立直後の保護関税による輸入代替工業化をもって始まったが、オーストラリア工業生産の質的内容は、一次産品加工と特定分野に限定されていた[36]。

　しかしながら1900年代まで特筆すべき製造業の基礎がなく、イギリスに代わって新たな工業国が登場した競争条件の中で、オーストラリアが工業化を進めるとき、工業製品の輸入を関税によって制限しながら、国内に存在する資源を

表8-1 製造業の業種別生産額シェアの変化（1920、1930年度）

(単位：%)

産業分類	1920年度	1930年度
酪農製品	5	
化学・薬品	2	6
金属・機械・機器	20	19
織物・衣類	12	15
食品・飲料	35	38
家具・木材加工	7	4
紙・文具		5
ヒーター・電灯	3	5

出典：Year Book, No. 15, 1922, p. 402, No. 25, 1932, p. 730 より作成。

もとに一次・二次加工を主要な工程とする工業を育成せざるを得なかったのである。日本の製造業のように、原料資源を広く海外に依存する製造業と異なって、オーストラリアの場合、国内に存在する資源とその輸出に依拠する特定産業の育成に限定されたのである。この特色は、いずれの先進工業国における工業化の基礎的産業とみなされた綿織物工業が、オーストラリアにおいて成立しなかったことを十分説明するものである。すなわちオーストラリアでは、綿花は生産されておらず、むしろ輸入財であり、イギリス及び日本の綿工業との競争力をまったく持ち得なかったのである。表8-1は、オーストラリア製造業の産業別の生産額シェアを示したものであるが、毛織物工業は羊毛を、金属・機器工業は鉱物資源を、食品加工業は農業と牧畜業をというように、当時オーストラリアの3大主要輸出原材料を産出する第一次産業の上に、その延長線上に主要製造工業が成立したのである[37]。これらの製造業は、原料生産地に立地し、加工工程の単純さや短さ、輸入代替による国内志向にその特性が現われている、これがオーストラリア初期工業化の基本的特色であり、発展過程の限界でもあった。

(2) 鉄鋼業の確立過程

初期工業化の基本的特性からの決別を不可避としたのは第一次大戦の勃発である。戦争は、輸送径路の閉鎖や船舶の不足のために、イギリスより工業製品

の供給を遮断した。工業製品の供給源を一部は日米両国に転換したが、品不足と価格騰貴は深刻な影響を国民生活に及ぼし、イギリス工業への依存体制が反省されるとともに、国内の各種製造分野で企業の設立を促した。ヨーロッパ諸国への輸出が停止した鉄・銅などの鉱物資源は国内での精錬に切り換えられていった。BHPは、政府の強い支援のもとで、ニューカッスルに銑鉄・鉄鋼の製鉄所を創業し、1915年より操業を開始した。特にBHPは戦争終結の年には、粗鋼年産16万トンを超え、戦時下の好況を利用して経営と技術の基礎を固めていた。戦争は軍需品生産を必要として、毛織物工業の確立と繁栄が政府買付の急増によってもたらされた[38]。

　BHPは、銀、鉛、亜鉛、銅など非鉄金属の採掘及び精錬のために1885年に設立されたが、同社が製鉄業への進出を決めたのは、1911年のことである。その背景は、南オーストラリアで良質な鉄鉱石を産出するアイアン・ノブ鉱山、アイアン・モナーク鉱山が発見されたこと、連邦政府が鉄鋼業の確立を促し、基盤整備・工場敷地の貸与、さらに製品であるレールの政府による買付け見込みがあったことである。コークス生産に適した粘結性炭田地帯に位置するニューカッスルで、アメリカの技術導入をもって操業を開始する。第一次大戦中、鋼材ではレールの生産が圧倒的に多く、全生産高の50％を占め、構造用鋼、弾丸鋼などを生産し、1914年から1915年に26倍も増加して、レールにいたっては戦時物資としてイギリス、フランス、南アメリカへ輸出した[39]。

　第一次大戦後の不況の中で、世界的に鉄鋼の過剰生産が表面化して、1920年代の中頃にまで価格は低下した[40]。オーストラリアでも外国の安い鉄鋼が流入して、また国内需要も予想を下回っていたので、BHPは鉄鋼保護関税の導入を検討した。1920年代は本格的な保護関税政策の開始となり、連邦政府も関税改正を進めた。BHPは、創業当初、銑鋼一貫企業として設立されたわけでなかったので、この不況期に鋼材及び鉄鋼関連企業を吸収し再編合理化を進め、コストダウンの実現に成功した[41]。

　1929年大恐慌後、世界的に鉄鋼価格が暴落し、激しい国際競争のなかで1933年に国際鉄鋼カルテルが再建されるが、BHPは、労務費の切下げ、原料炭コ

ストの切下げ、合併による工場規模の拡大、新規事業及び関連事業への進出によって、市場における独占力を強めた。1935年のAIS社の吸収合併によって、工場配置のアンバランスの是正、平炉生産能力の向上、最新コークス炉の建設、規模の生産効果と合理化によって、オーストラリア鉄鋼業の体質が1930年代に改善され、1931年12月のポンドの切下げの影響もあって、1936年には高級鋼・特殊鋼を除くとアメリカの生産価格を下回るようになった[42]。

(3) 工業化の拡大

以下、1930年代後半のオーストラリア製造業の業種別特徴を簡単に紹介しておく。毛織物工業は、イギリス本国の羊毛製品との価格競争に晒されながらも、その都度輸入関税率の引上げによって対抗してきた。オーストラリアの高賃金の影響を最も受けたのは毛織物工業であるが、技術的に未熟な点もあって国内消費のために製造しているのが現状であった。国内に毛織物工業が一定の規模で活動していることは、羊毛価格の最低限を維持する点で利益は大きいと考えられる[43]。綿織物工業では、特に綿布はほとんど全部を輸入しており、初期の生産技術・条件にとどまっていた。1937年度の輸入統計を見ると、イギリスより67.6%、日本より27.5%となっている[44]。食肉工業、乳製品加工業、皮革工業、製靴工業も、原料供給地に成立を見た製造業である。

オーストラリアは、NSW州のブロークン・ヒルを中心に鉛、亜鉛、銀、銅などの非鉄鉱石の産出国であったが、国内に溶鉱炉、精錬加工技術は発達せず、金以外の鉱石は海外に送られていた。しかし1905年に鉛の精錬工場が南オーストラリアのポート・ピリーに設立され、1930年代の後半には世界有数の工場となっている。1920年代には、発電技術の進歩、ディーゼルなど石油エンジンの普及、アルミニュウム系軽合金の需要も高まって、非鉄金属の電解精錬がさかんとなった[45]。亜鉛は1915年にタスマニアのリズトンに建てられた工場で電解精錬されていた。銅もタスマニア州、クインズランド州で電解精錬された。ポート・ケンプラでは電解精錬された銅が銅管・銅線に製造され、1930年代の後半にはアルミニュウム、真鍮、ニッケル銅の製造もシドニーで行われていた[46]。

造船工業は、連邦政府経営、NSW州政府経営の官営造船所があり、海軍用各種艦艇をはじめ石炭輸送船、冷凍貨物船、その他小船舶が建造されていた[47]。鉄道車両及び電車の製造は、国内自給の域に達しており、政府民間合わせて工場数116社、27,207人の労働者を要していた。国産自動車の製作は、1917年に連邦政府が雛型自動車を輸入して、アデレードのホールデン社（Holden Frost）に送り自動車の製造を研究させた。1924年に同社は、アメリカのGM社と提携して主要都市で自動車の組立、ボディーの製造を開始した。1936年には、GMホールデン社（General Motors-Holdens Ltd.）は、BHP社と提携して戦闘機の製造を開始した[48]。農機具製造工業は、1843年に始まり、オーストラリア機械工業の発達に貢献した。電気機械器具の製造は大恐慌による輸入の減少を背景に、その後大きく発展した[49]。

第一次世界大戦の期間中に製造業の発展がみられた。オーストラリアにおける製造業の生産総額は1913年度を100とすると1918年度は152に増加した[50]。工場数は1916年の15,179から1918年度に15,588へわずかに増加し、雇用者数は1916年の316,752人から1918年度の340,475人へ増加した[51]。蒸気、ガス、石油、電気、水力などの向上における機械的動力の利用も1916年を100とすると1918年度には119に増加している[52]。

第一次世界大戦中に、イギリスをはじめヨーロッパからの資本、技術・機械設備、熟練労働者の獲得が困難となるやすぐにアメリカに依存した。連邦政府は、大戦中に工業製品のイギリス依存の欠陥をいち早く認識して、経済的にも軍事的にも全面工業化が不可欠として、政府主導のもとで政策的に製造業の自給体制を育成した。政府は、すべての製造業の分野で国内生産を試み、新規製造業が次々に設立された。造船業は、世界的な造船コストの暴騰によって十分に採算を取りながら、さらに外貨の獲得にも貢献した[53]。

1920年代以降の工業化は、輸入代替の段階を超えており、輸出志向を強めた企業も登場して、対外競争の制約条件さえなければ、アジア地域において全面的な輸出産業としての地位を確立する段階に到達していた。綿工業など一部基盤的産業部門を除くと、ほぼすべての産業分野で製造業の成立をみた。製造工

程の多様化も進み1930年代にはオーストラリア製造業は、初期工業化の基本的特色から開放されて、自立的発展の域に達していた。しかし比較優位を国内に存在する生産要素の相対的優位性によって特定財の生産に特化することと理解すれば、まさにオーストラリアの場合、国内に存在する生産資源とともに製造工業が確立され、その資源の輸出に対して付随的な製造工業が発達したという特色も残っていた。また戦時下で発足した工業は、国際競争力を欠いたのも確かであるが、政府は保護政策により、基幹産業に多大な育成手段を与える工業化戦略を進めた。1920年の全面的な関税改訂は工業化政策の転機となり、関税委員会（tariff board）設置のもとでさらに工業化が促進されていくことになった[54]。

関税委員会は、関税に関する調査・提案を行う機関であるばかりでなく、内国消費税（excise tariff）を含むすべての間接税に関して調査・提案を行った。さらに重要なことは、オーストラリアの第一次産業・第二次産業の成長を促進するために必要な補助金・奨励金の調査・立案も行い、イギリスの最恵国待遇と英植民地及び外国との互恵関税が国内生産者及び輸出者に与える影響を調査・調整すること、また製造業及び国民に対する関税の影響の調査などを業務とした。大蔵大臣は関税委員会に対して連邦全体の一次・二次産業の関税及び消費税の影響を調査し、原料から最終消費財に至るまで税率に関して勧告する権利を与えた[55]。

第3節　連邦政府の財政構造

(1) 財政の基本構造

オーストラリアの連邦制は、大浦一郎氏によれば、限られた権限をもつ連邦政府と強力な州政府の「連合」Confederation国家に近い形で始まり、世界大戦、大恐慌の勃発によって、連邦政府の権限が次第に強まった。したがって財政上の問題は、連邦と州との垂直的調整と、州間の水平的調整に集約される。

この財政上の調整過程は、1899年に設立され連邦首相と各州首相によって構成される首相会議（premier's conference）の場で進められた。連邦政府の租税は、関税と内国消費税によって構成され、その4分の3は州政府に配分することになっていた。この州政府に配分される額が交付金制度である[56]。

交付金は、当初の還付税方式から1910年に州人口を基準として、1人25シリングの交付金を連邦から州に分配する配分方式に移行した。連邦政府の収入は多く、各州は財源不足に陥って、州に対する交付金の連邦収入に占める割合が低下したので、1923年度から道路建設などの目的で州に支出される特定補助金が交付されるようになった。さらに1927年の財政協定によって、まず多額の州債務を連邦政府が肩代わりして、人口割交付金を一定額に固定して、1920年代に大量に発行された州債の利子支払及び減債基金への繰入に充当することにした。さらに連邦及び州の借入及び公債発行は、公債協議会の管理下におかれることとなった[57]。

連邦所得税は、連邦政府が第一次大戦の勃発によって、戦費調達の必要から直接税の徴収に乗出したことから始まる。連邦政府は1914年に相続税、1915年に戦時利得税、娯楽税を導入して、すでに各州は所得税を課していたので、所得は二重に課税されることになった。大戦中の1916年以降、所得税の統一について、政府間で検討が進められたが、連邦政府による統一に至るのは、第二次大戦が勃発して軍事費の急増と、民間消費需要の抑制という差し迫った状況の中で、1942年に実現している[58]。

連邦政府の歳入と歳出を簡単にまとめておこう。表8-2によれば、連邦政府の経常歳入は、税収が72～77％の間で推移し、税収のなかでも関税収入のウエイトは大きく、32～39％に達しており、消費税を含めた間接税が税収の大半を占めていた。経常歳出は、省庁配分よりも連邦政府の管轄する軍事、年金、郵政、鉄道の四つの公共事業支出が圧倒的多額を占めていた。これらの事業を除く公的サービスは、州政府の事業であったが、州政府の財源はほとんどなかった。したがって財政上の課題は、連邦政府から州政府への交付金の調整問題と州政府の財政を補うための公債の発行と政府間調整の問題であった。

第8章 製造業の確立と通商・産業政策の展開 291

表8-2 連邦政府経常歳入の変化（1918、1928、1938年度）

(単位：千ポンド)

租　税	1918年度	1928年度	1938年度
関　税	11,605	29,502	31,160
消費税	5,821	11,555	16,471
相続税	923	1,179	9,308
地税	2,109	2,988	1,489
所得税	10,376	9,841	11,882
住宅税			
その他			
租税の合計	32,864	56,303	74,036
事業収入			
国有地収入			355
郵便	6,110	12,813	17,350
鉄道	196	591	525
利子・その他			
合　計	44,716	74,894	95,064

出典：Year Book, No. 15, 1922, p. 649, 兼松商店調査部［1943］100ページより作成。

(2) 公債問題

19世紀各植民地は、ロンドンで公債を発行して鉄道等の公共事業資金を賄ってきた。連邦政府は、1911年まで歳入以外の公共事業、特に鉄道網の建設と連邦首都の整備などの資金を公債の発行によって賄い、また財源不足に悩む州政府の公債発行に対しても主導的な役割を演じてきた。

第一次大戦の勃発により1914年に連邦政府と州政府との間で戦時公債は連邦政府が一括発行するという協定が成立した。1915年に連邦政府は国内での公債を一般公募の形で発行し始めた。戦時内国債の発行は次第に増加して1921年にピークに達した[59]。終戦後、各州は、大戦終了後に発電・輸送網の整備、工業化の促進、社会資本の整備に迫られて、借入額を増やしていった。1923年に最初の戦時内国債の償還は、戦後の経済開発の資金需要と重なってオーストラリア国内金融市場を逼迫させることになった。この旺盛な資金需要を背景に金利水準は戦前の水準を大きく上回った。その間逼迫するロンドン市場から国内市場へと公債の調達源泉を転換したことによって、州債における内国債の占める

表8-3 政府債務の構成の変化（1917～1921年、1927～1931年度）

(単位：百万ポンド)

年度	連邦政府			州政府			連邦・州政府		
	海外	国内	合計	海外	国内	合計	海外	国内	合計
1917	58	100	169	244	129	373	302	229	531
1918	103	170	284	261	131	393	364	302	665
1919	106	208	326	258	138	396	364	347	711
1920	112	258	381	263	154	417	375	412	787
1921	112	278	402	270	188	458	382	466	848
1927	143	224	367	373	304	677	517	528	1044
1928	153	219	373	417	305	722	570	524	1094
1929	160	218	378	412	314	726	572	532	1104
1930	168	205	373	406	322	728	574	527	1100
1931	175	214	389	425	343	767	599	557	1156

出典：Year Book, No. 15, 1922 pp. 663, 688, No. 25, 1932 p. 334 より作成。

比率が1918年度の10％から1922年度の43％へと急増していった（表8-3）[60]。

ロンドン金融市場では、1924年、1926年、1928年の3年間に発行された外国債の2～3割、発行された外国政府債のうち4～6割がオーストラリア公債であったことから、オーストラリアの支払能力に不信が広がり、減債基金の少なさに対して批判が高まった。そこで1927年の財政協定によって起債方法及び減債基金の積み立てに関して、連邦及び州間で常設の調整機関を設置することを取り決めた[61]。この常設機関が公債協議会である。

1920年代オーストラリアの海外債務の純増分は支払利子額に等しくなっていた。そのため政府事業計画の規模は、海外債務の利払い額の大きさによって左右されていた。1928年度には、州債の利払額は税収を上回り、連邦債の利子支払額は連邦税収の3分の1に達した。大恐慌の到来によって、海外からの借入は停止し、資金がオーストラリアから流出し、輸出商品価格は暴落した。1929年にはイギリス政府のポンド防衛策により、ロンドン市場での外債発行が厳しく規制されたために、公債協議会は連邦政府の短期大蔵証券（treasury bill）を連邦銀行（Commonwealth Bank of Australia）に引き受けさせる方法をとった。公債関係費及び財政赤字は、連邦銀行からの借入、信託基金及びその他

資金の利用、保有証券の店頭販売、ロンドン及びオーストラリアの預金銀行からの当座貸越及び短期借入によってかろうじて確保された[62]。公債の償還と利払いの負担は、連邦銀行をはじめとした金融機関によってファイナンスされ、ロンドン資本市場における資金調達の困難を乗り切ったのである。

　財政赤字を補塡するために発行される大蔵省証券は、3カ月の短期証券で1％の利回りが保証されたが、その償還期限の長期化も模索され、預金銀行は連邦銀行が割り引くことを条件に大蔵省証券の引受に応じ、長期借入も実現した。政府は、連邦銀行及び預金銀行が保有する金及びロンドン資金の動員も模索し、その後、これは民間預金銀行との間の資金動員協定へと発展することによって、財政問題はオーストラリアの通貨・為替問題へと転嫁していくことになった。そして民間銀行による大蔵省手形の引受の可能性は、政府の海外での利払を輸出により発生する外国為替で相殺できるかにかかっており、国民所得が減少するとともに、政府収入が減少するときに、政府が財政赤字をどの程度管理できるかに依存することになった。

第4節　経済成長と景気変動

(1)　国内総生産の変化

　経済成長は、オーストラリアの長期的な波動からみると、1861～91年の長期の景気上昇期、1891～39年の金融恐慌と長期旱魃に続く緩やかな景気拡大期、1939年から1973年度までの新たな強い景気上昇期と、三つの波動として確認できる。しかし長期的な波は、E. A. ベームによれば、体系的要因から説明できるというよりも、むしろ生産額の増加に対して不規則な要因を反映しており、必然的に繰り返されるものとして理解することはできない[63]。実質GDPは、本章が対象とする1900～45年の間において、相対的に低い水準で推移した。そしてこの時期に景気は、2ないし3年の短期的な周期で激しく変動を繰り返したことが特色である[64]。この期間は、二つの世界大戦と大恐慌によって区分さ

れるので、その区分にしたがって、実質GDPの平均成長率と物価上昇率を参考にしながら、景気変動の大まかな様子をまとめておきたい。

(2) 1901年から第一次大戦期

1900〜13年の期間に平均成長率はほぼ4％であり、特に、1901年にマイナス3％と1902年に1％と低い水準であった。この2年間は、19世紀末から1903年までの長期旱魃の影響を強く受けた年である[65]。1903年の旱魃の終息と羊毛価格の改善、羊毛生産の回復、他の輸出価格の上昇によって、オーストラリアの交易条件は明らかに改善した[66]。1900年代の最初の10年にオーストラリア経済は力強く回復した。E. A. ベームによれば、この回復期は、オーストラリア経済のこれまでの成長要因であった人口の増加と資本の流入がわずかであった[67]。したがってこの回復は、規模の経済、対外経済から生じるコストの減少によるものであり、規模の経済及び対外経済の効果は、それ以前に蓄積された資本ストック、社会資本の有効利用から生じた[68]。

第一次大戦の勃発から1919年の期間の平均成長率はマイナス0.8％と低い水準であるが、物価上昇率は1915年14.7％、1919年13.7％と著しく高かった。戦後のインフレーションは1920年13.1％まで続いた。第一次世界大戦中のGDPの増加は収縮と停滞を示したが、第二次世界大戦には急速な拡大が生じた。1914〜15年のGDPの低下は、部分的にはその年の厳しい旱魃によって、地方の牧羊業及び農業の生産高が大幅に減少し、わけても小麦の生産が全般的に不作であったことによる。1914〜15年の生産量の低下と第一次世界大戦に続く数年間の停滞のもう一つの主要な要因は、労働者数の減少ないしは緩やかな増加であった。

(3) 大戦間期

1920年代の実質平均成長率は2.7％であり、次に見る、大恐慌の影響を受けた1930年代の成長率よりもかなり低い水準にとどまっていることである。特に1922年0.7％、1923年2％、次いで1926年から1929年までマイナス成長となっ

ている。物価上昇率は、1921年にマイナス12.6％、1922年3.1％、1923年2.2％と大幅に低下しており、デフレ的な貨幣政策の結果、景気後退が生じた。この時期の貨幣政策は次章で述べることにする。1920年代は、短期的に規則的な変動を繰り返した時期である。

　貿易収支は、これまで黒字であったが、1920年代には赤字を基調とするようになった。交易条件は、1925年度から1928年度に悪化した。輸入価格指数はこの期間にほぼ10％低下し、これに対して国内の名目賃金は7％上昇した。この動きが関税による保護効果を弱め、国内の過剰生産能力と国際収支の不均衡の要因となって、1925年度からの貿易収支及び経常収支の大幅赤字を生み出した[69]。

　輸入工業品の価格低下の要因は、工業化の世界的な広がりと新旧の工業国間の競争が展開されたことにある。第一次大戦によって、ヨーロッパからの工業製品の供給が途絶えたために、海外の多くの国で製造業が急速に発達した。戦後、アメリカ、カナダ、オーストラリアでは、1920年代に工業化が急速に進み、ブラジル、フィンランド、インド、ニュージーランド、南アフリカ、日本でも高い工業成長率がみられた。古い工業国と新たに工業発展を目指した諸国との間で工業製品の市場をめぐって競争が展開したのである。オーストラリアでは、厳しい関税政策と補助金を必要とした。

　過剰生産は、農牧業において著しかった。両大戦間期の産業技術の進歩は農業と鉱業において特に著しかった。品種改良、植物の選択的な栽培、病害虫の駆除方法、除草剤の普及、化学肥料、農業の機械化、トラクターの改善などである[70]。鉱物資源の処理にも急速な進歩があった。鉱業の機械化、浮遊選鉱の技術導入、石油資源の開発と石油関連産業の発展である。その結果、世界的に一次産品の産出高が増加して、1920年代後半になると供給超過となってそれらの価格がかなり下落した[71]。こうした世界的な農産物及び鉱物原料の供給過剰に晒されながらも、オーストラリアでは、内陸部の開拓と入植政策が政府の手によって進められた。内陸部への開拓は、乾燥による土地の生産性の低下、輸送径路の長さ、水利及び柵などの設備投資の必要などによって、必然的に農

牧業のコスト上昇を招き、これら生産物の国際競争力の限界点に達してきた。したがって政府による土地開発計画の推進は、これらの自然的限界点と外国の生産物との価格競争によって、1920年代に疑問を投げかけられた。

1920年代の経済発展の基本的構造は、地方の建設投資が経済成長を支えるとともに、その資金の調達を海外からの借入に依存することにあった。公共投資の高い水準が所得と雇用の年々の水準の支柱となっていたのである。したがって雇用水準と地方の発展を維持することは、同時に国際収支のバランスを維持するためにも、海外からの資金調達に依存しなければならなかった。また対外債務の利払に関する疑問も生じて、海外からの投資は大きく変動した[72]。

第一次世界大戦は、A. G. ケンウッドによれば、国際経済の構造全体に影響を与えた。ヨーロッパの国々では、生産資源が輸出品の生産から軍需物資の生産へと転換し、貿易パターンが大きく変質した。大戦中金本位制が停止され、1920年代に復活した再建金本位制は1913年以前の機能を持っていなかった。大戦後の再建期と世界恐慌は、国家による通貨制度への管理を強め、対外的調整よりも国内の雇用政策や産業保護政策を強めた[73]。工業の世界的な波及は、技術移転と熟練労働の移動を促進して、オーストラリアでは、1922年に「イギリス帝国海外移住法」(Empire Settlement Act) が成立し、1925年にイギリスとオーストラリア両政府間で「3,400万ポンド融資協定」が合意されて移民の受入れを促進した[74]。

第5節　大恐慌の影響と通商政策

大恐慌のインパクトとその後の一般的な外観について簡単に要約しておこう。1930年代の実質平均成長率は3.7％と、大恐慌の直接的な影響によって1930年マイナス4.9％、1931年マイナス4.5％と低い成長率であり、物価水準も1931～1933年に大幅に下落した。1890年代初頭の不況と同様に1930年代初頭も長期的で深刻な景気後退であった。この二つの循環は、その厳しさにおいても浸透性においてもオーストラリアにおいて例外的なものであった。ニューヨークの株

価暴落の影響が現れた1930年代不況の前に、1927年の第4四半期と1929年の第2四半期をピークとする景気循環が2回出現していた[75]。この二つのピークを持つ景気循環は、オーストラリアの経済活動を特徴付けてきた2～3年のサイクルで変動する規則的な短期循環の一部とみなされた[76]。したがって、1930年代初めの不況は、おもに内部的要因によって創出された。そこに株価暴落が大きな影響を与えた。オーストラリアの景気変動において、比較的緩やかな景気後退と1890年代や1930年代の深く浸透した長期的な不況との主要な違いは、イギリス、ヨーロッパ大陸、合衆国における世界的な不況という海外からの影響を強く受けるか否かであった。この対外的な影響は、国際通貨制度の崩壊と結びついて1930年代に強かった。この内部的要因と対外的要因が結合して、深刻で長期的な不況を作り出したのである。

(1) 大恐慌の影響

オーストラリアは、世界恐慌の打撃を最も速く受け、深刻な不況に陥った国の一つである。ここでは、世界恐慌の影響とその後の不況の長期化を検討しておく。もちろん世界恐慌のインパクトだけが、オーストラリアの1930年代前半の不況の原因ではないことは前にも述べた。W. A. シンクレアによれば、1920年代の景気拡大は、1927年度に GDP のピークを迎え、失業率は1927年に増加に転じていた。これは第一次大戦直後の不況のいずれよりも高い数字であった。すなわち小麦をはじめとした農産物価格は、1925年度をピークにすでに1926年度から低下し始め、羊毛価格は1927年度をピークに1928年度から低下し、1929年度にはほぼ40％も下落した[77]。オーストラリアはすでに世界的な農業不況の影響を受け、主要輸出産業は不況に陥っていた。これに追討ちをかけたのがニューヨークの株価暴落である。

世界恐慌の影響は、まず株式市場に現れた。当時オーストラリアを代表する14銘柄の名目資本額44百万ポンドは、1929年8月末に104百万ポンドのピークに達していた。オーストラリアの株価の暴落は、11月14日から12月19日に87百万ポンド、すなわち16％の下落を記録した[78]。その後株価は、1932年の中頃に

底を打ち、V字型回復をみせることになる。その影響は、次いで国際収支危機として現れた。国際収支は、資本流入の途絶、輸出品価格の暴落によって引起された。1929年にこの流入が途絶し民間資本の流出に転じた。さらに金の流出が続いた。金流出に対しては連邦銀行がオーストラリアからの金輸出を管理することを1929年12月17日に決定して、事実上金輸出が禁止された[79]。

輸出価格の暴落は、1931年8月の最低水準（1928年の輸出価格水準のほぼ半分）まで落ち込んでいる。この交易条件の悪化は、輸出額を1924年度をピークに低下させ、貿易収支の赤字を拡大させた[80]。国際収支の構造からみると、輸出の増加は、対外債務に対する利払いに役立つとともに、海外資金の借入能力の減少を引き起こした[81]。

1930～31年の不況の進行に対して世界的な農業及び原材料の崩壊が大きな影響を与えることになる。農業恐慌の影響は、農産物及び工業原料の輸出を拡大すればするほど、輸出価格の下落を引き起こし、農業所得の低下をもたらすとともに、貿易収支の悪化を引き起こしたのである[82]。オーストラリアの輸出品が羊毛、小麦、肉類、酪農製品などの一次産品に偏っているために、大恐慌に続く農業恐慌の影響を受けて農産物価格の下落、国際貿易の収縮に大きな打撃を受けた。

1930年からオーストラリアの通貨当局及び政府は、対外準備を維持するために引締め政策を採り、金融引締め政策が1931年中頃まで不況を進化させた原因の一つである。1931年にロンドン資本市場が一斉に収縮し、輸出貿易が途絶するに至って、オーストラリアは外債の利払ための為替の調達が困難となった。オーストラリアは不況が進行し始めたときに金融を引き締めたのであり、今日のケインズ政策の理解からすれば、全く誤った政策を実施したことになる。国内的な要因が1931年中頃以降の不況の長期化に作用した。

連邦政府の公共事業支出は、いくつかの例外を除けば、税収枠外の支出であり、公債の発行に依存していた。表8-4は、各州の公共事業支出の変化を示したものである。1920年代に公債発行の累積額が多額に上り、政府は、すでに1920年代の中頃には公共事業支出の削減を徐々に始めていた[83]。公共事業支出

表 8-4　各州政府の公共事業支出の変化（1926～1930年度）

（単位：千ポンド）

年度	NSW	ビクトリア	クインズランド	南オーストラリア	西オーストラリア	タスマニア	合計
1926	10,422	8,781	3,598	6,074	4,113	329	33,319
1927	14,407	9,016	3,198	3,882	4,680	377	35,562
1928	14,249	7,225	2,141	3,536	4,372	348	31,873
1929	10,878	6,467	1,295	2,493	3,693	146	24,974
1930	5,951	3,552	727	464	1,759	209	12,664

出典：Year Book, No. 25, 1932, p. 326.

の削減は、連邦首都建設費、電信電話事業費、郵政事業費、鉄道事業費などが主なものであった。州政府の公共事業支出は、鉄道事業、道路・橋、農牧業・入植事業などが主なものであり、NSWを除くすべての州は、1927年度までに公共事業支出を急速に減らして、1930年度には5年度前の数字と比べると、クインズランドで5分の1、南オーストラリアにいたっては13分の1と劇的な削減であった[84]。対外債務の多くは、公的な債務であって海外借款の利子支払のために、十分な外国為替を毎年確保しなければならなかった。オーストラリアが巨額の輸出超過を維持し、ロンドンで新たな借款を獲得できる限り、利子支払は、オーストラリアの国際収支のバランスを崩すものではなかった。しかし金融恐慌によってロンドンをはじめ、海外の資金調達源泉が細るなかでは、海外の公債発行に依存する公共事業の削減はやむを得なかったのである。この削減は、国内の先行する景気後退の原因の一つとなり、さらに不況の深刻化と長期化に十分な影響を演じたのである。

不況からの脱出は意外と早かった。1929年12月の金本位制の放棄、1930年4月の輸入規制及び新関税の導入、1931年12月の為替レートの平価切下げなどの国際収支対策は、小麦生産の増加とも重なって、対外支払の均衡化の手段として、輸出の急速な減少を補った。1931年も、輸出価格が低い水準にあり、長期の海外資金調達も細々としたものであった[85]。1931年の国際収支の不均衡と不況の長期化に対して、オーストラリア政府の採った政策は、財政支出の削減を進めながら、金融緩和政策へ転換するものであった。これらの政策は、世界の景気回復、豊作等と相俟って、1932年からのオーストラリア経済の回復に少な

からず役立ったと評価される[86]。以下で国際収支対策から検討しておこう。

　国際収支の対策は、1930年4月以降の輸入関税の引上げと、1931年12月の為替レートの切下げである。輸入の制限と国内産業の保護を目的として、いわゆる「スカリン関税」が導入された。同関税は、これまでの関税率に対してさらに一律50％の特別関税（special customs duty）を設定して関税率の引上げをはかるとともに、78品目の輸入を禁止することを決めた[87]。同年7月には、2.5％の運賃従量税が導入され、1931年7月に、国内の第一次産業を保護するためにその免除規定を定め、一部例外を除いてすべての輸入品目を対象に運賃従量税を10％に引き上げた。イギリス連邦諸国との間では、1932年オタワ会議によって英帝国特恵関税制度が確立された[88]。

　イギリスが金本位制を1931年9月21日に停止したことにより、為替レートは変動相場となり、Aポンド（オーストラリア・ポンド）は1931年1月末までに急速に下落して、ほぼ30％も減価した。その年の中頃為替レートのわずかな回復の後に、1931年12月にAポンドは、スターリングに対して25％切り下げられ、これが輸出の拡大に与えた影響は大きかったと評価された[89]。Aポンドの減価は、輸出数量の増加を引き起すとともに、金価格の上昇の効果をもたらした。この価格上昇が1930年代のはじめに西オーストラリアの金生産の回復をもたらした。不況からの道のりは1934年の羊毛価格の上昇によってさらに決定的なものとなった[90]。

　輸入関税の引上げと為替レートの切下げは、1932年の前半の谷から経済の回復に寄与した。これらの措置は、製造業の製品にとっての国内市場における海外からの輸入品の競争力を弱め、総需要の急激な低下に悩む製造業の利益を保証した。

　スカリン内閣（Scullin, J.）は、1931年6月に、首相会議でプレマイヤー・プラン（Premier' Plan）を決定した。同計画は、均衡財政を達成するために、各州首相は賃金、年金を含む政府支出の2割削減と増税を実行した[91]。また1920年代に大量に発行された連邦及び州政府の公債費を削減するために、利払いを22.5％削減した上で、政府の海外債務を国内債務に切り換える政策を採っ

た[92]。さらに銀行金利の引下げなど金融を緩和した。この財政支出の削減は、有効需要の創出からすると内需に対してマイナス効果を生むと考えられるが、政府の資金需要が減少することにより、市場の資金需給関係を緩和させる効果が強かったと考えられる。

当時オーストラリアの賃金決定は政府による強制仲裁制度のもとで管理されており、1930年以降、基本賃金の低下が確認される[93]。すなわち雇用水準の低下を反映して、成年男子の名目平均賃金は、1929年12月の101シリング2ペンスから1930年12月の96シリング9ペンスに、1931年12月の86シリング10ペンスに引き下げられた。

製造業に対する保護は強められた。製造業は1920年代に低い投資水準であったが、1930年代前半には、プラントの更新及び追加期を迎えることになった。1932年には製造業の投資が増加して、所得と雇用の累積的な上昇が起こった。国内市場における地方の製造業のシェアが拡大したのである。それはオーストラリアの初期の鉄鋼業にとってとりわけ重要であった。鉄鋼業は産業の中心的地位を占めており、その力強い回復の効果は、さらに広いものであった。1931年後半あるいは1932年の初めには、確実に回復基調にあった。回復は全く国内的なものであり、特に1931年の首相会議による対策の実施が成功したことと、保護政策によってますます工業化が進んだことによるものであった[94]。

不況色は1930年代の後半に一掃された。1930年代の不況は、およそ1900年から始まった発展局面の終わりであるばかりでなく、19世紀初めに開始された土地の有効利用を引き起こしたオーストラリアの全過程の終わりでもあったと評価されている。1920年代まで地方政府によって進められた鉄道・道路建設などの公共投資は、農牧業及び鉱山業における内陸部への開発を支援するものであった。しかし1930年代初めからの政府による鉄道・道路などの建設投資の削減の結果、地方の土地の有効利用政策は放棄されてしまい、これ以降農牧業及び鉱山業の生産は、技術的な進歩と海外の需要の動向に依存するものとなった。

1930年代の終わりまでにオーストラリアの生産額の水準は、不況前のピークを越えて上昇した。最も重要な要素は製造業の生産活動の拡大であった。しか

し同年代の製造業の牽引力は、政府の建設投資の低い水準よって経済全体に十分な効果を持つものとならなかった。1930年には、政府の製造業促進政策は、保護関税政策の拡大ばかりでなく、製造業への補助金や特権の付与という方法でも行われた[95]。プレマイヤー・プランによる財政支出の削減は、農牧業・鉱山業の開発政策の放棄となり、代わって製造業の保護・育成策に転換することを意味した。製造業の保護は雇用の拡大に結びついており、次に通商・産業政策を見ておこう。

1933年6月のロンドン経済会議の失敗の後、各国はいわゆるブロック経済、経済国家主義を強化し、互恵主義のもとに、各国別に貿易の均衡をはからなければならなかった[96]。

1930年代、オーストラリアにおける人絹及び綿布の主要供給国はイギリスと日本であったが[97]、オーストラリアは、日本に対して1936年(昭和11年)高率従量税賦課を緩和する代わりに、日本の綿布及び人絹布の輸出自主規制・数量制限を求め、これに応じられない場合、オーストラリアは輸入に高率の関税を賦課することを表明した。交渉は決裂した[98]。この高率関税制度の導入は、貿易転換政策 (trade diversion policy) と呼ばれている。この新関税は、日本にとって重要輸出品に対する禁止的高率であることから、日本政府はオーストラリアに対して、通商擁護法を発動した[99]。

オーストラリアが対日貿易に上記のような強硬な姿勢をとった背景は、大恐慌以降長引く農業恐慌のもとで、国内的には第一次世界大戦帰還兵への授職のための入植政策の破綻を抱え、イギリスとの食肉協定を締結するために狂奔していたからである。イギリスは日本の織物に対する輸入制限と食肉協定の締結を秤に掛けたのである[100]。日豪の通商交渉は、1936年12月に双方の輸入数量の上限を決め許可制とし、かつこれに中間税率を適用することで妥協点に達した。

(2) 戦時下の経済

1940～44年の5年間の実質平均経済成長率は5.9%であった。第一次大戦期

に比べて第二次大戦期の成長率がはるかに高い水準であったことは際立った特徴である。GDP は、第二次世界大戦の直前の1938～39年に著しい下降局面を示したが、その後1939年から1943年にかけて速やかに回復し急速な拡大を示した。この拡大は、二つの主要な要因の複合的な作用の結果であった。第一に、オーストラリアの工業化は、1930年代の初めの不況期以降力強く進展した。その結果、オーストラリアは、製造業の資源を戦時生産に速やかにシフトすることができた。第二に、加速化した工業化の帰結として、第二次大戦の前半期に失業の水準は急速に低下した。それに対して、第一次世界大戦期には、失業は兵役への入隊にもかかわらず、比較的高い水準にあった。1941年までに、失業率は、20世紀のどの時期よりも低い水準にあった。1940年代前半のオーストラリアは、ほぼ完全雇用の状態にあり、少なくとも1973年度までその経済状態を維持した[101]。

　第二次世界大戦が始まると、連邦政府は、国民経済の再編成、価格統制、資金調整、外国為替管理、輸出入許可制など経済の統制を実行した。これらの措置は、金融、農業、工業、外国貿易の分野において漸次効果を発揮した。1940年6月に連邦議会は国家保安法（National Security Act）を可決したが、この法律は、国内の人的物的全資源を戦争目的に利用するための全権を政府に付与するものであった。連邦財政は支出額が年々増加し、軍事用に向けられる額も逐年増加した。歳入の不足を補うために政府は大規模な借入を行った。1939年12月に銀行よりの借入金200万ポンド、1940年3月に1,800万ポンド、1940年5月に2,000万ポンドの公債を発行した。1,500万ポンドの戦時貯蓄債券、510万ポンドの無利子公債も発行された[102]。

　民需から軍需への生産の切換え、政府支出の増大によって物価及び賃金の上昇が生じた。民間の購買力を吸収するために、政府公債の発行と税金の引上げを実施した。中・低所得層への課税強化、法人税、販売税、関税、消費税の大幅引上げが行われた。

　インフレーションを抑えるために連邦物価委員会は、利潤統制を実行した。すなわち公定価格制の導入、買占め、退蔵、投機的売買、割当等に関して罰則

付きの厳重なる規制が実施された。23の物品は，1939年8月31日の水準に価格を釘付けされ，その他の商品も続いて統制された。その結果，卸売物価は15％増加したにもかかわらず，生計費指数は，戦争第一年目において4.7％上昇したにすぎない。賃金の統制は専ら州政府に委ねられた。

　戦争勃発に際して，イギリス政府が，羊毛をはじめとした農産物，銅及び亜鉛などの鉱物資源を一定価格で買い上げために，オーストラリアの第一次産業は破局をまぬかれた[103]。

　オーストラリア製造業は，イギリスが手を引いたニュージーランド，インド，その他のイギリス植民地に対して各種装備を供給した。戦争勃発によって新設された工業は，航空機体，エンジン，プロペラ，機関銃，高射砲，カンバス，ズック，亜麻糸，石膏，化学薬品，工作機械，アルミニュウム，ステンレス鋼などの製造工業がある。練習機は1日3機，ブリストル・ビュウフォルト型爆撃機も1941年夏以来400機の生産が開始された。機関銃の生産は計画よりも6カ月早く，1941年1月に生産開始となり，小型武器，砲弾，弾薬，装甲車，砲車の生産高も著しく増加した。戦車の建造も準備段階にあった。駆逐艦，スループ船，水雷艇，商船などの建造も行っている。これを指揮しているのは供給開発省から分離した軍需省である[104]。

　オーストラリアの戦争経済の達成にとって障害となるのは，原料，工作機械，熟練労働者である。入手困難な戦略的原料は，ジュート，綿花，ゴム，錫，化学薬品，タンニン材料，染料等である。工作機械は爆撃機・精巧なる武器を生産するために不可欠であるため，国内生産を奨励している。また熟練労働者の不足を補うために労働組合と協力して専門職業教育を開始した[105]。

1) A. G. Kenwood and Lougheed, A. L. [1971] pp. 96-97（岡村他訳 [1977] 86ページ）。A. G. ケンウッド（Kenwood, A. G.）は，後発資本主義及び開発途上国の側から国際経済の発展を捉えるのに成功している。
2) 1880年には，イギリスのヨーロッパ大陸及びアメリカへの巨額の赤字，オーストラリア，カナダ，エジプトへの赤字は，インド，南アメリカ，トルコ，日

本との黒字によって清算されていた。インドのイギリスに対する重要性は、1910～14年の期間に著しいものになった。オーストラリア、ブラジル、アルゼンチン、カナダの国際収支は、すべてイギリスにとって急激に不利に転じたが、インドに対する黒字がいっそう増大した。インド市場は依然大量のイギリス製品を吸収していたが、イギリス製品の他の多くの諸国への流入は関税保護によって阻害されていた (A. G. Kenwood and Lougheed A. L. [1971] p. 98 (岡村他訳 [1977] 87-88ページ))。

3) 1890～39年の国際収支及びGDPに関する統計は、Butlin, N. G. [1962a] の研究・統計に基づく。

4) イギリスの国際収支は、尾上修悟氏によれば、19世紀末以降になって所得トランスファー・メカニズムに基づいて調整されなくなった。イギリスは、鉄道資材などに見られる社会的間接資本の整備と拡充を目的として、資本輸出を行った結果、資本財の輸出が増加して、資本輸出で失った購買力を取り戻すことができた (尾上修悟 [1996] 155-157ページ)。

5) A. G. Kenwood and Lougheed A. L. [1971] (岡村他訳 [1977] 121ページ)。

6) 池間誠 [1972] 氏は、輸入比率及び輸入構成の計量分析によって、オーストラリアにおけるこれらの変化と輸入代替工業化の関係を分析し、第二次産業が第一次産業よりも早く拡大したという意味での工業化は、1920年代に始まり、また工業化は、輸入比率の減少とともに進行したと結論した (池間誠 [1972] 178-179ページ)。琴野孝 [1965] 氏は、オーストラリア製造業の確立を1920～30年代としたが、その特色を植民地的体制下の製造業の限界と強調した。石垣信浩 [1972] 氏は、BHPの発展過程を追いながら鉄鋼業の成立、経済的自立性、政府の産業政策を強調した。

7) R. S. ギルバート (Gilbert, R. S.) は、1900年から1960年代中頃までの財政制度の変化を取り上げ、連邦と州政府の公債の発行と管理、対外債務、とりわけ1929～30年の財政政策と対外債務問題を明らかにした (Gilbert, R. S. [1973])。

8) E. A. ベーム [1971a] は、1930年代の不況と1890年代の長期不況とを比較して、循環の類似性を強調し、2～3年の周期性を持つ短期循環と、人口増加・資本導入・原料資源の輸出などの構造的変動要因を明らかにした。

9) 第二次大戦下のわが国では、敵対国の戦力分析の視点からオーストラリアの政治、経済、社会に関する調査が盛んになった。この調査のなかで特筆すべきものは、株式会社兼松商店調査部 [1943] であり、本書は資料的価値も高く、分析の対象領域と水準において群を抜いている。この時期の調査には以下のも

のがある。太平洋協会［1943］、岡倉古志郎［1943］、市川泰治郎［1944］、アーサー・ジョーンズ/野口勇訳［1943］。

10) 金生産額の変動は、商品輸出とGDPの変化に対して逆に変動した。この理由は、1890年代及び1930年代の不況期に仕事を失った多くの労働者が金鉱山に向かったからである（Boehm, E. A.［1971a］p. 89（谷内訳［1974］72ページ））。

11) Coghlan, T. A.［1892］p. 32.

12) Dyster, B. & Meredith, D.［1990］p. 51.

13) 成田勝四郎［1971］116ページ。

14) 名和統一［1937］463-470ページ。

15) 貿易外収支のうち所得収支にあたる海外への利子・配当支払の占める割合が判然としないが、大戦前のサービスの支払額が各年平均でほぼ1,500万ポンドであったことから、もちろんこの額には以前の対外債務利払い分も含まれると考えられるが、この1,500万ポンドを超える大戦中以降の貿易外収支は、対外債務の利払い増加分と考えられる。したがって対外債務の利払い分が経常収支の赤字を構成した。

16) Boehm, E. A.［1971a］p. 37（谷内訳［1974］31ページ）、1921年度と1924年度は黒字であった（Butlin, N. G.［1962］pp. 436-437）。

17) 戦争以前はほとんどゼロに近いものであったが、大戦中だけ急増している。戦時下で年平均1,990万ポンドに上昇した（Dyster, B. & Meredith, D.［1990］pp. 91）。

18) Dyster, B. & Meredith, D.［1990］p. 91.

19) オーストラリアで調達された債券発行額は、国内製造業から調達された軍需物資の支払にあてられた。オーストラリアの債券保有者に支払われる利子は、債券保有者の所得を増加させたが、地方政府によって借り入れられた資金の大部分は、海外へ流出してしまった。しかし支出や投資は、オーストラリアの活動を支えた（Dyster, B. & Meredith, D.［1990］pp. 91）。

20) Dyster, B. & Meredith, D.［1990］p. 119.

21) Gilbert, R. S.［1973］p. 104.

22) Dyster, B. & Meredith, D.［1990］pp. 119-120.

23) Gilbert, R. S.［1973］p. 110.

24) Gilbert, R. S.［1973］p. 110.

25) Dyster, B. & Meredith, D.［1990］p. 119.

26) Dyster, B. & Meredith, D. [1990] p. 146.
27) Dyster, B. & Meredith, D. [1990] p. 148.
28) Year Book, No. 15, 1922, p. 377.
29) 関税及び物品税が NSW の工業発展に大きな影響を与えた（Linge, G. J. R. [1979] p. 459）。琴野孝氏は、オーストラリアが工業化の条件を欠いたこと、その結果保護関税の効果があがらないこと、関税の工業発展への寄与が疑わしいと、オーストラリア工業化に対して悲観的な見解を示している。これに対して石垣信浩氏は、オーストラリア国内企業が、政府の強力な支援及びアメリカの技術導入をはかりながら、第一次大戦などの対外経済の変化に影響を受けながらも、関連産業の吸収・合併、プラント効率化、労務関係の合理化などの企業努力によって、国際競争力を維持し独占化したと、植民地における鉄鋼業の成立とその経済的自立性を強調している（石垣信浩［1972］105ページ）。
30) Year Book, No. 15, 1922, p. 377.
31) 19世紀のオーストラリアにおける製造業に関する統計については、Coghlan, T. A. [1890] pp. 497-516, Butlin, N. G. [1964] pp. 201-210, Linge, G. J. R. [1979] pp. 740-741 によるものがある。
32) Butlin, N. G. [1964] pp. 203-204. 琴野孝氏は、連邦結成以前の製造業の成長に対して、GDP のほぼ１割を植民地体制下における工業の限界と悲観的評価を与えている（琴野孝［1968］427ページ）。
33) 対英経済関係もすでに述べたように、1890年代に大きく変化し始め、イギリスは依然としてオーストラリアの貿易相手として過半を占めたが、その重要性を低下させていた。またオーストラリアは、対イギリス植民地との貿易、対米貿易、対ヨーロッパ貿易の拡大に対して、期待と不安をもっていた。中国人貿易業者及び家具製造工業からの脅威も存在したので、各植民地は、オーストラリア連邦としての結束を必要とした。したがって連邦結成は、その背後にオーストラリアのナショナリズムの一表現であること、またその後イギリスとの経済関係が後退することから、対英経済依存からの脱却の契機であるとの評価もある（琴野孝［1968］427ページ）。
34) 琴野孝［1968］428ページ。
35) Year Book, 1922, pp. 457-460. 関税政策の目的は、まずヨーロッパ諸国、アメリカ、アジア諸国の競争から産業を保護すること、次いで雇用の奨励、投資の保証、労働条件の安定をはかり、労働者の生活水準を維持することであった（Clark, M. [1986] p.177（竹下訳［1978］234ページ））。

36) 池間誠氏によれば、第一次大戦までは第一次産業が第二次産業よりも早い率で成長したために、輸入比率は上昇したが、第一次大戦後には、第二次産業の成長率が第一次産業の成長率を追い越し、輸入比率を引き下げるように作用した（池間誠［1972］194ページ）。またオーストラリア経済の発展は、第二次大戦まで消費財部門の輸入代替によって特徴付けられ、第二次大戦後は中間財部門の輸入代替に基礎を置いた（池間［1972］210ページ）。

37) 有望鉄鉱資源の発見と開発が進んだ。1902年 NSW で初めて溶鉱炉の火入れ式が行われた（Clark, M. ［1986］p. 168（竹下訳［1978］220ページ））。

38) 琴野孝［1968］429ページ。

39) 石垣信浩［1972］105-116ページ。

40) オーストラリア鉄鋼業の大きな特質として、国内市場への志向が強いことをあげている。問題点として、鋼材産業は、政府の誘致によってイギリスから進出したものが多かったこと、また車体産業も未発達であったので、鉄鋼の国内市場も十分なものでなく、鉄鋼の生産も断続的にしか行えなかった（石垣信浩［1972］123ページ）。

41) 石垣信浩［1972］124-128ページ。

42) 石垣信浩［1972］144-157ページ。

43) 兼松商店調査部［1943］363-365ページ。

44) 兼松商店調査部［1943］388ページ。

45) 両大戦間期の技術上の発展は、発電所の改良、アルミニュウム系の軽合金の導入、プラスチックの使用、炭化タングステンの使用、ガソリンエンジン、ディーゼルなどの石油エンジン、ガスタービン及び蒸気タービンの性能の向上などがある。生産方式の発達は、流れ作業の普及により大量生産が実現した（A. G. Kenwood and Lougheed, A. L.［1971］p. 172（岡村他訳［1977］162-163ページ））。

46) 兼松商店調査部［1943］473ページ。

47) 兼松商店調査部［1943］474-475ページ。ほかに、官営の軍需工場は、防衛法のもとで馬具工場、カートリッジ工場、石灰・化学工場、縫製工場、毛織物工場、小型武器工場など7工場が1921年に創業していた（Year Book, 1922, p. 927）。州立工場については他に多数存在した。

48) 兼松商店調査部［1943］476-477ページ。

49) 兼松商店調査部［1943］478ページ。

50) Butlin, N. G.［1962］p. 169.

51) Year Book, No. 15, 1922, p. 378.
52) Year Book, No. 15, 1922, p. 383.
53) 琴野孝氏は第一次大戦前のオーストラリア製造業を植民地型工業と規定し、大戦が植民地型工業の狭隘な枠を打破したと評価した（琴野孝［1968］430ページ）。
54) 琴野孝［1968］430-431ページ。連邦制に移行する際の大きな問題の一つは、各植民地間の関税調整であった。しかし関税収入が各植民地政府にとって有力な財源であったため、連邦及び各州政府の間に妥協が成立し、10年後に4分の3を各州に配分することを条件に、関税徴収権を連邦政府に集約した。
55) Year Book, No. 15, 1922, p. 460.
56) 大浦一郎［1987］3-4ページ。
57) 大浦一郎［1987］30-31ページ。
58) 大浦一郎［1987］99-102ページ。
59) 1920年代に入って連邦政府は、経費の面では戦費の重圧から解放されながら収入面では戦時中の高い直接税の税率をそのまま継続したので、財政的には比較的余裕があった（大浦一郎［1987］229ページ）。
60) 大浦一郎［1987］227-228ページ。
61) 財政協定の内容については大浦一郎［1987］233ページを参照されよ。
62) 大浦一郎［1987］237-238ページ。
63) Boehm, E. A.［1971a］p. 33（谷内訳［1974］27ページ）.
64) E. A. ベームは、1900年代、1920年代、1930年代のGDPの成長率を相対的に高いと評価し、その成長率が短期的に激しく変動したことを強調する（Boehm, E. A.［1971a］p. 33（谷内訳［1974］27ページ））。
65) 1890年代前半の景気回復は、1895年に始まり1903年まで続いた長期旱魃によって著しく弱められた。長期旱魃期に、オーストラリアの羊数は、1895年初めの1億頭から1903年の初めの5,400万頭に減少した。しかしながら羊数の減少は、旱魃だけによるものではなかった。それは、海外需要とオーストラリアにおける飼育能力の間での羊毛の過剰生産を含む長期的な不均衡を反映していた。とりわけNSWとクインズランドの乾燥内陸部においてそうであった（Boehm, E. A.［1971a］p. 26（谷内訳［1974］22-23ページ））。
66) Boehm, E. A.［1971a］p. 26（谷内訳［1974］23ページ）.
67) Boehm, E. A.［1971a］pp. 36-37（谷内訳［1974］31ページ）.
68) Boehm, E. A.［1971a］p. 27（谷内訳［1974］23ページ）.

69) Gilbert R. S. [1973] p. 104.
70) 農業の機械化、農業機械の変化は、第一次大戦後のトラクターの利用である。農場のトラクター台数が増え、稼動速度も高まったので、トラクターが牽引する耕作機械も新型・改良型の機械や農法が広く普及した。開墾方式、耕作の機械化及び大型化、播種機、刈取機などの改良、酪農の搾乳機の導入がすすみ、農場・牧場の開発維持作業に労働節約型機械が導入された。オーストラリアの科学・技術の研究開発によって、農牧業の生産性が向上した（A. G. Kenwood and Lougheed, A. L. [1971] p. 164（岡村他訳 [1977] 156ページ）。
71) 一次産品に対する産出協定も試みられたが、成功しなかった。この時期の小麦の過剰生産を説明する場合、耕地面積の増加、機械化の増大、種子や苗の選択に科学的方法を導入したことによる収穫量増加に加えて、生活水準の向上にともなう高価な食料品への移行などが問題となる（Sinclair, W. A. [1976] pp. 187-188）。
72) Sinclair, W. A. [1976] p. 198. 資本純輸入額は、1919年度から1927年度までに、年間平均約4,900万ポンドであった。その主要な借り手は、オーストラリア政府であった。しかし民間の実質フローも存在した。第一次大戦以降、政府の海外からの借入は、年間平均4,000万ポンドに達し、1927年度には、1億ポンドを越えた（Boehm, E. A. [1971a] p. 28）。
73) A. G. Kenwood and Lougheed, A. L. [1971] p. 163（岡村他訳 [1977] 155ページ）。
74) A. G. Kenwood and A. L. Lougheed, [1971] p. 168（岡村他訳 [1977] 159-160ページ）。
75) 1890年代の停滞以前のピークが1889年と1891年に起こった（Sinclair, W. A. [1976] pp. 25-26）。
76) このパターンの意味するところは、先端地域及び部門の循環的な動きから逸脱したことによって複雑にされた。この点に関して、1889年と1927年の初期の下方転換に寄与した要因が見て取れる（Boehm, E. A. [1971a] p. 26（谷内訳 [1974]））。
77) Year Book, No. 25, 1932, pp. 619, 765.
78) Were, J. B. & Son [1954] p. 271.
79) 金輸出禁止については、9章4節を参照されよ。
80) Boehm, E. A. [1971a] p. 28（谷内訳 [1974] 24ページ）。
81) この時期の公共事業は、大規模な海外資金によって賄われており、その効果

第 8 章 製造業の確立と通商・産業政策の展開　311

がでるまでには、投資の長い懐妊期間を必要し、さらに投資の意思決定の経済合理的な基準からかけ離れることもある。結果として、年々の海外への利子支払の大きさは、輸出収益の増加によって賄われなかった。経済活動の水準が利払いを満たし続ける必要のある十分な海外資金の借入能力に依存していた（Sinclair, W. A.［1976］pp. 195-196）。

82) その上、一次産品国が採った工業製品の輸入制限が、工業国の不況を広げ、工業国は食糧及び原材料を輸入する能力を弱めた。さらに輸出拡大・輸入規制政策は、ヨーロッパ諸国が自国の農業生産者を保護することによって、一次産品輸出国に打撃を与えた（A. G. Kenwood and Lougheed, A. L.［1971］p. 192（岡村他訳［1977］181ページ））。農業恐慌については、伊藤誠氏によれば、農業不況の激化が大恐慌の発生に対して先導的要因であったとはいえない。逆に大恐慌の発生による投資ブームと反映の終結が農業不況を深刻な農業恐慌に転化させた（伊藤誠［1964］391ページ）。

83) 連邦政府の公共事業支出の削減は、総額でみると、1926年度9,404千ポンド、1927年度8,662千ポンド、1928年度8,244千ポンド、1929年度5,294千ポンド、1930年度1,991千ポンドと減少した（Year Book, No. 25, 1932, p. 299）。

84) Sinclair, W. A.［1976］p. 193.

85) Sinclair, W. A.［1976］pp. 198-199.

86) 太平洋協会編［1943］445-446ページ。

87) 輸入制限品目は、アルコール飲料、タバコ、バッテリー、ワイヤレスレシーバーなどである。この禁止品目は、1932年2月24日に43品目限定された（Year Book, 1932, p. 139）。

88) 小野朝男［1963］212ページ。

89) Boehm, E. A.［1971a］p. 28（谷内達訳［1974］24ページ）．この為替レートの切下げまで、オーストラリア・ポンドとポンド・スターリングは、100：100の為替平価を維持してきたが、これ以降両通貨の価値に乖離が生じることになった。したがって、これ以降オーストラリア通貨をAポンドと呼ぶことにする。ただし単位表記はポンドのままである。

90) Sinclair, W. A.［1976］pp. 200-201.

91) Clark, M.［1986］p. 201（竹下訳［1978］267ページ）、Gilbert, R. S.［1973］p. 144.

92) 詳細な内容については、大浦一郎［1987］241ページ参照されよ。スカリン労働党内閣は、雇用に対する同プランの影響を考えて、連邦銀行及上院と対立

した。不況の底は1932年中頃までに達していなかったので、同プランを受け入れる理由は大いにあった。同プランは、事業の信頼を改善したかもしれない。一つの過程の完成とみなされた。
93) 1931年後半あるいは1932年初めには、確実に回復を始めていた。回復は全く国内的なものであり、特に1931年の首相会議による対策の実施が成功したことと、保護政策によってますます工業化が進んだことによるものであった (Boehm, E. A. [1971a] p. 29（谷内訳［1974］24-25ページ））。
94) Boehm, E. A. [1971a] p. 29（谷内訳［1974］24-25ページ）．
95) Sinclair, W. A. [1976] pp. 201-202.
96) 成田勝四郎［1971］110ページ。
97) 人絹は、日本が優位であった。綿布についても徐々に日本はイギリスの市場に食い込んでおり、イギリス商品は特恵関税の障壁をもってしてもなお、日本商品の為替安の武器に対して対抗できない状態にあったので、関税をもってイギリス商品を擁護しようとしたのである（成田勝四郎［1971］111ページ）。
98) 日本は、綿布の数量制限には応じられないこと、人絹布の価格引上げに応じうること、日豪貿易は日本の大幅逆調にあることから、日本の輸出数量の制限には応じられないことを回答した。オーストラリア議会は、1936年5月22日に綿布及び人絹布等に関する関税改正案を可決し、翌日よりこれを実施することになった（成田勝四郎［1971］112ページ）。
99) 同法の内容は、①輸入許可物品として小麦、小麦粉、羊毛が含まれる。許可規定対象国は主務大臣が告示する。②告示した国の産出・製造物品には、輸入税のほか、従価5割の付加税を課すと規定し、③同法により輸入制限される対象物品については、輸出を禁止する。④許可を受けた者は、許可日より3カ月以内に当該物品を輸入すること。⑤輸入規制対象物品は、原産地証明書を税関に提出すべきこと。⑥輸入者、輸出者、取引業者、倉庫業者、その他占有者に対して検査しうること。⑦本法は朝鮮、台湾、樺太にも適用すべきことを決めている。同法令は1936年6月24日もってオーストラリア連邦に適用すべきことを定めた（成田勝四郎［1971］115-116ページ）。
100) 成田勝四郎［1971］113ページ。イギリスは、石炭及び綿工業が新興生産国との競争、自国の代替品開発との競争に直面して、完全に衰退した。イギリスの造船業は、戦後の世界的な造船能力の過剰、外国貿易の停滞、外国の造船業との競争によって存在理由を失った。急激な技術変化と新しい領域への工業の拡大は、既成の工業経済に調整を強いたのである。

101) Boehm, E. A.［1971a］pp. 21-22 (谷内訳［1974］18-19ページ).
102) 太平洋協会編［1943］448ページ。
103) 太平洋協会編［1943］449ページ。
104) 太平洋協会編［1943］450-451ページ。
105) 太平洋協会編［1943］451ページ。

第9章　中央銀行制度の成立と金融の規制

　オーストラリア連邦制の成立は、各州が輸出入制限及び内国関税制度の撤廃を通じて、大陸全体に初めての統一市場を形成し、19世紀の農牧業と鉱山業の生産物をイギリスに輸出する産業構造を大きく変化させた。これまで国際競争力が低かった製造業を保護・育成するために、連邦政府は本格的な通商政策及び産業政策を実行することも可能になった。本章は、1900年の連邦結成から第二次世界大戦の終了にいたる、45年間のオーストラリアの貨幣・金融制度の変化を検討する。その重要な変化と検討課題は以下の諸点である。

　まず、貨幣通貨制度の検討である。この時期は、19世紀まで中央銀行が存在しないなかで、新たな貨幣制度の整備と中央銀行制度の確立が模索された時代である。オーストラリア連邦の成立が母国イギリスからの政治的な独立性を高め、初めてイギリスと異なったデザインのもとに貨幣制度の整備が進められた。貨幣・通貨制度の整備は、1909年貨幣法（Coinage Act）の成立と1910年連邦政府によるオーストラリア紙幣（Australian Note）の発行によって最初に具体化され、20世紀前半の二つの大戦を含む世界の政治・経済的な混乱のなかで、今日に至る発展を見ることになる。特にオーストラリア紙幣は、連邦大蔵省が発行した兌換政府紙幣であり、第一次世界大戦後に連邦銀行に発行権限が移管されて、中央銀行による通貨発行システムが確立することになる。さらに問題を複雑にするのは、この時期が金本位制度から管理通貨制度への転換期にあたり、この時期オーストラリアの貨幣発行制度の整備が進められたことによって、われわれに貨幣制度の基本的な課題をも浮き彫りにしている。ここで貨幣制度の基本的課題とは、紙幣及び中央銀行券の発行方法、兌換制下の兌換準備の意味、不換制下の紙幣の流通根拠の問題を指している[1]。

次に、中央銀行制度の検討である。連邦政府は、歳入と歳出がこれまでの各植民地政府の規模と比べて巨額なものとなり、政府資金の管理と決済を民間の預金銀行に委託する従来の制度に対して、統一的な財政資金の管理を必要として、1912年にオーストラリア連邦銀行（Commonwealth Bank of Australia）を設立した。連邦銀行は、設立当初、発券機能も、また準備預金による銀行間決済の機能も持っていなかったが、その後中央銀行としての機能を整備して、金融政策の主体として確立されることになった[2]。連邦銀行の機能の整備過程を辿り、中央銀行システムの基本的機能と金融政策の主体としての基本的課題を問い直してみたい。特に金融政策の課題は、その目標と手段にかかわり、とりわけ金融政策の手段が整えられるなかで、どのような効果を持ち得たかが問われるだろう。

最後に、国際通貨制度の変化とそのオーストラリアの金融制度への影響について検討する。大戦間期は、ロンドンを中心とした国際通貨システムからポンドとドルの二極通貨体制へ移行した時期にあたり、国際通貨システムの変化が貨幣制度及び中央銀行制度の整備過程にどのような影響を与えたのか明らかにする[3]。特に、本章では、大戦間期の金本位制度の変化と1929年大恐慌の影響によるAポンド切下げやロンドン資金問題、また1932年オタワ協定以降、スターリング・ブロックの形成のなかで通貨及び為替の管理、貨幣政策のあり方が問われた。こうした背景のなかで、オーストラリアでも貨幣・銀行に関する本格的な最初の調査が行われた。1937年の貨幣・銀行委員会の報告書（Report of Royal Commission appointed to inquire into the Monetary and Banking System, 1937）がそれである。同報告書は、その後の中央銀行制度の整備過程をみるとき、多くの示唆に富むものであり、同報告の勧告のなかでも、発券準備規定、準備預金制度、ロンドン資金の管理、公開市場操作に関する勧告について検討する。

第1節　貨幣制度の整備過程

(1)　貨幣法の成立と貨幣制度

　金の発見は、1855年シドニー王立鋳造所の設立によって、オーストラリアの鋳造貨幣の不足の問題を解決した。その後1872年にメルボルンに、1899年にパースに貨幣鋳造所が設立されて、オーストラリアで流通する本位貨幣についてはオーストラリア内で鋳造されることになった[4]。これら鋳造所では、ソブリン金貨及び半ソブリン金貨の2種類が鋳造され、これらの標準重量は、それぞれ0.2568オンス、0.12841オンスで、標準純度は、916.667パーツ11/12であった。これら鋳貨は、本国イギリスと同等の品位と重量をもっており、無制限法貨として流通した[5]。鋳造所では、本位貨幣であるソブリン金貨が鋳造額の大半を占め、半ソブリン貨の鋳造額はわずかであった。ほかに金地金も鋳造されており、これは10オンスの金塊であり、ソブリン金貨とともに対外決済手段として専らイギリスに流出した。

　J. J. フェントン (Fenton, J. J.) によると、オーストラリアで鋳造された金貨のほぼ4分の3はイギリス及び英帝国内の植民地に流出したことがわかる。そしてメルボルン鋳造所の副所長によれば、1898年の報告の中で過去25年間に、メルボルン及びシドニー両鋳造所において鋳造された金のうち15.3％がオーストラリア国内で流通しているにすぎなかった[6]。大量のソブリン金貨がイギリス本国に流出したことは、結果的に、本国における貨幣鋳造の負担を植民地に肩代わりさせ、本国は貨幣鋳造費を支出する必要がなかったことになる。

　オーストラリアでは1909年の貨幣法が成立するまで貨幣法は存在しなかったので、イギリス貨幣法が適用されていた。連邦結成によってオーストラリア憲法第51条は、その12条項において「通貨、貨幣鋳造、法貨」についての権限が連邦政府にあることを定めた[7]。この規定に基づいて1909年貨幣法が議会を通過し、オーストラリアの貨幣鋳造所が、必要な場合に金貨に加えて銀貨、銅貨

及びニッケル貨を鋳造することが可能となった。これまで銀貨及び銅貨等の補助貨幣についてはロンドン王立鋳造所において鋳造され、オーストラリアに輸入されていた。ただし1898年には、オーストラリア鋳造所においても銀貨及び銅貨を鋳造することが認められ、暫時これらの補助貨幣も鋳造されることになった。1909年貨幣法は、これによってオーストラリアの独特の刻印でもって本格的に貨幣を鋳造できることになった点において画期的であった[8]。

　鋳造される貨幣は、金貨には5ポンド、2ポンド、ソブリン貨（1ポンド）、半ソブリン貨（10シリング）、銀貨にはフローリン（2シリング）、1シリング、6ペンス、3ペンスがあって、銅貨にはペニー、半ペニーがあった。金、銀、銅貨の標準重量（standard weight）及び標準純度（remedy allowance）は決められていた[9]。大蔵大臣は同法に基づいて一定の単位名称、重量、純度のニッケル貨を鋳造し、発行することも認められていた[10]。法貨規定については、本国同様金貨は無制限法貨として、銀貨は40シリング、銅貨は1シリングの制限法貨とされた[11]。流通上の品位及び最軽量目（least current weight）が規定されていた。

(2) オーストラリア紙幣の発行

　オーストラリアでは、1893年金融恐慌以来、統一的発券制度の確立と中央銀行の設立を求める動きが強まった。この流れは1890年代に州立銀行論（state bank）として展開されたが、実現されるにいたらなかった[12]。連邦制の成立にともなって、連邦政府の財政を整備する必要に迫られ、二つの課題は具体化されることになるが、オーストラリアの発券制度の確立あるいは連邦銀行の設立には一つの特色がある。両者がほぼ同じ時期に成立をみたにもかかわらず、それぞれ独立した制度として作りあげられたことである。当時イングランド銀行を始め各国の中央銀行は発券機能をもっていたが、オーストラリアでは、紙幣発行は連邦大蔵省の権限のもとで発行されており、連邦銀行は発券機能のないまま営業を開始した。これらは労働党政権下において成立をみたが、その具体的制度及び機構について意見の相違があり、その結果として中央銀行と発券

制度が分離して成立することになった[13]。

　1910年に成立したフィッシャー労働党内閣は、連邦議会で初めての単独過半数を占める安定政権であった。この政権のもとで紙幣発行制度が立法化されることになる。労働党は、1902年に連邦議会労働党を結成した際に、その綱領において銀行国有化論と連邦発券銀行の理念を持っていた[14]。

　1910年に成立したオーストラリア紙幣法（Australian Notes Act）は、各州が1911年以降紙幣を発行することを禁止するとともに、それらの法貨性を否定し（4条）、連邦大蔵省による紙幣発行を定めた。その結果、当時流通していたクインズランド州の政府紙幣（Note）は引き上げられた。総督は大蔵大臣にオーストラリア紙幣の発行・再発行・破棄に関する権限を与えた（5条）。そして紙幣は、10シリング、1ポンド、5ポンド、10ポンド、その他10ポンドのいくつかの倍数を単位名称として発行することが可能となった[15]。大半のオーストラリア人の財布に収まった最初の紙幣は、10シリング紙幣であった。発行に際して日付が記入され、連邦全域及び連邦政府統括下の全域において法貨であるとともに、連邦大蔵省において要求に応じて金貨で支払われた[16]。10シリング紙幣は、1907年の「公正かつ適正」な賃金と判断された1日7シリング、週2ポンド2シリングの賃金水準から考えると、日常の消費活動の貨幣流通である所得流通にとって、利用可能な上限に近い金額であった[17]。したがって10シリング紙幣は、一般の所得流通においては高額取引に使用され、むしろ商業流通における通貨としても機能したと考えられる。後の1920年紙幣発行が連邦銀行に移管されたときに、同時に5シリング紙幣が発行されることによって、所得流通における利用がいっそう高まることになる。

　オーストラリア紙幣は兌換政府紙幣であり、この兌換準備は連邦大蔵省に金貨で用意された。大蔵大臣は、発行額の700万ポンドまでは、その発行額の4分の1以上を準備として金貨で保有すべきこと、さらに700万ポンドを上回る発行額に対して全額金準備を必要とすることと定められた。しかしこの準備規定は、政府の財政資金の不足のために、翌年には25％の金準備をもって無制限に発行することができると改正された[18]。

預金銀行に対する貸付の際の準備規定については特に規定されていなかった。さらに兌換準備が不足する場合、大蔵省手形の発行によって準備金を確保することが定められていた。大蔵省手形は紙幣発行額を上限とし、また大蔵省手形の発行に対して紙幣を回収することは禁止されていた[19]。大蔵省手形は、最高5年を満期とし、その利回りも4％を上限と決められた。大蔵省手形の償還及び利払いは、整理基金（consolidated revennue fund）によって処理されることになっていた。

兌換紙幣の発行から生じる資金の記帳及び管理は、その目的のために設立されたオーストラリア紙幣勘定（Australian note account）によって処理された。この資金及び運用収益は同勘定の貸方に記帳され、紙幣の兌換準備として大蔵省に保有された。この残高の一部は、銀行預金、イギリス政府証券、連邦及び州の政府証券に運用し、これらの証券を販売することが認められていた。またこれらの資金は紙幣の回収及び紙幣の管理費として支出することも可能であった[20]。

オーストラリア紙幣法は、州政府による紙幣発行を禁止するとともに、連邦大蔵省による紙幣発行の細則を決めたものであって、従来民間銀行が発行していた民間銀行券の発行に関するなんらの規定も含んでいなかった。民間銀行券の発行については、同条例よりもほぼ1カ月遅れで成立した銀行券発行税法（Bank Note Tax Act）によって規制が加えられた。銀行券発行税法によると、連邦内の諸銀行が発行する銀行券に対して発行額の10％を課税することが定められており、その税額は、毎年発行及び再発行された銀行券の平均額によって確定され、翌年の6月30日までに州政府に納税されることと決められていた[21]。

二つの条例によって民間銀行券の発行は事実上不可能となった。同条例の成立時点で、州政府紙幣であるクインズランド紙幣は75万ポンド、民間銀行券は371万ポンドが発行されていた[22]。オーストラリア紙幣は、連邦銀行にとっても、民間銀行にとっても資産勘定に記帳された現金であった。民間は主に連邦政府の支出によって紙幣を獲得し、州政府は連邦政府からの交付金及び貸付の方法で、民間銀行はクインズランド紙幣及び金貨との交換、あるいは貸付によ

図 9-1 通貨構成の変化（1901〜1945年）

(単位：%)

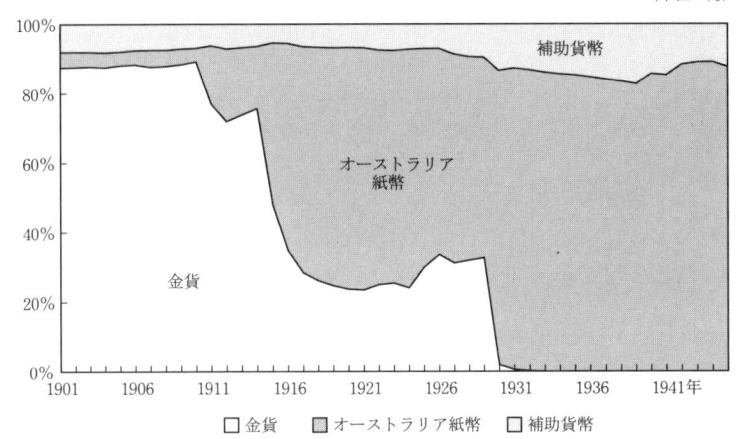

注：1910年以前のオーストラリア紙幣の部分はクインズランド紙幣である。
出典：RBA [1971] OP, No. 4A, pp. 453-457 より作成。

って紙幣を獲得した。紙幣の発行方法についてはさらに検討を要するが、その後、紙幣は所得流通及び商業流通においても徐々に流通し始めた。

(3) 金貨の回収と兌換停止

紙幣の流通は、図9-1によると第一次大戦まで発行額のほぼ60％前後が銀行の手元にあり、銀行の準備として機能するとともに、残りの40％が大衆の手元にあって流通手段として機能した。注目すべきは、オーストラリア紙幣の発行によって、金貨及び補助貨の流通に大きな変化が生じなかったことである。オーストラリア紙幣の流通上の大きな変化は、第一次大戦の最中に著しい発行額の膨張を示したことである。1914年6月に第一次世界大戦の勃発のニュースは、オーストラリア国民にとって歴史的な不安を引き起こし、金貨退蔵へと駆り立てる強い不信感を高めた。未決済の商取引が中断し個人及び企業、とりわけ敵対国と貿易関係をもつ人々に対して大きな打撃を与え、彼らに対する金融的支援も必要であった。大衆の不安は、根拠のないものも多かったが、貯蓄銀行に対する中規模の取付けへと発展した。預金銀行は、例外的な引出しに直面

するものもあったが、深刻な取付けもなかったので、貯蓄銀行に対する貸付支援を行った。証券取引所は、パニック的な取引を避けるために９月後半まで閉鎖された。そして外国為替取引を間接的に停止したイギリスの対応は、オーストラリアとニュージーランドに対外金決済の必要をせまったのである[23]。

貯蓄銀行の預金については、その大部分を州政府が責任を負うことになっていたので、州政府は、貯蓄銀行に25％を金で預託することを条件に、オーストラリア紙幣の貸付を提供した。連邦政府は、州政府の公共事業支出のために、州政府に対して紙幣での貸付を増額した。連邦政府の金融的支援の財源は、紙幣の印刷によって賄われた[24]。

緊急時に紙幣の発行は、連邦政府の金融支援の拡大にともなって増加するだけでなく、預金銀行が顧客の一時的な現金需要に応えるために、また貯蓄銀行を支援するために、必要なものであった。金融支援が必要なときに、十分な金と交換に紙幣を発行するというのは不適切な規定であった。というのは、金は紙幣よりもパニック的な取付けを止めさせるのに有効であるからである。緊急時にオーストラリア紙幣は、発行額の３分の１を金で預託することを条件に銀行に供与され、残りの３分の２を利付きの貸付とする協定が成立した。この協定は３対１協定（three-for-one arrangement）として預金銀行に受け入れられた[25]。

大蔵大臣は、この協定によって紙幣の兌換を停止することを銀行に求めた。しかし預金銀行は、緊急時の紙幣発行の拡大措置が永続化される恐れがあること、また顧客の兌換請求に対して責任と汚名を預金銀行に負わせることになる点で、兌換停止に反対した。紙幣の法的兌換規定である25％と比べて、当時、大蔵省には54％もの兌換準備が保有されていたので、預金銀行はこの時点での兌換停止措置が時期尚早であると反論した。しかしフィッシャー首相は、兌換停止の立法化の道もあることを楯に、預金銀行に兌換停止協定を強制し、預金銀行はこの提案を受け入れた。これによってメルボルンをはじめ、各都市の銀行の窓口で紙幣と金貨との交換は事実上停止した。法律的に紙幣の唯一の兌換場所であったメルボルン大蔵省での兌換も拒否されたのである[26]。これらの措

置に従って、預金銀行は銀行の窓口で兌換に応じないことを各支店に通達した。ここにいたって、民間流通における紙幣の金兌換が事実上停止された[27]。

　連邦政府の政策は、紙幣発行と金貨に限ってみれば、1914年9月に新たな局面を迎えることになる。フィッシャー首相は、預金銀行に紙幣と交換に1,500万ポンドの金貨を引き上げることを提案した[28]。この政府の提案額は1,000万ポンドに減額されたが多くの銀行の反対にあった。しかしイギリス系銀行であるBOA銀行とUBA銀行の賛同を得て、両行がそれぞれ預金額に対する要求割当額100万ポンドを大蔵省に分割して移管することを決めたために、他の銀行もこれにならった。金貨の民間からの引上げは、主に預金銀行を通じて行われたが、大蔵省によっても直接に引き上げられた。もちろん引き上げられた金貨は、海外出兵のために戦費として支出され、対外決済のために流出した。

　民間からの金貨の回収とこれに代わるオーストラリア紙幣の投入は、1914年6月960万ポンドからその年の終わりには3,210万ポンドへと増加した。この増加の大部分は、預金銀行からの金貨移管の見返り分、州政府への紙幣の貸付、及び大蔵省の金貨回収の見返り分によっている。こうして国内貨幣流通では、金貨に代わって政府紙幣が置き換わった。またインターバンク決済についても金に代わって紙幣でもって行うことが1915年に決定された。その結果、顧客が呈示する小切手は紙幣で支払われ、金貨で支払われなかった。そして紙幣の増発は、物価上昇とともに預金銀行にとって不安材料となったので、連邦政府は戦費の調達を紙幣発行でなく公債発行に依存するようになった。連邦政府は、紙幣の増発によるインフレーションに対する警戒感を持っていたのである。

　金本位制の放棄に関する法律的な行動は、1915年7月の金輸出禁止まで何もなかった。法的に、オーストラリア紙幣は自由に兌換可能であった。金輸出以外に金を処分する自由を法的に制限するものは何もなかった。貨幣鋳造所は、旧価格で金を買い上げ続けていたし、誰にでも、習慣上銀行に限られたが、金1,000オンスないしそれ以上と交換にソブリン金貨を提供し続けた。しかし金貨は流通過程から姿を消していたし、紙幣の兌換も事実上停止していた。貨幣流通は、紙幣と補助貨によって構成されていた。

1916年前後に、オーストラリアの預金銀行は、対外決済のためにイングランド銀行に保有すべき金を大蔵省に移管することができた。もちろんこの措置は、金輸出禁止を受けて、預金銀行の対外決済のための金輸出を大蔵省が代わって遂行するものである。この措置によっても預金銀行の金も大蔵省に集中されることになった。しかし大蔵省による預金銀行のロンドンへの金の移送は、連邦政府の戦費支払の増加により長く続かなかった[29]。

預金銀行は、紙幣の事実上の兌換停止、金貨引上げ、及び金輸出禁止によって、国内流通のための金貨による預金準備と紙幣の兌換準備の必要はなくなっており、金準備から開放されて紙幣を現金準備として信用創造が可能となった。流通からの金貨引上げと金輸出の禁止は、預金銀行の金兌換の停止を法的に規定したものではない。しかし金輸出の禁止は、預金銀行が対外決済手段の獲得のために紙幣の兌換請求を大蔵省に求める必要もなく、したがって預金銀行にとっても事実上兌換停止となったのである[30]。この時点で対外決済手段の確保は主に連邦大蔵省の課題となるはずであったが、その後紙幣発行が連邦銀行に移管されたときに、連邦銀行がその自覚を持っていたかどうか後に問題となる。

第2節　連邦銀行の設立と機能の拡充

(1) 連邦銀行の設立過程

連邦政府の財源は、関税と内国消費税によって構成され、その4分の3が各州の交付金として配分されることになっていた。この財政資金の管理が課題となって、連邦銀行の設立に向かう。連邦制以前において、各植民地政府は財政資金の管理を民間銀行に委託してきた。連邦銀行の設立によって、財政資金の一括管理が可能となり、したがって連邦銀行は設立当初財政資金の管理と決済を行う国立銀行だったのである。オーストラリア憲法は、第51条の13項で「連邦議会は州立銀行以外の銀行及び州の境界を越えて営業する国立銀行の設立に関する立法権を有する」と規定していた[31]。

第二次フィッシャー労働党内閣は、1911年にオーストラリア連邦銀行設立案を連邦議会に上程し、同法案は1912年に成立、翌1月より営業を開始した。オーストラリア連邦銀行は、イギリス植民地において最も早く設立をみた中央銀行である。労働党は、預金銀行の金融的な支配を抑制し、商業銀行業務を国有化するという意図をもっていた。この意図が民間銀行券の発行規制、及び政府大蔵省による紙幣の発行として具体化され、さらに連邦銀行の一般銀行業務及び貯蓄銀行業務に反映した。他方連邦制の成立にともない、財政・貨幣・金融制度を早急に整備する必要に迫られて、連邦政府は、1909年に為替・小切手・約束手形法（Act relating Bill of Exchange, Cheque and Promissory Note）、貨幣法、1910年にオーストラリア紙幣法、銀行券発行税法を相次いで成立させた。こうした状況は、オーストラリアの中央銀行に特異な性格を与えることになった。

　連邦銀行設立の意図を従来労働党案に求める見解があるが[32]、設立された連邦銀行は、預金銀行を代替するものでなく「その背後にある」とする位置づけ、銀行券発行の権限を有しないこと、さらに為替手形及び流動証券を担保にした貸付を優先させることにおいて労働党案との間に大きな違いがあった[33]。

　同行創設の目的は、(1)連邦全域にわたって金融制度の中心機関たること、(2)銀行業の独占より生じる諸問題を除去することに置かれていた。連邦銀行は、その資本金を募集する権限を持ちながらも、その設立当初、政府の援助によって原資を賄い、資本金は募集されないまま、資本金をもたない銀行として営業を開始した。また連邦銀行のすべての債務は連邦政府によって保証された[34]。

　政府の預金は、預金銀行から59万ポンドの1枚の小切手で振り込まれたのが最初である。すなわち預金銀行におかれていた政府預金が連邦銀行に移管されたのである。民間からの最初の預金は、BNQ銀行から預金されたもので、その後個人からの預金も増加している。地方銀行からの預金も受け入れて、決済勘定も提供していた[35]。決済勘定は、政府・自治体、共済組合、労働組合、教会、学校慈善団体、その他非営利組織、一般の顧客などにも提供した。すべての州で他銀行との日常の小切手の決済は、NSW銀行が引き受けていた[36]。預

金の構成は、バランス・シートから見れば、一般銀行部門 (general banking division) の預金、郵便制度を通じた貯蓄銀行部門 (saving bank department) の預金によって成り立ち、さらに前者の預金は1913年6月217万ポンドであり、そのうち少額の預金は、大衆からのものであり、残りは連邦政府の預金であった。また貯蓄銀行部門は、269万ポンドの預金を有していた。

与信業務では、現金171万ポンドを保有し、政府証券に131万ポンドが投資され、ロンドン宛の為替手形が60万ポンドであった。また他の銀行に73万ポンドを預金し、貸付・割引は50万ポンドであった。連邦銀行は、発券機能もなく、預金銀行の準備預金による銀行間決済機能もなく、一般顧客から定期性及び貯蓄性預金を受入れ、貸付、投資、貿易金融を営んで、預金銀行と競争する国立銀行であった。

開業当初の営業業績は悪く、1913年6月30日一般銀行部門は2万ポンドの損失を計上したが、翌年の同日には3万ポンドの利益に転じている[37]。これに対して預金銀行は1913年6月30日に当座預金額が前年に比して3,400ポンドも減少した。この要因は一部顧客預金の減少によるとも考えられるが、多くは連邦政府勘定の連邦銀行への移管によるものであったと考えられる。貯蓄銀行部門は、1912年に開設され、郵便事業を利用することによって拡大を見たが、1913年にタスマニア州立貯蓄銀行、1920年にクインズランド州立貯蓄銀行を併合し、その後1927年にこれらを一括分離して、連邦貯蓄銀行 (Commonwealth Savings Bank of Australia) が設立されている[38]。

(2) 連邦銀行法の修正と連邦銀行券の発行

第一次大戦後の経済的課題をインフレーション、為替レート、戦時公債問題の3点についてまとめておこう。第一次大戦の経済的影響は、オーストラリアの輸出を減少させ、物価の上昇となって現われ、その結果、連邦政府は小麦価格をはじめとした物価統制を開始した。消費者物価の上昇率は、1914年から1920年の間に69％に達し、特に大戦後1919年13％、1920年13％と高い上昇率を示し、紙幣発行額は1916～21年の間に、4,390万ポンド (1916年) から5,822万

ポンド（1921年）へと増加していた[39]。紙幣発行の急増は1919年までであり、オーストラリアの実質国内総生産は、世界が戦後不況に陥っていた1920〜21年に7.6％、9.8％の高い伸びを示していた。

イギリスでは戦間期のスターリングとドルの釘付け政策が1919年に放棄されて、変動相場に移行したことにより、スターリングの価値はドルに対して下落し始めた[40]。オーストラリアも1919年にイギリスに倣って変動相場を採用し、これまでスターリングとAポンドとの為替平価から乖離し始めた。1920年にはスターリングに対して1ポンド15シリングのプレミアムが付き、1921年の小康状態の後、1922年からスターリングの下落が鮮明になった。すなわちスターリングは、Aポンドに対しても下落し始め、1924年10月には100：96まで下落したのである[41]。

連邦財政は、大戦期間に膨張し、戦争経費の大部分が戦時公債（war loan）の発行によって賄われ、戦争直後の数年間も公債の発行は続いた。オーストラリアの戦時公債は、戦争の初期ロンドンで募集されていたが、その発行額の急増、ヨーロッパにおける戦況の悪化・長期化によってロンドンでの募集が困難となり、オーストラリアにおいて募集されることになった。応募は商業銀行よる引受も大きな役割を占めたが、広く大衆にも求められた。戦時公債の市中消化が順調に進むように連邦銀行は当座貸越の条件を緩和し、最終段階では、この当座貸越が戦時公債を担保に行われるまでになった。これは、戦時公債が連邦銀行の当座貸越によって消化されたことを、また事実上の連邦銀行引受であったことを意味する。オーストラリアで募集された戦時公債は2億1,300万ポンドに達し、1920年代に連邦政府公債の償還は、戦後の各州政府の借入の増加、民間の資金需要と重なって金利の上昇を招いた[42]。

連邦銀行は、連邦政府の戦時借入の管理を行って業務を拡大した[43]。また預金銀行は、戦時公債の主要な応募者であり、海外支店及び代理店を通じて軍需支払、幣紙の送金取扱い、さらに戦時賞与金等の支払の便宜を提供していた。金輸出は禁止されたものの、為替の悪化にともなって預金銀行は大蔵大臣に金輸出の再開を要請し、1916年2月に一定の条件のもとで金輸出が認められた[44]。

戦中・戦後のインフレーションに終止符が打たれたのは1920年になってからのことである。1920年以降国内的には価格引下げ、及び金融引締め等のデフレ政策が採用された。紙幣の吸収は、イギリスと同様に紙幣を金で購入することによって行われた。連邦銀行は本店で要求に応じて兌換を行った。1920年11月30日連邦銀行法の修正法が成立して、紙幣発行権が連邦銀行に移管された。紙幣発行権は、連邦大蔵省より連邦銀行の独立部局である発券理事会（Notes Board）に移され、その管理は発券理事会の手によって行われることになった。1910年のオーストラリア紙幣法では、大蔵省は自己の支払を紙幣で決済することができたのに対して、連邦銀行の発券局は、自己の決済を紙幣で行うことを禁じられ、したがって連邦銀行は他の貨幣、小切手、大蔵省手形、その他証券で自己の支払を済まさなければならなかった[45]。連邦銀行は貸付によって民間及び預金銀行に紙券を供給したので、政府支出によって供給されるものと大きく異なる。つまり現金通貨の供給は、連邦銀行の貸付政策の問題となったことによって、政府紙幣の発行方法が、連邦銀行の貸付業務を通じて発行されるようになったのである。政府紙幣から銀行券へ転化したのである。この時オーストラリア連邦銀行券が誕生したのである。連邦銀行券は、貨幣流通からすでに金貨が消えていたにもかかわらず、連邦銀行本店で兌換されるものと規定されていた。連邦銀行券の発券準備は、発行額の4分の1を金貨または金地金で保有することと定められており、残りの部分は、他銀行への預金、イギリス政府証券、連邦債、州債に運用された。大蔵省発行時代の政府紙幣の25％の兌換準備規定は、連邦銀行券にも引き継がれたのである。

　同法は、連邦銀行券の発券準備条項に、120日以内のロンドン宛為替手形に投資することを新たに付け加えた[46]。ロンドン宛為替手形が加えられたことは、連邦銀行によるロンドン宛為替手形の買取りが紙幣発行の経路となり、獲得されたロンドン資金と銀行券の発行を結び付けることによって、発券準備の拡張を意味した。すなわちロンドン宛為替手形が預金銀行及び連邦銀行のロンドン資金を形成するので、ロンドン資金を準備にした紙幣発行制度が制度上作り上げられたことになる。金為替本位制度の法制上の基礎がここで確立した。

これまでイギリスもオーストラリアも金本位制であり、両国間の対外決済の利便性のために、オーストラリアのロンドン・バランスが実質的な対外決済手段として機能してきた。民間銀行はロンドン・バランスの変動を一つの基準として、オーストラリア国内の貸付政策を展開してきた。その意味で、19世紀後半のロンドンを中心とした国際通貨システムのなかでは、オーストラリアは、イギリスに対する実質的な金為替本位制の立場にあったといえる。

さらに1920年の条例は紙幣の額面の最低単位を10シリングとしていたが、これも5シリングに引き下げられて[47]、連邦銀行券が所得流通で流通することが定着していくことになる。また1920年連邦銀行法の草案（Bill）のなかには、預金銀行の6カ月以内の短期性預金に対して20％、6カ月以上の長期性預金に対しては10％に、紙幣準備を預金銀行に要求する準備預金制度の規定も含まれていたが、1920年の法令では除かれた[48]。

連邦銀行への紙幣発行の移管は、戦後インフレーションの収束を目的としており、連邦銀行の貸付政策によって民間への現金通貨の供給を統制することを狙ったものであった。1920年から1924年連邦銀行法の成立直前まで、連邦銀行の貨幣政策は、現金通貨の供給を可能な限り引き締める、まさにデフレ政策であった。

発券理事会の貨幣政策は、物価及び為替レートの変動を睨みながら、1914年以降の金輸出禁止下にあって、金本位制（金解禁）に速やかに復帰することを目標にしながら、戦後インフレーションの収束を図るために、連邦銀行券の発行額を可能な限り収縮させることにおかれた。

連邦銀行券の厳格な引締め政策は、イギリスの金輸出禁止のために、預金銀行がロンドン資金を国内貸付に振り向けることを困難にした。預金銀行の地方支店の現金保有残高は著しく低い水準にあった。そして1922年の輸出シーズンには、輸出金融のために連邦銀行券に対する一時的な追加需要が予想され、輸出金融の提供が困難になることが明らかとなった。預金銀行は、1922年10月に連邦銀行総裁 D. ミラー（Miller, D.）に要望した。すなわち羊毛や小麦の輸出に対して十分な輸出金融を提供するために、ロンドン資金を担保とした連邦銀

行貸付を受け入れるべきであると主張した。そうしないと預金銀行は、イギリスから金を輸送できないので、顧客に対してロンドン宛為替手形の振出しを拒否せざるを得ないだろう。金に対してスターリングの減価の恐れがあるときに、発券理事会がロンドン資金の買入れを拒否するならば、連邦銀行券の増発のために、ロンドン資金を担保することを受け入れるか、金貨引上げに際して預託した金貨に対して、連邦銀行券の引出しを銀行に認めるべきであると預金銀行は主張した。連邦銀行は現在適切な金準備を持っているので、どちらかを選択するか、あえて最善の方法は、預託したソブリン預金に対して連邦銀行券を貸し付けるべきであると要望した[49]。

　輸出金融の困難は、1923年のシーズンにも増加し、預金銀行の地方の流動性が低下しているので、例年にない多額の輸出超過に対して融資はほとんどできないありさまであった。しかしながら発券理事会は、物価上昇が続いているなかでは、すべての貨幣需要に対して通貨供給を引き締める基本姿勢を崩さなかった。そしてどんな条件でも連邦銀行券を増発することに対して頑固なまでに抵抗し続けた。貿易金融に対する妨害は、1923年度の末に最悪の状態となった。預金銀行と連邦政府は発券理事会に増発を求めたが、かたくなな態度をとったのである[50]。連邦銀行券の発行量が統制され、預金銀行への貸付が抑制され、金利の引上げが行われる中で、国内の現金流通のために適切に連邦銀行券を供給するか、貿易金融を拡大するかを選択せざるを得ない状況に預金銀行を追い込んだのである。一方では国内の各支店の流動性が不足して、国内の貸付需要が増加したのに対して現金準備の制約が発生していた。また輸出金融に対する需要の増加に対しても、預金銀行によるロンドン宛為替手形の買取りが預金を形成して、その預金の一部が現金で引き出される可能性があったのである。こうした現金需要に対して連邦銀行の発券統制は厳しく作用したし、潤沢なロンドン資金を預金銀行が自由に利用できたならば、この流動性不足は解消したはずである[51]。連邦銀行の現金供給は、預金銀行の貸付及び信用の拡大に対して制約条件となっていたのである。

　発券理事会は、1924年に預金銀行と連邦政府の圧力によって、連邦銀行が顧

客に課してきたよりも高い、ほぼ禁止的なレートである7％で、ロンドン資金に対して500万ポンドを上限に銀行券を貸し付けると態度を軟化させた。しかしさらに状況は変化した。1924年連邦銀行法によって旧発券理事会は解散して、連邦銀行理事会が発券を管理することになった。連邦銀行理事会は、発券理事会よりも輸出金融の必要をよく理解していた。さらにスターリングは、ほぼ4月以降為替市場で強くなった[52]。金に対するロンドン資金の減価に心配がなくなったことによって、連邦銀行理事会はさらに建設的な姿勢を取り易かった。連邦銀行は、輸出金融のため1,500万ポンドを各銀行の預金及び輸出金融の割合に応じて4％で貸し付けた。現金の追加的な借入によって、銀行は地方の厳しい流動性の不足のために、手形融資を制限する必要がなくなった。そして現金の引出しは実質的に必要でなくなった。1925年4月に金本位制への復帰によって、預金銀行は多大な損失なしに金を輸入することができ、ロンドン資金をオーストラリアにおける現金として、利用するために、それを転送する障害はなくなった[53]。

　銀行券発行協定に関する最後の事項は、1926年初めに連邦銀行が1914年の紙幣と交換に借り入れられた金を開放するということであった。その協定は1920年に5年間延長すると決められたものである。多くの議論の後に、銀行は連邦銀行の申出を受け入れないことに決定した。220万ポンドの金を回収する権利を放棄した。地方の流通媒介物としての金の優位性はすでに消えていたと認識したからである。

(3) 1924年連邦銀行法と金本位制への復帰

　1924年連邦銀行法は、発券理事会と連邦銀行とを統合して、連邦銀行理事会の下に連邦銀行券の発行を管理することを決めた。1924年連邦銀行法の改正の要点は次のようであった。(1)発券理事会を廃止し、連邦銀行の理事会による紙幣発行の管理、紙幣をロンドン証券によって発行すること。(2)連邦銀行の資本金の増加、(3)割引・再割引の実施とその利率の決定及びこれを発表する権限の授与、(4)連邦銀行を通じて預金銀行が手形交換を行うことであった[54]。

連邦銀行は1924年の紙券発行権限の付与によって中央銀行としての地歩を固めるとともに、預金銀行との協議の上で銀行券を発行し、さらに輸出金融をも与えた。これによって発券理事会時代の発券統制を緩和して、発行額の拡大をはかった。

　1924年連邦銀行法は、連邦銀行をオーストラリアの中央銀行として認めながらも、この時点の連邦銀行の性格は、石垣健一によれば、商業・貯蓄銀行業務を営む連邦銀行と発券業務を営む大蔵省の発券局（Note Issue Department）との結合であること、また金融政策主体としては未熟な中央銀行でありながら商業・貯蓄銀行業務を行う二面性を持っており、これがオーストラリアの中央銀行の基本的特徴である[55]。中央銀行としてのオーストラリア連邦銀行に関して強調しておきたいことは、まずイングランド銀行が1844年のピール条例によって発券局と銀行局に分離されたが、このイングランド銀行と組織上極めて酷似するものとなったことである。すなわち連邦銀行も発券局（Note Issue Department）と銀行局（General Banking Department）をもち、それぞれが独立したバランス・シートのもとに運営された。次に、連邦銀行の設立過程から、労働党の民間銀行国有化論が徐々に変質して、商業・貯蓄銀行業務を営むことによって預金銀行の産業に対する金融的支配を制限し、さらに貯蓄銀行部門が1926年に切り離されて以降、商業銀行業務における連邦銀行の貸出は、政府の産業融資政策及び公共融資政策の一端を担うものとなったことである[56]。

　連邦銀行理事会は、総裁を議長として、大蔵省の代表1人、そのほか農業、商業、鉱業、金融からの代表6人、計8人でもって構成されていた。資本金は2,000万ポンドと決められ、その内400万ポンドは銀行の準備金と兌換基金から資本勘定へ移された。残りは600万ポンドまで政府より支出されることになっていた。これを上回る額は、1,000万ポンドを上限として債券（debetures）の発行によって集められることになっていた。しかし実際資本額は、準備金と兌換基金よりの400万ポンドにすぎなかった[57]。ともかくも設立から1924年まで資本金のない時代に終止符が打たれた。

　連邦銀行を通じての手形交換尻の決済については、1923年に、これまでの

1,000ポンド紙幣による決済に代わって、連邦銀行を通じて銀行間の決済を行うことが議論された。預金銀行は、銀行間の交換尻の決済のために、連邦銀行に決済準備を置くことについて、自己の業務と競合する連邦銀行に資金を提供することになると恐れた。しかし預金銀行は、連邦銀行が紙幣発行をよりいっそう中立的に運営することが重要であると考えていたし、連邦銀行がその点で公平であるとも判断していた[58]。すでに連邦銀行の設立当初から、民間銀行と相互の決済勘定を通じて取引は行われ、民間銀行は手形交換所を通じてまた個々に銀行間決済ネットワークを確立していた。したがってこれらの交換尻を連邦銀行の決済勘定で行うことが大きな飛躍であるとは考えられない。

　実際に1924年の連邦銀行法の規定に連邦銀行を通じた交換尻の決済が盛り込まれ、預金銀行に対して、交換尻の決済が要求されたとき、預金銀行は、それを通貨管理につながるものと考えていなかったし、むしろ有益なものと考えて反対もほとんどなかった[59]。ただ預金銀行はこれを強制されることを好まなかったので、連邦銀行と預金銀行は、この規定が強制されるのを避けるために、自主的にその処理を進めることで一致した。連邦銀行による銀行間の集中決済システムは、以前すでに部分的に行われていたものが、同法によって広汎な決済システムを持つ主要な預金銀行の参加を得て、この時期に確立したのである。銀行間の国内決済制度の確立は、オーストラリアのように国内決済が対外決済に強く反映するところでは、自ずと対外決済方法に影響する。同法との関連で、連邦銀行が預金銀行のロンドン資金の詳細を提供するように求めたのもその意図からであったと理解される。ロンドン資金の決済及び取引については、1924年銀行法が効力をもった後でも、預金銀行の速やかな対応は得られなかった[60]。ロンドン資金の集中管理は、1930年以降の対外決済資金の不足が表面化したときに実現することになる。

　また同法によって再割引は認められたものの、これは当局の意図に反して再割引制度を利用する預金銀行はまれであった。預金銀行が連邦銀行の再割引を好んで利用しなかったことは、当時においてオーストラリアで振り出された為替手形・小切手の多くがロンドンに送られ再割引されたからである。したがっ

て、連邦銀行は通常の商業取引の資金需要の一部分に対して資金供給したにすぎなかったのであり、連邦銀行は、国内の手形再割引レートを公定歩合の基準とするよりも、ロンドン割引市場の割引レートとイングランド銀行の再割引レートに強く影響されていた。この当時の連邦銀行の公定歩合操作も有効性を限られていたと考えられる。

かくして1924年の連邦銀行法によって連邦銀行理事会が連邦銀行券の発行権限をもって、為替手形の再割引を開始するとともに、連邦銀行に預金準備を設置し、それでもって交換尻の決済を行うことを預金銀行に要請したことは、中央銀行としての機能を形式的に整えたという意味で、画期的なことであった。しかし預金銀行は相互の交換尻の決済は連邦銀行を通じて行うために、準備金を預金した以外は金貨を連邦銀行に預金することを極力避けた。さらにイギリスの金本位制復帰にともなって、同時に1925年4月旧平価で金本位制への復帰を断行した[61]。

第3節　金本位制度の変化と対外準備問題

(1) 1929年恐慌の影響

1920年代景気の山は、1920年第4四半期、1922年第4四半期、1924年第4四半期、1927年第4四半期の4回ほぼ隔年で景気上昇局面を迎え、1925年第3四半期から1927年の第4四半期ほぼ2年余りが比較的長い景気上昇局面であった。1920年代の景気拡大は、1927年度にGDPのピークを記録した後に、1927年には失業率が上昇に転じており、これらの数値は第一次大戦直後のいずれよりも高い数値を示していた。オーストラリアは、アメリカの株価暴落以前にすでに不況に突入していたのである。1927年にはイギリスもポンド危機に見舞われていた[62]。

世界恐慌の影響は、オーストラリアではまず国際収支危機として現われた。国際収支危機は貿易収支の悪化と民間資本の流出によって引き起こされた。輸

出価格の暴落は、1931年8月に最低水準を記録し、交易条件の悪化が貿易収支の悪化を引き起こした。輸出はオーストラリアの対外債務の利払いを補填するものであったので、対外債務の支払からオーストラリアのロンドン資金の逼迫を引き起こして金利が上昇した。E. A. ベームによれば、1919年度から1927年度に、オーストラリア諸政府の海外からの借入は年平均4,000万Aドルに達し、1927年度には、1億Aドルを超えていたが、世界経済の混乱によって1929年にはオーストラリアへの外国資本の流入が途絶し、むしろ外国の民間資本も流出に転じていたのである[63]。

このマイナス影響は、海外からの資金借入に多くを依存した公共事業に重大な打撃を与えた。とりわけ各州政府による鉄道建設の減少を引き起こしたのである。1927年度までに、NSWを除くすべての州は公共事業を減らした[64]。国際収支を維持するために金融引締めが実行され、海外の資金調達源泉が消失するなかで公共事業の減少が加速された。この国内的要因と対外的要因の複合が1920年代に起こった製造業の投資を減少させた。1930年代前半の不況は、1929年の世界恐慌の勃発によって、新たに強力なデフレ圧力が加わったにすぎないと評価される。

(2) ロンドン資金問題

銀行部門全体の外貨準備は、オーストラリア国内の金保有額とロンドン資金によって構成されるが、大恐慌前の1929年の中頃にほぼ9,200万ポンドを維持しており、この水準はこれ以前の18カ月間のそれとほぼ等しいものであった。図9-2は、外貨準備である金保有額とロンドン資金の変化を示したものである。外貨準備のうち4,400万ポンドは金で形成され、連邦銀行と預金銀行のその保有割合はほぼ同額であった。他方、ロンドン資金は4,800万ポンドと見積もられており、2,000万ポンドを連邦銀行が保有し、残りが預金銀行の保有額である。オーストラリアの外貨準備には国内の金産出高が加えられるが、この時期の金産出高は1929年に180万ポンドと低い水準であった[65]。

大恐慌直前にオーストラリアの国際収支はすでに悪化しており、1929年第3

図9－2　金保有とロンドン資金の変化（1926～1936年）

（単位：百万ポンド）

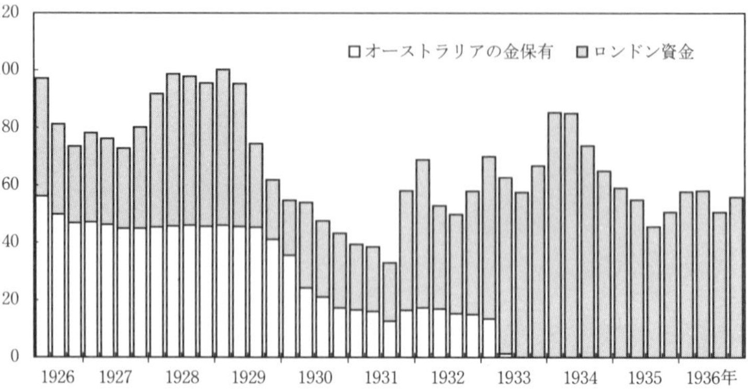

注：1926年は、6月、9月、12月の残高であり、1927年以降は3月、6月、9月、12月の残高である。
出典：RBA, OP, No. 4A［1971］p. 452より作成。

四半期にロンドン資金の2,200万ポンドの急低下が生じ、第4四半期にも引き続き低下した。連邦銀行の準備に対して強い請求が生じ、金及びロンドン資金の動員が政府との間で大きな問題となっていた。ブルース内閣は、1929年10月に倒壊し、労働党のスカーリン内閣が後を引き継いだ。同内閣が直面した課題は、対外準備の流出に対する法的な整備であり、イギリスの1925年の金本位法（Gold Standard Act）及び1928年の通貨銀行券法（Currency and Bank Note Act）の内容に則して連邦銀行と協議の上、一つの条例が起草され、これが連邦銀行法の修正として1929年12月17日に成立した[66]。

同法の主要な内容は二つある。まず、大蔵大臣は、保有される金を回収する権限、及び連邦銀行券を見返りに金を回収する権限を連邦銀行理事会に与えた。もう一つの条項は、金の輸出を禁止するものである。ただし連邦銀行理事会からの勧告に従って大蔵大臣が金輸出を承認したものは除かれる。金輸出の管理は、1914～18年の大戦期に前例があった。同条例にしたがって、預金銀行は、国内の金保有とロンドン資金に関する情報も求められた。ロンドン資金については、同条例も言及しておらず、統一した規定も存在しないので、この時点での調査は困難であることが判明した[67]。

1930年1月の銀行家会議において、預金銀行の金保有総額に関する協定が成立することになる。この際に金保有総額が1929年の間に2,200万ポンドから1,800万ポンドに減少したことが明らかとなった。1,800万ポンドのうち①600万ポンドは、発券局に即座に売却されるべき額であり、②600万ポンドは連邦銀行の自由になる預金銀行の保有額であり、③残りの600万ポンドは預金銀行が本来保有する割合に応じて銀行間で配分された総額である。この額に関して、預金銀行は自由に保有し送金することもでき、また連邦銀行に売却もできる。実際に1930年9月までに、預金銀行は金をすべて処分し、それ以来金を保有しなかった。連邦銀行に売却された金は、連邦銀行券のわずかな発行増加を引き起こしたが、連邦銀行の勘定に移された。

1929年12月の金本位停止は、預金銀行保有の金を回収するものであり、②の連邦銀行にすでに移管された預金銀行保有の金は、預金銀行による連邦銀行への預託された金であり、①の紙幣と交換に預金銀行がすでに連邦銀行に売却した金と異なる点が重要である。預金銀行の連邦銀行への預託金は、連邦銀行の他銀行債務勘定 (balance due to other bank) として記帳された[68]。もちろんこの準備預金はすでに国内のインターバンクの交換尻決済に利用されるとともに、むしろ対外決済準備の集中管理すなわちロンドン資金の管理を意味する。金の流出は、1929年8月から大規模となり、一部は預金銀行から直接に流出し、大部分は連邦銀行を通じて流出し、ロンドン資金も減少した[69]。1931年6月までに、約2,000万ポンド・スターリングが減少したという報告もある[70]。6月時点の金保有額は1,500万ポンドであった。そのうち1,300万ポンドが連邦銀行券発行の法定準備として凍結された。したがって自由な対外準備は2,200万ポンドであった[71]。

(3) 1931年の為替レートの切下げ

Aポンドとスターリングの間の為替レート (中間値) は、1929年まで100：100で、ほぼ固定レートが維持されてきた。電信為替レートを基準にして預金銀行は、オーストラリア国内でスターリングの買レートにディスカウントを、

売レートにプレミアムをつけており、ディスカウントとプレミアムの幅は、金現送が自由なもとでは現送費を標準としながらも、対外決済の動向に従って変動した。スターリングの中間レートからの乖離は、1929年10月10日1ポンド10シリング（1.5％）であったが、大恐慌後の国際収支の悪化につれてAポンドの下落が始まる。すなわち1929年12月18日1ポンド17シリング、同年10月9日8ポンド15シリングと徐々に下落を続け、1930年10月から1931年1月末までに急激に下落した。特に1931年1月6日15ポンド6シリング、13日18ポンド3シリング、17日25ポンド5シリング、29日30ポンド5シリング（30.25％）へと下落した。1929年10月から1931年1月の1年3カ月間にほぼ30％下落したことになる。Aポンドは、この間のスターリングに対する下落幅において、世界の通貨の中で最も大きい通貨であった。その後1931年の終わりまで100：130で安定していた[72]。

しかしこの期間に連邦銀行は、130ポンドでスターリングを売買しようとしなかった。輸入のための通貨需要は貿易の縮小と30％の失業の結果として劇的に減少し、特に輸入の減少によって貿易収支は1931年の中頃ほぼ均衡していた。第3四半期は、輸出不調の時期であった。輸出価格は、31年前半にはっきりとした回復を見せた後、再び低下した。にもかかわらず輸入は引き続き減少していた。輸入の絶え間ない減少によって、為替レートの下落圧力は小さくなっていた。

イギリスは、1931年9月21日に金本位制を停止し、スターリング-ドル為替レートは、不安定に変動し始めた。12月までに金に対するスターリングの減価は30％に達した。オーストラリアの輸出価格は上昇し始め、さらに直接的な影響は資本の逃避が反転したことであった。Aポンドは、一時期の減価よりも今や対外価値を改善したように思われた。この時期輸出量は増加して、ロンドン資金の強い回復が期待された。11月までに預金銀行は過去2年間に輸入者に対して為替割当政策を採っていた。しかしこの時期に為替に余裕が出現し、スターリングの減価とAポンドの上昇を引き起こした[73]。

Aポンドの下落は、連邦銀行総裁を含む多くの人々にとって一時的なできご

とと信じられ、100：100の為替レートに復帰するものと考えられていた。これに対して銀行家達は、輸出価格の低い水準とロンドン資金の減少に対して、この為替レートを積極的に利用しようと考えて、130ポンドの為替レートを維持することがオーストラリアの景気回復にとって必要なことであると主張した。11月には輸出も増加し為替取引も活発化して、ロンドン資金が回復し始めた。為替レートはAポンドの上昇傾向を見せていた。預金銀行は、為替レートの上昇を避けるために、連邦銀行が、130ポンドで為替を売買することを引き受けるべきであると、強く要望した。しかし連邦銀行は、為替レートの管理に責任をとろうとしなかった[74]。

　預金銀行は、連邦銀行と共同責任の上で、為替レートを管理することを提案した。その提案は、預金銀行が取引のある顧客と130ポンドで為替を自由に売買することを引き受け、これに対して連邦銀行は預金銀行からの為替を購入することを引き受けるべきであるというものであった。ただし為替レートは連邦銀行と預金銀行との間で協議することになっていた。この提案は、為替レートの管理を目指すものであるが、為替の売買を連邦銀行に集中することは、対外準備の管理責任をすべて連邦銀行が負うことを意味していた。連邦銀行は、預金銀行の提案を拒否して、毎週固定されたレートで自由に為替を売買する義務を引き受けた。しかしロンドン資金の管理についてはその責任を引き受けなかった。そして1931年12月2日為替レートを125ポンドにすることを決定した。この時点で連邦銀行は、為替レートの完全な管理なしに、ロンドン準備に対して十分責任をとることはできないと判断したのである。為替レートは、預金銀行との協議を必要とすること、また週ごとに為替レートの変動可能性もあることを考慮すると、ロンドン資金の管理は困難であった[75]。

　しかしながら1931年11月の連邦銀行の決定は、為替管理政策の始まりを意味する。1929年以降、大きく下落したAポンドをともかくも25％の切下げでもって、それ以降125ポンドの固定レートを維持したことは、為替レートの管理がうまく機能したことを示している。また預金銀行の反対を押し切って、125ポンドに為替レートを固定したことは、その根拠が明らかでないにしても、また

説明が不十分であったとしても、中央銀行としての為替政策に対する政策主体としての自覚を示したものである。ただしロンドン資金に対する十分な管理を欠いていた点は為替レートの管理の限界をその後に示すことになる。その限界は1930年代中頃にロンドン資金が激しく変動したことに現われる[76]。

(4) ロンドン資金動員協定

ロンドン資金は、1932年にも減少し為替レートも下落圧力が加わったが、その後1935年まで輸出価格の上昇によって安定していた。しかし1935年から1936年にかけてロンドン資金は極めて低い水準に低下し、1936年3月が最も低かった。連邦銀行の利用可能な資金は、1,000万ポンド以下となった。このとき預金銀行のロンドン資金は、反対の動きをしてわずかであるが増加した。オーストラリアの対外準備を補強するために、この預金銀行のロンドン資金を連邦銀行のもとに動員して一括管理することが検討されて、連邦銀行と預金銀行の間でロンドン資金に関する新たな動員協定（new mobilization agreement）が結ばれた。この動員協定については、王立委員会でも取り上げられ長期的な協定として勧告された[77]。

1936年7月には対外決済の困難が再び表面化した。このとき連邦銀行総裁は、Aポンドのさらなる下落を避けるために、イングランド銀行からスターリング建て大蔵省手形を担保に500万ポンド・スターリングの短期融資を受けた。その融資条件は、連邦銀行がこの貸付期間に為替レートを維持すること、また翌年3月末を返済期日とすることであった。この時点で連邦銀行はAポンドの為替レートを管理する力をもっていたことがわかる。イングランド銀行からの借入は、オーストラリアの対外債務の支払をカバーするばかりでなく、連邦政府のスターリング建て大蔵省手形の一部償還にもあてられることになっていた。この償還により連邦銀行は資産を流動化できることになった[78]。

連邦銀行は、1937年中頃にもロンドンで大蔵省手形の割引によってイングランド銀行からの融資を申し込んでいる[79]。しかしたび重なる借入とその長期化は、イングランド銀行の資金の凍結を意味し、固定された資金の流動化のため

に、オーストラリア政府は、1938年の初めにロンドンで公募公債を発行した。これまでイングランド銀行が大蔵省手形に対して融資した額は、速やかに連邦政府の公債発行によって、返済されることが申し合わされた[80]。

第4節　貨幣・銀行調査委員会報告

1929年の連邦銀行法は、連邦銀行が金貨及び金地金を流通から引き上げること及び金輸出入をも禁止することを決定した。1930年度以降、イギリス資本の引上げとロンドン資金の減少を背景に、1931年6月に発券準備に関する規定が変更された。オーストラリア紙幣発行総額の4分の1以上が金貨で保有されるべきとする規定に代わって、1933年6月30日まで準備率は15％に引き下げられた。その間1932年5月連邦銀行法は、紙幣準備の内容に関して大きな変更を行った。発券準備は、従来の金準備に代わって、金あるいはポンド・スターリングで保有されることになった。この目的のためのポンド・スターリングは、連合王国において法貨であることを前提に、①イングランド銀行あるいはロンドンの銀行にある連邦銀行の債権勘定、②3カ月満期を上限とするロンドンでの支払保証を有する為替手形あるいは為替手形によって保証された貸付、③大蔵省手形あるいはイギリスの他の証券（3カ月以内の満期であること）によって構成されることになった。その後準備率は1933年6月30日に18％に、1934年6月30日に21.5％、1935年6月30日に25％に引き上げられた[81]。以下では、王立委員会報告書の勧告内容を発券準備、ロンドン資金、大蔵省手形について検討しておく。

(1) 発券準備規定と準備預金制度

連邦銀行は不換制にもかかわらず、1936年の時点で銀行券発行額の25％を金及びポンド・スターリングで保有することを規定されていた。だが1930年代の国際収支の悪化は、預金銀行が保有するロンドン資金によって外国為替需要を満たしえないことが明らかとなった。ロンドン資金の不足に対処するために、

連邦銀行は発券準備規定から自由であることが望ましいので、委員会は以下のような勧告を行った。(1)連邦銀行は、オーストラリア紙幣発行額に対して、一定比率の金及びスターリングを保有することを義務づけられるとする規定は破棄されるべきである。(2)銀行券の発行は、連邦銀行が大蔵大臣の同意に基づいて一定の最大限に制限されるべきである[82]。

　中央銀行による信用量の規制がうまく作用するか否かは、まずその政策手段が預金銀行の現金準備に作用する度合に依存し、ついで預金銀行が自己の現金準備率の変化に従って厳格に貸付量を変化させるかどうかに依存している。中央銀行が預金銀行の現金準備に影響を与える手段として、大蔵省手形の公開市場操作を利用するのはいくつかの問題点がある[83]。また預金銀行が現金準備を厳格に維持するとも限らないので、連邦銀行は預金銀行に対して、一定額の準備預金を強制することによって、預金銀行の現金準備を変化させることができる。ここでは少なくとも1930年代オーストラリアでは準備預金制度が、金利政策及び公開市場操作よりも中央銀行の金融政策として有効であると認められていた。本格的な信用量の調整手段が要請されるときに、兌換準備率に代替するものとして準備預金制度が提起されたと見ることができる。

(2) ロンドン資金の管理

　連邦銀行は銀行券発行準備及びその他の目的のためにロンドン資金を保有しており、預金銀行もロンドン資金を自己の資金源泉の一部として保有している。連邦銀行の保有総額は、多額の対外決済に対応するのに不十分であり、それゆえにロンドン資金を拡充させる方法を検討する必要がある。ロンドン資金の拡充方法は、連邦政府が自己の対外短期債務及び連邦銀行に対するロンドンでの短期債務を清算するために、ロンドンで短期国債を募集することである。これにより連邦銀行のロンドン資金を増加させることが可能となる[84]。

　連邦銀行理事会は、連邦銀行がロンドン資金の不足に陥る可能性が高く、預金銀行は相対的に潤沢であるので、預金銀行の海外資金に対する何らかの請求権を持つべきである。この点について委員会は賛成するが、理事会が提案した

二つの提案のうち、預金銀行のロンドン資金を国債の応札に当てるとする案には反対を表明した。これに対して連邦銀行は、預金銀行との間でロンドン資金を取引し、売買レートのマージンを広げる案に賛成した。そして連邦銀行のロンドン準備を形成するために、現在連邦銀行と預金銀行との間でロンドン資金を取引するために、締結されている為替流動化協定（exchange mobilization agreement）は、数年間の締結に長期化されるべきであると勧告された[85]。

(3) 大蔵省手形の公開市場操作

政府による大蔵省手形の発行は、預金銀行の現金構成をロンドン資金から大蔵省手形へ変化させることになり、信用の調節手段となるが、ロンドン資金の減少を招くために、その大量発行に懸念がある。大蔵省手形の公開市場操作について次のような認識を示している。連邦銀行によって引き受けられた大蔵省手形のうち、連邦銀行が販売する総額は、預金銀行によって保有されている。こうした制度にはいくつかの問題点があげられている。①大蔵省手形の過剰発行の恐れがある、②大蔵省手形の連邦銀行引受により流動性資金の過剰供給の恐れがある、③大蔵省手形の市場拡大のためにブローカー層の育成が必要である。これらの論点や条件を考慮して(1)市場利回りの確立のために公開入札制度を作ること、(2)連邦銀行との間に公開入札制度の確立を通じて、金利の市場による決定を促進すること。そこでは連邦銀行は、入札に際して他の入札者と対等の位置にあるだろう。通常連邦銀行による入札は重要な部分であるにしても、しかし連邦銀行による入札の事実を公表する必要はないと勧告した[86]。

第5節　第二次大戦下の連邦銀行

1937～39年は、経済状況が大きく変化した時期である。1936年にロンドン資金の長期不足が発生したが、その翌年には増加した。この主要な原因はこの時期オーストラリアの交易条件が激しく変化したことによる。1938年度には国内景気は悪化して、預金銀行の資金は引き締まっていた。連邦銀行は、国内的に

は景気の悪化と失業の増加の恐れ、対外的には国際収支の均衡に注意を向けていた[87]。そこに1939年9月第二次世界大戦が勃発したのである。1939年9月にイギリスが宣戦布告すると、メンジース首相は、オーストラリアも戦争状態に突入したと考え、イギリスの要請に従って、義務としてオーストラリア軍を派兵することを決定し、戦争準備にはいった[88]。

　戦争遂行による連邦政府の支出は戦時公債の発行によって賄われた。最初の戦時公債（war loan）が発行されたのは1939年12月である。この時点で預金銀行はまだ資金の不足状態にあった。この戦時公債額1,200万ポンドのうち、827万ポンドは連邦銀行によって応募され、372万ポンドが預金銀行によって応募された。1940年3月には、戦時公募公債（public loan）が初めて発行された[89]。その間、政府支出が増加したが、税収及び公債発行による適切な歳入があったので、政府は連邦銀行の融資に大きく依存することもなかった。しかし戦時支出が税収及び公債収入を上回るとき、その差額は連邦銀行に対する大蔵省手形の発行によって賄われることになる。

　戦時公債及び大蔵省手形の発行は、その大部分が連邦銀行によって応募された。政府各証券の連邦銀行による応募額は、政府支出の増加を経由して、連邦銀行にある預金銀行の現金及び預金の増加とその流動性準備ポジションの改善をもたらし、また重要なことは、預金銀行のロンドン資金の増加を生み出した[90]。政府証券の連邦銀行引受は、政府支出の増加によって現金の増加をもたらし、顧客に対して利用可能な貨幣（銀行預金）額の増加をもたらすだろう[91]。ただし戦時公募公債の発行、政府証券の民間銀行の応募は、その時点では政府への資金の引上げを意味するが、しかし連邦銀行による政府証券の消化のための追加融資が実行されると、連邦銀行引受と同じ意味をもつだろう。

　1941～42年とその後の2年間に、オーストラリアの戦争支出の大部分が大蔵省手形の連邦銀行引受によって融資された。これは政府支出の増加を経由して銀行システムの利用可能な貨幣額を増加させ、預金銀行は需要があるならば貸付を増加し、あるいは証券の購入によって資産ポジションを増加させる。戦時下の条件で、預金銀行の資産の増加は、貸付の拡大と証券の購入によって、二

次的なインフレーション（secondary inflation）の要因となった。

　それゆえに、預金銀行の拡大的な貸付と超過利潤を統制し、預金銀行の貸付政策を政府の戦時政策に動員するために、1941年11月に戦時銀行管理規制と経済機構規制が策定された。前者の規制は、銀行システムの集中化と管理化のための基礎を確立した。ここでは、特別勘定、貸付規制、資本発行規制について説明する。後者の規制はそれらが連邦銀行に影響する限りで、ほとんどの貸付及び借入の金利の上限を管理するものであった[92]。

　特に、二次的インフレーションを抑制するために、大蔵大臣が認めた計画にしたがって、預金銀行の余剰資金を特別勘定（special account）として連邦銀行に預託させる権限を連邦銀行に与えた。余剰資金とは、当初1939年8月の資産総額と比べて、現時点の資産増加分と規定された。しかし最初の段階として、政府は戦争勃発時に銀行の低い流動性を考慮して、戦争勃発から規制の導入まで銀行預金は5,500万ポンド増加していたにもかかわらず、2,000万ポンドの預託を要求した。この最初の預金は、部分的には連邦銀行への政府証券の販売によって達成された。次回から連邦銀行が前月の間の預金銀行のオーストラリア資産総額の増加分に等しい額を、当該月に彼らの特別勘定に預託することと決められた。利子は0.75％と決められた。連邦銀行の同意の上で、銀行の信頼を回復するために十分な利益を獲得する必要が認められたとき、特別勘定の引出も可能であった[93]。

　特別勘定は、戦時公債及び大蔵省手形の連邦銀行引受により、追加供給された現金を連邦銀行に凍結することを意味する。預金銀行の余剰資金の一部が強制的に連邦銀行に預託される点では、1937年報告で勧告された準備預金制度を具体化したものと考えられる[94]。一般に準備預金制度の導入は、アメリカにみるように銀行券の兌換準備の確保及び預金者保護のために、銀行資産の流動性の確保を目的として発達したとされる[95]。オーストラリア特別勘定は、兌換準備の確保及び預金者保護を目的として導入されたものではなく、戦時下の預金銀行の信用量の規制を目的として導入された。余裕資金を前月資産の増加分とすることにより、特別勘定が弾力的に変動することで、預金銀行の貸付に対し

て単純にして効果的な手段であると考えられる。この制度は1945年銀行法まで継続され、特別勘定に預託された総額は2億2,100万ポンドに達した[96]。

次に預金銀行に対する投資規制を検討しておこう。同規制によって、預金銀行の政府証券及び他の証券の保有を管理する権限を連邦銀行に与えた。預金銀行の証券投資の増加は、貸付額に大きく影響するとともに、各種証券の売買によって証券価格に影響を及ぼし、戦時下で不当な利益を獲得するからである。戦争期間に、オーストラリアの預金銀行の貸付は1億ポンドほど減少したので、ほぼその額に相当する連邦政府証券の保有額を増加させることにした。彼らの購入は、連邦銀行及び連邦貯蓄銀行の保有分からである。預金銀行に対する資産管理は、戦後も流動性管理として引き継がれていくことになる。特別勘定制度と銀行投資管理は、二次的な目的をもっていた。すなわち両者は、預金銀行の利潤を合理的な数字に引き下げる手段であった[97]。

戦時銀行管理規制の資本発行規制（capital issues regulation）は、預金銀行の貸付を連邦銀行の政策に一致させるものである。この法律的要求は、1940年に機能し始めた預金銀行の自主協定（voluntary arrangement）に取って代わったものである。1939年10月に、国家安全規制（資本発行）が公布された。これは、資金の節約と国家的利益に役立つ部門に資金を配分するための連邦政府の包括的なプログラムの一部である。1940年の初めには、資本発行規制の厳格な行政組織が必要とされた。1940年の末には連邦銀行が代表する資本発行助言委員会が新たな政策を形成した。そこでは資本市場の監督に関する全般的な引締めが図られた。

預金銀行は、新規貸付に際して経済的安定と不可欠の産業に対する貢献を考慮すべきと指示された。小売業、チェーンストアー、信販会社、金融会社、娯楽産業の創業及び拡大に対する申請は、受理すべきでもなくまた促進すべきでもない。純粋に投機的な性格の申請は減らされるべきであり、それらの目的は国家の目的に貢献すべきである[98]。

預金銀行の自主的な協調体制は、戦時銀行管理規制が1941年11月に導入されるまで存続した。戦時銀行管理規制は1945年8月銀行法の成立によって撤廃さ

れた[99]。

1) 銀行券の発行方法及び銀行券の規定に関しては、19世紀前半にイングランド銀行券の発行方法をめぐる通貨学派と銀行学派の論争があり、わが国では不換銀行券の性格をめぐって紙幣説と信用貨幣説との間で論争があった。今日でも同じ論点で通貨の発行方法に関する内生説と外生説の論争、あるいは国際通貨の流通根拠に関する論争がある。
2) オーストラリア連邦銀行の第二次世界大戦までの発展過程を取り上げた文献には以下のものがある。Gollan, R.［1968］は、1890年代の州立銀行論から第一次世界大戦までを取り上げた。C. C. ファルクナー（Faulkner, C. C.）［1923］は、連邦銀行総裁 D. ミラーの自伝であり、その在任期間の1912年6月から1923年6月までを取り上げている。1911年連邦銀行法と1920年連邦銀行法を付録に掲載している。L. F. ギブリン（Giblin, L. F.）［1951］は、1924年連邦銀行法から1945年銀行規制までを取り上げた。CBA［1947］は、オーストラリア連邦銀行が第二次大戦中の連邦銀行の活動をまとめたものである。わが国では、石垣健一［1985］の研究がある。
3) 首藤清［1954］、小野朝男［1963］、平岡賢司［1979］、山本栄治［1997］、金井雄一［2004］を参照。
4) Fenton J. J.［1909］p. 348.
5) Feavearyear, A［1963］p. 213（一ノ瀬他訳［1984］228ページ）.
6) Fenton J. J.［1909］p. 348.
7) Year Book, 1922, p. 15.
8) CARC［1937］p. 25. ただし、J. ブレイニーによれば、オーストラリアでは、紙幣や硬貨は国家の新しい象徴とはならなかった。1910年ジョージ五世が戴冠したときに、2分の1ペニーより大きい額の銅貨を独自にデザインするまで、連邦制下でも引き続きイギリスの銅貨や銀貨を使っていた（Blainey, G.［1994］p. 139（加藤めぐみ他訳［2000］185ページ））.
9) Coinage Act, 1909, p. 11.
10) Coinage Act, 1909, p. 9.
11) CARC［1937］p. 25.
12) 州立銀行については、Gollan, R.［1968］pp. 59-70を参照されよ。
13) これらに関する預金銀行の見解、労働党の見解さらに連邦銀行の設立に貢献したとされる K. オマリー（K. O'Malley）の見解等については Gollan, R.

[1968] を参照されよ。

14) Gollan, R. [1968] pp. 75-77.
15) 紙幣の場合は、従来民間銀行が独自に発行していた質のよい紙幣の上に、連邦政府が連邦名を印刷して使った。1913年に初めてメルボルンで新札が正式に印刷された。これら紙幣のデザインは、灌漑事業、働く坑夫、ホークスベリー川、荷馬車の隊列、大木を伐採する男達であって、オーストラリアの労働者だった。長い間イギリス国王はオーストラリア紙幣に描かれなかった（Blainey, G. [1994] pp. 139-140（加藤めぐみ他訳 [2000] 185-186ページ））。
16) Australian Notes Act, 1910, pp. 12-14.
17) 1907年のヒギンス（Higgins）判事の判決は、オーストラリアの賃金決定において画期的な「ハーベスター基準」を確立させたもので、同判決によれば、メルボルンの非熟練労働者の「公正かつ適正」な賃金は1日7シリング、すなわち週2ポンド2シリングとされた（E. A. Boehm, [1971a] p. 258（谷内訳 [1974] 185ページ））。N. G. バトリンは、1900〜05年の婦人労働賃金の州間格差に言及して、当時オーストラリアの婦人労働の年間賃金を50〜73ポンドであったと確認している（Bitlin, N. G. [1962a] p. 157）。
18) Australian Notes Act, 1910, pp. 12-14.
19) 大蔵大臣は紙幣を担保に民間から金貨を借り入れたり、あるいは紙幣を民間に預託してはならなかった（Australian Notes Act, 1910, p. 14）。
20) 大蔵大臣は紙幣の発行数、発行額、及び準備額について毎月最終の水曜日に署名入りで公表する義務を負っていた（Australian Notes Act, 1910, pp. 14-16）。
21) Teare, H. E. [1926] p. 72.
22) 銀行券発行税法は、民間銀行券の流通を直接に禁止したものでなく、発行額に対する課税措置であるために、一部民間銀行券は流通界に残っていた。たとえばNSW銀行は1934年まで自己債務の銀行券を発行し続けていた（Holder, R. F. [1970] p. 554）。
23) Butlin S. J. [1961] p. 356.
24) Butlin S. J. [1961] p. 356.
25) この協定については、Butlin, S. J. [1961] p. 357、Holder, R. F. [1970] p. 574 を参照されよ。
26) Butlin, S. J. [1961] p. 357.
27) BOA銀行は次のような指示を各支店に通達した。「金支払は、最小限に制限

されるべきである。すなわち特別な場合、わずかな小額に制限すべきである」(Butlin, S. J. [1961] p. 357)。

28) 連邦政府の提案には、今後1年間紙幣は流通に投入しないという条件がついていた。また紙幣は戦後ロンドンで発行される公債によって償還されることになっていた。ロンドンで発行される公債による償還は、預金銀行のロンドン資金（準備）の拡充になる。しかし預金銀行としては、1年間準備の大部分が固定されること、また償還についても不安があったので、当初はこの提案に強く反対した（Butlin, S. J. [1961] p. 358)。

29) Butlin S. J. [1961] p. 358.

30) イギリスの金本位制の停止は、小野朝男氏によれば、法律上の停止ではないが、1914年8月6日以来、事実上停止同然となった（小野朝男[1963] 122ページ）。金井雄一氏によれば、1914年8月6日は、「カレンシー・ノート及び銀行券法」は、イングランド銀行の発券に関する限外発行条項を認めたものである。すなわちピール条例の停止を意味した（金井雄一[2004] 14-15ページ）。イギリスにおける金輸出禁止は、第一次大戦中事実上困難になったが、大戦後の1919年に命令によって禁止され、1920年の法律によって正式に禁止されることになった（金井雄一[2004] 40ページ）。

31) Year Book, No. 15, 1922, p. 15.

32) Jauncey, L. C. [1934] pp. 46-59.

33) Gollan, R. [1968] pp. 75-78. M. クラークは、連邦銀行を評して、労働党政府は、人民銀行設立についての無内容な議論をあっさり斥けた後で、連邦銀行設立法案は私立銀行と国立銀行との競争を通じて、既存の銀行制度を改善することを狙った、いわば出がらしのお茶のようなものであったと述べている(Clark, M. [1986] p. 181（竹下美保子訳[1978] 238ページ））。

34) Butlin, S. J. [1961] p. 341.

35) Faulkner, C. C. [1923] p. 37.

36) Faulkner, C. C. [1923] p. 45.

37) Jauncey, L. C. [1934] pp. 79-80.

38) Jauncey, L. C. [1934] pp. 102-117.

39) 民間銀行の紙幣の保有額は3,062万ポンド（1916年）から3,493万ポンド（1921年）の間を推移したにすぎず、これに対して民間流通にあったオーストラリア紙幣額は1,332万ポンド（1916年）から2,392万ポンド（1921年）へ増加した（RBA [1971] OP, No. 4A, pp. 454-455)。

40) スターリングとドルの釘付け政策は、第一次世界大戦期に採られた為替政策であるが、1919年3月に放棄された。その後イギリスは変動相場を採用したが、これは戦前の為替平価を再び機能させるために、アメリカの物価水準にイギリスの物価水準を下落させる手段として利用された（Kenwood, A. G. & Lougheed, A. L. [1971] p. 182（岡村他訳 [1977] 170-171ページ））。

41) 金本位停止のもとで連邦銀行は、オーストラリアの通貨をスターリングとの平価にできる限り近づける政策を受け入れた。為替レートの変化は、銀行のロンドン・バランスの全体的な状態を反映して、多かれ少なかれ銀行によって決定されていた。ロンドン資金が急速に低下した1920年に、ロンドン宛の為替レートは、35シリングのプレミアムがついた。電信買いレートの平均が20シリングのプレミアム、売りレートが50シリングのプレミアム、そして中心レートが100：101.15であった。銀行は、さらに変動するのを妨げるために、輸入顧客に対してスターリングの販売を制限せざるを得なかった。その後1921年には小康状態となったが、大きな変化は1922年に起こった。スターリングは、不足から余剰に変化した。そしてレートは、10シリングのディスカウントになった。すなわち100：99.10であった（Holder, R. F. [1970] p. 613）。

42) 戦時公債は、期間の短いものが中心であったから、1920年代のうちに償還期限が到来する予定であり、これが後に大きな問題を生じさせた。各州政府は、戦時中の社会資本の整備の遅れから、自州の開発、発電・輸送網の整備、工業化の促進のために、投資を拡大して、各州政府による借入が急増し、1923年に戦時国内債の最初の満期が到来した時に、民間部門の資金需要と結びついて高水準の資金需要が発生して、利子率が高騰した（大浦一郎 [1987] 237-238ページ）。

43) A. L. G. Mackay, [1931] pp. 150-151; Jauncey, L. C. [1933] p. 79.

44) A. L. G. Mackay, [1931] p. 151.

45) Jauncey, L. C. [1933] pp. 190-191.

46) Jauncey, L. C. [1933] pp. 188-189.

47) Jauncey, L. C. [1933] p. 191.

48) Jauncey, L. C. [1933] p. 190.

49) Holder R. F. [1970] p. 611.

50) 同期間に輸出の好調を反映してロンドン資金の増加が生じて、オーストラリア国内で通貨・信用、特に貿易金融に対する需要が増大して、預金銀行は、デフレ政策の廃止と連邦銀行券の発行の弾力化を要請した。だが発行理事会は、

インフレーションに対する懸念から、ロンドン資金に対して連邦銀行券の発行を拡大することを拒否していた（Gollan, R. [1968] p. 155）。

51) NSW銀行は、他の預金銀行と比べて、1923年度に銀行業務をうまく管理していたほうであるが、ロンドン資金のオーストラリアへの転送に多大のコストがかかったと述べている。次の輸出シーズンには、生産手形に対する融通は、厳しく抑制しなければならない（Holder, R. F. [1970] p. 611）。

52) スターリングの安定は、平岡賢司氏によれば、アメリカの連邦準備銀行とイングランド銀行の間の中央銀行間協力の結果、アメリカの金利引下げ措置の影響がロンドンへの資金回帰によって実現した（平岡賢司 [1979] 108-111ページ）。

53) Holder R. F. [1970] p. 612.

54) Commonwealth Bank Act, 1924, pp. 33-39.

55) 石垣健一 [1985] 355、361ページ。

56) 連邦銀行の貸出分類によれば、連邦政府・州政府への貸出のほかに、教会・病院・福祉事業への貸出、産業への貸出があり、産業は鉱山業、農牧業、商業、住宅、その他事業主体があげられ、その他事業主体の中には製造業も含まれると考えられる（RBA [1971] OP, No. 4A, p. 542）。

57) Commonwealth Bank Act, 1924, p. 34.

58) Holder, R. F. [1970] pp. 616-617.

59) 連邦銀行を通じた交換尻の決済について、預金銀行は連邦銀行に決済のための準備預金の設定を好まなかったとして、これに否定的な評価もある（Butlin, S. J. [1961] p. 369; Gollan, R. [1968] p. 159）。

60) Holder R. F. [1970] p. 617.

61) イギリスの金本位制への復帰は、1925年4月28日の金輸出の解禁の措置であった（金井雄一 [2004] 48ページ）。その2週間後の5月13日「1925年金本位法（The Gold Standard Act, 1925）」として成立して、同法の内容は、①イングランド銀行券の金貨支払義務の停止、②カレンシー・ノートの金兌換の停止、③400オンスの純金の延棒について売る義務を有するというものであった（金井雄一 [2004] 49-50ページ）。

62) スターリング危機の要因は、イギリスが旧平価復帰後に慢性的不況に陥り、高い失業率とフランスをはじめとした金の購入圧力による（山本栄治 [1997] 49ページ）。

63) Boehm, E. A. [1971a] pp. 27-28（谷内訳 [1974] 23ページ）。

64) Sinclair, W. A. [1976] p. 193.
65) E. A. ベームによれば、ほぼこの時期の外貨準備をAドル換算した数値を推計している。外貨準備に参入した額のなかに、紙幣発行に必要な法定支払準備が含まれること、さらに銀行の運転資金に多額の外貨準備が必要であること、また預金銀行が保有すると見られる外貨準備に関する統一的な統計が公表されていないことによって、オーストラリアの対外準備額を決定できないことが説明されている（Boehm, E. A. [1971a] pp. 28-29（谷内訳［1974］24ページ））。
66) Giblin, L. F. [1951] p. 66. 金井雄一［2004］71-73ページ参照。
67) この要請に対して、二つの銀行は求められた情報を提出したが、他の銀行はロンドン資金の解釈に苦慮して、金保有高のみを提出した。大多数の銀行は十分な回答を1月に開催される銀行家会議まで待つことにした（Giblin, L. F. [1951] pp. 67-68）。
68) 連邦銀行の対銀行債務は、1929年1,156万ポンド、1930年1,961万ポンド、1931年3,367万ポンドと急増している（RBA [1971] OP, No. 4A, p. 135）。
69) 1929～30年の輸出は、ほぼ2,700万ポンドあり、そのなかには金産出額200万ポンドも含まれている（Giblin, L. F. [1951] p. 68）。
70) この数年間のロンドン資金の統計は曖昧な点があり、いくつかの違った数値が見られる（Giblin, L. F. [1951] p. 68）。
71) Giblin, L. F. [1951] p. 68.
72) RBA, OP, No. 4A, p. 501.
73) Giblin, L. F. [1951] p. 126.
74) Giblin, L. F. [1951] p. 127.
75) Giblin, L. F. [1951] pp. 128-129.
76) Giblin, L. F. [1951] p. 129. この時為替レートが125ポンドに決定されたことは、連邦銀行にとって130ポンドよりも、ロンドン資金の評価額を高めることになるし、Aポンドの上昇が見込まれる時期に、130ポンドで固定することはリスクの可能性を高めることになる。1931年の貿易収支の好転を考慮すると、125ポンドは適切な妥協点であったかもしれない。
77) Giblin, L. F. [1951] p. 238.
78) Giblin, L. F. [1951] p. 239.
79) ロンドン資金は、この時高い水準にあったが、輸出価格が急激に低下して1939年後半まで下落し続けた。この時の融資は輸入のための300万ポンドであった（L. F. Giblin [1951] p. 239）。

80) ロンドンでの公債発行は、イングランド銀行の保有する大蔵省手形の償還ばかりでなく、ロンドンで連邦銀行が保有する大蔵省手形をも償還することが要望された。その総額は3,000万ポンドに上り、連邦政府は機会あるごとにこれらの凍結資産の額を減らすことを約束してきた。1937年の300万ポンドのイングランド銀行からの大蔵省手形による借入の際にも、大蔵省手形から公債への切換えが約束されたが、その交渉はその後長引くことになった (Giblin, L. F. [1951] p. 240)。
81) Giblin, L. F. [1951] p. 226.
82) CARC [1937] pp. 224-225.
83) 大蔵省手形及び他の公債の発行によって預金銀行の現金準備は減少する。しかし大蔵省手形の発行は、連邦政府の負債問題であって、連邦銀行はこの発行量を決定することはできない。そのため預金銀行の現金準備に対して恒常的で有効な手段としてみなされない。さらにオーストラリアにおいて政府証券の流通規模は小さく、その上にこの市場規模を推計することは困難である。預金銀行の現金準備に直接影響することとは別に、連邦銀行は、商業銀行業務を通じた金利の変更によって、信用量を規制することも可能であるが、オーストラリアにおいて金利の変化は信用量を直接変化させるほど重要なものではなかった (CARC [1937] p. 225)。
84) CARC [1937] pp. 224-225.
85) CARC [1937] pp. 230-231.
86) CARC [1937] p. 227.
87) CWB [1947] p. 7.
88) Clark, M. [1978] p. 207 (竹下訳 [1978] 277ページ).
89) CBA [1947] p. 9.
90) すなわち連邦政府が連邦銀行に対して大蔵省手形を発行するとき、ほぼ同じ額が連邦銀行の帳簿に政府債権として記帳された。したがって政府は債権に記帳された増加額だけ、連邦銀行宛小切手を振出す権利を持った。政府が貨幣を支出するときに、小切手が振り出され、民間企業及び個人によって受け取られ、そして彼らは預金銀行の彼らの勘定にそれを振り込んだ。預金銀行が連邦銀行に小切手を呈示するとき、連邦銀行にある預金銀行の預金は増加し政府預金は減少する。
91) CBA [1947] pp. 11-12.
92) CBA [1947] p. 12.

93) Giblin, L. F. [1951] p. 313. 現実には、引出の申請は、資産の増加が前月の資産の減少の結果である場合、その増加分について特別勘定への預託を要求しないという方法で受理された（CBA [1947] pp. 13-14）。
94) 余剰資金の規定は、前月の資産の増加分とされていること、ただし第一回目の特別勘定への預託について、預金の増加分が算出されている。算出基準を資産の増加分とするか預金の増加分とするかでは、その目的と金額に差異が生じるだろう。
95) 支払準備率の変更が商業銀行の貸出政策に影響することにより、金融政策の手段として問題になったのは、1917年の初めのアメリカの金融当局によって取り上げられときであった（R. S. セイヤーズ／広瀬久重 [1959年] 136ページ）。
96) CBA [1947] p. 14.
97) 1914〜18年の戦争とこれに続く数年間に、預金銀行の利潤はかなり増加し、その増加は資本金の上昇と、株式資本に対する利益率の実質的な上昇があった。戦時には銀行の利潤が増加させられるべきでない。というのは戦争は中央銀行の信用創造を要求し、部分的には現実の投資に注意が払われるからである（CBA [1947] pp. 14-15）。
98) 資本発行委員会は、政策変更に関して預金銀行に情報を提供した。また資本発行規制に基づいて、大蔵大臣によって拒否されるような指導項目を提供した。預金銀行は疑わしい場合には委員会と検討すべきであった（CBA [1947] p. 16）。
99) CBA [1947] p. 18.

第10章　金融の規制緩和と貨幣・為替政策

　戦後オーストラリアの金融システムの課題は、中央銀行制度の整備過程として準備銀行の設立と貨幣政策、規制色の強い金融システムの規制緩和、インフレーションと貨幣政策のあり方、為替レートの大幅な変動と為替政策のあり方である。19世紀からのオーストラリアの金融システムの発展を辿り、今日の金融システムの課題を明らかにしようとするとき、19世紀からの連続性をどのように説明するか大きな問題となる。特に戦後システムの流れのなかで、オーストラリアにおいていくつかの際立ったシステム上の連続性は、国際比較を通じて考えると、オーストラリア固有の金融システムの特殊性ということになるだろう。したがって戦後の金融システムの流れを辿りながら、今日のオーストラリアの金融システムの特質と課題を本章で明らかにしたい。
　オーストラリアの中央銀行の設立は、1912年の連邦銀行の設立をもって始まり、1924年連邦銀行法の成立と1930年代の世界経済の混乱期に、中央銀行としての位置と機能が発展して、貨幣・銀行政策の主体として確立された。戦後は1945年の連邦銀行法によって戦時金融体制から平時の金融システムへの切換えが模索され、1959年の準備銀行法の成立によって、オーストラリアの中央銀行制度の確立とするのが一般的である。1945年法及び1959年法は中央銀行の業務と機能を規定するにとどまらず、銀行システム全般に対する多くの規制を定めており、したがって、戦後貨幣・銀行システムの特徴を検討する上で避けて通れない問題である。第1節で準備銀行の設立過程と貨幣政策を取り上げて、オーストラリアの金融システムの特殊性を議論してみたい。
　しかし戦後世界経済は、IMF・GATT体制の下で先進国の高い経済成長が実現し、貿易の自由化と資本取引の国際化が飛躍的に高まったが、1960年代後

半からインフレーションが先進国にとって重要な問題となった。1970年代に入り戦後の国際通貨システムは、大きく動揺するなかで、その後アジア地域をはじめとして途上国の中でも高い経済成長を実現する国も現われ、金融の国際化はいっそう進み、オーストラリアの金融構造とシステムが大きく変化することになった。オーストラリアの金融の規制緩和は、金利の自由化を除くと、キャンベル委員会の設置（1979年）以降に急速に進められた。公債発行の入札制への移行（1979年）、金利規制の撤廃（1980年）、為替管理の撤廃と変動相場制への移行（1983年）、外銀規制の緩和（1985年）、支払準備規制（SRD）及び流動性管理（LGS）の緩和（1988年）である。支払準備制度の改革は、キャンベル委員会の最終報告（1982年）の中で主要な課題の一つとされ、かつ規制緩和のプロセスからみても、金融の規制緩和の総仕上げの意味をもっており、その後の貨幣政策のあり方に大きな課題を残すものであった。

　従来オーストラリアの貨幣政策は、支払準備制度に基づく準備率操作を主要な手段として行われてきた。支払準備制度は、信用秩序の維持と銀行の健全性を確保することを目的として、民間銀行の預金債務の一定額を中央銀行に強制的に預託させることによって、銀行信用量を直接に規制するものであった。元来通貨当局は、金融政策上の最終目標（物価の安定と完全雇用の実現）を達成するために、最終目標に強い影響を与える金融変数（中間目標）、すなわちマネー・サプライや市場利子率に影響を与えることによって、その目標の達成をはかる。規制緩和による金融制度の変化は、この中間目標である金融変数に大きな影響を与えた。そこで第2節では、1980年代の金融の規制緩和が準備銀行の貨幣・金融政策にどのような影響を与えたのかを紹介する。

　規制緩和の進展と貨幣政策のあり方が問われた1980年代、特に1983年末から1989年の中頃まで、銀行貸出の増加率は年平均20％以上で上昇し、インフレ率をはるかに上回って、名目国民総支出との間に大きなギャップを生みだした。その結果が1970年代後半から1980年代にいたるインフレーションの長期化と資産価格の上昇を生みだした。したがって第3節では、インフレーションに対する規制緩和下の金融・貨幣政策の変化を紹介して、その課題を明らかにしたい。

1990年代以降、オーストラリア経済にとって顕著な課題は、経常収支の赤字と対外債務の累積問題である。1970年代の中頃から、Aドルの為替レートは大幅に減価したが、貿易収支及び経常収支の改善に結びつかなかった。第4節では、為替レートの変動のプロセスとその要因を取り上げて、為替政策の課題を明らかにするとともに、為替政策と貨幣政策の関係について検討してみる。

第1節　準備銀行の設立と貨幣政策

オーストラリア準備銀行は、1959年準備銀行法によって設立されたが、本節では準備銀行の設立過程、準備銀行の貨幣政策に関連する法定準備預金制度（Statutory Reserve Deposits：SRD）と流動性管理（Liquid Asset and Government Security：LGS）に検討を加えながら、戦後オーストラリアの金融・銀行制度の特質を明らかにしたい。

(1) 準備銀行の設立過程

戦後のオーストラリアの銀行システムは、1945年労働党政権のもとで、連邦銀行法と銀行法（Banking Act, 1945）によって基本的枠組みが作られたが、これら二つの法律は、戦時中の預金銀行に対する諸規制を平時にそのまま引き継いだものにすぎなかった。これが1953年の銀行法によって一部改正され、1959年の準備銀行法によって確定されたシステムが1960年代を特徴付ける金融システムである。しかし1980年には、規制緩和が本格化することによって、規制色の強かった金融システムが大きな変化を遂げることになる。

1945年の連邦銀行法及び銀行法により、連邦銀行は戦時中に獲得した中央銀行の大部分の権限を戦後の平時において保持した。すなわち金及び外国為替の管理、銀行の流動性、貸出及び金利規制、銀行設立の許認可権を与えられた。連邦銀行は、この立法によって平時における中央銀行としての地位を確保したが、戦前からの一般商業銀行業務も行っていた[1]。チフリー労働党政権は、民間銀行の国有化計画をもっており[2]、これに先立って1945年法によって、連邦

銀行理事会が廃止されて、同行に預金銀行と積極的に競争するよう指令し、新しく特別の商業銀行部（General Banking Division）を設立して、民間預金銀行との競争政策を展開した。1951年には、銀行国有化政策は破棄されて、連邦銀行理事会が復活したが、政府による中央銀行に対する影響力は強いものであった。1953年には、商業銀行部は、連邦商業銀行（Commonwealth Trading Bank）として連邦銀行本体から分離された[3]。

1953年の銀行法は、民間銀行の規制を形成した点で重要な法令である。まず、銀行の許認可権を連邦銀行理事会に与えた。同法に基づいて、民間銀行の業務に関し連邦銀行による調査と判断の結果、銀行が廃業した場合、連邦銀行がその銀行業務を引き継ぐと規定した。民間銀行の外貨に対する管理と外貨決済制度に関する権限を連邦銀行に与えた[4]。また連邦政府に金利を規制する権限を与えた。金利の最高限度規制は、1952年7月に廃止され、代わって民間銀行は当座貸越と定期預金の金利に限界を設けることに同意し、非公式の協約によって金利規制が行われた[5]。また貸付規制は、貸付の膨張を制限するために、特別勘定の機能を補助するものとして存在した。

1959年の準備銀行法は、連邦銀行を商業銀行機能と中央銀行機能とに完全に分離し、また特別勘定の処理を可変的な法定準備預金制度によって置き換えた[6]。同法は、民間銀行の要求を形式的に認めたものであるが、これによって政府は中央銀行の権限が弱まりもしなければ、連邦商業銀行が弱体化されたとも考えなかったと評価された[7]。同法によって「連邦銀行」は、「オーストラリア準備銀行」という新しい名称に変更された。準備銀行は、政府部門の資金管理と貨幣調節を行うことがその主要な機能であると規定されたことにより、国営事業の一部門とみなされた農業貸付部（rural credits department）を除けば、以前の貯蓄部門（saving department）は連邦貯蓄銀行（Commonwealth Saving Bank）に、抵当銀行部（mortgage bank department）と産業金融部（industrial finance department）は、連邦開発銀行（Commonwealth Development Bank）に分離された。しかし総裁と理事会による統制も含めて、あらゆる点で中央銀行の組織が依然として不変のままであった[8]。これら三つ

の政府系金融機関を統括するものとして連邦金融公社（Commonwealth Banking Corporation）が設立された[9]。これら三つの銀行は、1960年1月14日以来、別個の法人として業務を営んでいる。政府による「不当な競争」という預銀行の疑念と恐怖に対処するため、このほか種々の措置が講じられた。ことに連邦商業銀行は所得税の納税義務があり、また連邦貯蓄銀行は投資に関して民間の貯蓄銀行部門と同様の規制に従わなければならなかった[10]。

　準備銀行は、オーストラリアの中央銀行として業務を遂行すると規定されているが、中央銀行の業務に対する限界を明確に規定していない。中央銀行は、法貨の管理、預銀行の貸付に対する規制、貨幣総額に対する影響、国内通貨の対外価値、外国為替相場の統制、及び連邦政府の銀行として活動することと定義された。政府と準備銀行との関係については、政策上、政府と準備銀行との間に相違が生じた場合、両者の間で一致に至るよう努力し、もし合意に至らないならば、大蔵大臣は政府の政策を準備銀行が採用したものに対して、すべて責任を負うことを準備銀行に通達することになっていた[11]。著しく政府の影響力を認めたものであった。

(2) 法定準備預金制度と貨幣政策

　貨幣政策の目的に関して、1959年の準備銀行法と1945年の連邦銀行法との間で大きく異なるところはなかった。すなわち貨幣政策の目標は、①通貨の安定、②完全雇用の維持、③国民の経済的幸福、と規定されていた[12]。しかしこれらの目標を達成するための準備銀行の政策手段は限られていた。イギリスのようにイングランド銀行による手形の再割引を通じて、バンク・レートが形成され、このバンク・レートの操作によって、民間銀行の手元流動性と、その結果として銀行貸付に影響を与えることはオーストラリアでは困難なことであった。それは、商業流通において手形決済が普及しなかったからであり、オーストラリアの預金銀行は、手元流動性が著しく不安定であったからである。したがってオーストラリアにおける貨幣政策は、特異なものにならざるを得なかったし、戦後オーストラリアの金融規制の最大の特色ともなっている。以下では、戦後

貨幣政策の柱とされ、預金銀行に対する規制の代表的なものとして、預金銀行に対する準備預金制度と流動性管理メカニズムを紹介しておこう。準備銀行による準備率政策は、銀行に対する支払準備制度に基づき、法定準備預金制度（SRD）と流動性管理（LGS）によって行われてきた。

準備預金制度は、オーストラリアでは、第二次大戦下の1941年11月に預金銀行の余裕資金を吸収するために作られた特別勘定を起源としている。特別勘定は、預金銀行の余裕資金を中央銀行が吸収管理するために、決定月の預金最高額からの増加分を連邦銀行に預託することを、預金銀行に義務付けたものである。特別勘定の要求額は、戦時中に完全実施されていなかったが、1945年連邦銀行法により、特別勘定は、戦後のインフレーションを収束させるために、厳格に維持することを要求され、終戦直後の吸収されていない預金銀行の特別勘定の債務が問題となった。連邦銀行が民間銀行に対し要求した特別勘定の最高限度額は、戦時中の特別勘定から新特別勘定に移行された額と、それに加えて1945年7月の平均水準からオーストラリアの銀行資産の増加額の合計とされた[13]。しかしその後も特別勘定の算出方法は、数回変更された[14]。終戦直後は、特別勘定がインフレーションを収束させる手段として有効であると考えられた。また労働党が銀行国有化政策のために、特別勘定を利用するのではないかとの危惧も存在した[15]。

1952年の戦後初の不況期に預金銀行の準備の不足が表面化した。1953年銀行法は、特別勘定の算出方法を改め預金銀行にいっそうの準備を増強するように促した。1960年1月14日まで、預金銀行の貸付は特別勘定制度によって影響を蒙っており、それは本質的には法定準備預金制度と同じであった。すなわち特別勘定に預金銀行の流動性を吸収し、自由準備を減少させて、信用の膨張に制限を加えたのである。逆に特別勘定から現金を放出して、預金銀行に貸付を拡大させることも可能であった。この時期の特別勘定は、その算出方法の複雑さと運用の裁量性によって、一般に理解されにくいものであった。特別勘定は、1941年から戦後も一貫して貨幣政策の手段として利用されたものである。ただし、1959年準備銀行の設立に際して、不必要に複雑な算出方法を改め、法定準

備預金制度として変更された。改正の内容は、預金債務に対して統一的な準備率の最低限を設定して、すべての預金銀行に一律適用するものであった。特別勘定制度は、基準月の特別勘定にその預金の増加額の75％を特別勘定に積み上げるという高率ものであり、また実施にあたって各銀行に対して差別的に運用されていた[16]。

　法定準備預金制度は、預金銀行が準備銀行に支払準備として預金の一定割合を預けることを強制する制度である。準備預金勘定の預金総額に対する割合はSRD比率と呼ばれ、準備銀行はSRD比率の増減を通じて預金銀行の流動性を管理するとともに、この増減が預金銀行の貸付資本量に影響を与えることにより短期貨幣市場の資金調整を行った。

(3) 預金銀行の流動性管理 (LGS)

　準備銀行による流動性管理を検討する前に、オーストラリアの預金銀行の流動性はどのように維持・管理されてきたのか検討しておく。預金銀行の流動性は、これまでの諸章で見たように、兌換準備として要求されることはなく、国内各種預金の支払準備、銀行間決済準備、そしてロンドン資金を中心とした対外決済準備として要求された。そしてロンドン資金は、イギリス預金の支払準備としても、ロンドンの銀行間決済準備としても、貿易及び国際資金取引の決済準備としても機能した。オーストラリアの場合、定期性預金に分類される海外預金のウエイトの高さが、預金銀行の流動性の維持に特殊性を与えることになっていたし、この点で預金銀行の流動性準備が低いことがしばしば指摘されてきた。

　加えて、オーストラリアの銀行預金は、季節的にかつ短期的に激しく変動する性格を持っていた。戦後、鉱業と製造業の生産と輸出が大きな位置を占めるようになったにしても、農業生産と牧羊業の生産と輸出は、年間に1回ないしせいぜい2回収穫期に集中したのであって、この収穫期から数カ月後に預金の急速な増加が生じたのである。特に、戦後もオーストラリアの輸出動向は、羊毛収穫の季節によって強く影響されたからである。羊毛収穫のシーズン後、預

金は取り崩され、預金の減少と貸付の増加が生じた。こうした預金と貸付の季節的変動は預金銀行の流動性に反映して、流動性を年間通じて維持することを困難にしていた。

　輸入は年間通じて季節的な動きを示さないが、輸出は8月の最低の点より、10月及び11月のピークへと上昇し、その後3カ月間はやや低い状態を続け、さらに3月にピークになり、それからまた徐々に低くなるのである。こうした結果、輸出の変動よりも激しさは少ないが、これよりやや遅れて、ロンドン資金及びオーストラリアの預金銀行の流動性の変化が生じる。すなわち輸出期には預金残高が増加し貸付が減少し、シーズン・オフのときに預金は減少し貸出が増加することになる[17]。

　戦後におけるオーストラリアの銀行預金、輸出及びロンドン資金の季節的パターンをみると、預金は輸出と同様に、ほぼ3月にピークに達し、8月にその季節的な谷に達している。しかしロンドン資金及び預金の変動は、輸出のそれよりも鮮明ではない。それは輸出代金の受取が、輸出そのものに比べて、特定の月に集中する度合が小さいからである。また預金は他の要因からも影響を受ける。ことに6月30日の財政年度の終わりにピークに達する徴税の季節的な流れと、農業貸付部を通して、小麦の収穫に対する中央銀行の融資が大きく作用するからである[18]。

　預金銀行の流動性維持に影響したのは、預金形成の要因が短期的にまた季節的に変動することだけでなく、預金銀行の貸出によっても影響を受けた。貸付の特徴について検討しておこう。オーストラリアの銀行貸出は、貸付と当座貸越とからなっている。当座貸越は、アメリカでは普及しなかったが、オーストラリアの銀行は当座貸越を貸出の主要な方法として利用してきた。当座貸越は、返済に柔軟性があり、顧客に対する貸付額の変更が容易であるため、輸出業者や羊毛仲買人を対象とした一時的な貸付に理想的な方法であった。オーストラリアの銀行は、貸出の担保構成においてイギリスの伝統的な銀行業務と異なっていた。というのは、オーストラリアの銀行の顧客の多くは、土地や家畜や羊毛を所有する牧農業であったため、商業手形は、銀行の貸付の担保として重要

なものとならなかったからである[19]。

　1962年に、預金銀行は、ターム・ローンを準備銀行の進めによって開始した。主要預金銀行は、準備銀行にターム・ローン勘定を設定した。最初の設定は、SRDから2％、銀行の資産から1％を積み上げた。鉱山業、第二次産業、第一次産業の資本調達に当てられた。1966年に、農業開発ローン（farm department loan fund）が創設された[20]。しかし戦後預金銀行は、早い時期からターム・ローンを好んだ。ターム・ローンは、10～12年の長期的な貸付であり、月々、あるいは四半期ごとに返済と利払いを要求される[21]。

　オーストラリアの預金銀行の貸出基準は、イギリスの銀行理論及び銀行業の実際と比べて、相当に緩やかであると指摘される。銀行に対する資金需要の多くは、土地の購入や改良、家畜の購入であったし、このような第一次生産に関係しないものでも、住宅や商店の建築、製造業に対する設備や機械の購入等であったからである。

　オーストラリアの銀行は1950年代の末まで、その流動性について一定の取決めを持っていなかった。イギリスにおいては、周知のとおり、預金に対する現金の比率は、8％以上でなければならず、また現金にコールマネーと割引を加えた流動資産が30％以上であることが、銀行経営上の原則であるとされている。オーストラリアの銀行にとって現金比率や流動性比率を一定に維持することは、非常に困難であった。その理由は、先に述べた輸出の不安定から起こる季節的ならびに循環的な預金の変動に対して、貸出を意識的に安定の材料として使用しなければならなかったからである[22]。

　銀行準備に関する一般的な慣習は存在しなかった。そのため連邦銀行理事会は、一般的な慣例をつくり出そうと努力してきた。そして理事会は預金総額に対し流動資産の25％という割合が、季節的並びにその他の短期的な変動を十分に考慮した適切な準備であると提案した。その場合、流動資産の内容としては、現金、準備銀行への預金（SRD残高を除く）、大蔵省証券及び政府証券が含まれていた。この比率は、流動資産（liquid assets）と政府証券（government securities）の頭文字をとって、通常LGS比率と呼ばれていた[23]。LGS資産

は、いわゆる銀行の第一・二線準備をLGS資産と規定して、このLGS資産の預金総額に対する比率、すなわちLGS比率を準備銀行が増減することにより、預金銀行の流動性に影響を与えるものであった[24]。

LGS慣行は、SRDとともに準備銀行が預金銀行の貸付資本量を直接に規制する制度であった。SRD比率の変化は、通貨当局による政策上の明確な指針と受取られた。LGS資産の比率は、貨幣市場の諸条件の変化を示す重要な指標として機能した。両者は金融市場に対する政策当局者によるアナウンスメント効果をもたらす手段でもあった。だが厳しい支払準備制度は、対象金融機関にとってオーストラリア内預金に対する課税的効果を持ち、銀行の預金収集活動を抑制し、銀行に海外資金の調達及び債務の非預金化を促す要因となった。その結果資金不足を海外部門に依存するオーストラリアでは、金融機関の海外資金取引を規制するために厳しい為替管理が必要とされた。それゆえに高率の準備率政策は厳しい為替管理政策と一対のものとして機能していた。

元来、オーストラリアの金融制度は、イギリス型の銀行主義と銀行・証券の分離主義を特色とし、当座預金の振替による決済制度の広範な普及によって、商業流通における小切手決済システムが成立していた。商業流通における手形決済が普及しなかったために、中央銀行による手形再割引制度としての公定歩合が成立しなかった。そのため短期貨幣市場の調節における公定歩合操作の役割が著しく小さく、その代替的貨幣政策として金利規制や銀行貸出の量的規制が著しく強かった。準備銀行は、決済システムの中核としての預金銀行に対して金利、法定準備率さらに流動性比率等の強い規制を行うことによって短期貨幣市場の秩序を維持してきた。

以下いくつかの規制と制度上の特色をあげておこう。預金銀行の集中が著しく高く、金融機関の監督行政が連邦政府と州政府に分離しており、ノンバンクは規制対象から除かれていた。慢性的な資金不足、及び国内の金融規制を維持するために強い為替管理が施行されていた。さらに第一次産業主体の産業構造上の特質から預金銀行が不動産金融へ偏重していた。その上に、株式・公債の発行が伝統的にロンドン及びニューヨーク証券取引所に上場されていたために

オーストラリアの証券市場が未発展であった。

だが1960年代以降の信販、消費者金融、住宅金融、ファクタリング、リース等の新しい与信業務の拡大、預金以外の資金調達方法の発達、及びユーロ市場を始めとした国際金融市場の発展を背景に、金融制度の特色及び規制は、預金銀行及び貯蓄銀行の競争条件に対して不利に、また規制対象外のノンバンクに有利に作用することになった。

(4) 銀行の資産管理と規制下の貨幣政策

SRDとLGS慣行は、その組み合わせによって、銀行の貸出政策に影響を与え、政策目標を達成しようとするものであり、公開市場操作に並ぶ重要な金融政策の手段であった。

1970年代までの金利規制下において、預金銀行は、市場での預金獲得競争を制限され、預金獲得に対して受動的であり、保有資金を各種の資産にどのように配分するかを主要な課題としていた。銀行は、預金の変動に対して、銀行のバランス・シートの資産構成におけるLGS資産残高を変動させることによって短期的に調節した。すなわち預金が大規模に流入するとき、LGS資産の保有を増加させ、預金の流入が緩やかであるときLGS資産の保有を減らした。一般に銀行は、LGS資産の要求額を超えて、これらの資産をバッファーとして保有していた。それゆえにLGS資産残高の変動は、預金の流出入から貸付を保護するのに役立った。

しかし通貨当局が金融引締め政策をとると銀行は貸出を調整することになる。というのは銀行は、LGS慣行のために流動資産を補充しなければならないうえ、金利規制によって積極的に預金獲得競争を展開できなかったので、規制の対象となる貸出を減らさざるを得なかったからである。規制下での金融引締め策は、銀行預金の増加に比較的速やかにかつ重大な影響をもたらす傾向があった。引締め策には二つの主要な手段があった。第一は、LGS及びSRDのメカニズムを用いることである。SRD比率の引上げは、銀行のLGS資産の低下を引き起こし、短期的にはLGS慣行の放棄を意味した。銀行はLGS比率の最

低限に近づくと準備銀行より一時的に借入を増やし、次に貸付を制限せざる得なくなり、続いて預金すらも低下する傾向があった。

第二の手段は、連邦政府証券の売りオペによる方法である。公債の売りオペは、連邦政府証券の利回りを上昇させるばかりでなく、さらに一般的に金利の上昇をもたらす。販売の対象がノンバンクに対してなされる限り、ノンバンクが公債に資金を投入するために、銀行から預金が流出することになる。銀行は、金利規制のために預金獲得競争を制限され、預金の流出に対抗する有効な手段を持ち合せていなかった。金利規制下では、金融の引締めは、市場金利を示す90日銀行手形の利回りと規制の定期預金金利の間に大きなギャップ生み出した。市場金利と銀行預金金利のギャップは、市場金利が低下すると解消に向かっていた。

引締め期には、預金の増加率は、売りオペによって金利がピークに達する前に低下する傾向があった。しかし貸出増加率の低下は、銀行による流動資産の調整過程が入るために、預金増加率の低下よりも時間がかかった。銀行は、LGS資産の超過保有を減らすことによって預金の減少に対処した。逆に預金が増加する時期に、LGS資産は形成された。この預金増加率と銀行貸出増加率との時間的なずれは、銀行が金利規制及びLGS慣行下で、資産管理者として行動していたことをよく示すものであった。

(5) マネー・フローの変化

戦後の金融の規制は、預金銀行及び貯蓄銀行の競争条件に対して不利に、また規制対象外の非銀行金融仲介機関に有利に作用したと言われる。すなわち1960～70年代の金融資産に占める各金融機関のシェアの変化をみると、預金銀行はそのシェアを1954年度の32％から1971年度の22％へ低下させ、これと競合関係にあるマーチャント・バンク（money market corporation）及び金融会社（finance company）は、その資産シェアを拡大した。貯蓄銀行（saving bank）の資産シェアは、1950～60年代に停滞しており、1970年代以降急速にシェアを低下させた。またこれと競合関係にある住宅金融組合（permanent building society）は、その資産シェアを拡大していった[25]。

　各金融機関の資産シェアの変化は、資金調達形態の変化及びマネー・フローの変化と密接に関係している。というのはマネー・フローの変化は、各経済部門間の資金の過不足状況を示すだけでなく、余剰資金が如何なる金融資産を通じて不足部門に調達されたか、その結果、各金融機関の資産シェアにどのような影響が現われたかを示しているからである。オーストラリア経済の低成長への以降は、他の先進諸国同様にマネー・フローの構造に著しい変化をもたらした。

　オーストラリアの基本的な資金需給の構造は、ネットの資金供給者としての家計部門と海外部門、ネットの資金需要者としての政府部門と法人企業部門とによって構成されている。この資金需給の構成は、オイル・ショックまでおおむね変化しなかったが、資金需要者のなかで、政府部門と法人企業部門の間で1974年度に主客が転倒し、また資金供給者のなかで、家計部門と海外部門との間に1980年度から主客が変化した。すなわち法人企業部門は、1970年代前半まで最大の資金不足部門にあったが、1974年度以降、第一次石油危機の発生にともなう投資の低迷を反映して、資金不足は急速に解消に向かった。1981年度前後の3年間に設備投資が回復し、一次的に資金不足が拡大したが、1982年景気後退を迎えて、再び資金不足が解消した。さらに1986年度以降、最大の資金不足部門となった[26]。オーストラリア経済は、1983年の中頃に景気回復に転じ、7年におよぶ景気の拡大を続けたが、1988年の中頃、経常収支の悪化を背景に金融を引き締め、財政支出の抑制によって1989年後半から景気後退期にはいった[27]。

　これと対象的に政府部門は、1974〜75年の石油危機とその後の長期不況期に景気の下支えを目的とする公共投資の拡大から資金不足が急速に拡大し、最大の資金不足部門に転換した。こうした傾向は、1981年度を除くとその後一貫しているが、この資金不足は、1983年度をピークに減少に向かい、1986年度からの増税と思い切った歳出削減策により、連邦財政は黒字に転換し、翌年には完全に解消した[28]。財政の黒字分は、債務の返済に充てられ、その結果連邦政府

の債務の対GDP比率は、1988年度17%、1989年度には13%に低下した[29]。連邦政府の歳入は、その後歳出を上回り、これにつれて政府の長期債務である大蔵省債券の金融機関の保有が減少し、政府の短期債務である大蔵省証券と州政府債の発行は、むしろ増加傾向を示した。

ネットの資金供給者である家計部門と海外部門を見ると、家計部門は、1970年代まで最大の資金供給部門であったが、住宅建設を中心とした消費拡大の結果、貯蓄が減少し、1980年代に家計貯蓄のGDPに占めるシェアも減少した。貯蓄率に変化はみられないものの、高い住宅投資を反映して家計部門のネットの貸付は低下した[30]。これに代わって海外部門は、1970年代前半まで資金余剰はさほど大きなものではなかったが、金融の規制緩和が具体化されるにともなって、1970年代後半から特に1980年度以降最大の資金余剰部門となった。しかし政府部門における資金不足の解消傾向を反映して海外部門の資金超過は、1985年度以降減少し始めた。

第2節　金融の規制緩和の進展過程

オーストラリアの金融制度上の規制は、大戦中及び大戦後を通じて形成されてきたが、少なくとも1970年代末の公債発行制度の変化と金利規制の変化までその基本的特徴に変化はなかった。そこで監督行政と金利規制の緩和、貨幣政策の変化、貯蓄銀行規制の緩和、公債発行制度の変化に焦点をあてて規制緩和の進展を紹介しておこう。オーストラリアの金融の規制緩和に決定的方向付けを与えたキャンベル委員会が設置され（1979年）、その最終報告（1981年）が出されたのもほぼこの時期である[31]。本節の課題は、金利規制の緩和及び公債発行制度の変化（1979年）に続く、1980年代の金融制度上の規制緩和の進展を紹介するとともに、金融の規制緩和を促した要因、及びその経済的影響についても検討することである[32]。

(1) 監督行政と金利規制の緩和

　預金銀行及び非銀行金融仲介機関は監督庁を異にしており、すなわち1959年銀行法によれば、大蔵大臣は、銀行開設の申込書を準備銀行及び大蔵省と相談の上、最終的にオーストラリア総督がこれを認可すると定めており、銀行業、保険業及び為替の認可は、連邦政府、直接には大蔵大臣の権限下にある[33]。だが銀行すべてが連邦政府の監督下にあるわけでなく、州立銀行5行は州政府の監督下にあった。州立銀行は、一般銀行業務も行うが、貸出業務の重点はその設立の歴史的経緯から農業及び鉱業におかれていた[34]。また貯蓄銀行は、各植民地政府によって19世紀前・中期に設立されたが、連邦銀行の設立にともなって連邦貯蓄銀行が設立されたことにより、州政府の監督下にあるものと、連邦政府の監督下にあるものがある[35]。すなわち預金銀行と貯蓄銀行は、それぞれ銀行法により監督されるものと州法により監督されるものとに分けられる。

　連邦政府は、銀行を決済システムの中心と考えて、その安定を最重要課題として銀行の新規設立、業務規制に関して厳しい態度をとってきた。さらに1972年の銀行法によって一銀行の株式の10%以上を単一の個人及び団体が、保有してはならないと規定しており[36]、外銀の参入についても厳しい対応をとってきた[37]。銀行に対する監督行政は金融政策と密接な関連を有し、その具体的規制は、準備銀行による指導・監督の形態をとって実施されてきた。これに対して非銀行金融仲介機関に対して準備銀行は、規制・監督を行わず、またその手段も持ち合わせていなかったので、これらの監督行政は、州政府に委されてきた[38]。ただし例外として公認短資業者（authorised money market dealers）と生命保険会社及び年金基金がある。準備銀行は、短期貨幣市場での政府証券の売買の安定性を確保するために、これを公認短資業者を通じて発行するが、短資業者に短期貨幣市場の取引のための清算勘定を開設することを認め、さらに一定枠内で連邦政府債を担保に信用を供与しており、この経路によって短期貨幣市場における最後の貸し手として機能してきた。この準備銀行による公認短資業者への貸付レートが公定キャッシュ・レートである。わが国でいえば、

公定歩合とコール・レートの中間にあたるものと考えられる。これに対して公認短資業者は、貸付額の総枠規制を受ける、すなわち各短資業者は株式資本の33倍の貸付規制を受けた。また準備銀行に対して営業報告の開示が義務づけられた[39]。

　金利規制については、銀行法第50条によって準備銀行に権限が与えられていたが、明文化された規制は存在せず、実際上は、準備銀行が預金銀行との協議の上、大蔵大臣の承認を得て決定していた。元来オーストラリアにおける主要な貸付形態は当座貸越であり、預金銀行に対する貸付金利の規制は、当座貸越金利に最高限度を設定するものであった。だが1972年2月に、5万ドル以上の大口当座貸越の金利の最高限度規制が撤廃され[40]、また1960年代以降、金利規制対象外の銀行引受手形（30日物、90日物、180日物）及びターム・ローン（長期貸付）等の拡大によって貸出金利の自由化が進んだ[41]。預金金利の自由化も1970年代に進展し、規制として残存したのは次の二つであった。一つは、当座預金に対する付利禁止規定であり、他の一つは、定期性預金金利の上限規制である。後者は、24カ月満期の定期預金金利を上限として、これ以下のすべての預金金利は自由化されていた。1969年に導入された譲渡性預金（CD）については1973年に上限規制が撤廃された。預金に対する今一つの規制は満期規制である。定期預金は、わが国と同様の3～24カ月の満期規制が存在していた[42]。貯蓄銀行に関しては、預金総額がすべて特定資産に運用することと決められ、また預金金利も上限規制が設定され、10万Ａドル以下の貸付は預金銀行と同様の上限規制が適用された[43]。

　1980年代の初めに金利規制の緩和がさらに進み、1980年12月預金銀行の定期預金金利の天井に関する規制が撤廃され、さらに1981年3月に預金金利の満期規制もCDの満期が30日までに引き下げられ、1982年3月に小口定期預金（5万ドル以下）の満期も3カ月から30日に、大口定期預金（5万ドル以上）及びCDの満期が30日から14日に引き下げられた。1982年8月には貯蓄銀行の資産及び預金に関する規制も緩和され、かつ貯蓄銀行は30日から4年満期の小口（5万Ａドル以下）定期預金を受け入れることが認められた。1984年8月の当

座預金の不利禁止規定の撤廃によって金利の自由化は完成された[44]。規制金利は、低金利政策としての意味を持っていたが、この規制緩和によって金利水準が引き上げられることになった。金利水準の上昇は、高いインフレーションのもとで、これをカバーする名目金利の上昇を意味した。最後に金利規制の緩和の要因として、インフレーションによる実質金利の低下が短期貨幣市場における資金フローに大きな影響をもたらした[45]。

(2) 預金銀行の流動性管理の撤廃

準備銀行による監督制度は、預金銀行の流動性管理と密接関係を持っていたが、金利規制及び為替管理の撤廃（1983年）は、監督制度と流動性管理とを分離し、準備銀行に新たな貨幣政策の手段を模索させることになっていく。それは、銀行に対する従来の直接的な規制から市場メカニズムを媒介とした操作に転換することを意味した。この点で注目されるのが、1988年のSRDのnon-callable deposit（NCD）への転換、及びLGS慣行の撤廃である[46]。準備銀行は、SRD比率を1981年以来7％に維持してきたが、キャンベル委員会報告の提言を受けて、1988年8月にSRDを3年間で段階的に撤廃し、資本勘定を除く銀行のオーストラリア負債総額の1％をNCDとして準備銀行に預託させることとし、先のSRDは、3年間にわたって預金銀行に払い戻すこととした。また従来、預金銀行に負わされたLGS慣行に代わって、第一級資産比率（prime assets ratio：PAR）を1983年に設定した[47]。PAR資産には、NCD、他の準備銀行預金、銀行券、鋳貨、連邦政府諸証券、連邦政府証券を担保とする公認短資業者への貸付が含まれる。

PARは、各銀行の上記のオーストラリア内のAドル建て資産額の、各銀行の資本額を除くオーストラリア内負債総額に占める割合でもって示され[48]、同年に17％から12％に減らされ、さらに1988年9月に12％から10％へ減らされた。PARはLGS比率と比べてその資産内容が限定された点においても、また準備率の軽減の点においても準備率政策上の規制緩和を意味するものであった。貯蓄銀行に対する40／7.5％ルールに替わって、1982年8月に準備資産比率

(reserve assets ratio：RAR) が設定され、さらに1988年 8 月に預金銀行と同様のPARへ転換され、準備率政策の緩和が進められた。88年の貨幣政策上の緩和は、オーストラリア内で営業する銀行の資金運用の幅を広げることになるために、外貨建て預金がAドル預金へシフトし、1988年 7 月からの金融引締めにもかかわらず、マネー・サプライ（M_3）の急増を招く要因となったと指摘されている[49]。

(3) 貯蓄銀行規制の変化

貯蓄銀行に関する規制は、銀行条例に従って資金を規定された資産に投資することを要求したものである。定められた資産とは、現金、準備銀行預金、他の銀行への預金ないし貸付、連邦政府証券及び州政府債、連邦政府・州政府による保証債、公認短資業者への貸付、Australian Banks' Export Re-Finance Coporation Ltd. への貸付、政府保証貸付、住宅貸付ないし土地担保貸付である。以上、銀行の第一・二線準備を除くとすべて住宅金融への貸付に限定されていた[50]。準備銀行による準備率規制に関しては次のように規定されていた。預金勘定の40％は、一定の流動資産、すなわち政府及び政府系機関の証券に投資されるべきで、そのうち少なくとも7.5％は、準備銀行への預金と大蔵省証券（treasury note）を含むべきとされた。これは規定資産比率（prescribed asset ratio）と呼ばれたものである。この40％の比率は1962年まで70％であったがそれ以降徐々に減らされてきたものである[51]。さらに貯蓄銀行は、一般に営利法人から預金の受入を認められなかった。

しかし1982年 8 月に以下の点が緩和された。(a)従来貯蓄銀行に負わされた40／7.5％の規定資産比率が廃止され、預金銀行に対するPAR資産と同一内容（SRD資産の内容を除く）の準備資産比率（reserve asset ratio）に置き換えられ、その比率も15％に引き下げられた。(b)資産構成に関しては銀行の固定資産を除く資産総額の 6 ％を「自主運用」として従来規定された資産以外に運用する道が開かれた。すなわち貯蓄銀行は、従来資産運用にあたって資産構成全体を準備銀行に規制されていたが、わずかであるが、この 6 ％を自由に運用

することが可能となった。(c)貯蓄銀行の預金に関する制限を緩和して、貯蓄銀行が商業及び営利法人からの預金を10万ドルに限って受け入れることが認められた[52]。さらに準備資産比率は、1988年8月にPARへ転換されるに及んで、貯蓄銀行と預金銀行に対する準備率政策上の区別はなくなった。準備率政策の点では規制は著しく緩和され、預金銀行と同一の競争条件を獲得したと言えるが、貯蓄銀行に対しては資産内容の規制すなわち貸付規制が厳しいために、短期貨幣市場における競争条件は預金銀行に対して大きなハンディーを負っていた。

(4) 公債発行制度の変化

公債の発行にあたっては、公債協議会が、逼迫した金融市場の中で各政府部門間の資金調達競争を排除し、短期貨幣市場の混乱を招かないように、連邦政府を中心に政府部門間の借入計画を調整し、発行条件を決定することになっている。連邦政府は、現在大蔵省証券（treasury note）、大蔵省債券（treasury bond）、貯蓄債券（saving bond）を発行し、1982年まで大蔵省手形（treasury bill）を発行していた。発行制度は、タップ制度（tap system）と呼ばれ、公債協議会が決定した利回り及び発行額を公表し、特に募集期限を設けず、予定発行額を消化するまで募集された。集められた資金は、連邦政府によって州政府及び政府系各機関に貸し出された[53]。

公債は、公認短資業者が決められた規模を固定価格で引き受け、金融市場で売却することによって市中に出回ることになる。すなわち公債協議会は、公債発行にあたって蛇口の役割を果たし、公認短資業者はロンドン割引市場のビル・ブローカーと同様これを流通市場に配分するように機能している[54]。準備銀行は、公債の流通市場における価格を維持するために、市場管理協定（cative market arrengement）と呼ばれる紳士協定を結んでいる。生命保険・年金基金に対する30／20％ルールは、これら金融機関の資産の30％を政府証券で保有し、その20％を連邦政府証券で保有する場合、その保有額に対して免税措置が与えられた。このルールは、前述の預金銀行に対するLGS慣行、

貯蓄銀行に対する40／7.5％ルールと同種の政策内容を持っていた[55]。準備銀行による準備率政策は、金融機関の安定性を確保することを狙いとしたものであるが、現実には公債価格支持政策として機能してきた面が強く、準備銀行は政府の負債管理の役割を担わされてきた。

　しかしタップ制度を通じて発行された公債の価格は、発行額の増加につれて公債の市場利回りが上昇し、そのために公債協議会によって規定された公債価格が、市場金利と乖離することがしばしば発生した。この点が、公債の大量発行時代にタップ制度の問題点として指摘されるのは当然であった[56]。特に1974年度以降、大幅な財政赤字が発生し、大量の国債が発行されたのにともない、タップ制度のもとでの公債の大量発行は、利回りの設定と引受額の問題を表面化させた。そのため連邦政府が資金量を必要とするとき調達に手間取り、そのギャップを埋めるために短期の大蔵省手形が準備銀行に対して大量に発行されて、通貨の過剰発行によるインフレーションの要因を作り出した。すなわちタップ制度は政府の負債管理の目的と準備銀行の通貨管理の目的の間にしばしば対立を生みだした[57]。

　国債が大量に発行されると、国債は預貯金の代替資産となり、国債と預貯金の間に裁定が働くことになる。預貯金に対する代替資産が大きく成長すると、裁定関係を通じて、預貯金の金利も代替資産の金利に左右されることになる。一般に、実物経済に比べて大量の国債が発行されると、この大量国債を中央銀行が引き受ければ、インフレーションを引き起す原因となり、大量国債を市中消化すれば、金利裁定が働き預金金利の自由化を促す要因となった。国債の大量発行が金利の自由化を促す要因となったのは、日本やアメリカの場合にもあてはまる[58]。

　そこで1978年連邦政府は海外からの借入の緩和を実施し、ついで1979年12月に大蔵省証券の発行に入札制度を導入した[59]。すなわち1982年6月に公債協議会は、大蔵省債券の販売にタップ制度に代わって入札制度（tender system）を導入することを伝え、最初の入札は1982年8月とされた。入札制度の導入は、政府の資金需要が証券発行によって満たされることを可能にし、これまで政府

の資金需要に対する不足額を融資するために、準備銀行が引き受けてきた大蔵省手形は、1982年度以降必要でなくなった。その限り入札制度は政府の負債管理と準備銀行の通貨管理の対立を除去するものであったといえる[60]。

流通市場に関しては、1984年9月に生命保険会社及び退職基金に対する30／20ルールを廃止し[61]、また貯蓄銀行に対しては1982年8月に資産構成比率及び流動資産比率の変更により、政府証券の保有に関する規制が緩和された。預金銀行に対しては1985年5月にPARがLGS慣行に代わり、伝統的なLGS資産を構成するSRD資金は、PARの目的のために計算されることになった。1988年9月PAR要求はさらに引き下げられて、貯蓄銀行と預金銀行との間にあった政府証券保有についての区別がなくなった[62]。準備率政策の緩和は、連邦政府証券の流通に対する直接的な公債管理政策の後退を意味し、その限りで公債価格及び利回りが市場メカニズムによって決定される要素が強まったといえる。

この点で注目すべきは、公債取扱い規定の変更である。以下簡単に紹介しておく。1984年11月に準備銀行は、政府証券市場における取引協定を変更することを伝え、1985年1月から満期1年未満のものは、公認短資業者に限ってであるが、準備銀行が買い上げることにした。銀行は、満期に近い政府証券を準備銀行に売却することが可能となった。さらに満期1年以上の政府証券については、新設のReporting Bond Dealerと取引することを決めた[63]。準備銀行は、公開市場操作の手段を広げるとともに、預金銀行にとって保有の長期政府証券を流動化することが可能なった。かつて大蔵省手形の準備銀行引受が制限されることによって通貨の過剰発行が抑制されたが、この準備銀行の公債取扱規定の変更を通じて再び公債発行が一定期間後、通貨供給量を増大させる要因が形成されることになった。公債の大量発行とその発行・流通市場の規制緩和が名目金利上昇の要因となった。

第3節　貨幣政策の変化と課題

　1970年代までの貨幣政策は、基本的には銀行に対する直接的な規制を利用したものであった。第一に、預金銀行及び貯蓄銀行は、預金と貸付に関する金利規制と定期預金の期間に関する規制によって縛られていた。第二に、準備銀行は、銀行の信用創造を制限するために、銀行に対して貸出の量的なガイドラインを設定した。第三に、預金銀行は流動性ポジションに対してSRDのような資産構成規制を受けていた。もちろん準備銀行は、設立当初から貨幣政策の手段と運営方法を模索してきたが、1960年代には、銀行貸出の直接的規制から、公開市場操作によって短期貨幣市場の利子率と流動性に影響を与える政策を志向し始めた。1960年代の貨幣政策は、高い経済成長率の実現、マネー・サプライの増加率の安定、物価上昇の安定、相対的に低い失業率の推移をみると、高い評価を与えられるだろう。しかし銀行に対する直接的規制は、非銀行金融仲介機関の発展によって、銀行以外の貸付や預金が増加し、逆に銀行の資産シェアが低下して、銀行を直接の対象とする貨幣政策は、その有効性に疑問を投げかけられた。

　1970年代の貨幣政策は、外部から二つの重要な変動要因によって影響を受けた。第一は、為替レート及び国際収支の動向から生じる要因である。1973年以降、先進諸国は変動相場に移行した。しかしオーストラリアは、通貨管理の目的からクローリング・ペッグを採用していた。したがって国際収支の変化は、固定レート制を通じて、マネタリー・ベースを変動させた。第二の要因は、財政の動向と政府証券の発行方法であった。政府証券の発行額は、利回りが固定されていたために、個人部門の需要を媒介にして、銀行部門の引受額に直接に作用することによって、マネタリー・ベースの変動に強く影響した[64]。

　本節では、1970年代後半からの貨幣政策の足取りを三つの時期に分けて検討することにする。第一期は、スタグフレーションに対する貨幣政策として採用されたインフレーション・ファースト戦略である。同政策は、1975年から1985

年12月まで、マネー・サプライの標準的指標であるM_3を管理することを目標としたマネタリー・ターゲット政策である。第二期は、金融の規制緩和の進展のなかで、マネー・サプライのコントロールが困難となり、マネタリー・ターゲットが放棄され、これに代わって、裁量的貨幣政策にもどった時期である。第三期は、1994年9月以降、インフレーションの収束を目的としたインフレ・ターゲット政策である。

(1) マネタリー・ターゲット政策

1960年代後半から1970年代前半にかけて、世界経済は、USドルの過剰流動性が表面化して、戦後の国際通貨システムの動揺と、USドルの減価、固定レート制のもとでインフレーションの世界的な波及が問題となった。しかしオーストラリア経済は、国内物価の安定と低い失業率に見られる良好な経済条件を実現するとともに、資源ナショナリズムの高揚を反映して外国資本による資源開発投資が増加して、また輸出価格の上昇から交易条件の改善によって、1970年代の初めにAドルの切上げを要求され、さらに輸入保護政策の削減を迫られた。こうした対外的な圧力は、国内的には雇用調整と産業構造の調整を強いることになった[65]。この時期の景気後退に対して政府は拡張的な財政政策と所得税の減税を実行し、準備銀行は金利の引下げとSRD比率の引下げによって金融緩和を実施した[66]。

固定レートの維持は、海外からのインフレーションの圧力を回避することを困難にしたので、貨幣政策としては、国際収支の大幅な黒字によるマネタリー・ベースの増加に対しては、不胎化政策によって過剰流動性の吸収をはかることになった。この時期の貨幣政策は、ちぐはぐに見えるが、為替レートを通じたインフレーションの波及に対しては不胎化政策による過剰流動性の吸収、国内的には失業率の増大に対しては金利及びSRD比率の引下げによって、金融を緩和する貨幣政策の割当が行われた。その後、インフレーションの進行、失業率の上昇、経常収支の赤字を背景に、準備銀行は貨幣政策の運営を大きく変化させることになる。

1970年代の初めに、預金銀行の預金増加率、貯蓄銀行の預金増加率、及びM_3の増加率は同じペースで推移していた。金融緩和期には、預金銀行及び貯蓄銀行の預金は大規模に増加しM_3も増加した。引締め期には預金増加率の低下とM_3の増加率の低下が生じた。そして引締め政策は、M_3に対して速やかにまた先行的に影響する傾向があり、金利に対しても弾力性を有していた。すなわち金利が上昇すると、預金銀行はLGS資産の保有を減らすことによって調整し、貯蓄銀行は、ローンや貸出を変化させることによって調整を行った。M_3の金利に対する反応は、銀行貸出の金利に対する反応に先行し、それゆえにM_3が経済動向の先行指標として機能していたのである。

　1973年の金融緩和と財政政策は、消費者物価の上昇をもたらし、オイル・ショックの影響も重なって、さらに物価を押し上げるとともに国際収支の悪化が生じた。1974年には急激な金融の引締政策が採用され、短期市場金利は一時的に20％の水準を越えることになった。政府は、1974年9月に12％の為替切下げを実行し、同時にAドルのUSドル固定を廃止して、通貨バスケットに固定する方式（固定の通貨バスケット方式）を採用した。保守連立政府は、1975年に完全雇用の達成よりも、インフレーションの抑制を第一の目標とするインフレーション・ファースト戦略に転換した[67]。通貨当局は、従来の金利の低位安定を中間目標とする裁量的政策からマネタリー・ターゲットを設定し、マネー・サプライM_3（現金通貨、預金銀行の預金総額、貯蓄銀行の預金）の増加率及び銀行の貸出総額の増加に注目するマネー・サプライ重視政策に転換したのである。

　マネー・サプライ重視政策は、マネタリズムによって主張された金融政策であり、貨幣量の増加率が一般物価の上昇率を決定すると考えて、貨幣政策の中間目標をマネー・サプライの増加率に設定する政策である。準備銀行は、M_3をマネー・サプライの標準的な指標として、これを中間目標のターゲットと決め、その目標値を一定の幅（ゾーン）として発表した。固定的なマネタリー・ターゲットの設定は、国際収支の変化など海外的要因からの管理の困難性、貨幣総額と経済環境及び政策の最終目標との関係が不確実であるために、ターゲ

ット・ゾーンの設定が選択されたのである[68]。

石垣健一氏の貨幣乗数とM_2の変動に関する研究によれば、少なくとも1970年までオーストラリアのマネーサプライ（M_2）の変化は、実質経済成長率の変化に対して極めて安定していたことがうかがえる[69]。その理由は、第一に物価の上昇率が安定していたこと、第二に、SRDとLGSをはじめとする預金銀行の貸出の直接的規制が有効に作用したことにある。その結果、マネー・サプライが安定的であったことにより、準備銀行のマネタリー・ベースの操作が貨幣乗数の変動を引き起こした。したがって1960年代のオーストラリアの経験から、物価の安定と低いインフレ期待を前提にすれば、中央銀行による銀行貸出の直接的規制は、マネー・サプライのコントロールをかなりの程度まで可能にしたと結論できる。

石垣健一氏によれば、マネタリー・ベースの外部的要因は、1970年代前半には国際収支要因から生じ、1970年代後半には財政要因から生じた。したがって準備銀行の貨幣政策は、この増加を調整することが主要な課題となった[70]。一般に、金融当局がマネタリー・ベースの管理を行うためには、自由な為替レートの決定、均衡財政と財政赤字の民間ファイナンス、市場の需給を通じた利子率の決定が条件となるが、1970年代のオーストラリアでは、これらの条件が満たされていなかった。金融当局がマネタリー・ベースの完全な管理を目指すならば、大幅な利子率の変動を認めざるを得なかったが、準備銀行は利子率の大幅変動を抑制した。大幅な利子率の変化は、資産価値の大幅な変動、短期貨幣市場の過度の緊張、長期金利の上昇による投資の抑制、国債の価格管理政策への影響、さらに国民各層への影響などが考えられた。したがって、政策当局は、公開市場操作などの市場を通じたマネタリー・ベースの管理ではなく、むしろSRD制度をはじめとする銀行貸出の直接的規制によって、貨幣乗数への効果を重視した[71]。

1970年代後半のマネタリー・ターゲット政策は、海外からのインフレーションの波及とインフレ期待が高い中では、マネー・サプライの管理が困難であることを示した。それは、マネタリー・ベースの管理が完全ではなかったこと、

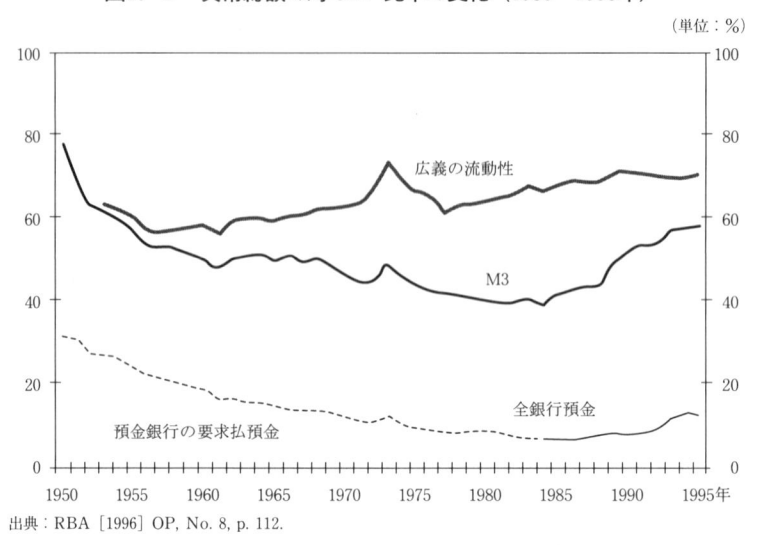

図10-1　貨幣総額の対GDP比率の変化（1950〜1995年）

(単位：%)

[図: 1950年から1995年までの広義の流動性、M3、全銀行預金、預金銀行の要求払預金の推移グラフ]

出典：RBA [1996] OP, No. 8, p. 112.

貨幣乗数が不安定であったことに現われている。準備銀行による銀行の貸出規制が十分機能すれば、1960年代の経験からマネー・サプライの管理はかなりの程度まで可能であった。しかし高いインフレ期待と規制対象外の資金取引が拡大する中では、銀行を対象とする規制によってだけで、マネー・サプライのターゲットを達成することは困難となったのである[72]。

1970年代の経験から、準備銀行は、政府勘定と国際収支の動向がM_3の増加を引き起こす限り、マネー・サプライに対して影響力を持つことができなかったことがわかる。すなわち外貨準備の変化、及び政府部門の資金調達の変化は、貨幣ストックM_3の変化を引き起こした（図10-1）。そして両者は準備銀行の管理の外にある要因であったが、準備銀行が影響を与えることのできる銀行貸付に対して大きな影響を与えた。準備銀行の政策手段は、ほとんど銀行貸付に直接に向けられるなかで、規制対象外の貨幣ストックが増加したことは、マネタリー・ターゲット政策の見直しを迫ることになった[73]。規制対象外の貨幣ストックに対する準備銀行の貨幣政策は、1979年度までほとんどなかった。公開市場操作は、政府証券に対する規制が存在するなかでは限界があった。さらに、

準備銀行がSRD比率を貨幣政策として活発に利用することにも限界があった。すなわち、銀行システムに対する準備の供給を制限することは、流動性危機を加速する恐れがあったからである[74]。

1970年代の高いインフレ率は、金利上昇を引起し、金利の上昇局面では、銀行に対する金利の上限規制は銀行に重い負担となった。銀行に対する規制は、非銀行金融仲介機関へ預金のシフトを引き起こした。銀行が市場シェアを失うことは、銀行に規制外の金融技術の革新を促し、銀行はオフ・バランス業務に従事し始め、貸手と借手の間でブローカーとして行動し、手数料を受け取った。こうした取引は、金利規制を受けないものであり、帳簿に記帳する必要もなかったし、さらにSRD比率の要求もなかった。加えて、銀行は税負担を軽減するために、海外子会社を通じた経路利用することができた[75]。規制が銀行に対して不公平な不利益を与え、銀行は規制を金融技術の革新によって回避したのである。規制緩和は貨幣総額の把握を困難としたので、準備銀行はマネタリー・ターゲット政策を見直したのである。

(2) 裁量的貨幣政策への転換

金融の規制緩和は、金融機関の負債行動と貸付・投資行動に大きな影響を与え、マクロ的には貨幣総額の把握を困難にすることによって、マネー・サプライ重視政策の転換を迫った。銀行に対する貸出の量的ガイドラインは1982年6月に廃止された。預金銀行と貯蓄銀行に対する資産構成規制は、1982年8月、1985年5月、1987年4月に実質的に緩和された。そして、SRD要求の削減は、1988年9月に始まった。それは1％のNCDに置き換わった[76]。規制緩和の貨幣政策への影響は、以下の3点であった。まず、貨幣政策は直接的な量的ガイドラインによって機能しなくなり、代わって資産価格及び金利に対して影響を及ぼすことになった。第二に、準備銀行は、マネタリー・ベースに対する管理に注目するようになった。すなわち政府の財政赤字、民間による政府証券の取得、経常収支から生じる変化が、マネタリー・ベースの変化に伝達しないように管理することが求められた。第三に、資産間の代替が規制緩和によって進展

した。そしてさらに、決済システムの革新は、貨幣総額を極めて解釈困難なものにした[77]。

　M_3のターゲットは1980年代も継続したが、1978年以降、M_3の増加はほとんど毎年ターゲットを上回った。1979～1982年間にM_3は大幅に増加した。すなわち、財政赤字は民間が債券発行を消化できないほど大規模なものとなった。経常収支の赤字も継続的に増加した。これらの要因は、マネタリー・ベースにも影響するはずであったが、1980～83年のマネタリー・ベースの年間増加率は、他の期間よりも下回っていた。しかし銀行貸付は、準備銀行の直接的な管理下において相対的に増加した。R. ミルボーン（Milbourne, R.）は、この時期に準備銀行がM_3ターゲットを達成するのに失敗した理由として、マネタリー・ベースの管理よりも、銀行の貸付を制限するのに失敗したことによると結論し、その原因は金利の硬直性によると述べている[78]。

　各種の貨幣総額の指標は、規制緩和の過程で頻繁に変化した。非銀行金融仲介機関の大衆からの借入は、銀行に対する規制が実質的に除かれた1983年まで高い増加を示した。銀行の規制緩和によって活発な競争が可能になったときに、1984～86年に、M_3は急速に増加した。M_3の増加は、規制緩和によって非銀行金融仲介機関の銀行への転換と新銀行の参入からも生じた。準備銀行は、M_3が貨幣政策の指標としては適切でないとして[79]、広義の貨幣総額に注目し始めた。それは広義の流動性と貸付総額によって構成される[80]。準備銀行は、1985年1月にM_3ターゲットを放棄した。代わってチェック・リスト・アプローチと呼ばれる裁量的な貨幣政策に転換した。このアプローチでは、各種の指標、すなわちインフレ率、為替レート、金利、国際収支、貨幣総額、非金融部門の多くの経済指標など幅広い指標を検討して貨幣政策を決定するものであった[81]。そしてこの方法が採用された当初は、為替レートの大幅な減価が生じていたので、為替レートの変動に注目して貨幣政策を運用したとも言われている[82]。

　問題はこれら多くの金融・経済データの中で適切な政策形成を行うために、準備銀行に強い判断力が求められることになる。しかしこれらのデータは、最新の情報を備えたものとなると数が限られ、その時点で必要とされる情報も少

ない。統計データは、情報の遅れや修正の必要もあり多くの困難が存在する。第二の問題は、貨幣政策とその効果の間に存在するラグを判断することである。このラグは長さと不安定性である。そして不安定性は、規制緩和によって以前にも増して高まっている[83]。このアプローチは、中央銀行の裁量を重視した政策である[84]。貨幣政策は、明確なルールに基づいて運営されるのか、中央銀行に政策の裁量的余地を認めるか、あるいは貨幣政策の中間目標の役割や最適政策手段の選択をめぐって当時多くの議論が展開された[85]。

1980年代のM_3の動きは、銀行システムの革新及び規制緩和に敏感に反応した。すなわち1986年以降のM_3の増加は、銀行によるオフ・バランス取引へのシフトによって低下し、1988年9月のSRD比率の引下げによって、銀行のバランス・シートの負債の調整を通じて、急速に上昇した。M_3の大きな変動に対して、広義の流動性は規制緩和が完成した1980年代の後半に際立った増加を示している。税制とインフレーションはM_3に大きな影響を及ぼした[86]。

1980年代の金融の規制緩和は、貨幣政策の機能を変化させた。規制緩和は、銀行貸付の量的規制よりも資産価格の変動を通じた政策効果を促して、金利が以前よりもまして貨幣政策の運営において重要な役割を演じることになった。しかし金利政策がうまく機能したかといえばそうではない。市場金利は、高インフレ率を背景に、1970年代後半から上昇し、図10-2のように1980年代に乱高下した[87]。この時期の準備銀行の貨幣政策は、市場金利の変動を見る限り失敗であった。金利の安定が実現するのは1990年初めの景気後退期である。

準備銀行はマネタリー・ターゲットを放棄したが、量的管理を軽視したわけではない。為替レートの変動と財政赤字の動向は直接にマネタリー・ベースに影響し、この管理が貨幣政策にとって重要なことはいうまでもない。もしM_3が基本的な貨幣総額とみなされるならば、問題は、マネタリー・ベースを通じて、M_3を有効に管理できるかである。しかし貨幣乗数が不安定であれば、実際にM_3の管理は困難であり、したがって貨幣政策は、1980年代の中頃からキャッシュ・レートを通じて金利に影響を及ぼすことになった[88]。規制緩和の過程では、貨幣総額を管理するのがいっそう難しくなった。規制緩和の世界で、

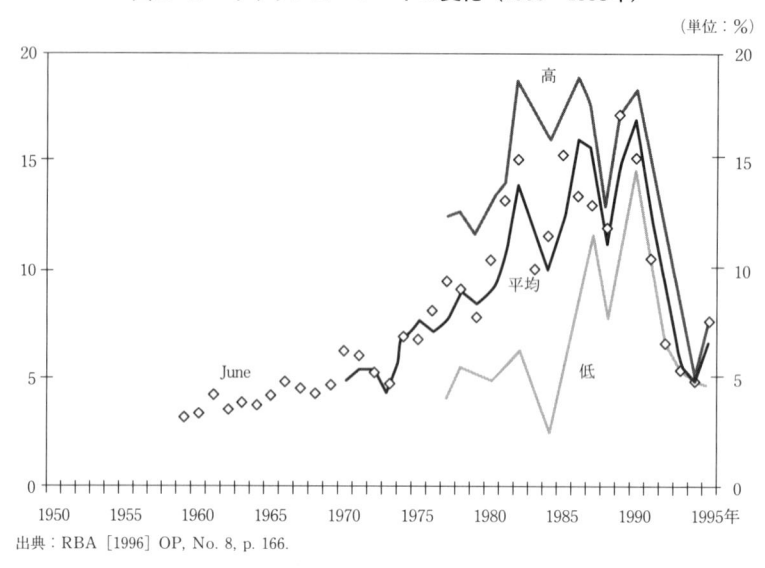

図10-2　キャッシュ・レートの変化（1950〜1995年）

（単位：％）

出典：RBA [1996] OP, No. 8, p. 166.

　市場金利に近い預金とともに、すべての金利が連動する傾向は以前にも増して強まった[89]。マネタリー・ターゲットの放棄とチェック・リスト・アプローチの10年間の貨幣政策は、オーストラリアにおける金利選好と金利効果が強まった時期であり、準備銀行も金利操作を多用した時期であるといえるだろう。

(3)　インフレ・ターゲット

　裁量的な貨幣政策に対する反省は、1990年1月の金利変更（引下げ）に関する説明から始まった。準備銀行は、貨幣政策の運営にあたって、変更の透明性と説明責任を重視するようになった。これまで政策の変更は、準備銀行を取り巻く政治的な論争を引き起こし政府からの圧力を容易に受けて、その政策変更に多くの疑問が投げかけられ、結果として、準備銀行は政策形成に失敗した。政策変更にあたって、よりオープンな政策スタンスが必要とされ、アナウンスメント効果が政策形成においても重要な要素と考えられるようになった[90]。

　準備銀行は、貨幣政策のスタンス及びガイドラインの説明責任を、インフレ

期待を引き締め、貨幣政策に対する市場の信頼性を高めることが重要であり、貨幣政策の意図を政府の政策形成に反映させようと考えるようになった。準備銀行の裁量性を排除して一定のルールのもとで、貨幣政策を運営することをはっきりと自覚するようになった。そのルールとして1993年頃から検討されたのがインフレ・ターゲットである。

当初、インフレ・ターゲットの確立は、貨幣政策のルールや基本的な方法に対する部分的な変更と考えられた。以前の為替レートの管理やマネタリー・ターゲットは破棄されたが、準備銀行は、公式及び非公式にインフレ・ターゲットに向けて貨幣政策を徐々に運営するようになった。多くの国は、1990年代にとりわけ、金融引締めのためにインフレ・ターゲットを採用し始めた[91]。政策当局は、インフレ・ターゲットをインフレ期待にも影響するものと考えたが、一般に政策の目標とは考えていなかった。というのは準備銀行は、政策ルールを形成しつつも、中央銀行としての裁量の余地も保持しようとした。

ターゲットは、数年間の経済循環の平均として達成されるべき中期的目標と考えた。したがって、交易条件や石油ショックのような短期的な変動局面において、インフレーションを抑制する厳格な指標と考えなかった。ターゲット・アプローチは、予測に含まれる不可避的な不確実性を認め、経済に対する貨幣政策の効果に遅れがあることを認めている。したがってターゲットは、一定の範囲を持つゾーンとして設定され、時間的にもかなりのラグを持つ目標として理解された。貨幣政策はインフレ予測の正確さに依存することになった[92]。初めは控えめなアナウンスであったが、準備銀行のターゲットに対する論評は徐々にしっかりしたものになった[93]。1994年9月の非常に高い金利上昇の後にもかかわらず、2～3％の目標値は貨幣政策にとって合理的な目標であると述べている。結果として政治からの圧力を回避して準備銀行の独立性を維持することになった[94]。

ターゲットに対する市場の反応は、初めは懐疑的であった。準備銀行のターゲットの中期的な達成目標とゾーンはあいまいなものとして受け取られたのである。2～3％のターゲットはあまりにも低く、ゾーンも狭すぎると受け取ら

れた。ターゲット策定の調査に対する信頼性にも疑問を投げかけられた。

　準備銀行がインフレ・ターゲットを採用する際に考慮したものは、貨幣政策と賃金決定との相互関係であった。オーストラリアでは、歴史的に賃金及び労働条件を国家仲裁制度によって決定してきた。さらに、1983年から労働党と労働組合との間に物価及び所得に関する政策協定（アコード）が成立し、インフレーションが継続する中で、消費者物価上昇率を基礎に、労働生産性とGDPの成長率などの経済諸条件を考慮した中央集約的な賃金決定が行われてきた。労働党政府は、物価上昇率が実質賃金に大きな影響を与えることから、準備銀行の貨幣政策と協力してインフレーションの収束を政策上模索した[95]。したがって、準備銀行が著しく低い消費者物価上昇率に目標を設定することは、賃金決定過程と政策に大きな影響が生じると考えられた。しかし賃金決定は、中央集約的方式から1993年までに企業ごとの賃金交渉へと転換して、アコードの賃金決定に対する影響力も弱まり、さらに貨幣政策との連携も薄まって、賃金上昇を抑制しやすくなった[96]。1980年代に貨幣政策は、インフレ圧力を押さえ込むことで賃金政策を支えてきた。1990年代初めに準備銀行の貨幣政策は、政府の賃金政策との関連性を弱め、むしろ物価の安定を優先することにより、結果として賃金決定の経済的な諸条件に影響を与えるものと考えられるようになった[97]。

　当初インフレ期待はそのターゲット・バンドの上限に引き寄せられる傾向を示し、インフレ・ターゲットの採用以来、消費者物価上昇率はターゲットの範囲に収まるようになった。1995～96年だけが、ターゲットの範囲を超える高いインフレーションを記録したが、その後、物価上昇は、平均2～3％の範囲に収まっている（図10-3）。準備銀行の貨幣政策は、1990年代にその信頼性をある程度達成し、その後、銀行システムの安定性の維持とその方法が課題となった[98]。また、これまで1980年代のインフレ期待の高まりは、その保険としての金利プレミアムの発生から、長期金利の上昇を招いてきた。しかし貨幣政策に対する信頼が改善されて、インフレ率の低下が期待されるようになると、長期金利は相対的にも絶対的にも低下した[99]。1990年代の10年間にオーストラリア

図10-3　消費者物価上昇率の変化（1950〜1995年）

（単位：％）

出典：RBA［1996］OP, No. 8, p. 245.

では、長期債券に対して高いプレミアムが生じていた[100]。しかし1990年代初めの不況の影響もあって、インフレーションが収束し始めると、インフレ期待は低下して、長期債券の利回りも1996年から低下し始めた。金利の低下は、国内貨幣政策における市場の信頼の高まりを反映していた。準備銀行は、インフレ期待を悪化させることなしに金融緩和に対しても市場の十分な信頼を確保するようになった[101]。

第4節　為替レートの変化と為替政策

1944年のブレトン・ウッズ会議で確立した固定レート制のもとで、Ａドルは、ポンド・スターリングに固定されてきた。オーストラリアは、1966年に通貨の計算単位を10進法に切り替えたときに、通貨名をポンドからドルに変更した[102]。しかしこれは計算単位の変更であるので、Ａドルを英ポンドに固定することに変わりはなく、対ポンド為替平価を1971年12月まで2.143Ａドルに維

持してきた。預金銀行は、準備銀行の承認なしにこの基準レートから逸脱したレートを顧客に提供することはできなかった[103]。

先進主要国は、1973年3月に変動相場に移行したとき、オーストラリアは、1983年末までの10年間にわたって、過渡的な為替レート体制を採用してきた。それは、クローリング・ペッグ及びその弾力的なシステムである。固定レート制のもとでは、貨幣政策は為替レートの維持に割当てられてその運営は拘束された。海外の高いインフレーション及び投機的な資本の流出入は、為替レートとマクロ経済の安定に大きな混乱をもたらした。フロート制への移行は、貨幣政策の困難を除去し、金融システムの規制緩和に呼応するものであった[104]。1983年12月にオーストラリアは、為替レートの管理を放棄し、変動相場に移行した。

本節では、Aドルの制度上の変化と為替レートの変化を辿りながら、為替レート政策のあり方に検討を加えることにする。オーストラリアの為替レートの変動を辿るときに、以下の三つの段階に分けて検討する。①固定レート制のもとで、1970～73年、交易条件の上昇により名目及び実質為替レートの上昇した時期である。クローリング・ペッグの採用とその弾力化のもとで、1974～76年、交易条件の低下によるAドルが減価し、1980～83年、交易条件の上昇による名目及び実質TWIが上昇した時期である。②1983年12月のフロート制への移行とその後の急激な為替レートの減価が生じた時期である。1985～86年、交易条件の低下を背景に、危機的な減価が生じた。③1987年以降の為替レートの変化と交易条件の変化を検討する[105]。

(1) 固定相場とクローリング・ペッグ

1970年代前半の経常収支の基礎的な不均衡は、国際通貨システムの実質的な変化をもたらした。1971年スミソニアン協定は、USドルの切下げと為替変動幅の2.25%への拡大を決めたが、結局、1973年に先進主要国は変動相場に追い込まれた。Aドルは、1970年代前半の資源ブームを背景に、従来の金平価を維持し、スミソニアン協定でもUSドルに対して切上げを迫られた。このとき重

要な変化は、ポンド・スターリングに代わって、USドルに固定することを選択したことである。Aドルは、USドルの変動に応じて変動することになった。オーストラリアの交易条件は、1970年代の前半の世界商品の価格上昇とともに急速に好転した。すなわち1972年と1974年の間にGDPの4～5％の実質所得の移転をもたらしたと推計されている[106]。固定相場のもとで、外貨準備の増加は、海外からのインフレ圧力を加速して、Aドルは、USドルに対して3回切り上げられ、これはインフレの加速を避けるために必要措置でもあった。

　1970年代初頭はUSドルが絶え間ない下落圧力をこうむった時期である。1973年にAドルは、良好な経済条件にもかかわらず、円とドイツマルクに対して実質的に減価した。経済的諸条件は1974年に変化した。オーストラリアの交易条件は悪化し始めた。1974年初頭と1975年中頃の間に、ほぼ24％下落したのである。そして、Aドルは1974年9月に金とUSドルに対して12％も減価した。同時に、USドルとの直接的なペッグを放棄した[107]。そして通貨バスケット（貿易重量指数、TWI）に対して為替レートを固定することを選択した。貿易重量指数は、限定された実効為替レートを意味し、単一通貨によってAドルの価値を表現するよりも、USドルを含む貿易上の主要通貨によってAドルの価値を算定するものであり、その限りで主要な取引諸通貨の変動によって個々の名目為替レートが相殺されるために、通貨価値の基準として適切なものと考えられる。準備銀行は、毎朝、選抜された通貨バスケットの為替レートの変動を加重平均して、このバスケットの価値（便宜上USドルで評価）に対してAドルの価格を公表した。バスケットの通貨は、オーストラリアの貿易に占める各国のシェアによって加重平均された。他通貨に対する為替レートは、準備銀行によって公表されなかったが、諸銀行は、海外の為替市場で支配的なUSドルと他通貨との為替レートとUSドルレートをクロスすることによって、Aドルの他の外貨との売買レートを決定した。貿易重量指数は変動するが、Aドルはこの貿易重量指数に厳格に固定されたので、このような為替制度は、一般にクローリング・ペッグと呼ばれている[108]。

　しかしクローリング・ペッグは、変動するバスケット価値に対するAドルを

固定するシステムであり、各国との貿易取引は名目為替レートによって影響を受けるのであるから、個々の国に対してAドルが過大評価される可能性は高いのである。Aドルの対外価値が変動するとしても、その変動は主要相手国間の為替レートの変動によって相殺され、この指数に固定される以上、実質為替レートとの間に大きな乖離を生みやすいだろう。交易条件が1976年から再び悪化し始め、国内インフレーションの進行は、Aドルが過大に評価されているという認識を引き起こした。Aドルの減価に対する予想が広がり海外からの投資が減少した。外国為替の準備は減少し始め、政府は1976年11月に17.5％Aドルを切り下げた。同時に、為替レートの管理をさらに弾力化する必要を認識し、通貨バスケットに対して固定するシステムを放棄し、クローリング・ペッグの弾力化を選択した。このシステムは貿易重量指数の変動を基礎にしながら、USドルに対する日々のペッグでもって調整する制度であった[109]。1976年以降、通貨バスケットに対してAドルは弾力的に変化することになった[110]。

　準備銀行が公表するUSドルレートは、Aドルの中心レートであり、このレートから10ポイントのスプレッドで預金銀行と毎日USドルを売買した。というのは、当時オーストラリアの預金銀行は、外貨のオープン・ポジションを保有することを認められていなかったからである。その結果、毎営業日の終了後に預金銀行は合理的に必要とみなされる為替の営業勘定を除いて、自己の為替持高を清算しなければならなかった。この厳格な為替持高規制は、預金銀行の外貨のUSドル転換と余剰USドルの準備銀行集中を意味していた。

(2) フロート制への移行

　第二次オイル・ショックは、資源・エネルギーの輸出国であるオーストラリアの交易条件を好転させ、1981年に海外からのオーストラリアへの資源開発投資ブームを導き、国内需要圧力からインフレーションと賃金の上昇を引き起こした。しかし石油価格の上昇に対してOECD諸国は引締め的な貨幣政策を採用して、1980年代初頭の世界経済の後退を引き起こした。世界的な資源需要の減少は、オーストラリアのGDPのほぼ6％近くに達する経常収支の赤字をも

図10-4　経常収支の対GDP比率の変化（1976～1993年）

（単位：％）

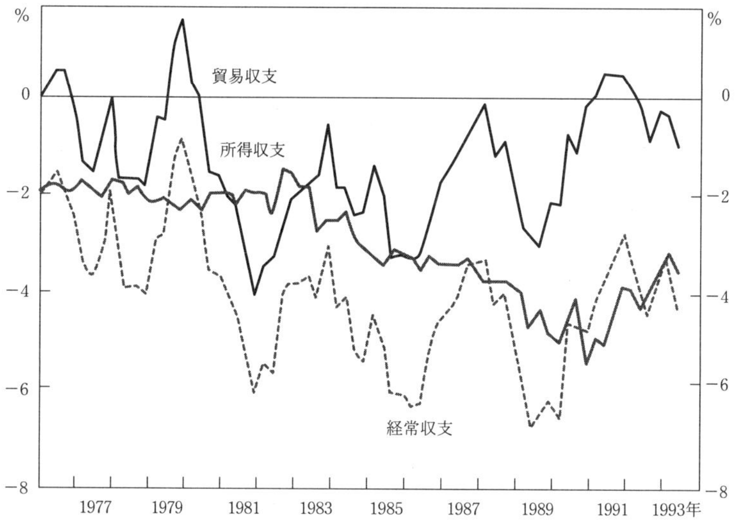

出典：Wignall, A. B., Fahrer, J., Heath, A. [1993] p. 86.

たらしたのである（図10-4）。需要圧力からインフレーションはすでにほぼ10％の高水準にあって、貨幣政策は1981年に引き締められ、Aドルは円とドイツマルクに対しても急速に上昇し、そのTWIも1981年の初めに上昇した[111]。

こうした条件のなかで、Aドルが1983年初めに過大評価されているという認識を引き起こした。これは政府の政策の不安定性も重なって、過度の投機と過大な資本流出を引き起こした。為替レートは1983年前半に10％も減価してしまった。1983年の後半に大規模な資本の流入が生じた。これは為替レートの上昇予想と新しい政府に対する信頼からの回復から生じた。その後激しい資本の流出入に対して通貨当局は直接的な為替レートのコントロールを試みたが、結局、金融市場の混乱を除去できないで、Aドルは12月12日にフロート制に移行し、外国為替管理は一夜にして実質的に取り除かれた[112]。

フロート制の移行は金融システムの規制緩和を促進するものと期待された。しかし準備銀行は貨幣政策の運営を為替レートのコントロールに向けようと考

えていた。この1980年代の中頃は、為替レートのボラタリティーが最も上昇した時期であり、為替レートの変動を相殺する貨幣政策が期待されたのである[113]。

1980年代の中頃にAドルのボラタリティーの急速な上昇は、為替レートの水準における重要な変化と関係している。1985年1月から4月の終わりまでに、AドルはUSドルとTWIの両方に対して20％以上も減価し、一時的な安定と上昇を見た後に、1986年の5月から8月の終わりまでに17％も下落した。全体としてTWIは、1984年終わりのその水準から1986年7月の終わりの最低点まで3分の1以上も減価した[114]。この危機的な下落については、以下の四つの要因があげられている。

第一に1980年代初頭、為替レートが切り上げられたことである。1985年と1986年の交易条件は13％も下落して、経常収支の赤字の増加の要因となって、実質為替レートの減価を引き起こした。

第二の要素は、インフレーションの見通しの問題である。インフレーションの要素は、1985年2月の為替レートの減価局面でとりわけ重要であった。1985年1月に通貨当局がM_3ターゲット政策を放棄したことは、これに代わる貨幣政策が提案されなかったので、インフレ期待を助長した。またキャッシュ・レートも下落した。さらに賃金の上昇も高い水準であった。これらの要因はインフレーションの将来の可能性を高めるのに十分貢献したのである。これらの背景に対して、準備銀行は引締め的な貨幣政策を始めた。1985年3月までに市場キャッシュ・レートはほぼ15％まで上昇した。金利上昇は、為替レートの反転と安定化に役立った[115]。

第三の要素は、対外債務の急速な上昇の結果として、オーストラリアへの投資の危険性が増大したことである。とりわけ1986年の減価において重要であった。対GDPの対外純債務は、1980年代初めの5％から1984年のほぼ14％へ上昇した。1980年代前半の経常収支の赤字が増加し、さらにAドル安によって、対外純債務のGDP比率は、1985年終わりに約25％から1986年の34％以上へ上昇した。オーストラリアの債務は格付機関によって引き下げられた。1986年5

月中旬のUSドル72セントから7月終わりのUSドル60セントへ下落した[116]。

　第四の要素は、不安定な投機資金の影響であった。貨幣政策に対する不安、交易条件の悪化、国際収支の赤字を背景に、市場は為替レートがどのように下落するか明確な考えを抱いていたといわれる。こうした条件の中で噂は1985年にＡドルの大幅な減価を引き起こした。1986年7月に投機筋による下落が生じた[117]。

(3) 交易条件の変化と為替レートの変動

　1974年9月のクローリン・ペッグ以降、Ａドルの変動は基本的に交易条件の変化に対して著しく敏感であった。すなわち交易条件の悪化はＡドルの減価を、また交易条件の好転はＡドルの上昇を引き起こした。ウイグナール・ファーラー・ヒースの研究によれば、少なくとも1993年まで、交易条件の変化によってＡドルは変化したことが明らかである。以下では、1987年以降の為替レートの変動を辿ると以下のようになる。

・1987〜89年、世界的な需要の強まり、輸出品価格の上昇による交易条件の好転を反映して為替レートは強含みで推移した。

・1990〜94年、為替レートの下落は、1990年以降、景気後退や金融緩和による金利低下と1990年第3四半期からの交易条件の悪化によって生じた。交易条件の悪化は、輸入価格の上昇と輸出価格の不安定かつ低下を反映したものであった[118]。

・1994〜96年、為替レートの上昇は、1995年前半に大きく減価した後、95年後半以降上昇した。この要因は、輸出価格及び輸入価格もともに低下したが、輸入価格の下落が大きくその結果、交易条件が好転したからである[119]。

・1997〜2001年、為替レートの下落は、金融緩和、アジア通貨・金融危機、円安の影響等により減価傾向で推移し、Ａドル安への懸念をあげている。この減価は、輸出価格の低下による交易条件の悪化が影響した[120]。

・2002年以降、Ａドルの為替レートは、2001年9月に対円58円、対USドル49セントで底を打ちこの3年間順調な上昇基調にあり、交易条件の上昇を反

図10-5　実質実効為替レートと交易条件の変化（1970～1993年）

（単位：1983年12月＝100）

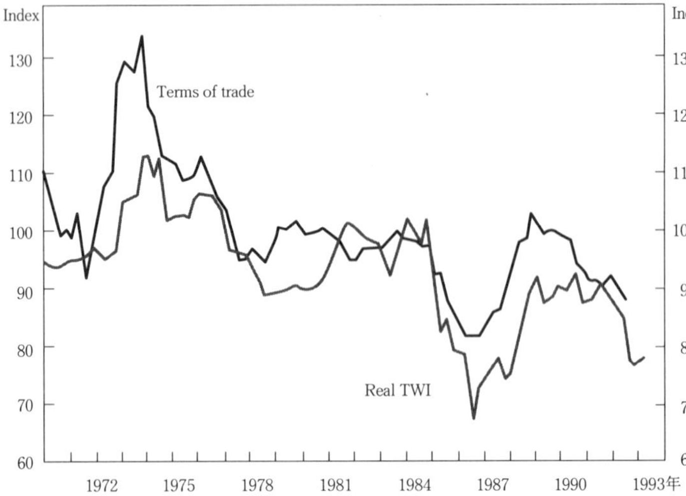

出典：Wignall, A. B., Fahrer, J., Heath, A, [1993] p. 34.

映したものである[121]。

　実質実効為替レートの変化と交易条件の変化が、図10-5のように著しく相関していることから、オーストラリアの1970年代前半からの実質為替レートの低下は、交易条件の悪化、特に資源及び農産物の輸出価格の低下によって生じたものであると言える。しかし名目為替レートの低下は、実質為替レートの低下と大きく乖離しており、インフレーションの強い影響も否定できない。したがってオーストラリアの為替レートを分析するとき、以下のことが主な課題となるだろう。第一に、為替レートの変動要因として交易条件の変化をどのように組み入れるのか、資源・農産物の輸出価格が世界的需要に大きく影響を受けるとき、海外の需要要因の寄与を検討することである。第二に、インフレーションの要因を否定できない以上、国内のコスト要因と、短期的には貨幣政策の影響も検討することが重要となるだろう。第三に、貨幣政策が政府及び政治からの独立性と金融市場に対する裁量性の排除を志向するとき、貨幣政策は、為替レートの変動とその対策にどのように割り当てられるのか課題となる。

1) 石垣健一［1985］53-54ページ。
2) 1947年に労働党政権は、銀行国有化法案を議会に提出した。しかし、燃料配給制の継続及び公務員の増加などの諸政策とともに、労働党の政策が確固とした政治理念の裏づけを持っていたか国民に疑念を抱かせた（Clark, M.［1986］p. 219（竹下訳［1978］298ページ））。
3) Arndt, H. W.［1960］pp. 179-180.
4) 矢島・望月・三橋［1966］267-268ページ。
5) Arndt, H. W. & Blackert, W. J.［1977］p. 55.
6) 1945年の銀行法に反対して、民間の預金銀行は、連邦銀行の商業銀行機能と中央銀行機能との完全な分離と、特別勘定の廃止を政府に求め続けた結果、特別勘定は1953年の法律改正によって削減された（Arndt, H. W.［1960］p. 179）。
7) Arndt, H. W.［1960］p. 180.
8) Arndt, H. W.［1960］p. 180.
9) Arndt, H. W.［1960］p. 180.
10) Arndt, H. W.［1960］p. 181.
11) Arndt, H. W. & Blackert, W. J.［1977］p. 154.
12) Arndt, H. W.［1960］p. 182.
13) Arndt, H. W.［1960］p. 187.
14) 特別勘定の請求金額に関して、1959年以前の算出方法は、矢島・望月・三橋［1966］263-267ページを参照されよ。
15) 将来、労働党政府が民間銀行の国有化に代わって、民間銀行の業務を制限する可能性が存在した（矢島・望月・三橋［1966］263ページ）。
16) Arndt, H. W. & Blackert, W. J.［1977］p. 157.
17) 矢島・望月・三橋［1966］223ページ。
18) 矢島・望月・三橋［1966］224ページ。
19) Arndt, H. W. & Blackert, W. J.［1977］p. 50.
20) Arndt, H. W. & Blackert, W. J.［1977］p. 48.
21) Arndt, H. W. & Blackert, W. J.［1977］p. 49.
22) Arndt, H. W.［1960］p. 50.
23) Arndt, H. W.［1960］p. 196
24) この25％という比率は1970年代も妥当であると考えられた。しかし1956年の連邦銀行報告書によると、1955年から56年にかけて政策上の変化が起こった。預金に対して、現金と政府証券の保有額を25％に維持することを指令する代り

に、連邦銀行は、諸銀行に対して、そのLGS比率を最低限以下に低下させないよう承認させた。しかしこの比率は重大な理由があるとも考えられないのに秘密にされている。1956年の連邦銀行報告書は、LGS比率に関連して、「特別勘定政策に関する一層堅固なそして一層確実な基礎」を与え、そして一定の成果をあげるために、特別勘定の変化を小さくすることであると主張した。LGS比率は1954年10月に15％に引下げられた（Arndt, H. W. [1960] p. 202）。

25) 長期性金融市場における貯蓄銀行と住宅金融組合との競合関係、及び短期性金融市場における預金銀行と金融会社との競合関係を、これら金融機関の資産増加率で見てみると、貯蓄銀行の資産増加率は、60～80年代ほぼ5～10％の水準にとどまったが、住宅金融組合の資産増加率は、少なくとも1980年代初めまで15％以上で推移し、貯蓄銀行のそれをはるかに上回った。とりわけ、60年代後半から70年代の中頃まで40％前後の著しく高い上昇率を示した。その結果、貯蓄銀行と住宅金融組合の住宅金融市場での資産シェアの変化が生じた。預金銀行と金融会社との間では、預金銀行の資産増加率が、1960年代までほぼ10％前後の水準を推移し、1970年以降激しい変化を繰り返しながら、20％前後の増加率を示した。これに対して金融会社の資産増加率も激しい変化を繰り返しながらも、預金銀行のそれを上回ったが、1970年代の末から預金銀行の資産増加率が高くなっていった。1970年代までの規制下の金融市場において、銀行は、非銀行金融機関に対して競争力を弱めた。すなわち預金銀行は、金融会社、マーチャント・バンクに対して、また貯蓄銀行は、住宅金融組合に対して資産シェアを低下させた（RBA [1988] OP, No. 8A, p. 72）。

26) RBA, Bulletin, Mar. 1989, p. 13.
27) 『世界経済白書　各国編』[1989] 132ページ。
28) RBA, Bulletin, Sep. 1989, p. 7.
29) RBA, Bulletin, Sep. 1989, p. 7.
30) 可処分所得に対する貯蓄の割合は、1950～60年代には10％をほぼ下回っており、1970年代前半に15％を超えるほど増大したが、1980年代にはいって再び10％程度に低下した（RBA [1988] OP, No. 8B, p. 134）。
31) Australian Financial System Inquiry [1981]
32) Perkins, J. O. N. [1982]；石垣健一 [1985]；東京銀行 [1982]；東京銀行調査部 [1985]。
33) 石垣健一 [1985] 103-105ページ。
34) たとえば、State Bank of NSWは、Rural Bank of NSWから銀行名を変更

したが、Rural Bank の名前が示すように農・牧業金融を中心としていた。だが近年一般銀行業務が拡大したために、State Bank と社名を変更した。州立銀行については次のものを参照されよ（Weerasooria, W. S. [1988] p. 14）。

35) オーストラリアの貯蓄銀行は、四つのグループに分けられる。①預金銀行の子会社でオーストラリア全土で営業しているもの、この中には Commonwealth Saving Bank も含まれるが、同行は1984年に Commonwealth Trading Bank（100％政府所有の預金銀行）の子会社となった。②同じく預金銀行の子会社であるが、特定の州で営業しているもの、③州立の貯蓄銀行、④タスマニア州の信託貯蓄銀行、以上である。貯蓄銀行の設立・発展については、Wotherspoon, G. [1976] 参照されよ。

36) Carew, E. [1985] p. 5.

37) 外国銀行のオーストラリアでの営業については厳しい規制が採られてきた。例外として戦前から認められていたのは、The Bank of New Zealand、The Banque Nationale de Paris の2行であった。為替管理の撤廃によって、非銀行金融仲介機関にも外国為替取扱いを認可（1984年4月）したのに続いて、同年8月には、外国銀行16行にオーストラリアにおける一般銀行業務が認可された。日本の銀行では Bank of Tokyo Australia Ltd. Mitsubishi Bank of Australia Ltd. が認可されている（Weerasooria, W. S. [1988] pp. 16-17）。オーストラリアの金融機関の分類リストについては、RBA, Bulletin, Oct. 1989, pp. 17-30 を参照。

38) 金融機関の構成とその業務について簡単に紹介しておくことにする。金融会社（finance company）は、小売の信販、消費者信用、住宅金融、卸売金融、ファクタリング、リース金融、及び多くの商業貸付を含むあらゆる種類のローンを提供している。消費者に対する貸付のほとんどは、比較的短期であるが、ビジネスに対する貸付は、一般に短期から中期である。貸付のために必要とされる資金は、社債、無担保ノート、及び預金によって大衆から借り入れられる（Weerasooria, W. S. [1988] pp. 67-77）。

準備銀行は、外国為替の取扱いと、短期及び長期の連邦政府債の取扱いについて、金融機関を限定している。前者は、Authorised Foreign Exchange Dealers であり、後者は Auchonised Short-Term Money Market Dealers 及び Reporting Bond Dealers である（RBA, Bulletin, Dec. 1990, pp. 8-13）。

39) Carew, E. [1985] pp. 62-68.

40) Arndt, H. W. & Blacket, W. J. [1977] p. 55.

41) Arndt, H. W. & Blacket, W. J. [1977] p. 56.
42) 金利規制の緩和については、石垣健一 [1985] 132-138ページを参照されよ。特に1970年代にはいると定期預金については、24カ月定期預金を上限として金利の自由化が進められた。しかし金利自由化は、小口（5万ドル以下）の定期預金には適用されなかった。主な自由化の進展は次のようであった。①4年もの定期預金の創設（1970年12月）、②CDの金利規制の撤廃（1973年9月）、③小口定期預金金利の自由化（1975年2月）、④定期預金金利の完全自由化（1980年12月）（石垣健一 [1985] 135ページ）。
43) 特定資産とは、①現金、②準備銀行預金、③他の銀行への預金ないし貸付、④国債及び州債、⑤連邦政府及び州政府による保証債、⑥公認短資業者への貸付、⑦ABERC（Australian Banks' Export Re-Finance Corporation Ltd.）への貸付、⑧政府保証貸付、⑨オーストラリアの土地を担保とする住宅ないしその他の目的のための貸付を指し（石垣健一 [1985] 135ページ）、第一・二線準備を除くとほぼ住宅金融への貸付に限定される。
44) E. Carew, [1985] pp. 11-17.
45) Lewis, M. K. & Wallance, R. H. [1985] p. 10. 短期の市場金利の上昇については、公認短資業者のコール・レートの加重平均値（6月時の各レートの加重平均値）は73年に上昇したが、73年度の消費者物価の急上昇と呼応し、その後も物価上昇に呼応して、コール・レートが上昇した（Lewis, M. K. & Wallance, R. H. [1985] p. 340）。また実質金利の低下によるマネー・フローの変化の一つとしては、生保及び年金へのシフトが指摘された（Lewis, M. K. & Wallance, R. H. [1985] pp. 209-210）。
46) Perkins, J. O. N. [1989] pp. 23-24.
47) Perkins, J. O. N. [1989] p. 25.
48) 『世界経済白書　各国編』[1989] 141ページ。
49) 石垣健一 [1985] 162ページ；Carew, E. [1985] p. 50.
50) RBA, Bulletin, Sep. 1982, p. 138.
51) RBA, OP. No. 8B, p. 84.
52) Perkins, J. O. N. [1989] p. 24.
53) 大浦一郎 [1987] 272ページ。公債協議会の役割について簡単に紹介しておく。①連邦政府、州政府及び政府系機関の年間借入計画の決定、②連邦政府と州政府との間の計画の配分、③連邦政府の借入収入の分配、④各種借入の期間及び条件の指図、⑤国内での公的借入時期の規制、⑥海外借入の期間及び条件の申

請、以上である (Perkins, J. O. N. [1982] p. 157)。
54) 周知のようにロンドン短期貨幣市場の中核には、割引市場が存在するが、割引市場は古くは手形割引市場を、近年は短期国債の流通市場として機能してきた。その担い手であるビル・ブローカーは、イングランド銀行と再割引制度によって直接に取引することができ、イングランド銀行は、この制度と市場を通じて短期貨幣市場の資金調節を行ってきた。
55) 生命保険及び年金基金については、資産の40％の政府証券の保有、その内3分の2は連邦政府証券を保有する場合、免税の措置がなされた (Carew, E. [1985] p. 88)。
56) Carew, E. [1985] p. 121.
57) RBA, Bulletin, Oct. 1989, p. 8.
58) 黒木・本多 [2003] 236ページ参照。
59) Carew, E. [1985] p. 107.
60) RBA, Bulletin, Oct. 1989, p. 11.
61) Carew, E. [1985] p. 120.
62) Perkins, J. O. N. [1989] p. 24.
63) RBA, Bulletin, Jan. 1990, p. 24.
64) Milbourne, R. [1990] p. 228.
65) 石垣健一 [1985] 405-406ページ。
66) 石垣健一 [1985] 407ページ。
67) 石垣健一 [1985] 411ページ。
68) 石垣健一 [1985] 416ページ。
69) 石垣健一 [1985] 421ページ。
70) 国際収支要因によるマネタリー・ベースの増加は1970年代前半に生じ、1970年代後半にはそれは収縮要因となった。逆に、財政要因によるマネタリー・ベースの変化は、1970年代前半には収縮要因となり、後半には増加要因となった (石垣健一 [1985] 421ページ)。
71) 石垣健一 [1985] 426-427ページ。
72) 1976年以降、金融当局は、通貨供給量をターゲットの範囲以内に抑えるために、直接的な規制手段を弾力的に運用して貨幣乗数を動かそうとした。その結果、貨幣乗数とマネタリー・ベースの成長率は負の関係を示すことになった。政策当局の意図は、マネタリー・ベースの動きよりも、貨幣乗数の動きに影響されていたと解釈すべきであろう (石垣健一 [1985] 426-427ページ)。

73) Milbourne, R. [1990] pp. 228-229.
74) Milbourne, R. [1990] p. 229.
75) Milbourne, R. [1990] pp. 229-230.
76) 政府証券の販売システムは、政府とRBAの間で民間に売却する債券額を確定するものと、市場によって決定される価格によるものとに変更された（Milbourne, R. [1990] p. 232）。
77) Milbourne, R. [1990] p. 232.
78) Milbourne, R. [1990] pp. 233-234.
79) Stemp, P. [1991] pp. 160-161.
80) 広義の流動性は、M_3に非銀行金融仲介機関（NBFIs）の大衆からの借入を加えたものである。また近年は、すべての金融仲介機関による貸付総額も注目されている（Davis, K. [1991] pp. 152-153）。
81) 準備銀行副総裁 M. J. フィリップス（Phillips, M. J.）は、チェック・リストを貨幣及び貸付、長期資産と利回り、為替レートなど多くの経済指標であると述べている（RBA, Bulletin, Apr. 1989, p. 12）。
82) Milbourne, R. [1990] p. 235.
83) RBA, Bulletin, Apr. 1989, p. 12.
84) Milbourne, R. [1990] p. 255.
85) Milbourne, R. [1990] pp. 252-266. RBA [1990] [1992]。
86) インフレーションは名目金利と実質金利の大きな乖離を引き起こして、税引き後の実質コストの減少が借手に税制上の利点を与えた。その結果、金融機関によって仲介される負債は、M_3を含む広義の流動性を上昇させた。国内課税制度は、銀行の海外からの借入を増加させた。税制の変化は、配当への課税のように、負債資産選択に対して影響をもたらし、広義の流動性に直接影響した（Milbourne, R. [1990] p. 235.）。
87) 市場キャッシュ・レートは、1985年2月6日に5.5％の低い水準まで低下した。しかし2月13日には、13.25％のピークに上昇している。準備銀行は、貨幣政策の引締めによって、1985年3月までに市場キャッシュ・レートをほぼ15％まで引上げた。為替レートが安定している時に、キャッシュ・レートは11月に再び下落した。国際収支の赤字の増加とマネー・サプライの増加を背景に、準備銀行の引締め政策によって、キャッシュ・レートは再び急速に上昇した。他の国々と比べて、貨幣政策は1985年を通じて著しく引締め気味であった。Aドルに影響する3カ月物の実質金利は、1985年後半まで他の主要国に対して4～7％

上昇した (Wignall, A. B., Fahrer, J., Heath, A. [1993] p. 41)。

88) キャッシュ・レートは、公認短資業者間で取引されるオーバーナイト金利であり、日本の公定歩合とコール・レートの中間的なものと考えられる (RBA [1997] p. 12)。オーバーナイトの資金取引は、マネー・マーケット・ディーラー間の取引であり、市場キャッシュ・レートと呼ばれる (RBA [1996] OP, No. 8, p. 164)。

89) 規制緩和と金利の自由な変動が進む中で、以下のような貨幣政策上の課題が議論された。①投資の金利弾力性が十分高いかどうか、弾力性が規制緩和（金融革新）によって影響されたかどうかという問題である。②貨幣政策が対外債務の動向、為替レートの変動に対して、割り当てられるべきかどうかであった。対外債務は、オーストラリアでは資本と貸付の自由化によって増加した (Milbourne, R. [1990] p. 246-247)。

90) Bell, S. [2004] pp. 80-81.

91) 1998年の中央銀行のサーベイによれば、50行が1990年代に1～3％の明確なインフレ・ターゲットを採用したことが明らかになった。ヨーロッパ中央銀行は、2％以下に物価上昇を維持することを目標にした。先進国では、ニュージーランド (1989)、カナダ (1991)、イギリス (1992)、フィンランド、スウェーデン、オーストリア (1993)、フランス、スペイン (1994)、イタリア (1995)、以上がインフレ・ターゲットを採用した (Bell, S. [2004] p. 82)。

92) B. フラーザー (Fraser, B.) は、1990年に、ターゲットが当局の裁量を制限する「前もった約束」であると説明した。とりわけ、経済に対するショックの局面では、ターゲットの設定がなじまないこと、また課題はターゲットそれ自体ではなく、貨幣政策が一定のルールに基づいて行わなければならないことであると述べている (Bell, S. [2004] p. 82)。

93) 準備銀行副総裁S.A. グレンビル (Grenville, S. A.) は、インフレ・ターゲットについて『ブレティン』で説明している (RBA, Bulletin, Sep. 1995, pp. 19-33)。準備銀行は、最初、厳格なインフレ・ターゲットを採用することを検討した。とりわけ、マネタリー・ターゲットの失敗、チェック・リストの裁量性の問題の後に、準備銀行はインフレ・ターゲットの詳細を速やかに検討し始めた。準備銀行は、インフレ・ターゲットをインフレーション抑制のための一つの政策手段として採用した。もしインフレーションが数年間の間2～3％の平均を維持したならば、それはよい結果をもたらすだろう (Bell, S. [2004] p. 82)。

94) Bell, S. [2004] p. 82.
95) 福島輝彦 [1999] 24ページ；森健 [1999] 58-61；丹野勲 [1999] 128-130ページ。
96) Bell, S. [2004] pp. 84-85.
97) 1995年にアコードのマークⅧによれば、賃金交渉は、準備銀行の2～3％のインフレ・ターゲットの範囲以内に管理されるべきであると説明している（Bell, S. [2004] p. 85）。
98) Bell, S. [2004] p. 90.
99) オーストラリアでは、1988年7月以降金融引締めに転じ、1989年まで高金利政策が続いた（1989年10月時点で公定歩合18.0％）。1990年2月にはいって、景気の後退から金融緩和に転じ、公定歩合は1993年7月には4.75％まで引き下げられた。しかし1994年半ばには、景気拡大に伴うインフレを防止するため再び金融引締めに転じ、公定歩合は1994年8月、10月、12月と3回引上げられ、それ以降（95年5月まで）7.5％となった（経済企画庁調査局編『アジア経済1995』160-161ページ）。
100) Bell, S. [2004] pp. 90-91.
101) Bell, S. [2004] pp. 90-91. 長期金利（10年もの国債）は、1994年初めから上昇し始め、94年末には10％台に達したが、95年に入り低下した。長期金利は、97年3月の8.0％から低下を続け、98年末に5.0％となった。準備銀行は、96年半ばにインフレが収束すると、96年6月から97年6月までに5回にわたって政策金利の引下げた（7.5％から5％へ）。その後、オーストラリア経済は好調に推移していたが、世界経済全体の成長鈍化の影響等により景気が鈍化するとの見込みから、98年12月に政策金利は4.75％に引き下げられた（経済企画庁調査局 [1999] 283ページ）。
102) Schedvin, C. B. [1992] pp. 412-415.
103) Carew, E. [1985] pp. 145-146.
104) Wignall, A. B., Fahrer, J., Heath, A. [1993] p. 30.
105) Wignall, A. B., Fahrer, J., Heath, A. [1993] pp. 33-34.
106) Wignall, A. B., Fahrer, J., Heath, A. [1993] pp. 34-35.
107) Carew, E. [1985] pp. 147-148.
108) クローリング・ペッグについては白井早由里 [2002] 183-184ページ参照。
109) Wignall, A. B., Fahrer, J., Heath, A. [1993] p. 35.
110) Carew, E. [1985] p. 146.

111)　Wignall, A. B., Fahrer, J., Heath, A. [1993] p. 36.
112)　Wignall, A. B., Fahrer, J., Heath, A. [1993] pp. 36-38.
113)　ウィグナル (Wignall, A. B.) 他の研究によれば、1980年代の中頃は、Aドルのボラティリティーが他の通貨に比べて大きかった。しかし1980年代後半と1990年代前半は他の主要通貨よりもそれは小さくなった (Wignall, A. B., Fahrer, J., Heath, A. [1993] pp. 38-40)。
114)　Wignall, A. B., Fahrer, J., Heath, A. [1993] p. 40.
115)　Wignall, A. B., Fahrer, J., Heath, A. [1993] pp. 40-41. 他の国々と比べて、貨幣政策は、1985年を通じて著しく引き締め気味であった。3カ月物の実質金利は、1985年後半まで他の主要国に対して4～7％上昇していた。
116)　Wignall, A. B., Fahrer, J., Heath, A. [1993] pp. 41-42.
117)　投機筋は、課税の控除が廃止されるという噂、さらに、オーストラリア債券を日本が売却するという憶測から動いた。極めて短い期間、投機的な圧力が大きくなった。1日で2～3％の為替レートの変動が1980年代中頃に何度か起こっている (Wignall, A. B., Fahrer, J., Heath, A. [1993] p. 42)。
118)　RBA, Bulletin, Dec. 1993, p. 97, p. 116.
119)　RBA, Bulletin, Mar. 1997, p. 56, p. 71.
120)　アジア通貨危機におけるヘッジ・ファンドのオーストラリア市場への攻撃については、Brouwer, G. D. [2001] pp. 121-130 を参照。
121)　Year Book, No. 86, 2004, p. 798.

あとがき

　本書は、これまでは19世紀後半を中心に発表してきたいくつかの論文を下書きに、オーストラリアの金融・経済を通史としてまとめたものである。しかし19世紀前半と20世紀の部分はほぼ一から書き加え、下書き部分もほぼ全面的に書き改めた。当初、オーストラリア経済の紹介も兼ねて、一般読者にも分かりやすいものに書くつもりであったが、この目的が成功しているとは思われない。特に、4章の外国為替取引と5章の銀行の貸付政策は、長年研究してきたテーマでもあり、かなり細かい金融問題の議論になっている。金融の細かい議論を省いて、オーストラリアの経済の発展を辿ろうとする読者には、1章19世紀前半、2章19世紀後半、8章20世紀前半、10章20世紀後半と読み進めることをお勧めしたい。本書を書くにあたって、下書きとした論文は、参考文献にあげておいたので参考にしていただきたい。

　歴史を理論化することは難しい。本書を書き進めるとき理論的な課題を意識していたが、この点も十分生かされたと思えない。したがって、本書をまとめるにあたって考えた一つの理論的課題をあげて、理論化への橋渡しとしたい。オーストラリアの金融の発展から見ると、19世紀後半の金融の最大の課題は、自治政府の財政規模も小さく、中央銀行が存在しない中で、民間金融機関の資金仲介機能の創出と発展であった。その結果、オーストラリア独特の多様な金融機関が設立され、金融仲介機能は十分な発展をみたのである。しかし個々の預金銀行及びその他金融機関にとっては、資本と準備の増強、貸付担保の内容と管理がその成否を決める二つの重要問題となった。特に貸付の返済が滞ると、担保の内容と準備の適正さは大きな問題となり、ひいては資本の毀損を招くことになった。20世紀初めのオーストラリアの貨幣制度の整備と中央銀行の設立・整備過程は、第一次大戦を直接の契機として、金本位制の事実上の停止の

上で、対外決済準備の集中過程として理解することができる。中央銀行は、この準備の集中の下で、国内通貨の管理と民間預金銀行に対して強力な組織化を推し進めた。これは、第二次大戦中の特別勘定の創設、戦後の支払準備制度としてのSRDと流動性管理としてのLGSの創設に現れた。今日、金融の規制緩和と市場の競争メカニズムが志向され、世界的に支払準備制度の軽減が進められる中で、個々の金融機関にとって貸付の保証と準備の問題は、ますます重要な問題となっている。今後金融の各部面における準備と保証を理論的に検討することが課題となるだろう。

参考文献

【資料】

Bank of Adelaide, Balance Book, London Branch (AD/31).
Bank of Australasia [CMB] Court Minute Book.
Bank of Australasia [Letter Book] Superintendent, Letter Book (A/91).
Bank of Australasia [Circular] Superintendents/Inspector, Circular Order (A/153).
Bank of Australasia [London Ledger] London Office, General Ledger (A/336).
Bank of Australasia, [Statements] Superintendents Office, Reports on Advances exceeding £10,000, 1867-1875 (A/148).
Bank of Australasia [Yearly Review] Superintendents Office, Superintendents Yearly Review (A/141).
Bank of Australasia [1894] Superintendent's, Office, 16th Jan. in Superintendent, Letter Book (A/91).
Bank of Australasia [Confidential] Superintendents Office, Secretary Confidential Letters (A/28).
Bank of New South Wales [Statement] Aggregate Statement of London Branch, Head Office, and Branches (A/1070).
Bank of New South Wales [Balance Book] the Aggregate Branches and Classification of Items in Transit at Half Yearly Balance (A/1101).
Bank of New South Wales, Stations-Bank Property, 1877-1907.
Bank of New South Wales [BMB] Board of Minute Book.
Bank of New South Wales [FL] First Ledger.
Bank of New South Wales, Dubbo Branch, Cash Credit Ledger.
National Bank of Australasia [Balance Book] Balance Book, 1866, 1893 (C/048).
National Bank of Australasia [Aliexandra] Aliexandra Branch, Report on Liabilities of Customer, Mar. 1893.
Queensland National Bank, London Branch, Balance Book (Q/2284).
Australian Insurance & Banking Record, M'Carron, Bird & Co., Melbourne.
Land Occupation Branch [Central] Registers of Pastoral Leases, 1885-1904, Central Division, 1885-1890, 1890-1901.
Reserve Bank of Australia [1971] Occasional Paper, No. 4A, Australian Banking and Monetary Statistics, 1817-1945.
Reserve Bank of Australia [1973] Occasional Paper, No. 4B, Australian Banking

and Monetary Statistics, 1945-70.

Reserve Bank of Australia [1971] Occasional Paper, No. 5, Bibliography of Australian Finance, 1900-1968.

Reserve Bank of Australia [1988] Occasional Paper, No. 8A, Australian Economic Statistics, 1949-50 to 1982-83; I Tables.

Reserve Bank of Australia [1988] Occasional Paper, No. 8B, Australian Economic Statistics, 1949-50 to 1986-87; II Graphs.

Reserve Bank of Australia [1996] Occasional Paper, No. 8, Australian Economic Statistics, 1949-50 to 1994-95.

Reserve Bank of Australia [1989] Proceeding of a Conference, Studies in Money and Credit.

Reserve Bank of Australia [1990] Monetary Policy and Market Operations.

Reserve Bank of Australia [1991] Proceeding of a Conference, The Deregulation of Financial Intermediaries.

Reserve Bank of Australia [1992] Proceeding of a Conference, Inflation Disinflaion and Monetary Policy.

Reserve Bank of Australia [1993] Proceeding of a Conference, The Echange Rate, International Trade and the Balance of Payments.

Reserve Bank of Australia, Bulletin.

The Australian Economist [1986] 1888-1898, facsimile ed., Vol. 2, Australian National University Pres, Sydney.

Australain Financial System Inquiry [1981] Australian Financial System, Final Report of the Commitee of Inquiry, Australian Goverment Publishing Service, Canberra.

Commonwealth of Australia [1937] *Report of the Royal Commission, appointed to inguire into the Monetary and Banking Systems*, Commonwealth Government Printer, Canberra (CARC [1937] と略記する).

Commonwealth Bureau of Census and Statistics, Official *Year Book of the Commonwealth of Australia*, Canberra (Year Book と略記する).

Commonwealth of Australia [1909] No. 6, Coinage Act.

Commonwealth of Australia [1910] No. 11, Australian Notes Act.

Commonwealth of Australia [1914] No. 24, Commonwealth Bank Act.

【文献】

Adamson, G. [1984] *A Century of Change*, The First Hundred Years of the Stock Exchange of Melbourne, Currey O'Nail.

Arndt, H. W. [1971] *The Australain Trading Bank*, second ed., Melbourn University Press.
Arndt, H. W. & Blackert, W. J. [1977] *The Australain Trading Bank*, fiffth ed., Melbourn University Press.
Bailey, J. D. [1966] *A Hundred Years of Pastoral Banking*, Clarendon Press, Oxford.
Banking in Australasia, [1883] Blades, East & Blades, London.
Barnard, A. [1958] *The Australian Wool Market, 1840‐1900*, Melbourne U. P.
——[1962] (ed.) The Simple Fleece, Melbourne U. P., Melbourne.
Baster, A. S. J. [1929] *The Imperial Banks*, P. S. King & Son Ltd., London.
Beever, E. A. [1963] "The Australian Wool Clip 1861-1900", *Economic Record*, Vol. 39.
Bell, S. [2004] *Australia's Money Mandarins*, Cambrdge U. P., Cambrdge.
Blainey, G. [1958] *Gold and Paper*, Georgian House, Melbourne.
——[1966] *The Tyranny of Distance*, How Distance Shaped Autralia's History, Sun Books, Melbourne (長坂寿久・小林宏訳 [1980]『距離の暴虐』サイマル出版会).
——[1994] *A Shorter History of Australia*, Random House Australia Pty Ltd., vintage ed., in 2000, sydney (加藤めぐみ・鎌田真弓訳 [2000]『オーストラリア歴史物語』明石書店).
Boehm, E. A. [1971a] *Twentieth Century Economic Development in Australia*, Longman Cheshire, 2nd. ed., 1979 (谷内達訳 [1974]『オーストラリアの経済発展』アジア経済研究所).
——[1971b] *Prosperity and Depression in Australia 1887‐1897*, The Clarendon Press, Oxford.
Boot, H. M. [1988] "Drought and Foreclosure, Wool-Productions in Queensland and New South Wales, 1870-1905", *Australian Economic History Review*, No. 28.
Brouwer, G. D. [2001] *Hedge Funds in Emerging Markets*, Press Syndicate of the University of Cambridge, Cambridge.
Bullock, M., Grenville, S., & Heenan, G. [1993] "The Exchange Rate and the Current Account", in Reserve Bank of Australia, *The Exchange Rate International Trade and the Balance of Payments*.
Butlin, N. G. [1950] "'Company Ownership' of N. S. W. Pastoral Station, 1865-1900", *Historical Studies Australia and New Zealand*, Vol. 4, No. 19.
——[1958] "The Shape of the Australian *Economy, 1861‐1900*", *Economic Record*,

Vol. 34.
—— [1959] "Colonial Socialism in Australia, 1860-1900" in H. G. J. Aitken (ed.), *The State and Economic Growth*, S. S. R. C., New York.
—— [1962a] *Australian Domestic Product, Investment and Foreign Borrowing 1861 - 1938/39*, University Press, Cambridge.
—— [1962b] "Distribution of the Sheep Production: *Preliminary Statistical Picture, 1860-1957*", in Barnard, A. (ed.), *The Simple Fleece*, Melbourne U. P., Melbourne.
—— [1962c] "The Growth of Rural Capital, 1860-1890", in Barnard, A. (ed.), *The Simple Fleece*, Melbourne U. P., Melbourne.
—— [1964] *Investment in Australian Economic Development 1861-1900*, Cambridge.
Butlin, S. J. [1953] *Foundations of the Australian Monetary System, 1788-1851*, Melbourne U. P., Melbourne.
—— [1954] "Colonial Money and Banking during the Industrial Revolution", *Economic Record*, Vol. 30.
—— [1956] "Australia's First Trade Cycle", *Royal Australian Historical Society*, Vol. 13.
—— [1961] *Australia and New Zealand Bank*, Longmans, London.
—— [1986] *The Australian Monetary System, 1851-1914*, Ambassador Press Pty Ltd.
Cain, N. [1961] "Companies and Squatting in the Western Division of New South Wales, 1896-1905", *Economic Record*, Vol. 37.
—— [1963] "Pastoral Expansion and Crisis in New South Wales 1880-1893", *Australian Economic Papers*, Vol. 2.
—— [1966] "Financial Reconstruction in Australia 1893-1900", *Business Archives and History*, Vol. 4.
Cannon, M. [1966] *The Land Boomers*, Melbourne U. P., Melbourne.
Carew, E. [1985] *First Money*, 2, Allen & Unwin, Sydney.
Clark, M. [1978] *A History of Australia*, Vol. IV, Melbourne U. P., Melbourne.
—— [1986] *A Short History of Australia*, Penguin Books Ltd., Melbourne U. P., (rep.) Melbourne（竹下美保子訳 [1978]『オーストラリアの歴史』サイマル出版）.
Coghlan, T. A. [1887] *The Wealth and Progress of New South Wales, 1886-87*, Turner & Henderson, Sydney.
—— [1890] *The Wealth and Progress of New South Wales, 1889-90*, Turner &

Henderson, Sydney.
―― [1892] *A Statistical Account of the Seven Colonies of Australasia*, Government Printer, Sydney.
―― [1904] *A Statistical Account of Australia and New Zealand*, Government Printer, Sydney.
―― [1969] *Labour and Industry in Australia*. Vol. 1-4, Oxford U. P. (reissued) Macmillan, Melbourne.
Collis, M. [1955] *Wayfoong*, The Hong Kong and Shanghai Banking Co. London.
Collins, S. [1994] "Experiences the Current Account Deficits among Asian Economies: Lessons for Australia" in, Reserve Bank of Australia, Proceedings of a Conference, *International Integration of the Australian Economy*.
Commonwealth Bank of Australia [1947] *Commonwealth Bank of Australia in the Second World War*, John Sands Pty., Sydney (CBA [1947] と略記する).
Duncan, K. [1991] The Development of Austration Monetary Policy During the Last Decade, in Kearney, C & MacDonald, R. (ed.) *Developments in Australian Monetary Economics,* Longman Cheshire.
Duncan, R. [1962] "The Australian Export Trade with the United Kingdom in Refrigerated Beef 1880-1940", *Business Archives and History*, Vol. 2.
Dunsdorfs, E. [1956] *The Australian Wheatgrowing Industry 1788-1948*, Melbourne U. P.
Dyster, B. & Meredith, D. [1990] *Australian Internaional Economy*, Press Syndicate of the University of Cambridge, Cambridge.
Einzig, P. [1962] *The History of Foreign Exchange*, Macmillan, London.
Faulkner, C. C. [1923] *The Commonwealth Bank of Australia.*
Feavearyear, A. [1963] *The Pound Sterling,* revised by E. V. Morgan, 2nd ed., Oxford (一ノ瀬篤・川合研・中島将隆 [1984]『ポンド・スターリング』新評論).
Fenton, J. J. [1909] *Victorian Year-Book, 1895-8*, Melobourne and London.
Fitzpatrick, B. C. [1941] *The British Empire in Australia*, Melbourne U. P. reissued Macmillan, Melbourne (2nd. ed., 1949).
―― [1971] *British Imperialism and Australia, 1783-1823*, Allen and Unwin. London (reissued) Sydney U. P.
―― [1950] "Note on 'Company Ownership' of N. S. W. Pastoral Station, 1865-1900", *Historical Studies Australia and New Zealand*, Vol. 4, No. 19,
Fleming, G. [2000] "Collusion and Price Wars in the Australian Coal Industry during the Late Nineteenth Century", in Merrett, D. T. (ed.), *Business Institu-*

tions and Behaviour in Australia, Frank Cass, London.

Giblin, L. F. [1951] *The Growth of a Central Bank*, Melbourne University Press, Melbourne.

Gilbart, J. W. [1899] *The History, Principles, and Practice of Banking*, George Bell and Sons.

Glynn, S. [1970] *Urbanization in Australian History 1788-1900*, Nelson, Melbourne.

Gollan, R. [1968] *The Commonwealth Bank of Australia*, Australian National University Press, Canberra.

Goldsbrough Mort & Co. Ltd., [1946] *Wool and the Nation*.

Hall, A. R. [1963] *The London Capital Markets and Australia 1870-1914*, Australian National University, Canberra.

―― [1963] "Some Long Period Effects of Kinked Age Distribution of the Population of Australia 1861-1961", *Economic Record*, Vol. 39.

―― [1968] *The Stock Exchange of Melbourne and the Victorian Economy 1852-1900*, Australian National U. P., Canberra.

Hamilton, E. B. [1880] *A Manual of the Law and Practice of Banking in Australia and New Zealand*, Charles T. Maxwell, London.

―― [1900] *The Law and Practice of Banking in Australia and New Zealand*, Partridge, G. & Co., Melbourne.

Harper, I. R. [1986] "Monetary Policy in a Deregulated Finacial System", *The Australaian Economic Review*, 4th Quater.

Harrod, R. F. [1958] *The Pound Sterling, 1951-1958, in Princeton University, Essays in International Finance*, No. 30 (東京銀行調査部訳 [1959 年]『現代のポンド』至誠堂、一部所収).

Hobson, C. K. [1914] *The Export of Capital,* Constable and Co. Ltd., London (揚井克己訳 [1968]『資本輸出論』日本評論社).

Holder, R. F. [1971] *Bank of New South Wales, A History*, Vol. 1-2, Angus and Robertson, Sydney.

Horne, D. [1998] *The Lucky Country*, fifth (ed.), Penguin Books.

Jauncey, L. C. [1933] *Australia's Government Bank*, Cranley & Day, London.

Jones, G. [1993] *British Multinational Banking 1830-1990*, Clarendon Press, Oxford.

Kenwood, A. G. and Lougheed, A. L. [1992] *The Growth of The International Economy 1820-1960*, third (ed.), George Allen & Unwin Ltd., London (岡村邦輔・他訳 [1977]『国際経済の成長、1820-1960』文眞堂).

O'Connor, K., Stimson, R. & Daly, M. [2001] *Australia's Changing Economic Geography*, A Society Dividing, Oxford Uni. Press.

King. C. J. [1950] *The First Fifty' Years of Agriculture in New South Wales*, Sydney.

King, W. T. C. [1936] *History of the London Discount Market*, George Routledge & Son, Ltd., London (藤沢正也 [1978]『ロンドン割引市場史』日本経済評論社).

Kriesler, P. [1999] *The Australian Economy*, Allen & Unwin.

Lamb, P. N. [1967] "Crown Land Policy and Government Finance in N. S. W. 1856 -1900", *Australian Economic History Review*, Vol. 7.

La Nauze, J. A. [1949] *Political Economy in Australia*, Melbourne U. P.

Lewis, M. K. and Wallance, R. H. [1985] "The Australian Finacial System: A Brief Overview", in Lewis, M. K. and Wallance R. H. (ed.), *Australian's Financial Instituion and Market*, Longman Cheshire Melbourn.

Mackay, A. L. G. [1931] *Australian Banking and Credit System*, P. S. King & Son, Ltd., London.

Mackenzie, C. [1954] *Realms of Silver*, Routledge & Kegun Paul, London.

Madgwick, R. B. [1937] *Immigration into Eastern Australia 1788-1851*, Longmans, London.

McCarty, I. W. [1964] "The Staple Approach in Australian Economic History". *Business Archives and History*. Vol. 4.

――[1974] "Australian Capital Cities in the Nineteenth Century", *Australian Economic History Review*, Vol. 10.

Maddison, A. [1995] *Monitaring the World Economy*, 1820-1992,

Merrett, D. T. [1989] "Australian Banking Practice and the Crisis of 1893", *Australian Economic History Review*, Vol. 29, No. 1.

Milbourne, R. [1990] "Money and Finance", in Reserve Bank of Australia, *The Australian Macro-Economy in the 1980s*.

Mitchell, B. R. & Dean, P. [1962] *Abstract of British Historical Statistics*, Cambridge University Press, London.

Mills, R. C. [1915] *The Colonization of Australia, 1829-42*, Sidgwick & Jackson, London.

Nunn, H. W. [1988] *Select Documents of the Nineteenth Century*, National Australia Bank Ltd., Melbourne.

O'Brien, E. [1950] The *Foundation of Australia*, Angus and Robertson, Sydney.

Patterson, G. D. [1968] *The Tariff in the Australian Colonies 1856-1900*, Longman Cheshire, Melbourne.

Perkins, J. O. N. [1982] *The Australian Financial System of the Campbell Report*, Melbourne U. P., Melbourne.

Perry, T. M, [1963] *Australia's First Frontier*, Melbourne U. P., Melbourne.

Pitchford, J. [1993] "The Exchange Rate and Macroeconomic Policy in Australia", in Reserve Bank of Australia, *The Exchange Rate International Trade and the Balance of Payments*.

Reeves, W. D. [1902] *State Experiments in Australia & New Zealand*, Grant Richards, London.

Robertson, J. R. [1964] "Equipping a Pastoral Property: Warrah, 1861-75", *Business Archives and History*, Vol. 4.

Roberts, S. H. [1964] *The Squatting Age in Australia, 1835-1847*, Melbourne U. P., Melbourne.

——[1968] *History of Australian Land Settlement, 1788-1920*, Melbourne U. P., Melbourne.

Salsbury, S. and Sweeney, K. [1988] *The Bull, the Bear and the Kangaroo*, Allen & Unwin, Sydney.

Saul, S. B. [1960] *Studies in British Overseas Trade, 1870-1914*, Liverpool.

Serle, A. G. [1963] *The Golden Age*, Melbourne U. P., Melbourne

Shann, E. O. G. [1963] *An Economic History of Australia*, Cambridge U. P. (reissued) Georgian House, Melbourne.

Sinclair, K. & Mandle, W. F. [1961] *Open Account*, Whitcobe & Tombs Ltd., Wellington.

Sinclair, W. A. [1956] *Economic Recovery in Victoria 1894-1899*, Australian National U. P., Canberra.

——[1976] *The Process of Economic Development in Australia*, Longman Cheshire.

Solomon, R. J. [1988] *The Richest Lode, Broken Hill, 1883-1988*, Hale & Iremonger, Sydney.

Spalding, W. F. [1932] *Foreign Exchange and Foreign Bills*, Sir Issac Pitman & Sons Ltd., London.

Stemp, P [1991] The Checlist Approach in Theory and Practice, in Kearney, C & MacDonald, R. (ed), *Developments in Australian, Monetary Economics,* Longmon Cheshire.

Swan, K. [1965] *A History of Waga Waga*, Hogbin Poole Pty., Sydney.

Teare, H. E. [1926] *A Digest of The Banking and Currency Acts Proclamations, Orders, etc. of Australia and New Zealand*, Alexander Hamilton Institute of Australia, Sydney.

Tease, W. [1990] "The Balance of Payment, in Reserve Bank of Australia the Australian Macro-Economy in the 1980s".
Thompson, A. G. [1970] "The Enigma of Australian Manufacturing, 1851-1901", *Australian Economic Papers*, Vol. 9.
Truptill, R. J. [1936] *British Banks and the London Money Market*, Jonathan Cape, London.
Turner, H. G. [1904] *A History of the Colony of Victoria*, Vol. II, Longmans, Green, and Co.
Ville, S. & Merrett, D. T. [2000] "The Development of Large Scale Enterprise in Australia, 1910-64", in Merrett, D. T. (ed.), *Business Institutions and Behaviour in Australia*, Frank Cass, London.
Walsh, G. P. [1963] "The Geography of Manufacturing in Sydney, 1788-1851", *Business Archives and History*, Vol. 3.
Walker, R. [1957] "Squatter and Selector in New England", *Historical Studies of Australia and New Zealand*, Vol. 8.
Walter, H. C. [1926] *Foreign Exchange and Foreign Debts*, Methuen & Co. Ltd., London.
Waterson, D. B. [1968] *Squatter, Selector, and Storekeeper, A History of the Darling Downs, 1859-93*, Sydney. University Press., Sydney.
Weerasooria, W. S. [1988] *Banking Law and the Financial System in Australia*, Butterworth, Sydney.
Williams, M. [1974] *The Making of the South Australian Landscape*, Academic Press, London.
Williams, O. B. [1962] "The Riverina and the Pastoral Industry, 1860-1869", Barnard, A. (ed.), *The Simple Fleece*, Melbourne U. P., Melbourne.
Williams, R. J. [1962] "Regional Differences in Climate and Herbage Production", Barnard, A. (ed.), *The Simple Fleece*, Melbourne U. P., Melbourne.
Wignall, A. B., Fahrer, J., & Heath, A. [1993] "Major Influences on the Australian Dollar Exchange Rate", in Reserve Bank of Australia, *The Exchange Rate International Trade and the Balance of Payments*.
Wotherspoon, G. [1976] Savings Bank and Social Policy in New South Wales, 1832-71. *Australian Economic History Review*, No. 16.
―― [1983] *Sydney's Transport*, Hale & Iremonger Pty, Sydney.
Wood, G. L. [1930] *Borrowing and Business in Australia*, Oxford U. P., Oxford.

相沢幸悦 [1993]「オーストラリアの証券市場」(『図説アジア・オーストラリアの証

券市場　1994年版』日本証券経済研究所）
アーサー・ジョーンズ／野口勇訳［1943］『豪州の住民と産業』有光社
天川潤次郎［1979］「オーストラリアにおける牧羊業の起源」（追手門学院大学オーストラリア研究所『オーストラリア研究紀要』第5号）
荒井政治［1974］「オーストラリアの経済発展と英豪関係」（矢口孝次郎『イギリス帝国経済史の研究』東洋経済新聞社
飯田裕康編［2000］『現代金融危機の構造』慶応義塾大学出版会
石井寛治［1999］『近代日本金融史序説』東京大学出版会
池間誠［1972］「オーストラリアにおける輸入代替と輸入構成の変化」（琴野孝編『オーストラリア経済の形成過程』アジア経済研究所）
石垣健一［1985］『オーストラリアの金融システムと金融政策』神戸大学経済経営研究所
――［1991］「1980年代のオーストラリア経済の主要問題」（西向・石垣・西島・片山共編著『経済発展と環太平洋経済』神戸大学経済研究所）
――［1995］「オーストラリアの外資政策と日本の対豪投資」（永谷・石垣編著『環太平洋経済の発展と日本』勁草書房）
石垣信浩［1972］「オーストラリア鉄鋼業の成立過程」（琴野孝編『オーストラリア経済の形成過程』アジア経済研究所）
石田高生［1984］「イギリス植民地銀行の変遷」（北海道大学『経済学研究』第34巻第3号）
――［1988］「植民地銀行の不動産金融と財務構造の変遷」（小樽商科大学『商学討究』第39巻第2号）
――［1989］「金融機関の不動産管理と牧羊業の構造変化」（小樽商科大学『商学討究』第40巻第2号）
――［1992］「十九世紀のパストラル・ファイナンスの展開と牧羊業」（オーストラリア学会『オーストラリア研究』第3号）
――［1995］「通貨問題と商業銀行の信用創造」（桜美林大学『桜美林エコノミクス』第33号）
――［1999］「商業銀行と牧羊金融会社の関係に関する一考察」（滋賀大学『彦根論争』第285・286号）
――［2000］「外国為替取引のメカニズムについて」（桜美林大学『桜美林エコノミクス』第44号）
居城弘，［2001］『ドイツ金融史研究』ミネルヴァ書房
泉昌一［1998］『冷戦後アジア環太平洋の国際関係　安全保障の視角から』三嶺書房
市川泰治郎［1944］『豪州経済史研究』象山閣
稲富信弘［1980］「国際投資の展開とロンドン証券取引所の成立」（『金融経済』185

号）
井上伊知郎［1994］『欧州の国際通貨とアジアの国際通貨』日本経済評論社
井上巽［1968］「羊毛工業」（吉岡昭彦編著『イギリス資本主義の確立』御茶の水書
　　　房）
植村善博［2004年］『図説ニュージーランド・アメリカ比較地誌』ナカニシヤ出版
大石信行［2003年］『アジア化に揺れる豪州』明石書店
大浦一郎［1987］『オーストラリア財政論』文眞堂
大隅健一［1987］『新版株式会社法変遷論』有斐閣
大友利明［1992］『信用創造と再生産』（飯田裕康『現代の金融』有斐閣）
──［2001］『信用理論史』慶応義塾大学出版会
岡倉古志郎［1943］『豪州の社会と経済』電通出版部
翁邦雄・白塚重典［2002］［資産価格バブル、物価の安定と金融政策］（日本銀行金融
　　　研究所　『金融研究』第21巻第3号）
越智道雄［2000］『オーストラリアを知るための48章』明石書房
大津彬裕［1995］『オーストラリア変わりゆく素顔』大修館書店
鬼塚雄丞［1995］『国際金融』東洋経済新報社
尾上修悟［1996］『イギリス資本輸出と帝国経済』ミネルヴァ書房
小野朝男［1963］『国際通貨制度』ダイヤモンド社
──［1976］『国際通貨体制』ダイヤモンド社
海保幸世［1991］「国際運輸と貿易収支」（札幌大学『経済と経営』第21巻第4号）
金井雄一［1989］『イングランド銀行金融政策の形成』名古屋大学出版会
──［2004年］『ポンドの苦闘』名古屋大学出版会
神武庸四郎［1979］「1879年改正会社法の歴史的意義」（一橋大学『一橋論叢』第82巻
　　　第4号）
川口浩・渡辺昭夫編［1988］『太平洋国家オーストラリア』東京大学出版会
川浪洋一［1995］『貨幣資本と現実資本』有斐閣
北大路弘信・P.ドライスディル編［1982年］『オーストラリアと日本』東京大学出版
　　　会
北大路弘信・北大路百合子［1982］『オセアニア現代史』山川出版社
久保田治朗編著［1998］『オーストラリア地方自治体論』ぎょうせい
黒木祥弘・本多佑三［2003］「金融──金融制度と金融政策」（橘木俊詔『戦後日本経
　　　済を検証する』東京大学出版会）
経済企画庁調査局編『アジア経済』大蔵省印刷局
琴野孝編［1973］『オーストラリア経済の形成過程』アジア経済研究所
小林真之［1998］『株式恐慌とアメリカ証券市場』北海道大学図書刊行会
──［2000］『金融システムと信用恐慌』日本経済評論社

小松隆二・塩野谷祐一編［1999年］『先進諸国の社会保障2　ニュージーランド、オーストラリア』東京大学出版会
佐々木隆生［1994］『国際資本移動の政治経済学』藤原書店
島崎久彌［1982］『金の世界』有斐閣選書
新庄・塩野谷・吉野・柿沼［1957］『準備預金制度』東洋経済新報社
住信基礎研究所［2002年］『オーストラリアのプロパティ・トラスト』近代セールス社
杉原薫［1996］『アジア間貿易の形成と構造』ミネルヴァ書房
杉本和弘［2003］『戦後オーストラリアの高等教育改革研究』東信堂
鈴木清史［1988］『日本人のオーストラリア観』創元社
セイヤーズ、R. S. 広瀬久重訳［1959］『現代金融政策論』至誠堂
関根政美［1989］『マルチカルチュラル・オーストラリア』成文堂
──［1999］「グローバル国家オーストラリアの苦悩」（拓殖大学海外事情研究所『海外事情』第47巻第9号）
太平洋協会［1943］『濠州の自然と社会』中央公論社
竹田いさみ［2000］『物語　オーストラリアの歴史』中公新書
──竹田いさみ・森健［1998］『オーストラリア入門』東京大学出版会
武市春男［1961］『イギリス会社法』国元書房
丹野勲［1994］『国際比較経営論　アジア太平洋地域の経営風土と環境』同文舘
──［2001］『異文化経営とオーストラリア』中央経済社
伝田功［1967］「豪州経済の発展と資本輸入」（滋賀大学『彦根論叢』第125号）
──［1968］「豪州経済の発展と土地抵当会社の機能」（滋賀大学『彦根論叢』第129・130号）
東京銀行［1982］「オーストラリアの金融制度改革」（『東京銀行月報』第34巻第5号、1982年5月号）
東京銀行調査部［1985］「オーストラリアの金融革命」（『東京銀行調査月報』1985年12月）
成田勝四郎編著［1971］『日豪通商外交史』新評論
名和統一［1937］『日本紡績業と原綿問題研究』大同書院
西川俊作［1974］『経済学』東洋経済新報社
西向嘉昭・石垣健一・西島章次・片山誠一共編著［1991］『経済発展と環太平洋経済』神戸大学経済経営研究所
西村閑也［1980］『国際金本位制とロンドン金融市場』法政大学出版会
──［1990］「国際銀行業史（1870-1914年）研究序説(1)」（法政大学経営学会『経営志林』第27巻第3号）
──［1990］「国際銀行業史（1870-1914年）研究序説(2)」（法政大学経営学会『経営志

林』第18巻第3号）
――［1993］「香港上海銀行の行内資金循環、1913年」（法政大学経営学会『経営志林』第30巻第1号）
――［2001］「英系海外銀行史研究所序説」（法政大学経営学会『経営志林』第37巻第4号）
日本経済調査協議会［1981］『オーストラリアにおける外国投資』
――［1982］『オーストラリアの金融制度』
――［1985］『オーストラリアにおける貿易保護政策の推移』
日本貿易振興会［1988］『ジェトロ貿易市場シリーズ281　オーストラリア』
野下保利［2001］『貨幣的経済分析の現代的展開』日本経済評論社
浜田康行［1980］『イギリスにおける長期信用機関の展開』久留米大学商学部産業研究所紀要第9集
――［1999］『金融の原理、増補第2版』北海道大学図書刊行会
深町郁彌［1993］『ドル本位制の研究』日本経済評論社
――［1999］『国際金融の現代』有斐閣
福島輝彦［1998］「戦後オーストラリアの外交国防政策の展開」（泉昌一・佐藤栄一編『冷戦後アジア環太平洋の国際関係』三嶺書房）
――「ハワード自由・国民党連立政権による政治運営」（拓殖大学海外事情研究所『海外事情』第47巻第9号）
藤川隆男［2004年］『オーストラリアの歴史』有斐閣アルマ
松井安信［1970］『信用貨幣論研究』日本評論社
――［1981］「銀行信用」（信用理論研究会編『信用論研究入門』有斐閣、所収）
松本朗［2001］『円高・円安とバブル経済の研究』駿河台出版社
馬渡尚憲［1973］「景気循環過程」（鈴木鴻一郎『恐慌史研究』日本評論社）
三木谷良一・石垣健一［1993］『金融政策と金融自由化　先進七カ国・ECの経験と理論の展開』東洋経済新報社
宮田美智也［1995］『ロンドン手形市場の国際金融構造』文眞堂
エリ・ア・メンデリソン［1961］『恐慌の理論と歴史』第4分冊、青木書店、1961
本山美彦［1986］『貨幣と世界システム』三嶺書房
守山明男『銀行組織の理論』同文舘、1994年。
森健［1999］「労使関係制度をめぐる問題点」（拓殖大学海外事情研究所『海外事情』第47巻第9号）
矢島保男・望月昭一・三橋昭三［1966］「オーストラリアの金融制度」（高垣寅次郎監修・青山保光編『世界各国の金融制度、第三巻』大蔵省財務協会）
山田喜志夫［1999］『現代貨幣論』青木書店
山中雅夫［1993］『オーストラリア工業経営史研究』千倉書房

──［1984］「オーストラリア農業会社炭鉱独占事業の形成過程」（追手門学院大学『追手門経済論集』第19巻1号）
山本栄治［1988］『基軸通貨の交替とドル』有斐閣
──［1997］『国際通貨システム』岩波書店
楊枝嗣朗［1982］『イギリス信用貨幣史研究』九州大学出版会
──［2004］『近代イギリス金融革命』ミネルヴァ書房
横内正雄［1986］「ポンド体制下の横浜正金銀行ロンドン支店」（佗美光彦・杉浦克己『国際金融：基軸と周辺』社会評論社）
──［1986］「第一次大戦前のイギリス大蔵省証券」（新潟大学『商学論集』第18号）
吉田暁［2002］『決済システムと銀行・中央銀行』日本経済評論社

銀行合同

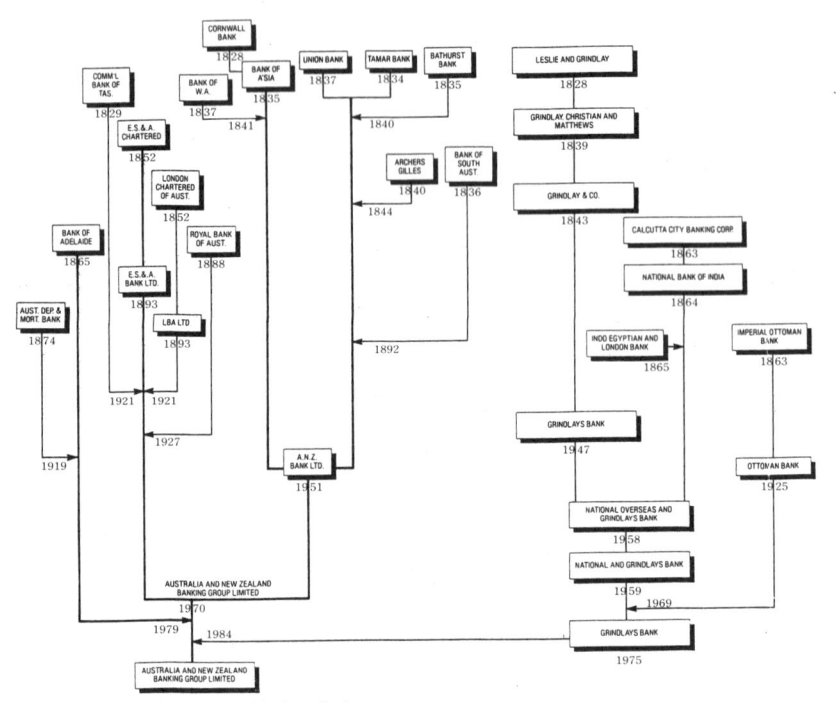

```
COMM'L BANK OF TAS. 1829
E.S.&A. CHARTERED 1852
BANK OF W.A. 1837
BANK OF A'SIA 1835
CORNWALL BANK 1828
UNION BANK 1837
TAMAR BANK 1834
BATHURST BANK 1835
LESLIE AND GRINDLAY 1828
GRINDLAY CHRISTIAN AND MATTHEWS 1839
LONDON CHARTERED OF AUST. 1852
ARCHERS GILLES 1840
BANK OF SOUTH AUST. 1836
GRINDLAY & CO. 1843
CALCUTTA CITY BANKING CORP 1863
BANK OF ADELAIDE 1865
ROYAL BANK OF AUST. 1888
NATIONAL BANK OF INDIA 1864
AUST. DEP & MORT. BANK 1874
E.S.&A. BANK LTD. 1893
LBA LTD 1893
INDO EGYPTIAN AND LONDON BANK 1865
IMPERIAL OTTOMAN BANK 1863
GRINDLAYS BANK 1947
OTTOMAN BANK 1925
A.N.Z. BANK LTD. 1951
NATIONAL OVERSEAS AND GRINDLAY'S BANK 1958
NATIONAL AND GRINDLAYS BANK 1959
AUSTRALIA AND NEW ZEALAND BANKING GROUP LIMITED 1970
GRINDLAYS BANK 1975
AUSTRALIA AND NEW ZEALAND BANKING GROUP LIMITED 1984
```

ANZ Banking Museum が1985年に作成。

の変遷

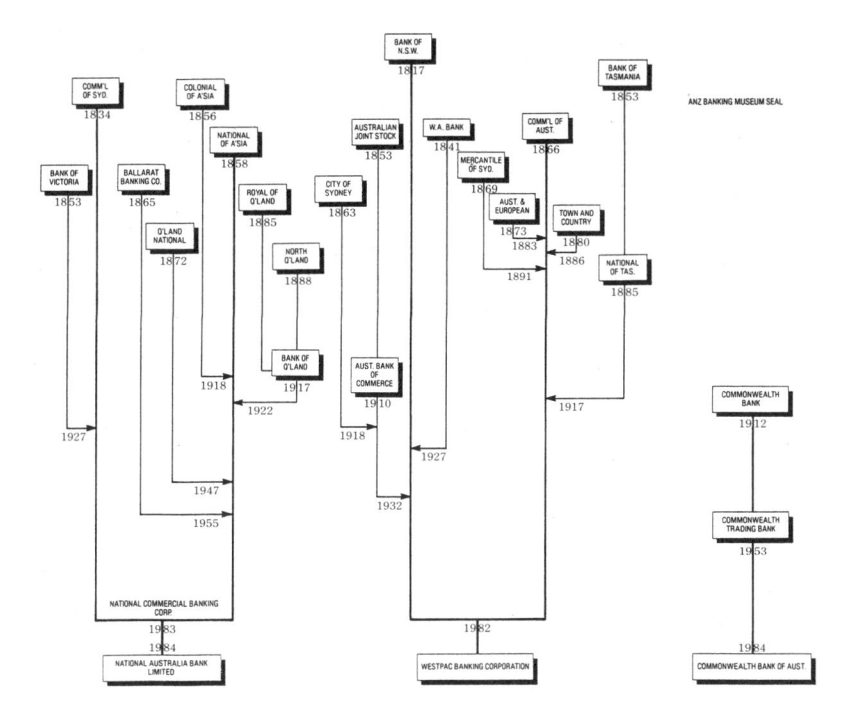

Bank	Est.
COMM'L OF SYD.	1834
COLONIAL OF A'SIA	1856
BANK OF N.S.W.	1817
BANK OF TASMANIA	1853
BANK OF VICTORIA	1853
BALLARAT BANKING CO.	1865
NATIONAL OF A'SIA	1858
AUSTRALIAN JOINT STOCK	1853
W.A. BANK	1841
COMM'L OF AUST.	1866
Q'LAND NATIONAL	1872
ROYAL OF Q'LAND	1885
CITY OF SYDNEY	1863
MERCANTILE OF SYD.	1869
NORTH Q'LAND	1888
AUST & EUROPEAN	1873
TOWN AND COUNTRY	1880
NATIONAL OF TAS.	1885
BANK OF Q'LAND	1917
AUST. BANK OF COMMERCE	1910
COMMONWEALTH BANK	1912
COMMONWEALTH TRADING BANK	1953

Mergers:
- 1883, 1886, 1891
- 1918, 1922
- 1917, 1918, 1927
- 1927, 1932
- 1947, 1955

NATIONAL COMMERCIAL BANKING CORP 1983 → NATIONAL AUSTRALIA BANK LIMITED 1984

WESTPAC BANKING CORPORATION 1982

COMMONWEALTH BANK OF AUST. 1984

ANZ BANKING MUSEUM SEAL

図表一覧

図序-1　人口の増加（1788〜2001年）
図1-1　植民地の初期の決済構造
表1-1　NSW銀行のバランス・シート（1817〜1819年）
図1-2　NSW銀行の預金及び兌換準備率の変化（1817〜1840年）
表1-2　BOA銀行のバランス・シート（1843〜1849年）
表2-1　地域別金生産総額（1851〜1890年）
表2-2　金地金・金貨輸出超過額の変化（1851〜1890年）
表2-3　地域別主要鉱物資源の累積生産額（1890年）
表2-4　主要地域別貿易額とシェアの変化（1861〜1890年）
表2-5　地域別羊毛輸出額の変化（1881、1890年）
表2-6　貿易相手国別輸出入額の変化（1861〜1890年）
図2-1　貿易収支と金輸出額の変化（1851〜1900年）
表2-7　鉄道延長距離数の変化（1861年〜1890年度）
表2-8　地域別輸入額と関税額（1890年）
図3-1　預金銀行数と支店数の変化（1817〜1914年）
表3-1　預金銀行の預金額の変化（1851〜1900年）
図3-2　銀行の預金金利と貸出金利の変化（1872〜1889年）
図3-3　イギリス預金の金額とシェアの変化（1867〜1892年）
表3-2　NSWの貯蓄銀行預金及び郵便貯金の変化（1871〜1889年）
図3-4　銀行の兌換準備率と銀行券流通額の変化（1851〜1910年）
図3-5　預金準備率と預金総額の変化（1851〜1910年）
図3-6　銀行の預貸率と貸出額の変化（1851〜1944年）
図3-7　銀行の自己資本比率と自己資本の変化（1876〜1913年）
図4-1　BOA銀行の外国為替取引
表4-1　NSW銀行の受取手形と支払手形の残高（1860年）
図4-2　NSW銀行の外国為替勘定の構成
図4-3　NSW銀行の受取手形と支払手形の推移（1868〜1900年）
図4-4　NBA銀行ロンドン支店の外国為替勘定の構成
表4-2　NBA銀行のバランス・シート（1893年）
表4-3　NBA銀行の郵送中の為替手形（1893年）

表4-4	NBA銀行のロンドン支店の受取手形（1893年）	
表4-5	NBA銀行の支払手形（1893年）	
図4-5	BOA銀行ロンドン店の為替取引高の推移（1867～1900年）	
図4-6	ロンドン店の為替勘定の構成	
表4-6	BOA銀行ロンドン店のキャッシュ・アカウントの構成（1883年）	
図4-7	BOA銀行のコロニアル・リソースの構成	
図4-8	イギリス預金の転送メカニズム	
図5-1	NSWの土地売却収入と牧羊設備投資の変化（1856～1900年）	
図5-2	牧羊地帯の分布	
図5-3	羊毛価格及び羊毛生産額の変化（1861～1900年）	
図5-4	牧羊貸付の構造	
表5-1	BOA銀行の対牧羊業貸付方法別分類（1867～1875年）	
表5-2	BOA銀行の対商人層貸付方法別分類（1867～1875年）	
表5-3	BOA銀行の対羊毛輸出業貸付方法別分類（1867～1875年）	
表5-4	NSW銀行の貸付方法の変化（1860～1880年）	
表5-5	NBA銀行の貸付方法の分類（1866年）	
表5-6	NBA銀行の支店の貸付方法の分類（1866年）	
図5-5	BOA銀行の担保別貸付構成（1886、1901年）	
表5-7	BOA銀行の掛目の変化（1886～1901年）	
表5-8	金融機関別羊毛輸出の変化（1879～1890年）	
表5-9	所有規模別土地所有の状況（1903年）	
表5-10	所有規模別土地所有の変化（1879、1889年）	
表6-1	牧羊金融会社の主要勘定と羊毛輸出量の変化（1880～1891年）	
表6-2	住宅・不動産金融機関の主要勘定（1888年）	
図6-1	金融機関間の貸付シェアの変化（1880～1891年）	
表7-1	住宅金融組合の資産構成（1888～1890年）	
表7-2	住宅金融組合の負債構成（1888～1890年）	
表7-3	住宅金融組合の資本勘定（1888～1890年）	
表7-4	イギリスの対オーストラリア投資の種類（1893年）	
表7-5	支払停止預金銀行の主要勘定（1893年）	
表7-6	銀行券発行限度額（1893年）	
図8-1	オーストラリアの主要輸出品シェアの変化（1881～1976年）	
図8-2	オーストラリアの主要輸入品シェアの変化（1901年～1920年度）	

図 8-3　オーストラリアの輸出相手国のシェアの変化（1899年〜1930年度）
図 8-4　オーストラリアの輸入相手国のシェアの変化（1904年〜1930年度）
図 8-5　国際収支の変化（1918〜1929年度）
図 8-6　対外債務負担率の変化（1914〜1940年度）
表 8-1　製造業の業種別生産額シェアの変化（1920、1930年度）
表 8-2　連邦政府経常歳入の変化（1918、1928、1938年度）
表 8-3　政府債務の構成の変化（1917〜1921年、1927〜1931年）
表 8-4　各州政府の公共事業支出の変化（1926〜1930年度）
図 9-1　通貨構成の変化（1901〜1945年）
図 9-2　金保有とロンドン資金の変化（1926〜1936年）
図10-1　貨幣総額の対GDP比率の変化（1950〜1995年）
図10-2　キャッシュ・レートの変化（1950〜1995年）
図10-3　消費者物価上昇率の変化（1950〜1995年）
図10-4　経常収支の対GDP比率の変化（1976〜1993年）
図10-5　実質実効為替レートと交易条件の変化（1970〜1993年）

索　引

事項索引

ア行

アジア …………………1,2,71,284,286,307,356
アメリカ
　…3,7,62,68,70,71,84,138,237,252,267,
　273,276,278,279,284,286,287,288,295,304,
　307,350,351,354
アルゼンチン ………250,251,267,269,273,305
イギリス
　…1-5,8,9,11,15,17-20,22,36-41,44,46,48,
　52-54,62,68-70,73-78,82,84,85,87-89,93,
　99,101,103,113,119,121,122,123,124,126,
　135,136,137,138,139,140,146,150,154-156,
　158-160,163,165,170,171,175,177,179,185,
　187,209,212,214,216,217,219,221,225,226,
　267,268,273,276-279,285-289,296,297,300,
　302,304,305,307,308,312,315,317,322,327,
　328-330,336,338,341,344,347,350,351,359,
　363,401
イギリス植民地
　……………2,71,276,277,278,304,307,325
イギリス系銀行
　…15,37,40,44,47,54,74,89,90,93,94,97,
　99,101,144,146,156,162,178,186,187,192,
　238
イギリス大蔵省………………………8,19,116,270
イギリス預金
　…84,95,96,99,100,101,107,110,111,117,
　118,121,122,150,151,153,156,157,161,178
イングランド銀行
　…2,22,41,76,77,98,251,252,271,324,332,
　334,340,341,349,351,353,359,399
インド
　…20,44,52,71,146,267,273,279,295,304,
　305
インフレーション
　…………323,326,328,329,345,376-377
インフレーションの収束 ……………386-387
インフレ・ターゲット ………………384-387
ESA銀行………………………89,91,116,258,263
Westpac銀行……………………………………22,51
AJS銀行 …………89,116,195,223,237,263
ANZ銀行 ………………………………………116
SPS銀行 ……………………141,142,145,152-154
FBA銀行 …………………………………241,257
LCA銀行………89,91,101,116,235,258,263
NAB銀行 ……………………………………116
NBA銀行
　…91,116,131,132,134,161,184,185,186,
　194,200
オヴァレント・ガーニー恐慌 ………57,96,130
大蔵省紙幣 ………………………………261-262
大蔵省手形
　………17,18,19,20,22,29,42,43,46,48,343
大蔵省証券 ……………………………………292
オクショナー（競売人）………………………229
オーストラリア紙幣 ………………………318-321
　オーストラリア紙幣法（1910年）…………319
　兌換停止協定 ……………………………322
オーストラリア・ドル（1966年）……………387
オーバー・ローン ……………………………109

カ行

会社契約状……………………………………25,225
会社法（1862年、1864年、1874年）
　…113,186,225,228（有限責任、法人格、参照）
カナダ……………71,273,279,295,304,305,401
貨幣……………………………15,17（法貨、参照）
　本位貨幣 ……………………………………103
　補助貨幣 ……………………………………103
　地金条例（1852年）…………………………103

鋳造所 ·················103-104,317
貨幣法（1909年）··············317
貨幣流通 ················15,103-106
株式会社（制度）············25,225
株式銀行 ·········2,5,15,22,45,46,225
株式
　　株式資本··················32,265
　　高額面株式················90,91
　　高額面・高額払込············90
　　株式の現地化················90
　　株価························90
　　株価暴落··················297
　　低額面株式··················91
株式ブローカー··········229,230,231
　　ジョッパーとの分化··········231
株式ブローカー協会······229,230,231,232
外国為替手形···········19,40,47,58
　　ロンドン宛為替手形
　　　···20,44,123,124,126,128,130,132,133,135,
　　　137,185
　　ロンドン宛ドラフト（ロンドン宛送金小切手）
　　　···44,47,110,123,124,126,128,130,132,133,
　　　135,137
　　一覧払為替手形················89
　　ブリティシュ・ビル·········123,124
　　植民地支店宛為替手形······124,135
　　植民地宛ドラフト··········125,135
為替制度 ····················15,58
　　為替の決済システム············15
　　為替業務··············41,47,185
為替勘定
　　·············127（ロンドン勘定、参照）
　　支払手形··········110,128,131-132,133
　　受取手形··········110,128,131-132,133
　　支店勘定··················134
　　コロニアル勘定··············147
　　ロンドン勘定················147
　　ブランチ・バランス············147
　　ロンドン・バランス············147
　　ブランチ勘定················147
為替操作 ·················135,147
為替準備金 ············136,147-151
　　コロニアル・リソース

　　···············148-151（イギリス預金、参照）
外国為替取引 ···············127-128
　　為替取引高···············128-138
　　郵送中の為替手形··········131-132
　　逆為替方式（取立）········136,138
　　並為替方式（送金）············136
為替平価の切下げ··········300,337-340
カレンシー・ノート··········23,28,31
関税政策（制度）
　　··········37,58,78,80,81,284-285,295,300,302
　　従価税···················81,302
QNB銀行 ············101,155,223,237
金貨 ····················103-106,321
　　金貨流通··················105
　　金貨の回収················321
　　金地金··················42,104
金融恐慌 ··············6,57,257-259
金融政策 ····················298
　　引締め策··················298
　　金融緩和··················299
金融の規制緩和（自由化）·······6,369-373
銀貨 ·····················25,41,42
銀行券 ···············28,32,103-106
　　兌換準備（率）············103-104
　　銀行券発行限度額··········261
　　銀行券発行条例（1893年）······259
　　銀行券発行税法（1910年）······325
金利 ························41
　　預金金利··················96,98
　　割引率（レート）·········96,98,112
　　当座預金金利················96
　　貸出金利················98,112
　　バンク・レート（イングランド銀行）······98
　　金利格差··················41
　　金利協定··················95,96
　　金利規制の緩和··············370
金本位制 ··················41,74
金為替本位制 ··············41,329
金の発見··················57,59
　　金生産··················59,60
　　金輸出··············60,73,74,283
金輸出禁止（1914年）
クインズランド
　　···9,34,59,61,62,65,67,79,80,82,88,93,94,

索　引　429

101, 106, 116, 117, 166, 167, 168, 170, 171, 174,
177, 182, 199, 201, 207, 212, 213, 257, 258, 261,
262, 287, 299, 309, 319
クローリング・ペッグ …………388-389, 390
決済勘定 ………………………………27, 31
決済都市 ………………………………95, 105
決済機能（手段）……………………28, 104
決済システム ……………………3, 5, 6, 28
現金通貨 ……………………………41, 104-105
現金準備（鋳貨準備）………………5, 104-106
　現金準備率 …………………………105-106
景気循環 …………………………39, 78, 293-296
経済成長（発展）………………3, 4, 40, 57, 68, 69
経常収支 ……………………60, 72, 74, 137, 279-280
毛織物工業 ………………………38, 39, 40, 81, 285
交易条件 ………281, 295, 298-299, 343, 392-394
公開市場操作 …………………………………365
小切手 ………………………………27, 31, 32
公共事業 …………………………………66, 78, 89
公共事業の削減 ……………………………298
公債 ……………………………9, 282, 291-293, 373
　戦時公債 ………………………………327, 345
　タップ制度 …………………………373-374
　40/7.5%ルール ………………………371-374
　30/20%ルール ………………………373, 375
　入札制度導入 …………………………374
公債協議会 …………………………282, 290, 292
鉱山会社 …………………60-61, 77, 191, 225, 227, 228
鉱山会社法（1855年、1871年）
顧客帳簿 …………………………………26, 27, 30
国際収支 …12, 58, 73, 254-256, 274-283, 295, 298
国内総生産（GDP）………12, 57, 293-296, 368
国有地（Crown Land）………………………34
国有地売却法（政策、1861年）
　…64, 78, 113, 165, 166（土地購入投資、参照）
国有地占有法（1861年）……………………64
交付金制度 …………………………………290
小麦生産 ………………………………57, 256, 283
ゴールドスミス・バンク ……………………2
ゴールドブロー社
　………196, 206, 210, 211, 212, 213, 214, 215
ゴールド・ラッシュ ……………………6, 57, 109

サ行

債務保証 ………………………………………6
最後の貸し手 …………………………………6
裁量的貨幣政策 ………………………378, 381-384
GMホールデン社 ……………………………288
資金仲介機能 ……………………………2, 109, 222
資金調整 ………………………………………46
資金調達 …………………………46, 72, 76, 77, 78
資源開発 …………………………………57, 58
自己資本 ………………………………109-110
　自己資本比率 …………………………109, 115
支店銀行制度 ……………………………40, 58, 92-95
　支店拡大の背景 ………………………………93
　支店監督官 …………………………………95, 194
　支店監督組織 ………………………………95, 194
シドニー
　…9, 16, 20, 22, 23, 24, 27, 30, 40, 47, 48, 49, 53,
69, 71, 78, 79, 81, 84, 88, 89, 91, 93, 95, 116,
209, 212, 217, 224, 228, 229, 230, 235, 260, 263,
287
シドニー証券取引所 …………………210, 224, 230
シドニー鋳造所 …………………………60, 103, 317
CBA銀行 ……………………………88, 223, 237, 257, 264
CBC銀行 ……………………………40, 47, 91, 117, 263
資本金
　…26, 90-92, 113（株式、増資、有限責任、会社法、参照）
　応募資本 ………………………………76, 91, 250
　払込資本 ……………………………90, 91, 250, 264
　払込請求 ……………………………90, 92, 264-265
　名目資本 ………………………………91, 92
　責任額（株主）………………………………90
　資本構成 ………………………………………91
　優先株 …………………………………77, 264
　分割払込み ……………………………90, 113, 264
　株主割当制 …………………………113, 114, 264
　時価発行 ………………………………………114
　額面発行 ………………………………………114
資本収支 ………………………………74, 75, 280-283
　長期資本収支 ………………………………73, 75, 76
　短期資本収支 …………………………………73, 75
資本輸出（輸入）…………………40, 75, 77, 78, 255
囚人労働（囚人）……………………7, 15, 16, 39

食糧自給 ································15,34
準備 ·····························5,341-342
　　準備預金 ···························5,342
　　準備都市 ·····························261
　　準備銀行
　　　···358,359,361,363,364,369,370,371,372,
　　　374,375,376,380,381,382,384,385,386,387,
　　　388,389,390,391,392,397,401,402
社債 ··································76,77
主要銀行（有力）·······················88,91,92
住宅金融 ·····················101,244,246-250
住宅金融組合
　···209,218-220,246,247,249,266,267,268,
　396
住宅建設 ····························88,244
自由選択の原則························64,65,78
植民地議会 ··························8,78,87,92
植民地政府 ····························18,79
植民地証券条例（1877年）··················150
小規模経済 ····························3,15
商業金融 ························22,178,189
商業手形 ····························25,45
商業流通 ····························27,104
条件付土地売却 ·····················57,64,65
証券市場 ························58,224-225
証券取引委員会 ·························232
所得流通（一般流通）··············25,104,319
スクオター ·····················36,64,65,179
スクオティング ······················34,165
スコットランド ·············76,84,99,117,150
ストア・レシート
　·················16,17,19,20,21,22,25,29,32
スペイン ····························37,401
スペイン・ドル ·············22,25,31,32,42,43
生産性 ·································39,40
　　羊毛生産性 ·························170
製造業 ·······················38,81,283-285
政府勘定 ···························22,41,96
政府債務 ···························280-281
政府支出 ························43,253-254
政府紙幣（兌換）···············22,28,259-262
政府証券 ·············29,45,80,114,115,233-234
　　コンソル公債 ·······················76,114
　　政府保証債 ···························114

連邦銀行引受 ··························344
生命保険 ····························77,97
設立趣意書 ······················27,91,113
占有許可制度 ····························36
占有認可状 ·····························66
総支配人 ·························46,94,151
増資 ································113-114
　　増資プレミアム ····················113,114
総督府·············7,20,22,24,25,28,29,31,41,48

タ行

対外決済手段·············43,48,60,73,74,137,139
　　輸出決済手段 ························136
　　輸入決済手段 ························136
対外債務 ····················255,281-282,292
第二次世界大戦 ··························6
兌換準備 ·························6,260-261
タスマニア
　···2,9,35,38,59,62,67,79,80,88,91,257,
　287,397
ダンプ ·····························23,41,43
担保 ······················185,187-191,195-196
　　担保構成 ····················185,187-191
　　担保の掛目 ······················185,187
　　私有地抵当権 ·················187-188,195
　　国有地借地権 ·····················187-188
　　各種抵当権 ···············181,187-188,193
　　羊毛先取権 ······················187-188
　　貿易手形 ························187-188
　　船荷証券 ·····························187
　　担保管理政策 ·························195
地方銀行································88,91,92
チェック・リスト・アプローチ ········382-383
長期旱魃 ·····················6,57,170,173
鋳造貨幣 ···························18,23,41
中央銀行
　···5,6,223,318,325,332,334,340,342,355,
　356,357,358,359,360,364,383,385,401
貯蓄銀行
　···24,98,101-103,110,209,257,322,325,326,
　365,366,370,371,372,373,374,375,376,378,
　381,396,397
　　貯蓄性預金 ···························101
賃金 ·························16,19,101,319

索引 431

強制仲裁制度 ……………………………301
通貨制度 ……………………15,25,27,29
通貨条例（ドル条例、1826年）………42,43
通貨不足 …………………………………28,48
積立金 …………………………………114-115
抵当権 …………………………181,186,200-201
　家畜抵当権 ……………………………181,194
　牧場抵当権 ………………189,195,196,200
　見返り保証 ……………………………186,193
　請戻し権の喪失 ……………194,195,200-201
抵当物件の流動化 ……………………193-196
抵当銀行 ………77,209,220-221,222,236,252,266
手形割引 …………………30,179,181,183,185
手形貸付 …………………………………………180
手形交換所 ………………………………………104
　銀行間決済 ……………………………………104
鉄鋼業の確立 ……………………285-289,301
鉄道建設 ……………………………………58,78,79
デフレ政策 ……………………………………328
ドイツ ……37,62,68,69,160,251,252,273,277
特別勘定 …………………………………345,360
当座貸越 ……………………27,179-180,183,185
　キャッシュ・クレディット ……………181
当座勘定 …………………………………2,26,27,30
当座預金 ……………………………………27,100
当座預金条例（1893年）………………………260
渡航助成金 …………………………………36,40
都市開発 ……………………………………57,88
都市型金融機関 ………………………217-218
土地投資 ……………………165,166,174,296
　土地購入投資 …………165,171,174,177,185
　土地改良投資……64,66,67,165,174,185,301
土地の下付 ……………………………………15,33
特許状 ………………………22,28,45,46,87,225
　植民地政府特許状 ……………………22,44
　ロイヤル・チャーター（王立特許状）
　　　　　　　　　　　　44,46,87,89,255
ドル ……………………………………………42,43
トレンス式不動産登記法（1862年）…………186

ナ行

内国為替取引 ……………………………………133
西オーストラリア
　…2,9,38,59,67,79,80,94,116,167,197,274,
283,294,300
日本
　…7,277,278,279,283,284,285,287,295,302,
304,312
NSW
　…2,4,7-10,16,22-24,26-28,32,34,35,39-
41,59-65,67,70-72,77-81,84,93,94,97,101,
102,106,114,116,117,119,164,165,166,167,
168,170,171,174,177,182,185,187,197,198,
199,200,205,206,207,212,213,219,220,223-
228,230,236,247,258,259,260,261,262,263,
287,288,299,308,309,335
NSW銀行
　…2,22,23-25,28-32,40,42-44,48,51,52,74,
77,91,92,93,113,116,117,128-130,131,147,
182,186,192,194,195,204,210,211,214,216,
223,225,226,228,229,235,259,325,348,350
NSW植民地 ……………2,10,16,17,20,48,225
ニュージーランド
　…9,59,67,71,79,82,93,94,95,113,114,116,
170,197,234,236,295,304,322,401
入植者 ………………………3,7,15,19,43,295
ニューヨーク ………………251,282,296,297
農業生産 ………………………57,64,66,179,301
　農業不況 …………………………………………37
　農業恐慌 ………………………………………297

ハ行

排他的地域主義 ……………………………91,93,94
配当（率）………………………………90,92,113
　配当政策 …………………………………112-113
　高配当政策 ………………………………………112
　2期配当制 ………………………………………113
　配当保証金 ………………………………………115
　配当抑制策 ………………………………………115
パートナーシップ ………………………200,225-226
パートナーシップ法（1853年）
パートナーシップ有限責任法（1860年）
非銀行金融仲介機関…………………96,191,366-367
BHP ……………………………………61,286,288,305
BNZ銀行 …………………………………………257,258
BNQ銀行 …………………………………………264,325
BSA銀行 ……………………………………40,90,101,116
BOA銀行

　　　　…40,44,45,74,90-92,94,95,97,99,111-115,
　　　　118,123-125,127,134,137,140,144,145,148,
　　　　150,153-155,156,160,161,178,179,180,181,
　　　　185,186,187,190,192,194,196,223,225,226,
　　　　233,234,256,259,261,270,323,348
BOV銀行 …………………………………74,89,91,264
ビクトリア
　　　　…8,9,34,38,39,59,60,65,67,70,78,79,80,
　　　　81,82,91,93,94,95,101,102,106,116,117,
　　　　123,125,167,168,170,182,184,185,199,212,
　　　　220,223,225,227,228,229,230,232,233,236,
　　　　247,253,258,263,283
兵站部 …7,8,16,17,21,22,28,29,31,42,43,48
ベアリング恐慌 ……………………………101,251-253
ペイマスター・ビル ……………………18,19,20,21
ペイマスター・ノート ……………………18,19,20
不動産担保貸付 ………………30,93,186,220,246
不動産投資会社
　　　　……195-196,209,221-222,244,252,266,267
不動産投資ブーム …………………57,88,221,244,246
　　　ブームの崩壊 ……………………………244-246
不法占有運動 ………………………………………34
フランス
　　　　…2,62,68,69,74,277,278,286,351,402
フロート制（1983年）………………………………391
プルーデンス政策 ……………………………223,250
ベルギー ………………………………………68,69,277
貿易金融 …………………………………124-125,179,189
　　　輸出金融 ……………………125,138-140,329-331
　　　輸入金融 ……………………………………125
　　　引受信用 ……………………………………139
貿易構造…………………………………4,68,274-279
貿易収支 ……………………………………4,72,282,298
貿易外収支…………………………………72,282-283
貿易商人 ……………………………16,20,22,24,25,26,46
法貨………………………………42,259,260,261,264,318
　　　制限法貨 ……………………………………103
　　　無制限法貨…………………………103（貨幣、参照）
法人格…2,25,28,113,225,227（会社法、参照）
牧羊（業）…22,34,39,41,179-181,185,197-201
　　　の地理的拡大 ……………………………38,58,67
　　　の生産地域 ……………………38,184,199-200
　　　の資金需要 ……………………………173,177,185
　　　の設備投資 ………………………………172-173,185

　　　の経営形態 ……………………………200-201
牧羊金融（パストラル・ファイナンス）
　　　　……………………………………93,163,178
牧羊貸付 ……93,95,113,175-178,179,185,186
　　　の構造 ……………………………………174-175
　　　の変化 ……………………………………182-187
　　　貸付方法 ……………………………………176,186
　　　　直接貸付 ……………………………176,178,186
　　　　間接貸付 ……………………………176,178,186
　　　　当座貸越 ……………………………176,182-183,185
　　　　抵当権の重複 ……………………………177
　　　　手形形式の重視 ……………………………178,182
牧羊金融会社
　　　　…76,163,164,174,175,176,177,191,192,195
　　　　-196,200,203,206,207,209,210,213,222
牧羊借地契約（権）……………………………64,65,66
牧羊借地権登記簿 ………………………………200
牧羊設備投資 ……………………………………171-174
法定準備預金制度（SRD）………360-361,365
泡沫法（1825年）……………………………………225
ホリー・ダラー ……………………23,25,32,41,43
ポンド・スターリン ………17,20,25,41,42,43

　　　　　　　　　　マ行

マーチャント・バンク……………74,191,251,366
マネタリー・ベース ……………………………376-377
マネタリー・ターゲット ………………………378-381
マネー・サプライ ………………………………378-379
南アメリカ……………………………69,250,251,286,304
南アフリカ……………44,250,252,267,273,284,295
南オーストラリア
　　　　…2,9,38,59,61,62,67,68,70,79,80,88,91,
　　　　102,116,133,167,197,257,259,286,287,299
民間ノート ……………………………20,22,23,24,25
メルボルン
　　　　…69,70,79,88,89,93,94,95,102,116,123,
　　　　158,168,184,209,210,211,212,213,217,223,
　　　　224,229,230,232,233,234,235,238,244,245,
　　　　248,252,267,268,317
メルボルン証券取引所……90,224,231,232,233

　　　　　　　　　　ヤ行

約束手形 ……………………………17,18,19,20,22,24
輸入代替工業化 …………………………………284

索 引 433

輸出シーズン
　　……………131,361-362（羊毛集荷、参照）
有限責任制……………………2,22,25,45,225-226
ＵＢＡ銀行
　　…40,47,48,54,74,77,90,91,92,94,99,113,
　　114,115,150,151,178,192,195,223,233,260,
　　261,323
郵便貯金……………………………………………98
　　郵便局……………………………………………98
　　郵便貯蓄銀行 ………………………………101,102
預金
　　預金業務………………………………………6,46
　　預金の創造………………………………………6
　　利付預金 ……………………………………96,97,108
　　無利息預金……………………………………96,108
　　当座預金（要求払預金）……………………96,97
　　通知預金…………………………………………96
　　預金獲得競争……………………………………97
　　国内預金…………………………………………97
　　高額預金者………………………………………97
　　預金代理人………………………………………99
　　預金受領書………………………………265-266
　　優先株式への転換 ……………………………266
　　預金準備率…………………………………106-108
　　預貸率………………………………………108-111
羊毛委託販売 ……………………………177,191-193
羊毛価格 ……33,37,38,39,40,67,171,255,297
羊毛先取権（抵当権、参照）
羊毛生産 ……4,33,37,44,67,167-171,255-256
羊毛収穫（刈取）………………………38,67,131,171
羊毛輸出
　　………4,37,38,39,68,69,70,78,112,171,179
羊毛輸出代理商……………70,71,97,177,179,181,185
ヨーロッパ
　　…1,3,17,62,68,69,70,104,267,273,276,
　　277,281,283,284,288,295,307,311,327

ラ行

流動性管理（LGS）……………361-364,365-366
　　LGSの緩和……………………………………371-373
連邦銀行法（1912年、1920年、1924年、1945年）
連邦銀行
　　…5,316,324,325,326,327,328,329,330,331,
　　332,333,334,336,337,339,340,341,342,343,
　　344,345,346,347,349,351,352,353,355,358,
　　360,395,396
連邦商業銀行……………………………………358,359
連邦制………………………………………………3,6,11
連邦貯蓄銀行……………………………………………346
連邦政府……………………………………………11,289-290
ロンドン
　　…19,20,40,41,44-47,49,54,60,74-77,80,
　　89,91,92,94,110-112,116,117,124,125,138,
　　140,147,153,154,156,158-161,174-176,185,
　　192,209,215,216,217,221,223,225,231,233-
　　235,250,251,255,259,263,269,270,291,293,
　　299,324,327,333,341,349,351,353,361,365
ロンドン貨幣市場…………………………………58,154
ロンドン勘定……………………………………122,140
　　ロンドン勘定の構成 …………………………142
　　コロニアル勘定 …………………………141,143
　　インターコロニアル勘定 ………141,143-144
　　キャッシュ・アカウント
　　…140,141,148,149（コロニアル・リソース、
　　参照）
ロンドン金融市場………………………76,282,292
ロンドン資金
　　…47,75,92,115,324,328-329,329,335-337,
　　342-343
ロンドン資金動員協定（1936年）……………340
ロンドン証券取引所
　　…………76,77,90,116,121,204,231,233,239
ロンドン店帳簿 …………………………140,143,152

人 名 索 引

ア行

アーチャー, W. H.（Archer, W. H.）……8,9

イーガー, E.（Eager, E.）……………26,30,50
池間誠……………………………………………305,308
石垣健一……………………………………332,347,379

石垣信弘 ·······················305, 307
居城弘 ···························160
ウィークフィールド, E. G. (Wakefield, E. G.)
·························36
ウィリアムズ, R. J. (Williams, R. J.) ······167
ウェア, J. B. (Were, J. B.) ···············231
ウェントワース, D. (Wentworth, D.)
·························26, 50, 51
ウェントワース, W. C. (Wentworth, W. C.)
·························35
ウォーレン, R. (Wallen, R.) ··········232, 233
エルダー, T. (Elder, T.) ·················97
大浦一郎 ···························289
尾上修悟 ···························305
小野朝男 ···························349
オマリー, K. (O'Malley, K.) ·············347

カ行

カイン, N. (Cain, N.) ·················164
金井雄一 ·······················119, 349
川浪洋一 ····························12
ギブリン, L. F. (Giblin, L. F.) ············347
ギルバート, R. S. (Gilbert, R. S.) ···281, 305
キャンベル, J. T. (Campbell, J. T.)
·················23, 24, 26, 27
キャンベル, R. (Campbell, R.) ········30, 50
キング, P. (King, P.) ···············21, 22, 33
クラーク, M. (Clark, M.) ················349
クール, E. (Khull, E.) ··············230, 238
クック, J. (Cook, J.) ·····················2
グレンビル, S. A. (Grenville, S. A.) ······401
ケンウッド, A. G. (Kenwood, A. G.)
·························296, 304
コグラン, T. A. (Coghlan, T. A.)
···········8, 9, 10, 60, 119, 198, 236, 242, 276
琴野孝 ·······················305, 307
ゴールドブロー, R. (Goldsbrough, R.)
·························211, 212, 235
ゴルバン, M. (Goulburn, M.) ·········31, 52

サ行

サルズブリー, S. (Salsbury, S.) ··········229
シンクレア, W. A. (Sinclair, W. A.)
·························38, 68, 297

スカリン, J. (Scullin, J.) ·················336

タ行

ダイスター, B. (Dyster, B.) ·············276
ダーリング, R. (Darking, R.) ···35, 36, 41, 42

ナ行

西村閑也 ·······················138, 139

ハ行

ハイター, H. H. (Hayter, H. H.) ··········8, 9
ハーグレイブス, E. (Hargraves, E.) ········59
バトリン, N. G. (Butlin, N. G.)
···11, 75, 76, 77, 164, 167, 171, 172, 199, 200,
201, 205, 206, 207, 211, 213, 283, 348
バトリン, S. J. (Butlin, S. J.)
·················11, 12, 52, 121, 149, 151, 159, 242
ハロッド, R. F. (Harrod, R. F.) ······139, 160
ファルクナー, C. C. (Faulkner, C. C.) ······347
フィッシャー, A. (Fisher, A.) ·········322, 323
フィッツパトリック, B. (Fitzpatrick, B.)
·························164, 201, 205, 207
フィールド, B. (Field, B.) ·················24
フィリップ, A. (Phillip, A.) ·········2, 7, 16, 17
フェント, J. J. (Fenton, J. J.) ············317
ブレイニー, G. (Blainey, G.) ············347
ブーツ, H. M. (Boot, H. M.) ········164, 201
ブライ, W. (Bligh, W.) ··················34
ブリスベン, T. (Brisbane, T.) ·········31, 35
ベイリー, J. D. (Bailey, J. D.) ·········75, 76
ベーム, E. A. (Boehm, E. A.)
···12, 242, 254, 255, 267, 293, 294, 305, 309,
335, 352
ホール, A. R. (Hall, A. R.) ·········75, 77, 242
ホルダー, R. F. (Holder, R. F.) ·······12, 121
ホーン, D. (Horne, D.) ··················i

マ行

松井安信 ···························271
マッカイ, A. L. G. (Mackay, A. L. G.) ···101
マッカーサー, J. (Macarthur, J.) ······33, 34
マックワリ, L. (Macquarie, L.)
······15, 21, 22, 23, 24, 25, 31, 41, 43, 51, 52, 225
ミラー, D. (Miller, D.) ···············329, 347

ミルボーン, R.（Milbourne, R.） ……… 382
宮田美智也 ………………………………… 138
メアーディス, D.（Meredith, D.） ………… 276
メルツ, D. T.（Merrett, D. T.） …………… 242
メンジース, R. G.（Menzies, R. G.） …… 344
モアー, G.（More, G.） ………………… 24, 26

ラ行

レッドファン, W.（Redfern, W.） ……… 30, 50
ロバーツ, S. H.（Roberts, S. H.） ………… 34
ロバートソン, J.（Robertson, J.） ………… 64

ワ行

ワイル, J.（Wylde, J.） ………… 23, 24, 237

【著者略歴】
石田高生（いしだ・たかお）
1952年　熊本県に生まれる
1982年　北海道大学大学院経済学研究科博士課程単位取得退学
　　　　その後、北海道大学経学部助手、小樽商科大学商学部助手を経て、
　　現在　桜美林大学経済学部教授

オーストラリアの金融・経済の発展

| 2005年3月25日　第1刷発行 | 定価(本体4,800円＋税) |

著者　石　田　高　生
発行者　栗　原　哲　也
発行所　株式会社　日本経済評論社
〒101-0051　東京都千代田区神田神保町3-2
電話 03-3230-1661　FAX 03-3265-2993
E-mail : nikkeihy@js7.so-net.ne.jp
URL : http://www.nikkeihyo.co.jp
印刷＊藤原印刷・製本＊美行製本
装幀＊渡辺美知子

乱丁落丁はお取替えいたします。　　　　Printed in Japan
© Ishida Takao 2005　　　　　　　　ISBN4-8188-1747-3
Ⓡ〈日本複写権センター委託出版物〉
本書の全部または一部を無断で複写複製（コピー）することは、著者権法上での例外を除き、禁じられています。本書からの複写を希望される場合は、日本複写権センター（03-3401-2382）にご連絡ください。

イギリス国債市場と国債管理

須藤時仁著　A5判　五二〇〇円

英国における国債市場の効率性と管理政策を詳細に分析し、国債残高の急増するわが国の国債制度や市場改革のあるべき方向、課題を明らかにする。

ユーロとEUの金融システム

シャーラー・エルー・アグラ・田中素香・メイズ他著／岩田健治編著　A5判　五二〇〇円

ユーロ導入後の実際のデータをもとに、EU地内外の金融システムに及ぼしている影響に焦点を絞って考察した導入後初の本格的研究であり、海外研究者とのプロジェクトの成果。

銀行合併の波
—銀行統合の経済要因と社会的帰結—

G・ディムズキ著／井村進哉・松本朗監訳　A5判　三五〇〇円

米国の超大型合併の帰結は？ 規模の経済は経営効率性を高めるのか。経営効率性から社会的効率性へ。独自の実証研究を通じて検証。

グローバリゼーションと国際通貨

紺井博則・上川孝夫編　A5判　四七〇〇円

金融に端を発したグローバリゼーション。国際金融はどこに向かっているのか。ドル・ユーロの国際通貨体制、世界の為替相場制度の分析を通じて、システム変容の全体像に迫る。

金融規制はなぜ始まったのか
—大恐慌と金融制度の改革—

安倍悦生編著　A5判　三八〇〇円

金融規制はなぜ始まったか。この問題を一九三〇年代の大恐慌と絡めて、アメリカ、ドイツ、フランス、日本を比較し、金融規制緩和の意味を考える。

（価格は税抜）　日本経済評論社